Dolf Sternberger
Schriften VII

Dolf Sternberger

Grund und Abgrund der Macht

Über Legitimität von Regierungen

Neue Ausgabe
in fünfzehn Kapiteln

Insel Verlag

Grund und Abgrund der Macht erschien erstmals 1962 im Insel Verlag
Frankfurt am Main
Neue, veränderte und vermehrte Ausgabe

Erste Auflage 1986

Druck: Thiele u. Schwarz
Printed in Germany

Inhalt

Glossen

Vorwort zur neuen Ausgabe

Seit der ersten Ausgabe dieses Buches sind nahezu fünfundzwanzig Jahre vergangen. In dieser Zeit hat sich die Welt bewegt, und diese Bewegungen haben die Geographie der politischen Systeme auf der Erde einigermaßen verändert, mit ihr die Verteilung der beiden Legitimitäten, die hier erörtert werden, der bürgerlichen und der apokalyptischen. Diese Legitimitätsprinzipien selbst, die beiderseitigen Gründe der Macht, sind unverändert geblieben.

Der zehnjährige Krieg der beiden Vietnams, ein fortgesetzter Bürgerkrieg mit einerseits sichtbarer, andererseits verdeckter, insgesamt gedrosselter Beteiligung der beiden Supermächte, hat mit dem Sieg des kommunistischen Nordens und mit dem endgültigen Abzug der Vereinigten Staaten aus diesem Teil Asiens geendigt. Noch heute fischt man im Chinesischen Meer Flüchtlinge auf, die sich vor der ausgreifenden Gewaltherrschaft in Booten zu retten suchen. Seither konkurrieren im ehemaligen Indochina die beiden kommunistischen Großmächte, China und die Sowjetunion, teils direkt, teils indirekt, untereinander und mit dem erstarkten Vietnam, der drittgrößten kommunistischen Macht in Asien, um die Vorherrschaft. Dessenungeachtet hat sich ihre Konfrontation bei fortdauernder militärischer Bereitschaft doch so weit herabgemildert, daß sich Wirtschafts- und Kulturbeziehungen zwischen China und der Sowjetunion angesponnen haben. Zunehmend ist die Volksrepublik China, zuerst dank amerikanischer Initiative, in die internationale Kommunikation hereingewachsen, zumal seitdem die Erschütterungen der von Mao begünstigten Kulturrevolution abgeklungen sind und seitdem ein neuer, praktisch gesinnter Parteikaiser mit Konsequenz die ökonomische Modernisierung des riesigen Reiches betreibt.

Die Lehrstreitigkeiten zwischen Peking und Moskau scheinen im selben Zuge an Heftigkeit, vielleicht an Bedeutung verloren zu haben. Die Nachbarschaft der so erfolgreichen Industrie- und Handelsgroßmacht Japan mag der chinesischen Führung ein Ansporn, auch eine Hilfe bei der wirtschaftlichen Modernisierung sein.

Indessen läßt sich aus solchen partiellen Beruhigungen, aus dem Erschlaffen ideologischen Kampfeseifers nicht etwa eine Signatur der Epoche herleiten. In der gleichen Zeitspanne hat sich in Iran, auch in Teilen der arabischen Welt, eine Umwälzung von altertümlich theokratischer Art begeben, ist der Islam von neuem militant geworden. So tritt den neuzeitlichen ideologischen Konfessionen des marxistischen Sozialismus eine sektenhaft fanatische religiöse Ideologie an die Seite, welche freilich, anders als jene, nur über einen begrenzten Spielraum missionarischer Wirksamkeit verfügt. Wenn eine alte Religion sich derart wiederzubeleben vermag, so muß man in der Zukunft auch mit der Möglichkeit rechnen, daß eine jüngere Religion wie der Bolschewismus unversehens von neuem virulent werden kann. In kleinem Maßstab hat dies schon die neomarxistische Tendenz innerhalb der Studentenrevolte von 1968 erwiesen, wenigstens in Europa.

Der imperialistische Bekehrungskrieg der Roten Armee in Afghanistan, der in diesem Augenblick noch andauert, wird zwar mit Hilfe einer Filialpartei und einheimischer Truppen geführt, kann aber das Volk nur unterdrücken, nicht gewinnen.

Im osteuropäischen Teil des Sowjet-Imperiums andererseits haben sich in unserer Epoche Befreiungsversuche geltend gemacht, welchen die westliche Welt mit gespannter Teilnahme, doch ohnmächtig zugesehen hat. Der ›Prager Frühling‹ war nur von kurzer Dauer, die Reform, die in einen wirtschaftlichen und politischen Pluralismus zu münden schien, ist durch militärische Intervention erstickt worden, die übrigen Mitgliedsländer des Warschauer Pakts mußten die Aktion mitverantworten, nur Rumänien verweigerte die Teilnahme. Polen ist, in unterschiedlicher Weise, zweimal aufgestanden; die ›Solidaritäts‹-Bewegung wurde nach erstaunlichen Erfolgen schließlich mit innerpolitischen Zwangsmitteln erdrückt. Es blieb die ererbte Religion, die katholische Kirche als eine Art nationaler Schutzmacht des stillen Widerstands gegen die Parteiherrschaft.

Die Gesellschaft der westeuropäischen Verfassungsstaaten hat sich durch die Rückkehr Griechenlands, Spaniens und Portugals in ihren Kreis vervollständigt, diesseits der Elblinie gibt es keine wie immer geartete Diktatur mehr. Doch hat sich in mehreren dieser Länder, namentlich in der Bundesrepublik Deutschland, während dieser Epoche fast andauernd, wenn auch unter unterschiedlichen Parolen, eine antipolitische, eigentlich anarchische Klasse gebildet, die zuzeiten die Stabilität des Verfassungsstaates zu gefährden drohte und noch droht. Eine ernste Erschütterung bewirkte der ideologische Terrorismus in Italien und Deutschland, der mit seinen verschwörerischen Attentaten gleichsam explosiv eine bessere Welt freizusetzen wähnte. Allen Versuchen, die Politik zu ›ideologisieren‹, wohnt ein Bestreben inne, durch eine religionsartige Bewegung, und sei es im Zeichen radikaler Demokratie, den wesenhaften Pluralismus des Verfassungsstaates zu beseitigen. Diese Drohung begleitet unser Verfassungsleben, von dessen Liberalität sie zugleich gehegt wird.

Zu den konstitutionellen Krisen, die in der fraglichen Zeitspanne akut geworden sind – und die eine weltweite Aufmerksamkeit gefunden haben –, muß auch der einzigartige Fall der Südafrikanischen Republik gezählt werden. Hier ist die Frage, ob sich die weiße Kolonialherrschaft, die – zum Unterschied von dem französisch-algerischen Muster – von keinem Mutterland abgelöst und aufgefangen werden kann, in einen gemischtrassigen, vielleicht föderativen Verfassungsstaat werde überführen lassen. Gewiß ist dies die einzig zu wünschende, ja die notwendig zu erstrebende politische Lebensform. Ob das gelingen kann, ist in diesem Augenblick noch nicht abzusehen.

Endlich hat sich in denselben fünfundzwanzig Jahren das Verhältnis der beiden Haupt-Atommächte beträchtlich verändert. Gerade zu Ende des Jahres 1962 wurde die sowjetrussische Raketen-Expedition nach Kuba durch die Entscheidungskraft des Präsidenten Kennedy wie auch des Parteisekretärs Chruschtschow, hart am Rande des Krieges, zur Umkehr veranlaßt. Seitdem befinden sich die beiden Supermächte in verstärkter Konkurrenz der Rüstungen, aber zugleich in ständiger, wenn auch nicht gleichmäßig intensiver Verbindung und Verhandlung. Hinsichtlich der Atomwaffen sind eine Reihe von Verträgen geschlossen worden. Die Welt lebt zwar nicht in sicherem Frieden, aber in einem Zustand des Unkriegs. Im Augenblick dieser Niederschrift hat sie vielleicht Anlaß, auf eine günstige Wendung in den amerikanisch-sowjetrussischen Rüstungskontrollgesprächen zu hoffen. Diese beiden Partner leiten ihre jeweilige Regierungsmacht aus Gründen her, die einander wechselweise absolut fremd sind – das ist das Hauptthema dieses Buches –, dennoch vermögen sie, wie sich zeigt, miteinander diplomatisch zu kommunizieren. Zur gleichen Zeit verlangt eine im Westen verbreitete öffentliche Meinung von den Gewaltherrschaften, die Menschenrechte zu achten. Die moralische Intervention greift auch in die bolschewistischen Systeme ein und macht ihre Zwangsmittel bekannt, exilierte Schriftsteller tragen zu solchem Einblick bei. Solschenizyn hat ein unvergeßliches Kennwort geprägt. Zweimal hat das Nobelkomitee Männern den Friedenspreis zuerkannt, die in ihrer Heimat geistig erstickt werden sollten, Sacharow und Walesa.

Ihren Ausgang nimmt meine Untersuchung von einem

Dokument, worin sich Exponenten der beiden einander so fremden Sphären schon einmal auf eine gemeinsame Formel geeinigt haben. Es war die Formel von den freien Wahlen, die in den von der deutschen Herrschaft befreiten Ländern Europas veranstaltet werden sollten. Wir möchten hoffen, daß Reagan und Gorbatschow eine genauere Eindeutigkeit der Verständigung erreichen, als es Roosevelt, Churchill und Stalin damals vermocht haben. Den beiden Mächten ist heute bei aller Divergenz der Machtinteressen und bei aller Beziehungslosigkeit der beiderseitigen Machtgründe ein vitales Interesse gemeinsam: das Interesse, zu überleben. Vielleicht erwächst eine Chance, die absolute Differenz der Legitimitäten durch ein Motiv gemeinsamer Humanität zu überwinden.

Inmitten der weltpolitischen, regionalen und verfassungspolitischen Veränderungen, die ich in Erinnerung gerufen habe, sind – ich wiederhole es – die beiden Legitimitätsarten selber unverändert geblieben. Darum behält dieses Buch zu Recht seine ursprüngliche Anlage. Auch der Haupttitel ist der alte, nur der Untertitel ist leicht abgewandelt, denn man soll nicht eine umfassende, sondern eine exemplarische Erörterung erwarten. Selbstverständlich habe ich den gesamten Text der Kapitel wie der Glossen sorgfältig durchgesehen und vielfach in sachlich-historischer Hinsicht ergänzt, auch im Ausdruck vereinfacht und in der Darstellung gestrafft. Die neue Ausgabe ist um drei Kapitel vermehrt. Das achte und das neunte betreffen gewisse Aspekte des bolschewistischen Regierungshandelns und führen zugleich die Analyse bis zur Gegenwart. Die Einfügung des vierzehnten Kapitels hat ihren Grund weniger in der Entwicklung der politischen Geschichte als in derjenigen der Verfassungsbegriffe des Autors. Ich empfand lebhaft die Notwendigkeit, aus der verfeinerten Einsicht in die demokratisch-oligarchische Doppelnatur des modernen Verfassungsstaats die Konsequenzen für die Frage der Legitimität zu ziehen, auch für die Diagnose von Legitimitätsschäden. Das Exempel der Bundesrepublik Deutschland habe ich gewählt, weil es auch in diesen Dingen geboten ist, vor der eigenen Tür zu kehren. Zudem kenne ich mich in Deutschland besser aus als in Nicaragua oder selbst in den Vereinigten Staaten von Amerika. Auch das letzte Kapitel ist wesentlich verändert. Darin hat freilich die Würdigung der berühmten Geheimrede Chruschtschows vom zwanzigsten Parteikongreß der KPdSU ihre vorige Stellung behalten; sie bleibt historisch so bedeutsam, daß ich keinen Anlaß hatte, etwa neuere Vorgänge an die Stelle zu setzen, nur um der Aktualität näher zu rücken.

Weder damals noch heute habe ich mit diesem Buch einen fachwissenschaftlichen Zweck verfolgt. Es ist offenkundig, daß geschichtliche und politologische Studien und daß gewisse verfassungstheoretische Erkenntnisse darin eingegangen sind, doch sind spezielle Arbeiten anderer Forscher kaum erörtert. Die Hauptfrage, die nach dem Grund von Regierungsmacht, läßt sich keiner dieser einzelnen Disziplinen zuordnen, sie mag am ehesten als eine philosophische Frage gelten. Ich hoffe auf Leser, die von dem Interesse bewegt sind, sich in unserer zeitgenössischen Staatenwelt geistig zu orientieren und frei ihren eigenen Standpunkt zu bestimmen.

Es bleibt mir die schöne Pflicht, Anregern, Helfern und Gesprächspartnern Dank zu sagen. Zuerst muß ich den Verleger nennen, Dr. Siegfried Unseld, denn er hat seit Jahren darauf gedrungen, daß ich diese Sache wieder vornähme. Ich wiederhole die Namen derjenigen, die seinerzeit bei der ersten Auflage behilflich gewesen sind: Dr. Bernhard Vogel, damals in Heidelberg, und Fritz Arnold, seinerzeit Lektor im Insel Verlag. Im selben Sinne habe ich jetzt Frau Dr. Elsbet Orth (vom Historischen Seminar der Frankfurter Universität) für ihre genaue Lektüre und ihre Ratschläge sowie Frau Dr. Claudia Schmölders zu danken, die als Lektorin im Insel Verlag an der neuen Ausgabe mitgewirkt hat. Die Glosse über »die Bürger des Aristoteles« hatte ich seinerzeit Herrn Professor Dirlmeier vorgelegt, meinem gräzistischen Kollegen in der alten Philosophischen Fakultät zu Heidelberg; er ist inzwischen gestorben. Bei dem weltpolitischen Rückblick im neuen Vorwort sind mir die Hinweise von Professor Günther Gillessen in Mainz hilfreich gewesen. Mehrmals hatte ich in verschiedenen Stadien der Erwägung einer Neufassung Unterhaltungen mit gelehrten Freunden, zumal bin ich Professor Erwin Faul in Trier für seinen teilnehmenden und ernsten Rat dankbar verbunden.

Im Juni 1986

Vorwort zur ersten Ausgabe

Ist die Macht böse? Die Frage ist darum so schwer zu beantworten, weil wir der schieren Macht nur im äußersten Grenzfall ansichtig werden.

Eine konventionelle diplomatische Redeweise bezeichnet die handelnden Kräfte der Staatenwelt als Mächte. Am Ende des Zweiten Weltkrieges blieben die ›Großen Drei‹ auf der Bühne, und für einen Augenblick schien es, als ob diese Weltmächte auch die Weltregierung übernähmen. Seither ist in die überlieferte Skala der weltpolitischen Machtpotenzen ein neues Kriterium eingeführt worden, nämlich die Fähigkeit zur Herstellung von Atomwaffen, und zu der Klasse der Großmächte ist diejenige der Atommächte oder der Super-Mächte hinzugetreten. Doch bleibt auch diese Neuerung in der alten Bahn einer gleichsam quantitativen Vergleichung und Anordnung. So deutlich derart die Grade der Macht ins Auge fallen, so wenig erfahren wir daraus über die Arten der Macht. Alle Mächte erscheinen gleichartig in ihrem Wesen. Untereinander aber verstehen sich die wirklichen Mächte durchaus nicht als gleichartig. Nicht alle erkennen einander überhaupt als Mächte an.

Macht und Macht ist nicht ein und dasselbe. Der große Streit, der die gegenwärtige politische Welt zerreißt, ist nicht ein Streit bloß von Mächten, Mächtegruppen oder Machtblöcken. Er versteht sich zum Beispiel aus Prinzipien der Wirtschaftsweise, die einander ausschließen, und es ist ein Wettkampf um die Höhe des Lebensstandards und der Zuwachsrate der Produktivität entstanden. Er versteht sich auch aus gegensätzlichen Prinzipien der Gesellschaftsordnung, die persönliche Freiheit tritt der universalen Abhängigkeit, und von der anderen, der östlichen Seite tritt die behauptete Gleichheit der Klassengesellschaft entgegen. Der ökonomischen und der gesellschaftlichen folgt die politische Antithese, der Verfassungsstaat hebt sich von der totalen Parteiherrschaft ab. Schließlich kommen religiöse Motive ins Spiel, das Christentum streitet wider den Materialismus. Wir hören freilich auch den Tadel, gerade die westliche Gesellschaft sei dem ›Materialismus‹ des bloßen Wohlstands verfallen, während die östliche von einer missionarischen Idee erfüllt sei. In keiner dieser Hinsichten aber und in keinem einzigen Punkte sind die streitenden Weltparteien je übereingekommen, die Definition des Gegensatzes ist selber am allermeisten strittig. Das muß uns aufs höchste verwirren und beunruhigen. Stämme oder Völker, auch Nationalstaaten, die ehedem miteinander stritten, waren doch darin einig, welche Namen sie einander zu geben hatten. Wie aber sollen Systeme miteinander leben können, die selbst über ihre Benennung uneins sind?

So scheinen auch die Prinzipien und Ideologien nicht auszureichen, den gegenwärtigen Konflikt der Mächte verständlich zu machen. Der Gedanke der Macht ist zu stumpf und zu blöde, er bringt es allenfalls zur Berechnung von Quantitäten und Potentialen, kann aber die unterschiedliche Wesensart der Mächte nicht fassen. Blicken wir andererseits auf die streitenden Prinzipien, so erkennen wir zwar Güter und Qualitäten, die für jede der beiden Weltparteien auf dem Spiele stehen, wir sind auch in den Stand gesetzt, uns zu entscheiden und auf eine Seite zu treten; aber weder Osten noch Westen vermögen sich jeweils selber in dem Spiegel zu erkennen, den der andere ihm vorhält, oder mit dem Namen zu identifizieren, bei welchem der andere ihn ruft. Sie gelten einander wechselseitig als böse. Sie können einander der Art nach gar nicht dulden. Eher noch können sie einander dem Grade nach dulden. Eher noch könnten Moskau und Washington sich zum Beispiel über eine Abgrenzung der beiderseitigen Einflußzonen verständigen als über die Art und Weise ihrer Verwaltung. So scheint es denn schlechterdings keinen Standort der Erkenntnis zu geben, der es uns erlaubte, die gegensätzlichen Arten der Macht in einer allgemeinverbindlichen Weise zu beschreiben und miteinander zu vergleichen. Mit jedem Griff und Schritt solcher Erkenntnis ergreifen wir unausweichlich Partei und treten wir unvermeidlich auf eine Seite.

Macht ist von Macht gewiß nicht nur dem Grade nach unterschieden. Aber Macht ist von Macht auch nicht nur der Art nach unterschieden. Unterschied und Gegensatz reichen noch in eine andere, eine dritte Dimension. Es ist die Dimension des Grundes, aus dem die Macht sich herleitet. Eine grundlose Macht vermögen wir uns fast nicht vorzustellen. Sie wäre wohl die eigentlich böse Macht. Von den unterschiedlichen Gründen der Macht handelt dieser Versuch, und das heißt von den Quellen der Legitimität. Hier tut sich eine Beziehungslosigkeit zwischen West und Ost auf, die uns erschrecken läßt. Dennoch kann der menschliche Geist nicht umhin, auch das Inkommensurable zusammenzubringen, Ähnlichkeit aufzufinden, Vergleiche anzustellen. Wir sollen an dieser Möglichkeit nicht verzweifeln, solange wir es mit menschlichen Gegenständen zu tun haben.

Ich denke, angedeutet zu haben, wie der Titel dieses Buches zu verstehen ist. Nicht alle Regierungen oder Regierungstypen der gegenwärtigen Welt werden hier untersucht. Es handelt sich zur Hauptsache um die bolschewistische Parteidiktatur auf der einen, die liberalen Verfassungsstaaten auf der anderen Seite. Den Bereich dieser Verfassungsstaaten, den Bereich des ›Westens‹ also, habe ich nicht präzise abgegrenzt: wie weit ihre spezifische Legitimität reicht, ist nicht ein für allemal ausgemacht und bleibt immer von neuem zu prüfen, auch innerhalb jedes einzelnen, auch innerhalb unseres eigenen Staatswesens.

Der Gedanke dieser Untersuchung ist nicht von Anfang an fertig und vollständig, er schreitet vielmehr fort, erweitert und verwandelt sich in diesem Fortgang, und manches löst sich erst gegen das Ende auf. Am Ende stehen freilich auch neue Fragen. Das kann nicht anders sein.

1. Kapitel
Arten der Rechtmäßigkeit

»... diese unsichtbaren Geister des Gemeinwesens«
(Guglielmo Ferrero, Macht)

Der Begriff der Legitimität ist ein universaler Begriff. Jedwede Regierung, woher auch immer ihre Gewalt rühren mag, führt eine Überzeugung ihrer Rechtmäßigkeit mit sich oder strebt doch danach, sich zu rechtfertigen. Der Fall, daß ein Gewalthaber, ein einzelner oder eine Gruppe, sich mit der Berufung auf die errungene faktische Macht als solche, auf Waffen, Truppen und sonstige Machtmittel, begnügte – dieser Fall ist ein Ausnahmefall und ein Grenzfall, und es würde wohl gar nicht leicht sein, dergleichen Grenzfälle in der geschichtlichen oder zeitgenössischen Erfahrung überhaupt ausfindig zu machen. Jedes Regiment braucht Anerkennung und Zustimmung, und wenn es ihrer nicht schon nach dem Herkommen sicher sein kann, so sucht es sie durch besondere Maßnahmen und Veranstaltungen wenigstens im nachhinein zu gewinnen.

Die Stadt-Tyrannen der italienischen Renaissance waren – obgleich man meinen könnte, ihr neues personales Kraftgefühl und Glücksvertrauen habe sie im Verein mit der aufkommenden technischen Kunstlehre der Eroberung und der Herrschaft in den Stand gesetzt, sich von dem System der überlieferten Rechte und Titel zu emanzipieren – dennoch nach Fürstenkronen und Herzogsmänteln so begierig, daß der Kaiser (wie bei Jacob Burckhardt nachzulesen) aus solchen Verleihungen beträchtliche Einkünfte ziehen konnte. Und selbst wenn man diesen Kauf und dieses Hineinschlüpfen in die Kostüme sanktionierter Würden als jeweils nachträgliche und vielleicht zynische

Legitimierungsbestrebungen aus dem Spiele lassen und nur die nackten Usurpationen als solche ins Auge fassen will, muß man noch entdecken, daß auch diese Handlungen der reinen Gewalt zu ihrer Zeit und im Bewußtsein der Handelnden ihre eigentümliche Genealogie und ihre klassischen Muster hatten: Friedrich Gundolf hat (in seinem denkwürdigen Cäsar-Buche) die paradoxe und doch treffende Bemerkung gemacht, daß eben die Geschichte Cäsars mindestens einigen dieser Tyrannen zum Maßstab und zur Rechtfertigung gedient und daß auf diese Weise auch die gewaltsame Usurpation eine Art von Legitimität gewonnen habe. »Sie brauchten Cäsarn als den vorbildlichen Gewaltherrn, dessen Glorie noch die Rechtsbrüche verklärt, und den die persönliche Größe ermächtigt und berechtigt.«

Napoleons Herrschaft durchlief eine ganze Serie von Legitimationsversuchen. Wie man eine alte Uhr, die vor einiger Zeit stehengeblieben ist, beim Aufziehen die versäumten Stundenschläge nachholen läßt, so repetierte dieser Usurpator in großer Hast die verschiedenen historischen Legitimitätsarten, die verfügbar schienen, so die Erinnerung des römischen Konsulats, also einer Einrichtung der schlechthin musterhaften Republik des Klassizismus, so die Erinnerung des mittelalterlichen Kaisertums mitsamt der Krönung durch den Papst; er suchte indessen auch die moderne Bestätigung der volonté générale, indem er Plebiszite ausschreiben ließ; und schließlich kann man in seiner Heirat mit der Habsburgerin – abgesehen von ihren rein diplomatischen Aspekten – einen Versuch erblicken, sich wie zum Überfluß auch noch ein Stück dynastischer Legitimität zu sichern. Adolf Hitler wiederum verfolgte nach dem Fehlschlag seines dilettantischen Putsches von 1923 beharrlich den Plan, auf »legale« Weise die Macht zu erlangen, also vom Reichspräsidenten in das Kanzleramt berufen zu werden, und das hieß, seinem

Auftritt den Charakter konstitutioneller Rechtmäßigkeit zu verleihen; der Festakt in der Potsdamer Garnisonkirche sollte die »Machtergreifung« zudem mit dem Pomp und Schein einer Art von Restauration preußisch-deutscher Militärstaatlichkeit umgeben; und auch nachdem auf der Grundlage der verlängerten Notstandsdiktatur längst eine unbeschränkte Herrschaft sich ausgebildet hatte, suchte der Diktator sich durch die Veranstaltung von Volksbefragungen eine freilich hohle demokratische Legitimität zu verschaffen.

So allgemein und so unabweislich ist das Bedürfnis des Machthabers nach Rechtfertigung, Zustimmung und Anerkennung, das Bedürfnis der Regierten nach Gründen, nach möglichst guten Gründen dafür, sich regieren zu lassen – und zwar gerade auf diese Weise und gerade von diesen bestimmten Regenten –, daß wir es als ein politisches Urphänomen aufzufassen uns geradezu gezwungen sehen. Keine noch so eindrucksvolle Leistung vermag die fehlende Rechtmäßigkeit zu ersetzen, die zweifelhafte zu überdecken. Boris Godunow soll ein weiser Fürst gewesen sein, eine glückliche Hand in der Verwaltung seines Landes bewiesen haben; dennoch vermochte er nicht, das Gedächtnis daran zu tilgen, daß er durch die Ermordung des rechtmäßigen Thronerben sich die Bahn zur Herrschaft eröffnet hatte, und seine Untertanen fielen nachmals dem Demetrius zu, dem vermeintlich wiedergekehrten Zarewitsch, obwohl er nur der ›falsche‹ war.

Der Satz, Legitimität sei ein universal gültiger Begriff, ist hier zuerst an Randerscheinungen und Grenzfällen beleuchtet und erwiesen worden, an der hastigen Begierde des Usurpators, seine Blöße zu decken, und an der paradoxen Rechtfertigung der Usurpation selbst. Doch sind dies vielleicht nur die Tribute, die das Laster der Tugend zollt. Reicher, fülliger und mächtiger tritt die Universalität dieses Prinzips in Erscheinung, wenn wir uns die Vielfalt der Rechtfertigungsweisen und der Legitimitätsquellen vor Augen führen, die in der Weltgeschichte der Herrschaft und der Ordnung vorgekommen sind. Es gibt nicht nur eine einzige Art von Legitimität, wie uns der überlieferte ›legitimistische‹ Sprachgebrauch anzunehmen nahelegt, welcher einzig die erbliche Thronfolge gelten lassen möchte. Eine Regierung, eine Herrschaft ist auch nicht entweder schlechthin legitim oder schlechthin illegitim; vielmehr kann die eine Regierungsart auf diesem, die andere auf jenem Fundamente von Rechtmäßigkeit ruhen, und dies nicht einmal nur in unterschiedlichen historischen Epochen oder in auseinanderliegenden Kultur-Regionen, sondern sogar in einer und derselben Epoche und innerhalb nahe verwandter Kultursphären. Die Allgemeinheit des Legitimitätsprinzips und des Rechtfertigungsbedürfnisses mag zwar auf den ersten Blick eine erhebende oder doch erfreuende Wahrnehmung sein; sobald der Beobachter der politischen Systeme aber näher in seine Erscheinungsformen eindringt und den Pluralismus, die Mehrzahl, ja die Vielfalt der Rechtfertigungsgründe und Legitimitätsquellen entdeckt, muß ihn gerade diese Universalität aufs höchste beunruhigen.

Die unmittelbare Göttlichkeit des Herrschers stellt in gewissen Reichen des Altertums eine weithin gültige Legitimitätsform dar, sie ist uns – im Falle des japanischen Kaisers oder, in einer anderen Abwandlung, in demjenigen des tibetanischen Dalai-Lama – wie in letzten Reservaten noch jüngst begegnet. Göttliche Abkunft eines regierenden Hauses oder auch eines Einzelnen, der Verehrung und Gehorsam beansprucht, mag als eine Nebenform solcher numinosen Legitimität gelten: diese Erscheinung ist nicht auf den antiken und heidnischen Bereich beschränkt geblieben, sie bildet vielmehr ein konstitutives Element des christlichen Glaubens und der freilich ins Geistliche versetzten und verwandelten Herrschaft Christi in demjenigen Reiche, welches kommen soll und doch auch schon »mitten unter uns« beginnt. Nicht von rein religiöser, sondern von unmittelbar diesseitig-politischer Mächtigkeit war bis herein in unsere Tage das Legitimitätsprinzip der göttlichen Einsetzung, zumal in der Gestalt des Gottesgnadentums; die Formel reicht ins früheste Mittelalter zurück, Karl der Große war wohl der erste König und Kaiser, der sie gebraucht hat. Von der Würde und Gewalt des römischen Kaisers hieß es im hohen Mittelalter – so namentlich im Königswahlgesetz von 1338 –, sie sei »unmittelbar von Gott allein«, und es galt dem Rechtsdenken jener Zeit keineswegs für einen Widerspruch, wenn gleichwohl der individuelle Träger solcher Macht und Würde von einer bestimmten hierzu legitimierten Körperschaft , nämlich den Kurfürsten, entweder einstimmig oder durch Mehrheit gewählt wurde, wenn also die Rechtmäßigkeit seiner Herrschaft und der Anspruch auf den Gehorsam aller Untertanen aus ebendiesem Wahlakt sich herschrieb und auch ausdrücklich herschreiben sollte. Nur wer aus solcher Wahl hervorginge, solle von jedermann »pro vero et legitimo imperatore« gehalten und erachtet werden. So war das Amt von Gott, die Person aber von Menschen in das Amt eingesetzt, und die Kur, wiewohl sie die Würde und die Macht (dignitas et potestas) nicht zu schaffen sich unterfing, war doch imstande, einen bestimmten Menschen zu dieser Würde und Macht zu erheben und ihn als ihren Träger zu legitimieren.

Von der göttlichen Einsetzung läßt sich die göttliche Eingebung als eine historisch mächtig wirkende, freilich vorwiegend kritische, ja revolutionierende Quelle der Legitimität unterscheiden. Die griechischen Orakel zwar bleiben hier besser beiseite, da sie um ihren Rat und ihre Weissagung wohl mehr wegen einzelner politischer Handlungen als wegen der Herrschaft oder der Verfassung als solcher befragt wurden. Doch gibt es im Alten Testament ein hochbedeutendes Amt, welches irregulär, ohne Erbgang und ohne Wahl, sich dennoch fortpflanzt und dessen Träger ihre gewaltigen Stimmen erheben aus keiner anderen Rechtfertigung als der, daß Gott selbst zu ihnen und wiederum durch ihren Mund zu seinem Volke rede: ich meine die Propheten und das Propheten-Amt, das denn allerdings zwar als ein Führungs-, aber nicht als ein Herrschafts- und Regierungsamt aufgefaßt werden kann, vielmehr eher mit der Gebärde legitimer Opposition dem Königtum gegenübertritt.

Diese unregelmäßig, ungeordnet, ja abseits fester Ordnung und Verfassung, auch sprengend und umwälzend auftretende Inspiration ist es wohl, was Max Weber vor allem im Auge hatte, als er den Typus der »charismatischen« Herrschaft und Führung einer traditionalen und einer rationalen Regierungsweise und Legitimitätsgrundlage gegenüberstellte. Doch möchte ich seiner Einteilung nicht folgen, sondern näher an den jeweiligen historischen Selbstzeugnissen bleiben und darum die göttliche Eingebung, Divination, Inspiration oder direkte Offenbarung als eine eigentümliche Legitimitätsquelle festhalten, welche von denjenigen der Göttlichkeit, der göttlichen Abkunft und der göttlichen Einsetzung des Herrschers oder des Herrscheramtes wohl zu unterscheiden ist und unterschieden bleiben soll. Das politische Handeln aus Offenbarung und die rechtfertigende Berufung auf göttlichen Befehl ist keineswegs auf das Altertum beschränkt geblieben. Ein bedeutendes neuzeitliches Beispiel bildet die große englische Revolution, die Revolution der Puritaner. Cromwell und Fairfax zogen, wie es scheint, nicht nur ihre Kraft und ihren Anspruch im allgemeinen, sondern sogar das Recht und die Initiative konkreter einzelner Maßnahmen politischer und militärischer Art aus dem Bewußtsein unmittelbaren Verkehrs mit Gott, der ihnen in ihren langen und inständigen Gebeten Antwort, Rat und Weisung erteilt habe. Doch waren es nicht immer Gottes Offenbarungen, auf die man sich berufen hat: Von gewissen modernen und säkularen Abwandlungen apokalyptischer Legitimität wird späterhin ausführlicher zu reden sein.

Den numinosen Arten der Legitimität treten diejenigen zur Seite, die man die pragmatischen oder auch die gesellschaftlichen nennen könnte. Das sind die Gesetze der Wahl und die Gesetze der Thronfolge, welche schon Montesquieu an einer berühmten und erleuchtenden Stelle des »Esprit des Lois« in Beziehung zueinander gesetzt hat mit der Bemerkung, das Wahlgesetz bedeute in einer republikanischen Ordnung dasselbe wie das Erb- und Thronfolgegesetz in einer Monarchie. Die Meinung geht offenbar dahin, daß beide nämlich für feste und eindeutige Bestellung, auch für Nachfolge und also für Kontinuität der Regierung – und der Regierungsweise – sorgten. Thronfolge-Gesetze und Wahlgesetze sind in der Tat Regelungen, die, wenn sie sich einmal durchgesetzt und das fundamentale Einverständnis sowohl der jeweils Regierten als vor allem des Kreises der möglichen Prätendenten und also der Herrschafts-Konkurrenten gefunden haben, eine unvergleichlich zivilisierende Wirkung üben.

Solange zum Beispiel innerhalb einer und derselben herrschenden Familie keine Regel über die Thronfolge aufgestellt ist, kann die Ermordung der näheren und ferneren männlichen Verwandten für den stärksten oder raschesten Anwärter zur Notwendigkeit, kann der sogenannte »Sultanismus« zum System werden, wie es im alten osmanischen Reiche geraume Zeit gegolten hat. Doch ist der Prätendentenmord als eine Art von Notverfassung bei ungeregelter oder ungenügend geregelter dynastischer Herrschaft auch in der Geschichte europäischer Königreiche bekannt: die germanischen Reiche der Völkerwanderungs-Epoche bieten Stoff zu diesem düsteren Studium, und noch Shakespeare gibt in seinen Königsdramen, am

drastischsten in »Richard III.«, kundige Anschauung von solchen Zuständen.
Für die abendländische Geschichte im ganzen ist freilich eine andere Gefahr ungenügender Erbregelung weit folgenreicher gewesen: die Teilung des Besitzes oder der Herrschaft unter den mehreren Prätendenten. Als ungenügend muß die Erbteilung jedenfalls im Lichte des Postulates der Kontinuität und Dauerhaftigkeit der Regierung erscheinen, insofern doch auch die Erhaltung eines erkennbar identischen, einigermaßen wohlbegrenzten Regierungsbereiches unvermeidlich zu ihr gehört. Uns Heutige, die wir an die Festigkeit der Staatsgebiete wie an eine natürliche Gegebenheit uns gewöhnt haben – wenngleich gerade Deutschland im Zusammenhang zweier Weltkriege aus ganz anderen Gründen, nämlich mit Annexionsplänen und faktischen Einverleibungen einerseits, Gebietsverlusten und Teilgründungen andererseits massiv gegensinnige historische Erfahrungen gemacht hat –, müssen die Teilbarkeit und Wandelbarkeit namentlich mittelalterlicher Herrschaftsbereiche und Herrschaftsgebilde geradezu phantastisch anmuten. Die Aufteilung des Reiches Karls des Großen unter mehrere karolingische Erben und der Vertrag, durch welchen die Abgrenzung ihrer ›Zonen‹ festgelegt wurde (der Vertrag von Verdun), schimmert bis auf diesen Tag in den politischen Grundrissen des europäischen Kontinents durch. Derart war Herrschaft über lange Zeiten so teilbar und so strittig – und freilich auch so vermehrbar – wie Besitz, daher die Flüchtigkeit eher ihr Merkmal als die Dauer. Erbfolge-Fehden und Erbfolgekriege zwischen verwandten Dynastien prägen den Stil der Auseinandersetzungen kleiner und großer europäischer Mächte bis herauf ins achtzehnte Jahrhundert. Nur mit tiefem Erstaunen kann man sich vergegenwärtigen, daß das mächtige Haus Habsburg erst mit der »Pragmatischen Sanktion«, jenem Hausgesetz, das Kaiser Karl VI. im Jahre 1713 verkündet hat, die Sukzession nach dem unbedingten

Erstgeburtsrecht und zugleich damit das Prinzip der Unteilbarkeit seines territorialen Besitzstandes festzulegen imstande gewesen ist.

Vor solchem Hintergrunde muß die Aufstellung und Annahme gültiger Thronfolge-Regeln als ein bedeutendes Erzeugnis politischer Kultur erscheinen. Dasselbe gilt indessen auch von Wahlgesetzen, und zwar vorab gerade in monokratischen Systemen. Montesquieu hat an jener Stelle wohl übersehen, daß nicht nur demokratische und nicht einmal nur republikanische, sondern eben auch monarchische Regierungen und Regenten durch Wahl bestellt werden können und tatsächlich bestellt worden sind. Die mittelalterliche Königs- und Kaiserwahl bildet für uns das vertrauteste Beispiel; sie reicht mit einer Wurzel ins germanische Altertum zurück. Obgleich der Sachsenspiegel, jenes deutsche Rechtsbuch des dreizehnten Jahrhunderts, den erstaunlichen Satz enthält, daß jeder Freie zum König gewählt werden könne, war für lange Perioden die Auswahl tatsächlich auf die Angehörigen bestimmter vorherrschender Familien beschränkt. Man hat zudem nachweisen können, daß die Königswahl in ihren germanischen Ursprüngen ganz offenkundig diesem Familienanspruch oder ›Geblütsrecht‹ gleichsam nur zu Hilfe kam. Die ›Legitimität‹ herkömmlicherweise herrschender Sippen und die Legitimität durch Wahl waren augenscheinlich in der Weise miteinander verschränkt, daß diese geradezu den Mangel eindeutiger Thronfolge-Regeln ersetzt und ausgeglichen zu haben scheint. Diese eigentümliche Erscheinung zeigt, daß Erblichkeit der Herrschaft und Wahlkönigtum einander durchaus nicht auszuschließen brauchen, daß beide Prinzipien vielmehr zu einem einzigen Komplex pragmatischer Legitimität verschmelzen können. Derart wird auch das schwankende Ineinander von Wahlsystem und dynastischem System verständlich, welches weithin das deutsche Mittelalter kennzeichnet.

Bis auf unsere Tage wird der Apostolische Stuhl durch das Kollegium der Kardinäle im Wege eines Wahlaktes besetzt, und wenn dem Amte des Papstes heutzutage auch fast keine weltliche Regierungsgewalt mehr zukommt, so muß es gleichwohl auch fernerhin als ein Regierungsamt gelten; seine gewissermaßen monarchische, jedenfalls monokratische Wesensart ist zum wenigsten seit dem Niedergang der Konzils-Bewegung kaum noch bestritten worden und schwerlich zu bestreiten. Die älteste Wahlregel stammt hier bereits aus dem vierten Jahrhundert, und sie läßt erkennen, daß das Mittel der Wahl – mindestens nach Form und Wortlaut – in denjenigen Fällen eingreifen sollte, in welchen der Amtsvorgänger durch plötzlichen Tod oder andere Umstände gehindert war, seinen Nachfolger selbst zu benennen. Die ausgereiften Vorschriften für die Wahl des »römischen« Königs und die Wahl des römischen Papstes haben manche Züge miteinander gemein – so auch die Verfahrensregel, nach der bei mangelnder Einmütigkeit die Mehrheit oder (im Falle der Papstwahl, und zwar seit dem zwölften Jahrhundert) eine qualifizierte Mehrheit entscheiden solle –, vor allem zielen beide im Prinzip auf eine Bestellung für die ganze Lebenszeit der derart Erwählten. Beide Regelungen haben ihren Hauptzweck, die Eindeutigkeit der Herrschaft und der Nachfolge, keineswegs immer erreicht: die Wahlkollegien konnten zerfallen, Zeiten langen Interregnums sind eingetreten, Gegenkönige haben einander bekriegt, Schismen haben die römische Kirche zerrissen. Doch vermögen diese Schwächen und Krisen insgesamt die Erkenntnis nicht außer Kraft zu setzen, daß dergleichen Wahlgesetze – ganz ähnlich wie die Thronfolgegesetze – in der Geschichte im ganzen eine gar nicht wegzudenkende sittigende Kraft bewährt haben.

Diese pragmatischen Legitimierungen monokratischer Ämterbesetzung durch Thronfolge-Regelungen oder durch Wahlvorschriften, gleichermaßen dazu bestimmt, Eindeutigkeit der Nachfolge zu gewährleisten und möglichst krisenlose Kontinuität der Regierung zu sichern, gleichermaßen auf Lebenslänglichkeit der Amtsausübung gerichtet und im Grunde nur dadurch voneinander unterschieden, daß im einen Fall die herrschende Dynastie selber, im anderen Fall eine mehr oder minder deutlich begrenzte Zahl von Standes-Notabeln in der Rolle von Elektoren – wie dort die Fürsten und sonstigen Primaten, später die Kurfürsten, so hier die Kardinäle – die Bestellung vollzog, waren und blieben weithin mit der numinosen Legitimität des Amtes als solchen, also des Thrones oder der Krone, ohne Widerspruch verbunden. Ja, der gesellschaftliche Vorgang der Wahl wird gelegentlich selber ausdrücklich als Vollzug einer Entscheidung Gottes verstanden und dargestellt, welcher denn in solchem Falle nicht einmal nur das Amt eingesetzt, sondern auch die individuelle Person in das Amt berufen habe. Ein pointiertes Zeugnis hierfür bildet der Bericht über die Wahl Karls des Kahlen zum König von Lothringen im Jahre 869, worin es heißt, man habe ihn einmütig als den »legitimen Erben« dieses Königreiches erkannt und ihm dieses also anvertraut, weil man glaube, daß gerade er »von Gott erwählt« sei. Angesichts solcher Dokumente müssen wir vermuten, diese mittelalterlichen Wahlmänner hätten ihre spontane Entschließung wesentlich als einen Akt der Auffindung und Ausführung des göttlichen Willens aufgefaßt und derart ihre eigene pragmatische Handlung wiederum ihrerseits auf numinose Weise begründet, ja gerechtfertigt. Die Wahl erscheint dann weniger als ein Akt des Willens denn als ein Akt der Erkenntnis, nämlich der Erkenntnis nicht nur des Rechten oder des Besten, sondern des Berufenen.

Der Papst regiert vom Stuhle des Apostels Petrus auf Grund göttlicher Einsetzung als der Stellvertreter Christi auf Erden, obwohl jeder einzelne Papst, sofern Recht und

Gesetz befolgt wurden, durch einen gesellschaftlichen Wahlakt in sein Amt gelangt ist. Nicht anders verhalten sich die numinose Legitimität des Amtes und die pragmatische Legitimierung des jeweiligen Amtsträgers zueinander im Falle der deutschen Königswahlgesetze des vierzehnten Jahrhunderts, welche übrigens politisch dazu bestimmt waren, die Gültigkeit und Endgültigkeit des kurfürstlichen Wahlaktes und somit auch die Würde des römischen Königs und Kaisers selbst von der Zustimmung des Papstes unabhängig zu machen, also eine autonome, von der päpstlichen Bestätigung und Beglaubigung emanzipierte Rechtmäßigkeit des deutschen Königtums zu begründen oder wiederherzustellen. Darum heißt es[1], die kaiserliche Würde und Macht stamme »unmittelbar« von Gott und von Gott allein, und darum heißt es ferner, daß der Gewählte sogleich und einzig auf Grund der Wahl (»statim ex sola electione«) für den wahren König und Kaiser der Römer anzusehen sei und daß man ihm allgemein Gehorsam schulde. Die legitimierende Kraft der Wahl tritt derart wohl schärfer hervor, als wenn ihr die Salbung und die Krönung durch den römischen Papst als der eigentliche Legitimations-Akt nachfolgte. Aber zugleich muß dieser Text auch die göttliche Einsetzung des Kaiseramtes nachdrücklich hervorkehren. Die Wahl schafft nicht das Amt, sie legitimiert nur seine Besetzung.

Ebenso bestimmen die monarchischen Erbfolge-Gesetze, wer jeweils der rechtmäßige Träger des königlichen Amtes sein soll, aber sie legitimieren nicht die Krone als solche. Der überhitzte »Legitimismus«, der den Bourbonen als Bourbonen – oder den Hohenzollern als Hohenzollern – zu einer Inkarnation der Legitimität schlechthin machte und derart das pragmatische Prinzip ins Numinose ver-

1 Im Königswahlgesetz Ludwigs des Baiern vom 6. August 1338 (Mirbt, *Quellen zur Geschichte des Papsttums und des römischen Katholizismus*, 4. Auflage 1924, Nr. 384).

kehrte und verklärte, ist eigentlich erst ein Erzeugnis der Restauration des frühen neunzehnten Jahrhunderts, ein Erzeugnis Talleyrands, des Wiener Kongresses und der deutschen Romantik.

Ein Konflikt von Legitimitätsgründen tritt erst dann und dort ein, wo dem göttlichen Recht der Könige der gesellschaftliche Ursprung der Gewalt des Herrschers und Richters entgegengehalten wird. Solange die Wahl nur ein pragmatisches Prinzip der Bestellung und Besetzung darstellt, kann es sich durchaus in die Grundansicht von der göttlichen Herkunft oder göttlichen Einsetzung des Regierungsamtes selbst einfügen, tut sie also der numinosen Legitimität des Amtes keinen Abbruch, bildet sie nur ein Verfahren, den rechten Träger dieser vorgeprägten, aus höherer Ordnung und Anordnung herrührenden Rolle zu finden. Zuweilen versteht sich ja die gesellschaftliche Wahl – im geistlichen wie im weltlichen Bezirk – sogar als ein Verfahren, die göttliche ›Wahl‹ des Rechten nur eben zu erkennen und auszudrücken; mit anderen Worten, sie legitimiert sich selber wiederum theologisch aus einer numinosen Berufung gerade dieses Kandidaten, auf welchen die Wahl fällt.

Ganz anders aber stellen sich die Legitimitätsverhältnisse in dem Augenblicke dar, in welchem das Amt, der Thron, die Krone und das Zepter selbst aus menschlicher Vereinbarung hergeleitet und auf gesellschaftliche Zustimmung gegründet wird. Solch ein Umsturz der Rechtfertigungsgründe hat sich in der Neuzeit in Europa im siebzehnten und achtzehnten Jahrhundert vollzogen. Die krassen Erscheinungen derjenigen Revolutionen, welche die Völker mit dem Beiwort der »großen« ausgezeichnet haben, nämlich der puritanischen in England und der jakobinischen in Frankreich, und welche beide nicht allein die geheiligten Häupter von Königen dem Henker ausgeliefert, sondern zugleich das Königsamt selber kassiert haben

– diese Vorgänge scheinen mir den Legitimitätsbruch bei weitem nicht so rein und genau hervortreten zu lassen wie jene viel leisere und ganz unblutige Revolution, die die Engländer die »glorreiche« nennen.
Die Vertreibung Jakobs des Zweiten, des letzten Stuarts, und die Herbeirufung Wilhelms von Oranien (im Jahre 1688) durch das Parlament unter Anführung der Whig-Partei könnte, für sich allein genommen, wie eine radikale Wiederherstellung des Kür-Rechtes der Großen des Reiches gegenüber dem erblichen Gottesgnadentum der Stuarts und seinen absolutistischen Konsequenzen erscheinen, wäre dieser Vorgang nicht von einer durchaus neuartigen Theorie begleitet gewesen: ich meine die Lehre des großen John Locke, wie sie in seinen beiden Traktaten über die Regierung ausgebreitet ist. Locke, der mit dieser eigentümlichen Revolution aus dem Exil zurückkehrte, hat sich selbst als ihr geistiger Interpret gefühlt, ist auch als solcher und als der eigentliche Begründer der whigistischen Staatsphilosophie anerkannt worden. Dieser helle und energische Geist hat die Regierung, die Obrigkeit, das Königtum, die Gesamtheit der politischen Ämter aus menschlicher Vereinbarung hergeleitet und aus nichts anderem denn aus menschlicher, gesellschaftlicher Vereinbarung. Daß die Regierung der Zustimmung des Volkes bedürfe, ja auf solchem consensus populi – englisch: consent of the people – ruhe, das allein könnte durchaus als ein neu belebtes mittelalterliches Motiv gelten. Daß der Monarch sich der »stehenden Regel«, den Gesetzen unterwerfen müsse, daß aus der Gesetzlichkeit seine eigentliche Autorität herrühre – auch solche Klänge sind dem christlichen Mittelalter keineswegs fremd. Aber daß alle Obrigkeit aus ursprünglicher menschlicher Vereinbarung hervorgehe – anstatt aus göttlicher Einsetzung –, daß also nicht allein die jeweilige königliche oder richterliche Person von Gesellschafts wegen bestellt, sondern das Amt selber, auch und gerade das

Königsamt mitsamt Krone, Thron und Zepter von Gesellschafts wegen – anstatt von Gott zum Heile der Menschen – errichtet sei: in dieser These liegt die eigentliche Umwälzung beschlossen. Die Glorreiche Revolution hat den Thron nicht umgestoßen, sie hat nur einen anderen König, eine andere Familie und freilich auch einen anderen Glauben, den protestantischen, ins Regiment gebracht. Äußerlich ist gar nichts Unerhörtes geschehen, das Wort ›Revolution‹ scheint fast zu dröhnend, den Vorgang zu bezeichnen. Die eigentliche Umwälzung betrifft den Charakter, das Prinzip, die Quelle der Legitimität. Die Legitimität ist revolutioniert worden. Die Königsrolle und das Königsrecht dauern fort, aber aus dem göttlichen ist ein rein menschliches, ein ganz eigentlich politisches Recht geworden.

Man könnte auch sagen, das ›Dei gratia‹ sei gestrichen und getilgt worden, oder von jener alten Doppelrechtfertigung »et divina auctoritate et humana ordinatione« – sowohl aus göttlichem Ratschluß wie auch aus menschlicher Bestallung –, wie sie in einer Quelle des neunten Jahrhunderts formuliert ist, sei gleichsam nur die zweite Hälfte übriggeblieben, die erste hingegen abgestorben. Dies wäre aber eine allzu grobe, zudem auch irreführende Erklärung. Jene menschliche Vereinbarung nämlich, von der sich – nach Lockes Lehre – die Regierungsämter sämtlich herschreiben und welche den wahren und einzigen Grund ihrer Legitimität ausmache, geht, als ein gedachter urzeitlicher Vorgang, ihrerseits unmittelbar aus dem Naturzustande hervor, und der Naturzustand ist nichts anderes als der anfängliche Zustand der Schöpfung, welchem der Schöpfer keineswegs nur die wilden Triebe, sondern zugleich das Bedürfnis der Gerechtigkeit und die Fähigkeit der Rechtserkenntnis eingepflanzt hat. Darum wächst Gottes gnädig ordnender Wille, weil ihn die Menschen durch ihre eigene Tat, ihre grundlegende Vereinbarung, die das Gemeinwesen stiftet und Gericht und Regierung an gemeinsam anerkannte Ämter überträgt, zu ihrem eigenen Willen gemacht und in menschlich-gesellschaftlichen Institutionen verwirklicht haben, auf diesem Wege oder Umwege doch auch wiederum den Obrigkeiten zu, welchen zu gehorchen die Menschen einander versprochen haben. Eine derart ›nur‹ menschlich legitimierte, aus gesellschaftlicher Vereinbarung erstehende Regierung ist darum nicht von Gott verlassen – deswegen nicht, weil die Menschen selber nicht von Gott verlassen waren, als sie eine solche Gesellschaft bildeten und eine solche Vereinbarung trafen. Indem sie diese Ämter stifteten und sich dem dauernden Gesetz und dem gemeinsamen Richter unterwarfen, taten sie nur, wozu sie geschaffen waren. Sie schufen und verschafften sich ein verbindliches Gericht und eine gemeinsame Regierung, damit Friede unter ihnen sei oder doch in jedem Augenblick hergestellt werden könne.

Dies etwa ist der Gedankengang des großen John Locke und seiner Lehre von der Entstehung des Staates. Diese Lehre hat Epoche gemacht. Sie bildet einen Knoten- und Wendepunkt in der politischen Geistesgeschichte des Abendlandes. Aber selbst wenn das alles nicht wäre, so bliebe sie noch das schönste und schlüssigste Zeugnis einer neuen Begründung politischer Legitimität, welche sich von den Formen der numinosen wie auch der pragmatischen Legitimität deutlich unterscheidet: ich möchte vorschlagen, ihr den Titel des bürgerlichen oder auch des humanistischen Legitimitätsprinzips zu geben. Man sieht an Lockes eigner Darlegung wie auch an den teuersten jener grundlegenden Dokumente der modernen Staatenwelt, die man Verfassungen nennt – insofern sie nämlich allesamt in der Gestalt der ursprünglichen »Menschenrechte« das Gedächtnis und die unantastbare Fortgeltung jenes Natur- und Schöpfungszustandes aufbewahren –, daß solche Rechtfertigung politischer Ämter aus menschlicher Verein-

barung darum doch keineswegs als eine bloße Reduktion der hergebrachten christlichen Lehre von den Obrigkeiten auf die rein pragmatischen Elemente verstanden werden kann. Die Ämter zwar sind hier nicht von Gott eingesetzt, sie ermangeln der eignen numinosen Würde, gründen sich auf menschliche Übereinkunft – das ist die eigentliche ›Revolution‹ –, aber die divina auctoritas von ehedem ist darum doch nicht verschwunden, sondern vielmehr in die humana ordinatio eingegangen und eingeschmolzen und wirkt mächtig in ihr fort. »Wir alle sind Erben Adams«, hatte Locke mit kühner Unbefangenheit (in dem ersten seiner beiden Traktate) dem ›legitimistischen‹ Ideologen der Stuarts, Sir Robert Filmer, entgegengerufen, und so müsse buchstäblich jedermann für einen Monarchen gelten, wenn es denn wahr sei, daß Adam von Gott zum Herrn und Fürsten eingesetzt wurde. Aus dem Recht der Adams-Sprößlinge und aus ihrem gleichen Recht erwächst nun allein auch das Recht der Fürsten und Regenten, ihr göttliches Recht ist in ihr menschliches verwandelt, weil der Mensch schon von Natur und Schöpfung wegen mit der Vollmacht ausgestattet ist, Obrigkeit zu stiften und ihr aus freien Stücken von seiner eignen Souveränität und Legitimität dasjenige Teil abzutreten, das sie braucht, um Frieden herzustellen. Jener numinosen Legitimität des Herrscheramtes tritt diese bürgerliche oder politische Legitimität gegenüber und freilich auch entgegen, aus welcher die modernen Verfassungs-Staaten durchweg im Kerne ihres Wesens existieren.
Ob diese Quelle der Rechtmäßigkeit und dieses Prinzip der Rechtfertigung indessen eine ausschließlich und entschieden neuzeitliche Entdeckung darstellt, wollen wir hier nicht entscheiden. Ich vermag zwischen Lockes Lehre vom Ursprung des Staates aus menschlicher Vereinbarung und jenem berühmten Satze des Aristoteles, wonach der Mensch – der Mensch schlechthin und allgemein – ein

bürgerliches Wesen sei (ein Zoon Politikon), keinen irgend erheblichen Unterschied wahrzunehmen, jedenfalls soweit man diese Theorien im Lichte der Legitimitätsfrage prüft. Eher scheinen sie nahe verwandt miteinander. Ein zeitgenössischer englischer Gelehrter hat Aristoteles denn auch mit einer komischen Verdrehung den »ersten Whig« genannt, und umgekehrt ließe sich die moderne Verfassungslehre zu einem guten Teil als eine Art Wiederbelebung oder Renaissance der aristotelischen »Politik« beschreiben. Dergleichen ist hier nicht meine Aufgabe. Nicht auf historische Darlegungen und Zuordnungen kam es hier an, sondern lediglich auf eine gewisse Sammlung und Gliederung von Erscheinungen der Legitimität. Die Form oder das Prinzip der bürgerlich-humanistischen Legitimität ist darum ein wenig ausführlicher und ein wenig nachdrücklicher eingeführt worden als andere Formen und Prinzipien, weil ebendies in unserer modernen Welt die Vorherrschaft angetreten hat. Zum wenigsten herrscht es im Bereich der Verfassungsstaaten oder – wie wir uns gezwungenermaßen zu sagen gewöhnt haben – im Bereich des Westens. Wenn und soweit wir von der Rechtmäßigkeit eines Gemeinwesens überzeugt sind, das die Menschenrechte achtet und schützt, das die Regierungsämter oder Staatsorgane in einer Verfassung definiert und dessen Regenten nach Gesetzen handeln, so ist es die bürgerliche oder humanistische Legitimität, woraus sich unsere Überzeugung nährt.

Legitimität ist ein universaler Begriff. Weil er so allgemein gilt, haben wir es schwer, ihn als Maßstab zu handhaben, Regierungen und Regierungsarten nach seinem Maße zu betrachten, zu vergleichen und zu beurteilen, die guten von den schlechten oder doch die besseren von den weniger guten zu sondern, Entscheidungen auf solche Urteile zu gründen. Die Mehrzahl der Legitimitätsprinzipien, die Unterschiedlichkeit der Quellen der Rechtmäßigkeit scheint den maßstäblichen Wert des Legitimitätsbegriffes vollends in Frage zu stellen. Eine solche Erkenntnis – vom Pluralismus der Legitimitätsgründe – mag uns eine buntere Welt erschließen helfen, aber zugleich scheint sie es uns bedeutend zu erschweren, uns selber darin zurechtzufinden. Die Allgemeinheit des Begriffs und seine Maßstäblichkeit scheinen einander zu widerstreiten, wenn sie sich nicht gar wechselseitig ausschließen. Es ist, als könnten wir nur entweder einen Schlüssel in der Hand halten oder aber ein Messer – das Werkzeug der Erschließung oder dasjenige der Sonderung. Und doch streben wir in alledem nach einer vollständigen Erkenntnis, nicht nach Unterrichtung allein, sondern nach Unterscheidung und Entscheidung. Wir müssen es versuchen.

2. Kapitel
Das Postulat der freien Wahl

»Die bürgerliche Verfassung in jedem Staate soll republikanisch sein«
(Kant, Zum ewigen Frieden, Erster Definitiv-Artikel)

Nie zuvor in der Geschichte der völkerrechtlichen Entscheidungen ist die Forderung, daß Regierungen aus Wahlen hervorgehen sollten, mit solcher Bestimmtheit und mit solcher Allgemeingültigkeit erhoben worden wie von den Siegern des Zweiten Weltkrieges oder doch von denjenigen unter ihnen, die später als die westlichen Alliierten bezeichnet wurden. Kaum je zuvor war dieses Postulat überhaupt – von Staatsmännern – mit dem Anspruch aufgestellt worden, von einer ganzen Anzahl von Ländern und Völkern mit verschiedenartigen Überlieferungen gleichermaßen befolgt zu werden. Nie zuvor war es in dieser Weise als eine verfassungspolitische Maxime von internationaler, ja von – der Intention nach – schlechthin weltweiter Anwendbarkeit formuliert worden. Nie zuvor war ein derart eingreifendes Prinzip der Regierungsbestellung in völkerrechtliche Dokumente eingegangen. Was Winston Spencer Churchill als britischer Premierminister, Franklin Delano Roosevelt als Präsident der Vereinigten Staaten von Amerika und Joseph Wissarionowitsch Stalin als Vorsitzender des Rates der Volkskommissare der Sowjetunion auf der Konferenz von Jalta beschlossen und verkündet haben, war sogar mehr als eine Maxime und mehr als eine Forderung, es war eine conditio sine qua non aller staatlichen Ordnung und zugleich der künftigen Friedensordnung Europas. In ihrer »Deklaration über das befreite Europa« verbanden sich die drei Regierungs-

Chefs, die Völker der befreiten europäischen Staaten und der früheren europäischen »Vasallen der Achse« gemeinsam bei der Schaffung vorläufiger Regierungsgewalten zu unterstützen, die verpflichtet sein sollten, »zum ehestmöglichen Zeitpunkt auf dem Wege freier Wahlen Regierungen zu errichten, die dem Volkswillen entsprechen«; sie bekundeten zudem ihre Bereitschaft, nötigenfalls auch bei der Veranstaltung solcher Wahlen behilflich zu sein.

Dieses bedeutende Dokument scheint freilich – zum wenigsten in den Augen der Nachwelt – dadurch einiges an Glaubwürdigkeit und Verbindlichkeit einzubüßen, daß es von Stalin mitunterschrieben worden ist. Wir müssen uns darum zuerst mit dem zweifelnden oder höhnischen Hinweis auf diese Tatsache ein wenig näher beschäftigen. Die Unterschrift des Generalsekretärs der Kommunistischen Partei und unumschränkten Diktators der Sowjetunion, dessen Volk – unerachtet wiederkehrender Akte der Zustimmung zu den Vorschlägen der herrschenden Monopolpartei – keine eigentliche Wahl hatte noch kannte, muß in der Tat aufs höchste wundernehmen. Churchill war zum Amte des Premiers gelangt als Angehöriger der Führung einer Parlamentspartei, welche in allgemeinen Volkswahlen und im Wettbewerb gegen eine bedeutende Konkurrenz die Mehrheit errungen hatte; Roosevelt hatte – zum vierten Male – als Kandidat der Demokratischen Partei in allgemeinen Volkswahlen über seinen republikanischen Rivalen den Sieg davongetragen. Stalins Machtposition hingegen gründete sich darauf, daß er von der Funktion des Parteisekretärs aus – in einem Herrschaftssystem, das bis heute keine feste Regel für die Nachfolge besitzt – seine Mitbewerber und Mitregenten mit den orientalischen Mitteln der Verdächtigung, Verfolgung, Verbannung und Exekution aus dem Felde geschlagen hatte, ohne je einen wählenden Richter über seine Ansprüche anzurufen noch anzuerkennen. Seine verantwortliche Teilnahme an der feierlichen Erklärung von Jalta gibt ein Rätsel auf.

Das Rätsel ist auch nicht durch die Untersuchung jener Techniken aufzulösen, die die kommunistischen Parteiführer in Polen, Jugoslawien, Ungarn und anderwärts angewandt haben, um den Status der provisorischen Regierungsgewalt zu nutzen und sie auf dem Wege der terrorisierten Koalitionen und Fusionen in eine Herrschaft von schrecklicher Endgültigkeit umzuwandeln. Wir sind freilich Zeugen gewesen – und können es aus den Eröffnungen von Beobachtern und Abtrünnigen recht genau nachverfolgen –, in welcher Weise Stalin und seine Statthalter jene alliierten Vereinbarungen in ihrem Sinne ausgebeutet haben und wie durch eine Serie von mehr oder minder verhüllten Staatsstreichen das bolschewistische Partei-Imperium in Osteuropa begründet und ausgebaut worden ist. Wir haben wahrgenommen, wie zumal der gemeinsame alliierte Plan der vorläufigen Regierungen überall dort zu offener oder verkleideter kommunistischer ›Machtergreifung‹ eine Grundlage oder eine Rechtfertigung bot, wo die Rote Armee die militärische Okkupation vollzogen hatte. Um so schwieriger aber bleibt zu erklären, aus welchen Motiven Stalin jenem Kernstück der Erklärung von Jalta und jenem Hauptauftrag, der darin im vorhinein den provisorischen Regierungen erteilt worden ist – nämlich ›freie Wahlen‹ zu veranstalten –, seine Zustimmung erteilt hat. Hat er nur einer Marotte seiner Kriegsverbündeten nachzugeben gemeint – zu einem Zeitpunkt, in dem er auf deren kriegerische Aktivität noch angewiesen war? Hat er dieses Postulat nur eben hingenommen in der verschwiegenen Zuversicht, daß er im Machtbereich seiner Truppen und im Einflußbereich seiner Partei-Organisation hernach, wenn es darauf ankäme, ohnehin nach seiner eigenen Methodik werde verfahren können? Oder hat er etwa vor dem Grundsatz der Rechtmäßigkeit, der hier niedergelegt ist, seine Verbeugung gemacht, weil er auch ihm zum wenigsten als unwidersprechlich erschien? Handelte er als ein Heuchler? Warum aber sollte er dann gemeint haben, heucheln zu müssen? Der Heuchler erkennt die Grundsätze an, denen zu folgen er vorgibt; er desavouiert sie nur durch seine Taten. Zum wenigsten gibt er, eben durch seine heuchlerische Zustimmung, zu erkennen, daß er diesen Grundsätzen nichts entgegenzusetzen hat – nichts als seine Taten. Gewiß hat Stalin seine genauen Absichten verschwiegen. Hat er auch seine eigenen Grundsätze, seine eigene Vorstellung von rechtmäßiger Regierung verschwiegen? Um sich die Zutraulichkeit des amerikanischen Präsidenten, die höfliche Kameradschaft des britischen Premierministers nicht zu verscherzen? Diese Fragen werden sich kaum ganz bündig beantworten, das Rätsel wird sich nicht völlig auflösen lassen. Am wahrscheinlichsten ist noch, daß Stalin dergleichen Deklarationen für eine papierene Angelegenheit hielt, auf die es nicht ankommen werde. Mit dieser Einschätzung hätte er obendrein sogar recht behalten, denn die »Erklärung über das befreite Europa« hat tatsächlich bei der Regelung der politischen Verhältnisse in den Ländern Osteuropas so gut wie keine Rolle gespielt. Möglicherweise hat Stalin in diesem Dokument – das die amerikanische Delegation nach Jalta mitgebracht hatte – auch eine Art Feigenblatt gesehen, das die Blöße der Faits accomplis und zumal der westlichen Duldung dieser Faits accomplis zu decken bestimmt sei. Jedenfalls sah er keine Gefahr in diesem schönen Programm; es ist kaum darüber diskutiert worden, und er trug keine Bedenken, es zu unterschreiben. »Wie viele Divisionen hat der Papst?« soll Stalin einmal rhetorisch gefragt haben, als man ihn mit Bedeutung auf die Gesinnungen des Vatikans und der Katholiken hinwies. Manches, was Churchill in seinen Memoiren von Stalin berichtet, erinnert an diese Anekdote. Er mag späterhin wohl erstaunt gewesen sein zu bemerken, wie ernst es den westlichen Verbündeten mit diesem Postulat der freien Wahlen doch war.

Die westlichen Verbündeten allerdings hatten nachmals ihrerseits allen Grund darüber zu erstaunen, wie beharrlich und wie bedenkenlos ihr russischer Vertragspartner jenes Postulat mißachtete, seine Erfüllung vernachlässigte, umging, vertagte, endlich unter einem Steinhügel vollzogener Tatsachen begrub. Das Andenken der Deklaration von Jalta ist vor allem anderen dadurch getrübt und verbittert, daß sie – in Osteuropa – so schrecklich wirkungslos geblieben ist. Winston Churchill hat neun Jahre später, im letzten Bande seiner Memoiren, mit der drastischen Aufrichtigkeit, die vielleicht den besten Teil seiner Größe ausmacht, dieses Résumé aufgestellt: »Die russische Besatzungszone verläuft quer durch den Kontinent von Lübeck bis Linz. Die Tschechoslowakei ist in sie einbezogen. Die baltischen Länder, Polen, Rumänien und Bulgarien sind auf den Status von Satelliten unter einem totalitären kommunistischen Regime herabgesunken. Österreich wird eine endgültige Regelung verweigert. Jugoslawien hat sich freigemacht. Nur Griechenland ist gerettet. Unsere Armeen existieren nicht mehr, und es wird noch lange dauern, bevor den russischen Kräften, deren Übermacht an Panzern und Mannschaften überwältigend ist, auch nur sechzig Divisionen entgegengestellt werden können.«[1] Daß Belgien und Holland, Dänemark und Norwegen sich nach den Grundsätzen der »Erklärung über das befreite Europa« reorganisieren würden, war nicht zweifelhaft gewesen. Begreiflich ist auch, daß Italien in Churchills Fazit nicht erwähnt wird. Eher wird man Finnland darin vermissen, mit welchem Lande die Alliierten 1947 einen Friedensvertrag geschlossen haben und das eine außen- wie innenpolitisch höchst prekäre Freiheit erstaunlicherweise bis zum heutigen Tage bewahren konnte. Österreich hat den Staatsvertrag inzwischen erhalten, der noch in der Luft hing, als Churchill jene Sätze niederschrieb. Doch vermö-

1 *Der Eiserne Vorhang*, Bd. IV, 2 der deutschen Gesamtausgabe, S. 295.

gen diese Ergänzungen die Bilanz im ganzen nicht entscheidend zu verbessern. Griechenland, Österreich und Finnland – so müßte man Churchills Résumé heute abwandeln – scheinen »gerettet«, alle drei Länder haben auch ein Verfassungssystem mit freien Wahlen eingeführt oder wiedereingeführt, aber nur Griechenland verfügt über seine außenpolitische Bewegungsfreiheit, während Finnland durch seine exponierte Lage, Österreich zudem durch Vertrag zur Neutralität gezwungen sind. Mit den Interventionen der Roten Armee von 1953 in der Deutschen Demokratischen Republik, von 1956 in Ungarn, des Warschauer Pakts 1968 in der Tschechoslowakei ist die Proklamation der europäischen Freiheit jedesmal von neuem desavouiert worden. Resignation hat sich ausgebreitet, auch im Westen. Am lebhaftesten hat Polen in drei Aufstandsbewegungen (1956, 1970 und 1980) die Zwangsherrschaft abzuschütteln oder abzumildern gestrebt. Mit dem Reformversuch Gomulkas von 1956 war eine zeitweilige Wiederbelebung des Parlaments und eine eigentümliche partielle Wiederherstellung ›freier Wahl‹ verbunden, nämlich einer beschränkten Chance für den Wähler, unter den Kandidaten auszuwählen. Doch war dabei Vorsorge getroffen, daß die herrschende Position der kommunistischen Kandidaten nicht erschüttert werde. Auch kann man nicht sagen, daß aus diesen Sejm-Wahlen die Regierungen hervorgegangen wären. Die ungarischen Revolutionäre waren aufs Ganze gegangen und so auch gänzlich gescheitert. Die polnischen Reformer brachten es jeweils nur zu halben Maßnahmen, aber Polen blieb von Interventionen verschont und konnte eine gleichsam gebrochene nationale Eigentümlichkeit bewahren. Es bewahrte freilich auch die tiefe Melancholie, die seiner Staatlichkeit fast unaufhebbar innezuwohnen scheint.

Unerachtet seiner tragischen Vergeblichkeit, die in der Konstellation der Kriegs-Allianz, in den zuversichtlichen

Mißverständnissen der westlichen Partner und in dem argwöhnischen Machtdenken des östlichen Partners in gewisser Weise von Anfang an beschlossen war, bleibt das »feierliche Gelöbnis« von Jalta, »in jedem von den Alliierten besetzten Land für freie Wahlen und die Bildung einer demokratischen Regierung zu sorgen«[2], mehr als denkwürdig. Es tönt schmerzlich, aber vernehmlich über die Niederlagen hinaus, die diesem Prinzip von einer der beteiligten Mächte zugefügt wurden, und die die beiden anderen zu verhindern oder zu wenden nicht imstande gewesen sind. Als Postulat und als Versprechen steht es eingetragen im Buche der Friedensstiftungen. Es bedeutet den Anfang oder das Merkzeichen einer neuen Art von Völkerrecht, welche man ebensogut als ein internationales oder weltgültiges Staatsrecht bezeichnen kann. Zum wenigsten stellt dieses Gelöbnis und dieses Postulat das Fundament der westlichen Ansicht von legitimer Staatsbildung und rechtmäßiger Regierung dar. Rechtmäßig – so lautet das Axiom – ist die Regierung, die aus freien Wahlen hervorgeht. Der Legitimitätsgrund der bürgerlichen Zustimmung, das humanistische Prinzip der Rechtmäßigkeit, soll sich in der unbeeinflußten gründenden Wahlhandlung der aktiven Bürgerschaft artikulieren und verwirklichen. In diesem minimalen Verfassungsprogramm liegt in der Tat der Kern einer wahren Friedensordnung beschlossen, welche über alle Grenz- und Schadenersatz-Regelungen, über alle imperialen oder hegemonialen Zonenbildungen hinausweist, indem sie die Länder und Völker in ihre konkrete Selbstbestimmung entläßt und ihnen die Chance eröffnet, ihre eigene Würde zu bewahren, wiederzufinden oder herzustellen – und zwar auf der Basis eines Bestellungsverfahrens, welches zugleich die Gewähr unbestreitbar rechtmäßiger Regierungen enthalten und zudem für

2 So charakterisiert Churchill die Jalta-Proklamation im »Eisernen Vorhang«, S. 92 der deutschen Ausgabe.

alle Welt gleichermaßen gelten soll. Indem man dies verkündete, konnte man ganz offenbar voraussetzen, daß dieses Postulat zum wenigsten in Europa nirgends Widerspruch erregen werde. Man durfte sogar voraussetzen, daß es weithin willkommen geheißen werden würde. Die Forderung, freie Wahlen zu veranstalten, würde – so stand zu erwarten – kaum irgendwo etwa als Zwangsauflage und als Einmischung in die ›inneren Angelegenheiten‹ aufgefaßt und abgelehnt werden, obgleich sie ja ohne Zweifel ein Verfassungspostulat und einen Vorgriff auf die jeweils eigene und eigentümliche Verfassungsordnung darstellte. Nicht als Eingriff – so durfte man hoffen – in die nationale Souveränität könne dieses Postulat gelten und aufgenommen werden, sondern ganz im Gegenteil als das Werkzeug und Medium, nationale Souveränität gerade erst aufzurichten. Die Zeit schien reif, das Gemeinsame zum wenigsten der abendländischen Welt auszusprechen und daraus einen praktisch verbindlichen Schluß zu ziehen. Es solle und es könne keine ›Souveränität‹ sein, es sei denn, sie leite sich von der freien und autonomen Tätigkeit der Bürger als Wähler her.

Merkwürdigerweise scheint dieser ebenso einfache wie einschneidende Gedanke erst in der Berührung zwischen West und Ost zur entschiedenen Klarheit gediehen zu sein. Jedenfalls enthält die sogenannte Atlantic-Charter noch nichts davon. Diese »Gemeinsame Erklärung« Roosevelts und Churchills (vom 14. August 1941), worin die Lenker der beiden angelsächsischen Weltmächte in acht Punkten nach einem Entwurf Churchills ihre Friedensziele formuliert haben, bleibt in ihren verfassungspolitischen Absichten im Grunde auf der Bahn, die seinerzeit Woodrow Wilson eingeschlagen hatte, und bei der Gesinnung, die in gewissem Maße die ›Friedensmacher‹ von Versailles geleitet hat. Folgendermaßen lautet der dritte Punkt der Atlantic-Charter: »Sie (nämlich der amerikanische Präsident und der britische Premierminister) achten das Recht aller Völker, die Regierungsform zu wählen, unter der sie leben wollen, und sie wünschen, daß denen souveräne Rechte und Selbstregierung zurückgegeben werden, die ihrer gewaltsam beraubt worden sind.«[3] Das ist alles. Diese Formel ist gewiß nicht von der Art, daß das Dokument um ihretwillen eine irgend epochale Bedeutung beanspruchen könnte. Seine Bedeutung liegt tatsächlich in anderen Partien, in dem Konzept eines umfassenden Sicherheitssystems, in dem Plan, potentielle Angreifer zu entwaffnen und die Rüstungen zu vermindern, in dem Gedanken allgemeiner wirtschaftlicher Zusammenarbeit, vor allem in dem konstruktiven Weitblick der beiden Männer, die in einem Augenblick, da der Krieg sozusagen eben erst zum wirklichen Weltkrieg zu werden anfing, sich aus den Finsternissen des Hasses und den Zwängen der technischen, diplomatischen und militärischen Dispositionen aufzuschwingen und ein Konzept der Zukunft zu entwerfen imstande waren. Auch in dem großartig lapidaren Bekenntnis des ersten der acht Sätze: »Ihre Länder suchen keine territoriale oder sonstige Vergrößerung.«

Jener dritte Satz indessen, der in dem gegenwärtigen Zusammenhang allein von Interesse ist, drückt, wie gesagt, im Grunde nicht viel mehr und nicht viel anderes aus, als was man gut zwanzig Jahre früher mit dem Stichwort – oder soll ich es ein Schlagwort nennen? – von der ›Selbstbestimmung der Völker‹ gemeint und bezeichnet hatte. Es ist die ehrenwerte, aber abstrakte Achtung vor der Souveränität jeder Nation, vor ihrem Rechte, sich nach eigenem Gutdünken eine Verfassung zu geben und sich selbst zu regieren. Das Wort »Selbstregierung« kann hier kaum etwas anderes bedeuten als nationale Unabhängig-

3 Ich zitiere nach der Übersetzung des Europa-Archivs: *Dokumente und Berichte*, Band 6: *Um den Frieden mit Deutschland*, Oberursel 1948, S. 53.

keit: die Tschechen sollten nicht mehr von einem ›Protektor‹, die Polen nicht mehr von einem ›Generalgouverneur‹, die Norweger nicht von einem ›Reichsstatthalter‹ regiert werden; alle Völker, die zuvor eine selbständige staatliche Existenz errungen und geführt hatten, sollten in diese Rechte wieder eingesetzt werden. Der Satz will also kaum mehr als die Restauration der sogenannten Nationalstaaten. (Der Ausdruck war von je zum mindesten recht ungenau, da die meisten dieser Staaten mehrere ›Nationalitäten‹ in sich vereinigten.) Der Gebrechlichkeit des europäischen Staatensystems, wie es aus dem Ersten Weltkrieg und aus den Pariser Verträgen hervorgegangen war, gedachten die Autoren der Atlantic-Charter augenscheinlich dieses Mal wesentlich durch ein kräftigeres System der kollektiven Sicherheit, durch wirksamere Sanktionen gegen störende Angreifer und durch ihren eigenen, namentlich wirtschaftlichen Beistand aufzuhelfen.
Die Richtlinien der Atlantic-Charter nehmen sich im Rückblick noch vage aus. Ihre Absichten haben nachmals bestimmtere Gestalt angenommen, ihre Versprechungen sind eingelöst worden – aber freilich nur so weit, als der Einfluß der Westmächte reichte. Die Organisation der Vereinten Nationen ist ihr unmittelbares Ergebnis; sie hat bisher nicht vermocht, im Zeichen des Souveränitätsprinzips irgendein Stück aus dem Sowjet-Imperium wieder herauszulösen, dessen rasche und konsequente Ausbildung das massivste Resultat des Kriegsausganges in Europa darstellt. Die ungarische Erhebung von 1956, die für einen Augenblick die Endgültigkeit der sowjetrussischen Herrschaft noch einmal in Frage zu stellen schien, konnte nur untersucht, nicht unterstützt, der wiederholte Eingriff der Roten Armee nur verurteilt, nicht aufgehalten werden. Ein neues Verteidigungsbündnis – abseits der Vereinten Nationen – war nötig, die ›kollektive Sicherheit‹ wenigstens der verbliebenen Teile des Abendlandes, der Länder diesseits

des ›Eisernen Vorhangs‹ zu gewährleisten. Seitdem leben wir, lebt die Staatenwelt völkerrechtlich gewissermaßen in zwei Systemen zugleich – in dem System der Entzweiung und in dem System des Weltvereins, in dem System der wechselseitigen Blockierung, Abschreckung, Koexistenz und Konkurrenz zweier mächtiger, vorwiegend strategisch fundierter Organisationen (nämlich des Nordatlantischen Bündnisses und des Warschauer Paktes) auf der einen Seite, in dem System der tendenziell universalen Organisation der »Vereinten Nationen« auf der anderen Seite. Man könnte auch sagen, sie lebe im System der entzweiten und zugleich rüstungsdiplomatisch aneinander geketteten Großmächte und Staatenkomplexe und sie lebe zu gleicher Zeit im System des bisher von ebendenselben Großmächten gemeinsam gelenkten Universalvereins der Staaten, der seinerseits, militärisch bedeutungslos, immerhin Rede- und Werbe-Duelle ermöglicht und durch den Andrang der Neuen, der Neutralen, der ökonomisch Bedürftigen, die friedliche Präsenz der entzweiten Großen herbeiruft.

Niemand aber kann verkennen, daß die Zusage wirtschaftlichen Beistands, die gleichfalls schon in der Atlantic-Charter enthalten war, in der Gestalt des Marshall-Plans mit Energie und mit Erfolg eingehalten worden ist und daß diese einzigartige Hilfeleistung – der die osteuopäischen Länder sich verweigert haben – es gewesen ist, die Westeuropa überhaupt gerettet hat.

Jener Respekt vor der Souveränität, wie er also im dritten Punkt der Erklärung von 1941 von neuem bekundet und bekräftigt worden ist, hat die Kehrseite an sich, daß er sich gegenüber der inneren Ordnung der betroffenen Länder indifferent verhält. Die »Völker« sollen das Recht haben, ihre eigene Regierungsform zu wählen. In einem konventionellen Sinne schien damit dem ›demokratischen‹ Erfordernis in der Sphäre des Völkerrechtes Genüge getan. Weiter glaubte man nicht gehen zu dürfen, wenn man nicht eben das sakrosankte Selbstbestimmungsrecht verletzen wollte, welches doch gerade zu garantieren war. Worin aber besteht die Garantie eigentlich? Wer waren hier »die Völker«, wer war das jeweilige Volk? Jede Art von Vorherrschaft ethnischer, ständischer oder parteilicher Art, ja jede Art von Unterdrückung mußte und muß in dem Lichte dieses abstrakten Selbstbestimmungsprinzips hingenommen werden, solange sie nur innerhalb der Grenzen und Kräfte des jeweils einen und selbigen ›Volkes‹ sich vollzieht, solange sie sich nicht als ›Fremdherrschaft‹ darstellt. Hitlers ›Machtergreifung‹ zum Beispiel blieb durchaus in diesen Grenzen; es dürfte schwierig sein nachzuweisen, inwiefern die allmähliche Errichtung einer totalen Herrschaft in Deutschland jenem »Recht aller Völker« widersprochen oder Gewalt angetan habe, »die Regierungsform zu wählen, unter der sie leben wollen«. Zu schweigen von der russischen Revolution. Erst der Übergriff solcher Herrschaft über die Grenzen des vorgegebenen Staatswesens und über die (gedachte) Einheit des eigenen Volkes hinaus, erst ihre eigene Verletzung des Prinzips der Souveränität also, ruft die Verteidiger der Selbstbestimmung auf den Plan. Wie selbstverständlich es auch den Verfassern der Atlantic-Charter gewesen sein mag, ihre eigenen (englischen und amerikanischen) lebendigen Verfassungserfahrungen diesen blassen und rücksichtsvollen Begriffen von Selbstbestimmung und Selbstregierung im stillen zu supponieren – ausgesprochen haben sie dergleichen nicht. Damals noch nicht. Noch würden sie eine nähere Kennzeichnung der Grundlage, auf welcher solche Selbstregierung ruhen solle, und des Verfahrens, wie solche Selbstregierung zu besorgen wäre, wenn sie nämlich Rechtmäßigkeit sollte beanspruchen können, als eine unerlaubte Intervention gescheut haben. Noch blieben die ›inneren Angelegenheiten‹ unberührbar. Noch bestand die einzig erlaubte ›Einmischung‹ darin, das Souveränitätsrecht als solches zu verkünden. Achtung vor der Unabhängigkeit hieß zugleich Indifferenz gegenüber der inneren Verfassung, also auch gegenüber der Frage der inneren Rechtmäßigkeit oder Unrechtmäßigkeit einer Regierung. Noch blieben Staatsrecht und Völkerrecht säuberlich geschieden. Auch Staatsunrecht mußte völkerrechtlich geduldet werden. Erst wenn Staatsunrecht sich zu Völkerunrecht steigerte, war Widerstand möglich und geboten.

Jede ›moderne‹, nämlich totalitäre Tyrannei ist freilich diesen Weg vom Staatsunrecht zum Völkerunrecht, von der inneren Unterdrückung zum äußeren Angriff gegangen. (Möglicherweise ist dies noch nicht einmal eine geschichtliche Novität, es gibt auch ältere Beispiele.) Gerade hatte Hitler dieses schreckliche Gesetz vordemonstriert. Bei dem dritten seiner Übergriffe – wenn man nach dem Maßstabe der Souveränitätslehre zählt – hatten die europäischen Westmächte sich erhoben, um ihm mit kriegerischen Mitteln Einhalt zu gebieten. Man kann sich darüber verwundern, daß diese Erfahrung mit dem totalitären Unwesen nicht sogleich eine Revision der traditionellen Ansichten herbeigeführt hat. Um so gründlicher freilich verlief nachmals jene praktische Revision, die sich unter den Stichworten der bedingungslosen Kapitulation, der totalen Besetzung und der Alliierten Militärregierung resumieren läßt. Aber so weit sind wir hier noch nicht.

Wir haben uns zuvor beiläufig an Wilson und Versailles erinnert, als von dem ›abstrakten‹ Prinzip der Selbstbestimmung zuerst die Rede war. Man kann gegen diese Charakterisierung desjenigen völkerrechtlichen Begriffes, der die Diskussion über den europäischen Frieden anfangs der zwanziger Jahre beherrscht hat (und der sich nach dem Zweiten Weltkrieg im Hinblick auf die Ablösung der Kolonialherrschaft, aber auch im Hinblick auf die ›deutsche Frage‹ wiederbelebt zu haben scheint), den Einwand erheben, so ›abstrakt‹ sei der Grundsatz nicht gewesen noch geblieben, denn er habe im Versailler Frieden recht merkliche praktische Früchte getragen. Daran ist gewiß etwas Wahres. Daß aus der Hinterlassenschaft teils des Habsburger-, teils des Zarenreiches neue Staaten in diesem Zeichen aus der Taufe gehoben worden sind, könnte am Ende zwar auch als eine Politik der Aufteilung ohne Annexion gedeutet werden; die eigenen Autonomie-Wünsche der fraglichen Nationalitäten oder vielmehr ihrer führenden politischen Exponenten sind dabei freilich überwiegend leitend gewesen, aber besondere Verfassungsbedingungen oder Verfassungsmodelle sind diesen Staatsbildungen von seiten der garantierenden Mächte kaum zugrunde gelegt worden.

Deutlicher kam der ›demokratische‹ Grundzug des Selbstbestimmungsprinzips in denjenigen Vorkehrungen des Versailler Vertrages zum Vorschein, welche gewisse Grenzziehungen von ausdrücklichen Willenserklärungen der betreffenden Grenzbevölkerungen abhängig machten. Die Volksabstimmungen in Oberschlesien, in Teilen Ostpreußens, an der deutsch-dänischen Grenze müssen in der Tat als konkrete verfassungspolitische Maßnahmen aufgefaßt werden. Hier griff man auf das persönliche Stimmrecht zurück, um Klarheit über die Abgrenzung nationaler Einheiten zu gewinnen. Diese Volksabstimmungen mögen als eine Art Vorspiel zu jenem Prinzip der freien Wahlen gelten, das mehr als ein Vierteljahrhundert später mit internationaler Verbindlichkeit verkündet worden ist. Indessen stellten sie in praxi kaum viel mehr als eine Aushilfe zur Lösung zweifelhafter Fragen dar; man wollte die überwiegenden Loyalitätsgefühle dieser Bevölkerungen authentisch feststellen, um sie dann in demjenigen ›nationalen‹ Staatskörper aufgehen und gleichsam verschwinden zu lassen, dem sie selber jeweils den Vorzug geben würden. Sie hatten die völkerrechtliche Erlaubnis, von zwei Staaten denjenigen zu ›wählen‹, zu welchem sie sich in ihrer

Mehrheit am meisten hingezogen fühlten. Aber mit dem Vollzug dieser einzigen ›Wahlhandlung‹ und mit der entsprechenden Abgrenzung oder Abschließung der beteiligten ›Nationalstaaten‹ endigte auch sogleich die Autorität des völkerrechtlichen Instruments, und die nationale Souveränität trat im selben Augenblick in ihre vollen Rechte ein. Diese Bevölkerungen in umstrittenen Regionen konnten zwar ›selbst bestimmen‹, wohin sie gehören wollten, aber auf diesen einmaligen Akt blieb die Konkretisierung des Selbstbestimmungsrechts beschränkt. Man könnte – mit einiger Zuspitzung – auch sagen, das Selbstbestimmungsrecht der Völker sei nur dort auch zu einem gleichsam momentanen Volksrecht geworden, wo die Volkszugehörigkeit gerade fraglich und strittig war. War diese einzige Frage der nationalen Zugehörigkeit entschieden, so zogen sich die Völkerrecht setzenden Instanzen zurück: alles Weitere – oder doch beinahe alles Weitere – hatten nun die souveränen Staaten ihrerseits ›selbst zu bestimmen‹, ganz gleich, welche innere Ordnung sie sich geben mochten.

Natürlich hatte Woodrow Wilson mehr als dies gemeint. Seine Reden und Erklärungen lassen deutlich genug erkennen, daß er stets den »consent of the people«, die Zustimmung der Regierten, im Sinne gehabt hat und daß nach seiner Ansicht und Absicht nicht bloß die Bevölkerungen zweifelhafter Gebiete um ihre Zustimmung zu dieser oder jener Nationalität und Souveränität befragt, sondern daß eigentlich alle Bevölkerungen auch der unzweifelhaft definierten Staatsgebiete im Wege wiederkehrender Willenserklärungen ihrer jeweiligen Regierungsform, ja ihrer jeweiligen Regierung ›zustimmen‹ sollten. Alle Regierungen in der weiten Welt sollten diese Grundlage haben oder gewinnen, und einen anderen Weg zur Rechtmäßigkeit sah der amerikanische Präsident nicht. So stand es schon in der amerikanischen Unabhängigkeitserklärung (und zuvor bei John Locke), und diese Urkunde bildete für ihn gewiß den Katechismus und das Modell aller Selbstbestimmung. Aber wo war die Handhabe, dergleichen international durchzusetzen? Dem Appell an die ›Leute‹ (the people im Plural) stand ja gerade die Autonomie der einzelnen Nation (the people im Singular) im Wege, und die Chance einer Ausbreitung der Demokratie auf dem Wege völkerrechtlichen Dekrets fand paradoxerweise gerade am Selbstbestimmungsrecht der Nationen ihre Grenze.

Vor diesem historischen Hintergrund hebt sich die Erklärung von Jalta nur um so genauer ab. Das Postulat der freien Wahlen, das hier als ein unabdingbares, konstitutives und legitimierendes Prinzip zum ersten Mal in einer internationalen Vereinbarung von völkerrechtlicher Dignität erhoben worden ist, nimmt die ›Selbstbestimmung‹ erst eigentlich beim Worte und verschafft ihr einen dauernden Platz im Gefüge der betroffenen Staaten. Hier ist ein völkerrechtlicher Anspruch ausgedrückt, ein entscheidendes Fundament des Staatsrechtes allgemeinverbindlich zu legen. Hier ist der Keim zu einem Völkerstaatsrecht gepflanzt – wenn dieser paradoxe, aber genau zutreffende Ausdruck gestattet ist. Diese Erklärung bezeichnet das Ende der Indifferenz gegen die ›inneren Angelegenheiten‹ und den Anfang eines positiven Kanons der Rechtmäßigkeit.

Niemals scheint in diesen Gesprächen – in Jalta oder späterhin – von westlicher Seite ganz klargemacht oder von östlicher Seite die Frage erhoben worden zu sein, wozu genau diese freie Wahl dienen, was für Staatsorgane das jeweilige Wählervolk auf diesem Wege bestellen solle. Man findet in den Zeugnissen nicht sehr viel mehr als die allgemeine Erwartung, daß aus solchen freien Wahlen auf irgendeine Art eine Regierung »hervorgehen« solle und werde. Ob aber Beamte oder Repräsentanten zu wählen seien, ob die Regierung eine präsidiale oder eine parlamentarische sein solle – um nur die beiden Hauptmuster der westlichen Verfassungsformen anzuführen –, diese Fragen blieben unbeantwortet. Man beschränkte sich darauf, die Wahl als solche zu fordern, man gab wohl an, wer die Wähler sein sollten – das lag schon in den klassischen Attributen der Allgemeinheit und Gleichheit der Wahl beschlossen –, aber man vermied es, genauer festzulegen, wer gewählt werden solle oder was für Arten von Ämtern oder Organen im Wege solcher Wahlen eigentlich besetzt werden sollten. Aus einigen Bemerkungen der Beteiligten kann man heraushören, daß sie ganz offenbar besorgt waren, die Rechte autonomer Verfassungsstiftung nicht anzutasten. Es findet sich sogar in diesem neuartigen Zusammenhange die alte Formel wieder, die betreffenden Völker sollten alle Freiheit haben, diejenige Regierungsform zu wählen, die sie eben selber bevorzugten. Ja, die »Erklärung über das befreite Europa« verstand sich selbst ganz buchstäblich und ausdrücklich als eine konsequente Fortführung der Atlantic-Charter, ihre amerikanischen Verfasser empfanden hier keinen grundlegenden Wandel. Man könnte auch sagen, sie gingen von der Überzeugung aus, daß Souveränität immer Selbstregierung in sich schließe und daß die Völker, wenn man ihnen nur die Freiheit lasse, ihre eigene ›Regierungsform‹ zu wählen, immer eine ›demokratische‹ Regierungsform wählen würden. Sie konnten freilich zum Beispiel auch einen König herbei- oder zurückrufen, eine erbliche Dynastie wiederherstellen oder neubegründen. In Rumänien ist ebendies geschehen, wenn auch die Restauration nicht lange gewährt hat. In den Fällen Norwegens und Hollands stand die Rückkehr der Monarchen ohnehin kaum in Frage; auch im Falle Belgiens konnte man wohl auf eine Fortführung der Monarchie als solcher rechnen. Dergleichen Perspektiven bildeten indessen offenkundig nicht das geringste Hemmnis für die Forderung, daß gleichwohl die ›Regierung‹ aus freien Wahlen hervorgehen müsse. Man kann daraus ersehen, wie wenig die monarchische ›Souveränität‹ in Europa im Ernste der Verfassungs-Souveränität im Wege steht – oder, wenn man dasselbe ein bißchen schnöder ausdrücken will, wie wenig der Monarch noch mit der wirklichen und wirksamen Verfassung zu schaffen hat. Keiner der fraglichen Monarchen würde – dessen konnte man eben sicher sein – gegen freie Wahlen und gegen eine Regierungsart, die aus freien Wahlen hervorginge, etwas Ernstliches einzuwenden haben. Selbstverständlich ging jede vernünftige Vermutung in der Richtung, daß sich die »befreiten Völker« im großen und ganzen für parlamentarische Regierung entscheiden würden, daß also die ›freien Wahlen‹ zur Berufung zunächst vielleicht einer Konstituante, hernach eines Parlamentes bestimmt sein würden. Daß dies in dem endgültigen Text nicht ausgesprochen worden ist, geht auf das Konto des fortwirkenden Respektes vor der nationalen ›Selbstbestimmung‹. Ihr blieb die Wahl der ›Regierungsform‹, also das einzelne der Verfassungskonstruktion überlassen. Darum und aus keinem anderen Grunde fehlt die Angabe des konkreten Zweckes und Zieles, dem die freien Wahlen dienen sollten.

Wir müssen uns fragen, ob die Inspiratoren der Erklärung von Jalta sich nicht ebendadurch in einen unauflöslichen Widerspruch verwickelt haben, daß sie es den Völkern zwar einerseits anheimstellen wollten, über ihre ›Regierungsform‹ zu entscheiden, daß sie ihnen aber andererseits vorschrieben, auf alle Fälle freie Wahlen zu veranstalten. War dies nicht bereits ein entscheidender Vorgriff auf die Verfassung und also ein erheblicher Eingriff in die Verfassungs-Autonomie? Wurde durch das Postulat der freien Wahlen nicht die Entscheidungsfreiheit bezüglich der ›Regierungsformen‹ bereits ganz wesentlich beschränkt und auf eine bestimmte enge Bahn gewiesen? Die Premierminister des Britischen Commonwealth, die sich auf ihrer Konferenz im Mai 1944 gleichfalls mit Fragen der künftigen Friedensordnung befaßten, haben diese Beschränkung der verfassungspolitischen Wahlfreiheit in der köstlich einfachen Formel ausgedrückt, die Völker sollten die Freiheit haben, »to decide for themselves their future form of democratic government«[4]: haben die Erfinder dieser Formel sich nicht in einem Atemzug in einen heillosen Widerspruch mit sich selbst verwickelt? Stellt diese ganze Unternehmung von Jalta nicht einen Versuch dar, ein bestimmtes grundlegendes Minimum von Verfassungsregeln den befreiten Völkern Europas aufzuerlegen, ihnen eine Konstitution von seiten der Sieger und Befreier, also auf völkerrechtlichem Wege zu ›oktroyieren‹ – ganz in dem Sinne, wie einst der König von Preußen seinem Volke eine Verfassung oktroyiert hat?

Urteilt man nach dem völkerrechtlichen Herkommen, so wird man ohne Zweifel alle diese Fragen bejahen müssen. Ohne Zweifel liegt hier eine generelle ›Einmischung‹ in Rechte vor, die nach allem Herkommen zum Bezirk der staatlichen oder nationalen Autonomie gerechnet werden. In der Tat widerstreitet das Wahl-Postulat in diesem Sinne gerade der Selbstbestimmungs-Doktrin. Wiederum aber muß diese Erwägung sich wie eine Spiegelfechterei und wie eine Spitzfindigkeit ausnehmen, sobald man auf den wirklichen politischen Sinn der ganzen Forderung achtet. Um auf die Wendungen jenes Communiqués der Commonwealth-Konferenz von 1944 anzuspielen: wenn einmal ›die Völker‹ die Freiheit haben, nicht allein zu bestimmen, in welchen Verband sie eintreten wollen, sondern – was

4 Ich entnehme dieses Zitat der vortrefflich dokumentierten »Einführung in die Friedensverträge« von Eberhard Menzel, die den Vertragstexten von 1947 in der Ausgabe des Europa-Archivs vorausgeht. (Oberursel 1948, S. 4.)

wichtiger ist –, was für eine Art Regierung sie einrichten wollen, so kann es in Wahrheit gar keine andere als eine ›demokratische‹ Regierungsform sein; sie ist ebendarum demokratisch, daß die Nation oder das Volk oder die Leute – das gilt nun gleich – sich für sie entschieden und sie eingerichtet haben. Im Grunde und in der Substanz stellt die Formel jenes Communiqués nichts als eine Tautologie dar. Nur vom konventionellen völkerrechtlichen Standpunkt aus klingt sie widersprüchlich oder komisch. Eine nicht-demokratische Regierungsform kann niemals aus der freien Entscheidung und Willensbekundung der ›Völker‹ hervorgehen, sie muß sich aus irgendwelchen anderen Gründen und aus anderem Willen herschreiben – es sei denn, das ›Volk‹ habe sich willentlich entschieden, fortan auf die Betätigung seines Willens zu verzichten, oder es habe selbst bestimmt, nichts mehr selbst zu bestimmen. Solche Verzichtleistungen kommen freilich vor – Demokratie kann gewiß unversehens in Tyrannei umschlagen –, aber niemand wird so querköpfig sein, zu fordern, daß auch diese ›Freiheit‹ im Grundsatz der Selbstbestimmung eingeschlossen werde.

Das Postulat der freien Wahlen tauchte gerade in dem Augenblick auf, in welchem die konkrete ›Selbstbestimmung‹ der osteuropäischen Völker von neuem bedroht war. Churchills verzweifelter und vergeblicher Kampf um die Anwendung dieser feierlichen Beschlüsse von Jalta auf den Fall Polens zeigt zur Genüge, welches die wirkliche Alternative in Osteuropa war: Parteidiktatur oder liberale Verfassung. Wo sollte die ›Selbstbestimmung‹ bleiben, wenn man den Völkern nicht das Werkzeug in die Hände gab, in die Hände drückte, mit dessen Hilfe allein sie imstande wären, ihr Geschick selbst zu bestimmen! Ohne ein garantiertes Recht auf freie Wahlen und auf eine Regierung, die aus solchen freien Wahlen hervorginge, würde keines dieser Völker überhaupt Aussicht darauf haben, seine Verfassung und seine Regierung selbst zu bestimmen, seine Geschicke selbst in die Hand zu nehmen. In der grausamen historischen Wirklichkeit sind die meisten osteuropäischen Völker nach dem Zweiten Weltkriege ihres substantiellen Selbstbestimmungsrechtes, ja sogar ihrer Souveränität aufs neue verlustig gegangen, obwohl ihnen diese Garantie der freien Wahlen gegeben worden war – eben durch die Erklärung von Jalta, die auch die Unterschrift Stalins trug. Das Postulat und die Deklaration ist Papier geblieben, die Kommunistische Partei und die Rote Armee schritten über all dies hinweg.

Dennoch ist dieses Papier denkwürdig und kostbar. Es hat weder Ungarn noch Bulgarien, weder Rumänien noch der Tschechoslowakei davongeholfen, es hat nicht einmal Polen davor bewahren können, in das bolschewistische Partei-Imperium verschlungen zu werden – dieses Polen, für dessen Freiheit England in den Krieg eingetreten war, dieses Polen, dessen Exilregierung als legitime Statthalterin der polnischen Autonomie von den Alliierten förmlich anerkannt worden war, dem sich vorab England, dem sich Churchill inniger verbunden und strenger verpflichtet fühlen mußte als irgendeinem anderen dieser osteuropäischen Länder. Es gibt nichts Deprimierenderes als die Geschichte der hoffnungslosen westlichen Bemühungen von Jalta bis Potsdam, dem siegreichen Stalin die Freigabe Polens wieder abzuringen – einmal mit dem Zugeständnis der freien Wahlen, dann vor allem mit dem Instrument der Bildung einer ›repräsentativen‹, nämlich alle wesentlichen demokratischen Kräfte repräsentierenden Provisorischen Regierung, die an die Stelle der kommunistischen Parteiführung (unter der Leitung von Bierut und Osabka-Morawski) treten oder zu welcher dieses usurpatorische Regiment doch zum allerwenigsten erweitert werden sollte. Und es gibt nichts Verzweiflungsvolleres als die Geschichte des unbarmherzig konsequenten Vorrückens der diktatorischen Partei-Herrschaft, welches von Stalin und Molotow dem Westen gegenüber teils mit nichtssagenden Zusagen, teils mit beharrlichem Schweigen, teils mit Hinweisen auf die vorgebliche ›Popularität‹ seiner Satelliten, teils mit einer Umdeutung der Jalta-Beschlüsse, teils endlich mit dem späten Zugeständnis der Aufnahme einiger Parteiführer aus dem Exil in die bereits festgegründete ›Provisorische Regierung‹ abgeschirmt wurde.

Churchill hat damals des öfteren seine Überzeugung ausgedrückt, daß die innere Verfassung Polens, daß vor allem jenes Prinzip der ›freien Wahlen‹ noch weit wichtiger sei als die Regelung der polnischen Grenzen. Und wenn auch für uns Deutsche die Festlegung der vorläufigen – gewiß einer recht langfristig vorläufigen – polnischen Westgrenze entlang der Oder und der Neiße im Verein mit der gewaltsamen Sonderung der lebendigen Nationalitäten die schmerzhafteste Amputation darstellt, die der ehemalige Reichskörper hat erleiden müssen, so sind, wie ich meinen möchte, die Einsichtigeren unter uns doch imstande, sich auf einen höheren Standpunkt zu erheben: die Nachbarschaft eines freien Polens würde auch uns diese Grenze erträglicher machen.

Die Deklaration von Jalta hat weder Osteuropa gerettet, noch hat sie irgendeine wesentliche Frucht beim Abschluß der wenigen Friedensverträge getragen, die nach dem Ende des Krieges förmlich unter Dach gebracht worden sind. Man findet in diesen Dokumenten – den Verträgen mit Italien, Rumänien, Bulgarien, Ungarn und Finnland, sämtlich vom Jahre 1947 – zwar Klauseln, durch die die Partnerstaaten verpflichtet werden, die Menschenrechte zu respektieren, Diskriminierungen wegen Rasse, Sprache oder Religion zu verhüten, also den Grundsatz der Gleichheit zu achten, auch voriges Unrecht, das bei der Verfolgung der jüdischen Minderheiten begangen worden war, wiedergutzumachen und entwendetes Eigentum zurückzuerstatten. Man findet vor allem durchgängig das Verbot faschistischer Organisationen und die Vorschrift, keine Wiederbelebung solcher Organisationen zu dulden. Gewiß stellen diese Klauseln Eingriffe (Interventionen) in das Verfassungs- und Verwaltungsleben der betroffenen Länder dar, aber man kann eigentlich nicht sagen, daß sie positiv auf eine demokratische Verfassung und Regierungsform abzielten, noch gar, daß sie notwendig auf eine solche Entwicklung hinwirkten. Auch ein Diktator könnte die Grundrechte gelten lassen – zumal wenn er von internationalen Instanzen beaufsichtigt würde –, und das Verbot der faschistischen Organisationen bietet keine Gewähr gegen die Errichtung eines anderen Parteimonopols und einer totalitären Herrschaft anderer Farbe und Gesinnung. In dreien der fünf Länder, denen ein förmlicher Vertragsfrieden zuteil geworden ist, hat man ebendies erfahren können.

Von dem Postulat der freien Wahlen ist in diesen fünf Friedensverträgen keine Rede mehr. Es ist, als hätte man sich resigniert auf die konventionelle Linie zurückgezogen und als ließe man nun alle faktischen Regierungen gelten, wie auch immer es mit ihrer Rechtmäßigkeit bestellt sei. Allenfalls in den auf Deutschland bezüglichen Bestimmungen des Communiqués von Potsdam kann man, wenn man mag, die Spur von Jalta auch in dieser verfassungspolitischen Hinsicht noch wiedererkennen – insofern, als hier zwar keine nationale Regierung, aber immerhin lokale Behörden nach einer gewissen Frist durch freie Wahlen bestellt werden sollten. Auch dies hat nur in den westlichen Zonen verwirklicht werden können. Einzig der Staatsvertrag der vier Mächte mit Österreich (vom 15. Mai 1956) hat – in seinem Artikel 8 – unter der Überschrift »Demokratische Einrichtungen« das Motiv wieder aufgenommen, übrigens in der interessanten Weise, daß die »demokratische, auf geheime Wahlen gegründete Regierung« und das »freie, gleiche und allgemeine Wahlrecht« als zwei gesonderte, wenn auch miteinander verknüpfte Normen angeführt werden.[5]

Unerachtet all dessen – ich muß es wiederholen – bleibt jene Proklamation und bleibt jenes Postulat denkwürdig und kostbar. Hier ist zum ersten Mal ausgesprochen worden, wie nationale Selbstbestimmung allererst möglich ist. Hier zum ersten Mal ist das verbindliche Mindestmaß einer Verfassungsregelung beim Namen genannt worden, welches allein staatliche Unabhängigkeit zu verbürgen vermag. Im letzten Grunde bleibt es belanglos, ob das Prinzip der freien Wahlen als eine vor-konstitutionelle Grundlage aller Konstitutionen bestimmt wird – damit auf diese Weise die Verfassungs-Souveränität der Völker vor dem Zugriff fremder Instanzen theoretisch geschützt bleibe – oder ob dieses Prinzip als das gemeinsame Kernstück aller freien Verfassungen aufgefaßt wird, der wirklichen wie der möglichen, der lebendigen wie der verhinderten und vertagten (und seien sie selbst ad calendas graecas vertagt!): in jedem Falle bleibt das Postulat als solches unverlierbar. Die Unterzeichner der Erklärung von Jalta haben kenntlich gemacht, wodurch eine Regierung Rechtmäßigkeit gewinnt. Legitim ist nur eine Regierung, die aus freien Wahlen hervorgeht, aus der aktiven Zustimmung der Bürger: das ist die Überzeugung, die aus dem Dokument von Jalta hervorleuchtet. Das Anerkenntnis Stalins, das er durch seine Unterschrift ausgedrückt hat, kann die Verbindlichkeit dieses Legitimitätsprinzips nicht mindern, sondern nur bestätigen. Das war das Goldene Vlies, das die neuen Argonauten – »Argonaut« war das Code-Wort dieser Unternehmung, und Churchill hatte es vorgeschlagen – aus ihrem Kolchis mitgebracht haben: ein Schatz von flüchtigem Werte, wenn man auf den zeitlichen diplomatischen Nutzen, aber unverlierbar, wenn man auf das Gültige achtet. Das Gültige mag unterliegen, es wird darum nicht ungültig.

5 Text im Europa-Archiv 1956, S. 8746.

3. Kapitel
Aufgabe einer Provisorischen Regierung

Es muß verwundern, daß das Postulat der freien Wahl als solches in Jalta anscheinend keinen Augenblick strittig gewesen ist. Zweifelhaft war nur der Zeitpunkt, zu welchem – in dem exemplarischen Falle Polens – eine solche Wahl veranstaltet werden könne oder solle. Und der zäheste Kampf ging um die Frage, wie Polen bis zu diesem fraglichen Zeitpunkt regiert werden würde, oder genauer darum, ob das bolschewistische Komitee von Lublin (das inzwischen bei vorrückender Front nach Warschau übergesiedelt war), diese »Provisorische Regierung« von Gnaden der Roten Armee, auch von den beiden angelsächsischen Alliierten anerkannt, oder noch spezieller darum, wie man von dieser einstweiligen und einseitigen »Provisorischen Regierung« zu einer solchen »Provisorischen Regierung« hinfinden könne, die eben von allen Konferenzpartnern anerkannt werde.

Stalin kam es nicht im mindesten darauf an, über die Perspektive der freien Wahlen zu streiten: sie würden schon abgehalten werden. Es kam ihm einzig darauf an, das Regime seines Statthalters Bierut an der Macht zu erhalten; darauf kam es ihm allerdings unbedingt und ganz entschieden an. Churchill hatte von Anfang an mit vollkommener Klarheit erkannt, daß von der Lösung dieser Frage des Interregnums oder des ›Provisoriums‹ alles abhängen würde: davon würde es abhängen, ob Polen ein selbständiger oder ein (von der Sowjetunion) abhängiger Staat werden, ob es dem Westen zugewandt oder zum wenigsten zugänglich sein oder aber in dem Moskauer Partei-Imperium verschwinden würde, und schließlich auch, ob diese künftigen ›freien Wahlen‹ zu einem originären Verfassungsakt oder aber zu einer bloß nachträglichen gelenkten Akklamation werden würden. Churchills Erkenntnis wurde zweifellos durch sein Gewissen geschärft, nämlich durch die Erinnerung daran, daß England eben Polens wegen in den Krieg eingetreten war, und durch die Verpflichtung, die England gegenüber der polnischen Exilregierung in London eingegangen war – gegenüber dieser Gruppe, die es als legitime polnische Regierung anerkannt hatte und beherbergte. Roosevelt tritt in diesen Verhandlungen nicht ebenso drastisch und energisch hervor, und das ist wohl zu einem guten Teil daraus zu erklären, daß den Vereinigten Staaten diese Vorgänge und Verbindlichkeiten vom Jahre 1939 ferner lagen – sie waren daran nicht unmittelbar beteiligt gewesen. Churchill hat in Jalta gesagt, daß ihn die Souveränität und Unabhängigkeit Polens viel mehr interessiere als die Grenzziehung, und er hat in der fünften Zusammenkunft, am Nachmittag des 8. Februar 1945, als das polnische Thema, und zwar das der Regierungsgewalt, von neuem aufgenommen wurde, mit großem Nachdruck erklärt, hier sei man »an dem entscheidenden Punkt dieser bedeutenden Konferenz« angelangt. Der starke Ton mag auch als rhetorisches Mittel verstanden werden, womit er seine Position zu verbessern strebte, aber die Darstellung in seinen eigenen Memoiren zeugt davon, wie ernst es ihm in der Tat damit gewesen ist.

Die einzelnen Stadien und Nuancen dieser Verhandlungen sind hier im Augenblick nicht von Bedeutung, wiewohl eine feinere Analyse die Unterschiede im Verhalten der drei Partner exemplarisch fühlbar machen könnte. Die beiden westlichen Staatsmänner wollten, daß mit einer »repräsentativen«, auf breiter Basis errichteten Provisorischen Regierung ein ganz neuer Anfang gemacht werde; Stalin suchte in jedem Fall Bierut als Provisorische Regierung zu halten, wollte lange nur konzedieren, daß die bestehende ›Provisorische Regierung‹ durch Hinzuziehung anderer polnischer Repräsentanten erweitert werden könne; die endgültige Deklaration spricht im Hinblick auf Bierut von der *»derzeitigen* Provisorischen Regierung«, fordert ihre »Reorganisation« auf breiterer Grundlage und gibt der künftigen Gruppierung, um sie zu unterscheiden, immerhin einen neuen Namen, denjenigen einer »Provisorischen Regierung der Nationalen Einheit«. Mit diesem Kompromiß konnte Stalin durchaus zufrieden sein: seine Leute blieben ohne jede Unterbrechung am Hebel, waren obendrein halbwegs de facto auch im Westen anerkannt.

Es ist ganz offenkundig, daß Stalin nicht von dem geringsten Skrupel bezüglich der Rechtmäßigkeit der Herrschaft dieser Parteileute geplagt war. In aller Gelassenheit gab er – in jener selben Nachmittagssitzung des 8. Februar 1945 – seinen beiden Partnern sogar zu, daß es natürlich besser wäre, wenn man in Polen eine Regierung hätte, die aus Wahlen hervorgegangen wäre. (So berichtet jedenfalls Churchill in seinen Erinnerungen, seine Wiedergabe dieser Bemerkung stimmt mit derjenigen der Protokollnotizen von Freeman Matthews überein, während die Niederschrift von Charles Bohlen an dieser Stelle etwas anders lautet.) Man ist versucht, eine geheime Ironie aus diesen Worten herauszuhören, zumal die ganze Passage dieses Diskussionsbeitrages von Stalin voller sophistischer Zweckargumente steckt. Ob seine Gesprächspartner in diesem Augenblick an seine Aufrichtigkeit geglaubt haben oder nicht, läßt sich aus den Quellen nicht entnehmen. Er verglich die Regierung von Bierut mit derjenigen des Generals de Gaulle in Frankreich, die ja auch nicht auf Wahlen beruhe, und er ging sogar so weit, zu bezweifeln, ob de Gaulle ebensoviel faktische Autorität und Popularität genieße wie Bierut und seine Leute in Polen. Dabei wies er auf die Landreformen hin, welche die polnische ›Provisorische Regierung‹ bereits zur allgemeinen Begeisterung des Volkes eingeleitet habe – in dem Sinne, daß de Gaulle dem wohl kaum etwas an die Seite zu stellen habe. Diese

Äußerungen sind bemerkenswert und aufschlußreich. Stalin zeigt sich hier offenbar bemüht, dem westlichen Zweifel an der Rechtmäßigkeit der bolschewistischen Parteiregierung in Polen auch etwas Positives entgegenzuhalten, und es ist die Behauptung von ihrer Popularität, also von der öffentlichen Zustimmung, die sie finde, welche ihm diesen Zweck am besten zu erfüllen scheint. Die Volkstümlichkeit – wie erdichtet das Argument in diesem Fall auch gewesen sein mag: das ist jetzt nicht zu prüfen – tritt hier gleichsam als Ersatz und Vorstufe der Rechtmäßigkeit ins Spiel. Eine Regierung, die so populär sei (das ist hier die Meinung oder jedenfalls das einlullende Argument), könne gewissermaßen von der Rechtmäßigkeit nicht so sehr weit entfernt sein – auch ohne Wahlen.

Im gleichen Atemzug indessen führt der Sprecher eine Serie höchst einschneidender Maßnahmen an, die diese ›Provisorische Regierung‹ ergriffen habe und die ihr so viel begeisterte Zustimmung verschafft hätten, und belegt also sein Legitimitäts-Argument mit Handlungen ganz und gar nicht provisorischer Art, welche ebendeswegen jedem westlichen und das heißt konstitutionell denkenden Zuhörer oder sonstigen Beobachter nur als die drastischste Mandats-Überschreitung und als durchaus illegitim erscheinen mußten. Es gibt zwar keine irgend allgemeinverbindliche Theorie der ›Provisorischen Regierung‹ und kann sie nach der Natur der Sache wohl auch nicht geben, aber so viel darf wohl als allgemeingültig angenommen werden, daß die Vorläufigkeit ihrer Bestellung und Bestimmung, wie sie sich ja in ihrem Namen ausdrückt, doch wohl auch ihre Tätigkeit prägen sollte, sie jedenfalls von Maßnahmen zurückhalten sollte, die die Struktur der jeweiligen Gesellschaft und Wirtschaft in so schwer widerruflicher Weise verändern wie jene kommunistischen Landreformen. Ich sage nicht, daß diejenigen wirklichen Gewalten, die unter dem Namen Provisorischer Regierungen in unsrer Lebenszeit oder in der Vergangenheit aufgetreten sind, sich durchweg oder auch nur in der überwiegenden Zahl der Fälle an diese Auffassung ihrer Vorläufigkeit gewissenhaft gehalten hätten – obwohl gerade General de Gaulle in dieser Hinsicht wohl als ein Muster gelten darf, als das Muster gleichsam eines konstitutionellen oder auch präkonstitutionellen Diktators, der bei aller Missionsgewißheit, die ihn erfüllt, die Grenzen seines Mandates, auch des selbstgewählten, mit eindrucksvoller Strenge zu beobachten gewußt hat. Was indessen hier auffällt, ist die Naivität, mit der Stalin die ›Vorläufigkeit‹ seiner vorläufigen polnischen Regierung desavouiert hat in demselben Augenblick und Zusammenhang, da es ihm gerade darauf ankam, ihre Quasi-Rechtmäßigkeit ins Licht zu rücken. Kein Zweifel, daß hier inmitten von Scheinheiligkeiten und Sophismen unversehens ein Stück der ehrlichen Überzeugung des Diktators hervortritt – seiner ehrlichen Überzeugung nämlich, daß eine kommunistische Parteiregierung, ob definitiv oder provisorisch, in jedem Fall alles Recht und alle Rechtmäßigkeit auf ihrer Seite habe.

Der Kern der Sache ist also, daß das Phänomen des Provisoriums von den beiden Seiten völlig verschieden angesehen wird. Die westlichen Teilnehmer betrachten es als eine unvermeidliche praktische Notwendigkeit, sie sehen den einzigen Legitimitätsgrund der Provisorischen Regierung darin, daß sie alle Vorkehrungen trifft, einen rechtmäßigen und endgültigen Zustand herbeizuführen, vor allem also darin, freie Wahlen vorzubereiten. Stalin hingegen erblickt in der Provisorischen Regierung die eigentlich entscheidende Machtposition. Das Provisorium ist ihm das einzig Interessante – deswegen, weil er entschlossen ist, es zum Definitivum werden zu lassen. Eine allgemeine oder doch mehrheitlich arrangierte Akklamation des Volkes – unter dem Namen von ›freien Wahlen‹ – mag als nützliche Bekräftigung hernach hinzutreten.

Hätte Stalin den Vergleich zwischen der Provisorischen Regierung Bierut und der Provisorischen Regierung de Gaulle wirklich ernst gemeint – wie müßte er den Kopf geschüttelt haben, als de Gaulle 1946 resignierte und sich zurückzog! In Stalins Augen war es selbstverständlich die Aufgabe einer Provisorischen Regierung, unter allen Umständen zu bleiben und das Heft in der Hand zu behalten, jedenfalls dann, wenn es sich um eine kommunistische Regierung handelte. Die erste, die früheste ›Garnitur‹ war und ist in dieser Sphäre gerade diejenige, die auf alle Fälle durchzuhalten hat, und man muß deswegen immer und überall darauf achten, als erster am Platze zu sein, um ›provisorisch‹ regieren zu können. Diese Maximen, nach welchen die bolschewistischen Parteien am Ende des Zweiten Weltkrieges durchgängig gehandelt haben (auch in Deutschland), lassen sich vielleicht aus einem rein machttechnischen oder ›machiavellistischen‹ Kalkül und aus einem unbedenklichen massiven Willen verstehen, der auf Legitimitätsrücksichten pfeift, wenn es um die Gründung und Sicherung eines Imperiums geht. Die west-östliche Partie stünde dann so, daß hier auf rechtmäßige Regierungen – mittels freier Wahlen – gedrungen würde, während dort bare Machtpositionen errichtet und ausgebaut würden, welchen die Zustimmung der Beherrschten auf irgendeine Art im nachhinein verschafft wird. Die Alternative läge so, daß Rechtmäßigkeit entweder das erste und vordringliche Erfordernis darstellte oder aber eine bloße angenehme Zutat zur faktisch behaupteten Macht – eine Zutat, die man sich besorgen kann und gewiß auch besorgen sollte, wenn die Zeit ›reif‹ dafür ist, und das heißt, wenn man kein Risiko mehr dabei läuft. Zu dieser Deutung müssen wir jedenfalls dann gelangen, wenn wir davon ausgehen, daß aktive bürgerliche Zustimmung, wie sie sich in Wahlen artikuliert, den einzigen, ausschließlichen und universalen Legitimitätsgrund in dieser Epoche bilde. Es leidet zwar keinen Zweifel, daß dieses Prinzip der Rechtmäßigkeit die weiteste Ausbreitung gefunden hat, daß sich seiner Verbindlichkeit in der zeitgenössischen Staatenwelt fast niemand mehr zu entziehen vermag – wenn wir von den Relikten patriarchalischer Despotie in Arabien und anderwärts für den Augenblick absehen dürfen –, und wir sehen, daß ihm auch die bolschewistischen Parteiherrschaften nach ihrer Art und nicht ohne Aufwand überall die Reverenz erweisen. Aber wir müssen uns doch fragen, ob die Lage damit wirklich erschöpfend beschrieben ist. Wie, wenn gerade in jenem massiven Willen und unbeirrbaren Machtkalkül eine eigentümliche und ganz andersartige Überzeugung von der Rechtmäßigkeit kommunistischer Parteiherrschaft verborgen wäre? Wie, wenn aus ebendiesem Legitimitätsbewußtsein fremder Prägung die Massivität jenes Willens und die Unbeirrbarkeit jenes Kalküls erst ihren Antrieb und ihre Sicherheit gewönne?

In Jalta freilich kam dergleichen nicht zur Sprache. »›Wann‹, fragte der Präsident, ›wird man Wahlen abhalten können?‹ – ›Innerhalb eines Monats‹, antwortete Stalin, ›wenn keine Katastrophe an der Front eintritt, was unwahrscheinlich ist.‹« So berichtet Winston Churchill, und er fährt fort: »Ich erklärte, das beruhige uns völlig, denn eine frei gewählte Regierung, die jedes Provisorium ablöse, könnten wir natürlich aus ganzem Herzen unterstützen.« [1]

Das polnische Provisorium ist niemals abgelöst worden, es ist so definitiv geworden, wie es vom ersten Tage an gemeint war. Das westliche Prinzip der Rechtmäßigkeit ist unterlegen. Die polnische Regierung ist anerkannt worden, wiewohl sie dieser Rechtmäßigkeit ermangelte.

Fünf Jahre später aber haben die Westmächte den Fall in anderem Medium und Zusammenhang noch einmal und gewiß noch gründlicher durchexerziert. Die Geschichte des Versuchs, die deutsche Einheit auf dem Wege gesamt-

1 *Der Eiserne Vorhang*, S. 47/48.

deutscher Wahlen wiederherzustellen, läßt sich auch als ein neues und vollständiges Experiment verstehen, das Legitimitätsprinzip der freien Wahl in der Mitte Europas durchzusetzen und die Sowjetunion dafür zu gewinnen. Diese Geschichte beginnt – soweit sich das erkennen läßt – mit einer Erklärung des damaligen Hohen Kommissars der Vereinigten Staaten in Deutschland, John J. McCloy, zu Anfang des Jahres 1950; ihr einstweiliges Ende läßt sich wohl in den Verhandlungen der Genfer Außenministerkonferenz vom November 1955 erkennen. Auch dieses Experiment ist unglücklich verlaufen. Doch bleibt sein Studium lehrreich. Wir wollen uns – mit so kühlem Sinn wie immer möglich – dieser Untersuchung zuwenden.

Die Ausgangslage war derjenigen des polnischen Problems von 1945 in einigen Hinsichten nicht ganz unähnlich. Der Gruppe Bierut entsprach hier das Regiment der Sozialistischen Einheitspartei in der deutschen Sowjetzone, der Londoner Exilregierung die Bundesregierung in Bonn. Freilich fallen auch die Unterschiede sogleich ins Auge. Die Rote Armee hatte ganz Polen besetzt, in Deutschland aber nur die ihr zugeteilte Zone bis zur Elbelinie, und zudem hatte sie innerhalb des Gebietes dieser Zone die Herrschaft über Berlin mit den drei Westmächten teilen müssen. Das SED-Regiment hatte seinen ›provisorischen‹ Charakter in einen faktisch endgültigen übergeführt, dem von ihm kontrollierten deutschen Gebietsteil auch bereits eine förmliche Verfassung auferlegt (die »Volksratsverfassung« vom März 1949). Auf der anderen Seite handelte es sich bei der Bundesregierung von Bonn nicht um eine Gruppe von Exilpolitikern, sondern um eine Regierung, die in aller Form nach den Regeln einer Verfassung auf Grund allgemeiner Parlamentswahlen gebildet worden war, die auch – in den Grenzen des Besatzungsrechtes – die tatsächliche Gewalt über den ihr zugänglichen Teil des ganzen Deutschlands ausübte. Und vor allem waren im deutschen Fall die westlichen Alliierten nicht – wie im polnischen – von den Möglichkeiten des Einblicks und des Eingriffs, der Information und der Kommunikation ausgeschlossen, sondern sie waren militärisch und diplomatisch auf dem Platz ebenso gegenwärtig wie die Sowjetunion.

Übrigens hatte die deutsche Bundesregierung ein sehr deutliches und entschiedenes Bewußtsein von dem Unterschied, der hinsichtlich der Legitimität zwischen ihr und dem Regiment der Sowjetzone bestand und noch besteht – das ist zum Beispiel in einer Regierungserklärung vom 21. Oktober 1949 ausgedrückt, die Bundeskanzler Adenauer vor dem Bundestag abgegeben hat: nur diejenige Organisation könne in Deutschland den Anspruch erheben, »ein legitimer Staat zu sein«, die auf dem freien Willen der Bevölkerung beruhe, in der Sowjetzone gebe es keinen solchen freien Willen, die Bundesrepublik stelle daher »bis zur Erreichung der deutschen Einheit . . . die alleinige legitimierte staatliche Organisation des deutschen Volkes« dar. Die Formulierung macht also vollkommen klar, daß weder die Unvollständigkeit des Gebietes wie der Bevölkerung noch die daraus resultierende »provisorische« Natur des staatlichen Zusammenschlusses an der Rechtmäßigkeit dieses Staates und dieser Regierung etwas zu mindern vermag. Diese ruht einzig auf der freien Wahlentscheidung derjenigen Deutschen, die ihren Willen zu äußern in der Lage waren.

Das Programm, daß Deutschland auf dem Wege von gesamtdeutschen Wahlen vereinigt werden oder eigentlich sich selbst vereinigen könne und solle, hat wohl John McCloy zuerst öffentlich vorgebracht – jedenfalls scheint er der erste gewesen zu sein, der es auf deutschem Boden öffentlich verkündete. Es war im Februar 1950, daß er ebendies als »ein Hauptziel der Politik der Vereinigten Staaten« bezeichnete. Die deutsche Bundesregierung machte sich den Gedanken sofort zu eigen. In der Folge ist dieser Plan auf allen Stufen und in allen Rängen der west-östlichen Diskussion in Briefwechseln und Noten und auf Konferenzen entwickelt, präzisiert und bis ins feinste ausgearbeitet worden. Mit Unterbrechungen hat er fünf Jahre lang im Mittelpunkt des ost-westlichen Gesprächs über die ›deutsche Frage‹ gestanden – wenn man ein Gespräch nennen kann, was eine bedrückend endlose Wiederholung gegenläufiger Appelle gewesen ist. Diese unermüdlichen Vorstöße der westlichen Alliierten (die sich seit Jalta und Potsdam um Frankreich vermehrt hatten) und der deutschen Bundesregierung zielten darauf, jenseits des status quo der faktischen Teilung durch den originären Akt einer gesamtdeutschen Wahl eine repräsentative Versammlung und aus ihr eine deutsche Regierung zu kreieren, kurz, auf der Grundlage des weltweit gültigen Legitimitätsprinzips der freien Wahl einen neuen staatlichen Anfang zu machen. Ganz ebenso wie zuvor im polnischen Falle hat die Sowjetunion während der längsten Zeit dieser Auseinandersetzung, soweit die Dokumente das erkennen lassen, diesem Prinzip als solchem nicht widersprochen. Erst auf der Berliner Konferenz hat Molotow, soviel ich sehe, zum ersten Mal das Verfahren der allgemeinen Wahl selbst und als solches einer Kritik unterzogen, also seine Rechtmäßigkeit angezweifelt. Das war im Januar 1954, ganze vier Jahre nach dem Beginn der diplomatischen Kampagne. Diese Äußerungen markieren – im Hinblick auf die Frage, die uns hier beschäftigt – gleichsam eine neue Phase des Konfliktes, und wir werden uns hernach des näheren mit ihnen beschäftigen müssen. Bis zu diesem späten Zeitpunkt jedoch bleibt das Stichwort von der freien Wahl gleichsam unangetastet – in dem Sinne, daß sich beide Seiten zwar jeweils das Ihrige darunter vorstellten, daß sie aber den Grundsatz doch gleichermaßen anzuerkennen schienen.

In all dieser Zeit geht der Streit also abermals nicht um das Prinzip, sondern um den Zeitpunkt, zu welchem die Wahl veranstaltet werden solle. Genauer gesagt: der Streit geht darum, ob die gesamtdeutsche Wahl einen originären und konstitutiven Akt bilden solle – wie die Westmächte wollten – oder aber eine nachträgliche Veranstaltung, welche eine zuvor schon etablierte Regierungsgewalt nach ihrem Sinn und zu einer ihr genehmen Zeit organisieren würde – wie ganz offenkundig die Russen wollten. Noch anders ausgedrückt: Der Streit ging wiederum um die ›Provisorische Regierung‹. Die Frage war, ob eine auf irgendeine Weise im vorhinein installierte Macht – und die Sowjetrussen wie die Sowjetdeutschen zeigten sich recht erfinderisch im Ausdenken von Plänen zu solchen ›provisorischen‹ Lenkungs-Instanzen – schließlich am Ende noch durch einen Vorgang nach Art einer Wahl eine förmliche Legitimierung erhalten oder aber, ob eine legitime Macht gleichsam mit einem Schlage geschaffen werden solle. Über weite Strecken hat dieser Austausch von Erklärungen, Briefen und Noten, nimmt man die Worte nach ihrem Sinn, ebensowenig den Charakter eines eigentlichen Streites wie denjenigen eines eigentlichen Gesprächs. Liest man die Dokumente der chronologischen Reihe nach, so gewinnt man einen sehr sonderbaren, ja an das Närrische grenzenden Eindruck: es ist, als ob Taube miteinander sprächen, die mit starken Stimmen und aus nächster Nähe einander zu überzeugen oder doch zu beeinflussen versuchen, von denen aber jeder sein eigenes Gebrechen ignoriert. Die folgende Aufstellung mag dies illustrieren.

Westliche Stimmen	Östliche Stimmen
Die Bundesregierung »ist sich bewußt, daß die erstrebte, ganz Deutschland umfassende staatliche Ordnung aus dem freien Entscheid	»Es würde den Wünschen aller friedliebenden Deutschen entsprechen, wenn ein Gesamtdeutscher Konstituierender Rat unter paritäti-

des gesamten deutschen Volkes kommen muß«.
(Erklärung der Bundesregierung vom 22. März 1950)

»Die Bundesregierung ... richtet an die Regierungen der vier Besatzungsmächte die Aufforderung, dem deutschen Volk baldigst Gelegenheit zu geben, durch Wahlen, die unter internationaler Kontrolle durchzuführen sind, eine verfassungs- und gesetzgebende sowie regierungsbildende und kontrollierende Nationalversammlung für das Gebiet der vier Besatzungszonen und Berlins zu wählen.«
(Note an die westalliierten Regierungen vom 4. Oktober 1951)

Nach Ansicht der US-Regierung »wird es nicht möglich sein, sich auf ins einzelne gehende Diskussionen über einen Friedensvertrag einzulassen, bis die Voraussetzungen für freie Wahlen geschaffen sind und eine freie gesamtdeutsche Regierung gebildet worden ist, die an derartigen Erörterungen teilnehmen könnte«.
(Note der drei Westmächte an die Sowjetunion vom 25. März 1952;

scher Zusammensetzung aus Vertretern Ost- und Westdeutschlands gebildet würde, der die Bildung einer gesamtdeutschen souveränen demokratischen und friedliebenden Provisorischen Regierung vorzubereiten hätte ...«
Brief von O. Grotewohl an die Bundesregierung vom 30. November 1950)

»Es versteht sich, daß ein ... Friedensvertrag unter unmittelbarer Beteiligung Deutschlands, vertreten durch eine gesamtdeutsche Regierung, ausgearbeitet werden muß. Hieraus folgt, daß die UdSSR, die USA, Großbritannien und Frankreich ... auch die Frage der Bedingungen prüfen müssen, die die schleunigste Bildung einer gesamtdeutschen ... Regierung fördern.«
(Note der Regierung der Sowjetunion an die drei Westmächte vom 10. März 1952)

»Die Dringlichkeit des Abschlusses eines Friedensvertrages mit *hier liegt der amerikanische Text zugrunde)*

Deutschland macht es notwendig, daß die Regierungen der UdSSR, der USA, Großbritanniens und Frankreichs unverzüglich Maßnahmen zur Vereinigung Deutschlands und zur Bildung einer gesamtdeutschen Regierung treffen. In Übereinstimmung hiermit erachtet es die Sowjetregierung für notwendig, daß die Regierungen ... ohne Verzug die Frage der Durchführung freier gesamtdeutscher Wahlen erörtern, wie sie dies bereits früher vorgeschlagen hat.«

(Note der Sowjetunion an die drei Westmächte vom 9. April 1952)

»Ein deutscher Friedensvertrag kann nur ausgearbeitet werden, wenn eine gesamtdeutsche Regierung besteht, die auf Grund freier Wahlen gebildet und in der Lage ist, in voller Freiheit an der Erörterung eines derartigen Vertrages teilzunehmen. Es ist daher nicht möglich, im gegenwärtigen Zeitpunkt Besprechungen über die Bestimmungen eines deutschen Friedensvertrages abzuhalten.«

(Note der drei Westmächte an die Sowjetunion vom 13. Mai 1952)

»Alle ... Tatsachen zeugen davon, daß die Regierung der USA weiterhin den Abschluß eines Friedensvertrages mit Deutschland sowie die Lösung der Frage der Vereinigung Deutschlands und der Bildung einer gesamtdeutschen Regierung hinausschiebt.« -- »Indessen kann ohne den Abschluß eines Friedensvertrages und die Vereinigung Deutschlands kein unabhängiger und voll gleichberechtigter deutscher Staat ... wiederhergestellt werden.«

(Note der Sowjetunion an die drei Westmächte vom 24. Mai 1952; hier

»Eine Wiedervereinigung Deutschlands kann nur durch freie Wahlen erzielt werden. Der wesentliche erste Schritt dazu ist offensichtlich die Feststellung, daß die für derartige freie Wahlen erforderlichen Voraussetzungen gegeben sind. Der zweite Schritt würde dann die Abhaltung freier Wahlen sein.«

(Note der drei Westmächte an die Sowjetunion vom 10. Juli 1952)

»Es kann ... vor Abhaltung von Wahlen weder eine gesamtdeutsche Regierung gebildet noch Deutschland vereinigt werden. Vor der Bildung einer gesamtdeutschen Regierung, die in der Lage ist, frei zu verhandeln, ist es unmöglich, die Bestimmungen eines Friedensvertrages mit Deutschland zu erörtern.«

ist der an die USA gerichtete Text zugrunde gelegt)

»Die Sowjetregierung ist ... bereit, auf einer Vier-Mächte-Konferenz die von den Regierungen der drei Mächte vorgeschlagene Frage der Kommission zur Untersuchung der Bedingungen für die Durchführung freier Wahlen in ganz Deutschland zu erörtern. Die Sowjetregierung ist dabei jedoch der Ansicht, daß sich die Konferenz nicht auf die Erörterung nur dieser Frage beschränken kann und darf. Die Sowjetregierung hält es für erforderlich, daß diese Konferenz in erster Linie so wichtige Fragen behandelt wie die des Friedensvertrages mit Deutschland und der Schaffung einer gesamtdeutschen Regierung.« Sie schlage daher eine baldige Konferenz vor mit folgender Tagesordnung: »a) Vorbereitung eines Friedensvertrages mit Deutschland; b) Schaffung einer gesamtdeutschen Regierung; c) Durchführung freier gesamtdeutscher Wahlen und Bildung einer Kommission ... etc.«

(Note der Sowjetunion an die drei Westmächte vom 23. August 1952)

(Note der drei Westmächte an die Sowjetunion vom 23. September 1952)

Es werde eine baldige Konferenz vorgeschlagen mit folgenden Diskussionsthemen: »1. Die Organisation freier Wahlen in der Bundesrepublik, der Ostzone Deutschlands und Berlin ... 2. Die Bedingungen für die Errichtung einer freien gesamtdeutschen Regierung mit Handlungsfreiheit in inner- und außenpolitischen Angelegenheiten.«
(Note der drei Westmächte an die Sowjetunion vom 15. Juli 1953)

»Mit dem Ziele der Wiederherstellung der nationalen Einheit Deutschlands auf friedlicher und demokratischer Grundlage schlägt die Sowjetregierung vor, daß die Parlamente der Deutschen Demokratischen Republik und der Deutschen Bundesrepublik unter breiter Beteiligung der demokratischen Organisationen eine Provisorische Gesamtdeutsche Regierung bilden sollen.« – – »Die Provisorische Gesamtdeutsche Regierung muß den Entwurf für ein gesamtdeutsches Wahlgesetz ausarbeiten, das einen wirklich demokratischen Charakter der gesamtdeutschen Wahlen sowie die Teilnahme aller demokratischen Organisationen ... und die Nicht-Zulassung eines Druckes der großen Monopole auf die Wähler gewährleistet.«
(Note der Sowjetunion an die drei Westmächte vom 15. August 1953)

»Eine gesamtdeutsche Regierung, die nicht auf dem in freien Wahlen zum Ausdruck gebrachten Willen des Volkes beruht, wäre nicht qualifiziert, lebenswichtige Entscheidungen über die Zukunft eines vereinten Deutschlands zu treffen. Die Frage freier Wahlen ist daher der Schlüssel zu jeder gesamtdeutschen Regelung.«

(Note der drei Westmächte an die Sowjetunion vom 2. September 1953)

»Bei einem solchen Verhalten (sc. demjenigen der Westmächte, wie es in den letzten Noten ausgedrückt war) ... werden die praktisch möglichen Maßnahmen zur Wiederherstellung der Einheit Deutschlands ausgeschlossen, da kein gesamtdeutsches Organ geschaffen wird, das den Willen des deutschen Volkes gerade bei der Vorbereitung gesamtdeutscher Wahlen verwirklichen könnte.«

(Note der Sowjetunion an die drei Westmächte vom 28. September 1953)

Auf der Viermächtekonferenz von Berlin legte Außenminister Eden einen Plan für die Methode der Wiedervereinigung Deutschlands vor, dessen Grundsätze folgendermaßen lauten:

»Die deutsche Wiedervereinigung und der Abschluß eines frei verhandelten Friedensvertrags mit einem vereinten Deutschland sollte in den folgenden Stadien vollzogen werden:

I. Freie Wahlen in ganz Deutschland
II. Einberufung einer aus diesen Wahlen hervorgehenden Nationalversammlung
III. Ausarbeitung einer Verfassung und Vorbereitung der Friedensvertragsverhandlungen
IV. Annahme der Verfassung und Bildung einer gesamtdeutschen Regierung, die für die Aus-

Die Sowjet-Delegation legte ihrerseits auf der Berliner Konferenz einen Plan zur »Bildung einer provisorischen gesamtdeutschen Regierung und zur Abhaltung gesamtdeutscher Wahlen« vor, worin es heißt:

»Die Bildung einer provisorischen gesamtdeutschen Regierung durch die Parlamente der Deutschen Demokratischen Republik und der Bundesrepublik Deutschland unter breiter Teilnahme demokratischer Organisationen ist als eine dringende Aufgabe zu betrachten.« – – »Die Hauptaufgabe der provisorischen gesamtdeutschen Regierung ist die Vorbereitung und Durchführung der gesamtdeutschen freien Wahlen, und zwar: a) Vorbereitung des Entwurfs eines gesamtdeutschen Wahlgesetzes ...
b) Prüfung ... der ... notwendi-

handlung des Friedensvertrages zuständig ist

V. Unterzeichnung und Inkrafttreten des Friedensvertrages.«

(29. Januar 1954)

gen Voraussetzungen in ganz Deutschland sowie die Durchführung von Maßnahmen zur Gewährleistung solcher Voraussetzungen.

c) Durchführung der gesamtdeutschen freien Wahlen, durch die das deutsche Volk ohne Einmischung ausländischer Staaten die Frage der Gesellschafts- und Staatsordnung eines demokratischen Deutschlands entscheiden wird, und auf deren Grundlage eine Gesamtdeutsche Regierung gebildet wird.

(4. Februar 1954)[2]

Vier Jahre lang blieben die beiderseitigen Positionen hinsichtlich der Methode der deutschen Wiedervereinigung in der Tat völlig unverändert. Weder der koreanische Krieg noch der Tod Stalins und die Betrauung Malenkows mit der Regierungsleitung der Sowjetunion, noch auch der unglückliche Aufstand in der deutschen Sowjetzone, noch sonst irgendein Ereignis dieser ereignisreichen Jahre haben die geringste Änderung in diesem Punkte bewirkt. Die beiden Parteien, die da jahrelang Erklärungen und Noten und Pläne austauschen, sprechen nicht eigentlich, wie man sich häufig auszudrücken pflegt, verschiedene Sprachen; sie streben vielmehr nach durchaus verschiedenen Zielen, sie wollen Verschiedenes und sie reden daher – in einer und derselben Sprache – von gänzlich Verschiedenem. Der Westen redet von freien Wahlen – als von einem Akt, der einen neuen Staat mitsamt seinen Organen konstituieren und legitimieren soll –, der Osten redet von einer Provisorischen Regierung – als von einem Organ, das aus den

2 Alle Zitate sind den beiden Dokumentenbänden entnommen, die das Bundesministerium für Gesamtdeutsche Fragen über »*Die Bemühungen der Bundesrepublik um Wiederherstellung der Einheit Deutschlands durch Gesamtdeutsche Wahlen*« 1958 herausgegeben hat.

bestehenden deutschen Regierungsgebilden nach Art einer Koalition oder Fusion zusammengefügt werden soll und dann eines Tages wohl auch eine wahl-ähnliche Zustimmungs-Aktion veranstalten kann. Die Ausdrücke wechseln – der »Konstituierende Gesamtdeutsche Rat« und die späteren »Gesamtdeutschen Beratungen« Grotewohls sind politisch nichts wesenhaft anderes als die »Gesamtdeutsche Regierung« der sowjetrussischen Noten und die »Provisorische Gesamtdeutsche Regierung« Molotows. Der Westen fordert zuerst die freien Wahlen, damit aus ihnen (unter anderem) eine Regierung hervorgehe, der Osten will unter allen Umständen zuerst die Provisorische Regierung, damit sie (unter anderem) ein Wahlgesetz erlasse und Wahlen organisiere. Die Sowjetunion betrachtet – oder bezeichnet doch jedenfalls – das westliche Beharren auf dem Postulat und auf dem Primat der Wahlen als ein Manöver, das bestimmt sei, dem deutschen Friedensvertrag und der Bildung einer deutschen Regierung aus dem Wege zu gehen; die Westmächte andererseits erkennen in der Reihenfolge der sowjetrussischen Tagesordnung den hartnäkkigen Versuch, die Veranstaltung originärer Wahlen unter allen Umständen zu vermeiden. Die Westmächte wollen durch ihren Vorschlag die Neuschöpfung eines legitimen Staatswesens und einer rechtmäßigen autonomen Regierung einleiten, die Sowjetunion will die bestehende Machtposition der Parteiherrschaft über ihre Zone festhalten und sie auf dem Wege über einen paritätischen Ausschuß – dazu mit Hilfe gewisser Bestimmungen des geplanten Friedensvertrages – über ganz Deutschland ausdehnen.

Ein vermeintlich unparteiischer, vermeintlich realistischer Betrachter würde gegen diese Unterscheidungen und Vergleichungen vielleicht einwenden, sie hielten sich an der diplomatisch-juristischen Fassade auf, da es sich doch im Innern und im letzten politischen Grunde um den ganz einfachen, nur in unterschiedliche Argumente eingekleideten gegensätzlichen Machtwillen der beiden Weltparteien handle: die Sowjetunion wolle ein kommunistisch beherrschtes, die Westmächte wollten ein westlich beherrschtes oder doch dem Westen verbundenes Gesamtdeutschland, und weiter nichts. Das ist auch wahr, nur ist es nicht die ganze Wahrheit. Die Westmächte wollten Deutschland aus freien Wahlen hervorgehen lassen – und waren (mit der deutschen Bundesregierung und dem Bundestag) bereit, die bestehenden westdeutschen Staatsorgane zugunsten dieser gesamtdeutschen wirklich untergehen zu lassen – in der Hoffnung, ja in der Erwartung, daß aus den Wahlen eine überwiegend liberal (und anti-totalitär) gesinnte Versammlung, aus ihr eine freiheitliche Verfassung und eine dem Westen zugeneigte Regierung entstehen werde. Man kann annehmen, daß die Sowjetunion in ebenderselben Erwartung – die in ihrem Fall einer Befürchtung gleichkommt – den Primat der freien Wahlen ablehnte. Die Sowjetunion ihrerseits wollte Deutschland aus den beiden bestehenden Teilen, die Provisorische Regierung aus Delegationen der bestehenden Organe beider Seiten zusammensetzen – sie war deswegen unter allen Umständen entschlossen, die Organe der Sowjetzone aufrechtzuerhalten – in der Hoffnung, in der Erwartung und vor allem in der eisernen Absicht, mit den Mitteln der Blockbildung, der Spaltung des westdeutschen Partners, womöglich der erzwungenen Parteifusion und der Terrorisierung unfügsamer Elemente nach vielfach bewährter Verfahrensweise die Parteidiktatur auf Gesamtdeutschland zu erweitern. Und man kann wiederum annehmen, daß die Westmächte in ebenderselben Erwartung den Primat der Provisorischen Regierung ablehnten. Damals im Falle Polens hatten sie die Installation der Provisorischen Regierung von Lublin und Warschau nicht hindern, ihre Erneuerung nicht erreichen können. Im deutschen Fall, im Fall der Vereinigung Deutschlands durfte sich diese Erfahrung nicht noch einmal wiederholen. Hier war es möglich, denjenigen neuen Anfang zu setzen, den man damals von Stalin nicht zu erhandeln vermocht hatte; hier war es möglich, rechtmäßig vorzugehen.

Das einzige Gesetz, das nötig war, den Prozeß in Gang zu bringen, nämlich das Wahlgesetz, würde von den Alliierten erlassen werden können, hernach wären die Vereinten Nationen bereit, die Voraussetzungen der Freiheit zu prüfen, unter Umständen auch den Wahlvorgang zu überwachen. Kurz, hier brauchte es keiner Provisorischen Regierung – ihre Funktionen, soweit sie eben unumgänglich zur Herbeiführung legitimer Verhältnisse erfüllt werden mußten, konnten hilfsweise von jenen internationalen Instanzen übernommen werden. Dieses Minimum von Initial-Aufgaben, die einer Provisorischen Regierung nach konstitutioneller Auffassung obliegen und deren gewissenhafte Lösung allein ihren eigenen Mangel an Rechtmäßigkeit zu beheben vermag, würde gleichsam dem historischen Deus ex machina der Besatzungsmächte, im Bedarfsfalle der unverdächtigen neutralen Instanz des Weltvereins übertragen werden – und so hätte man in der Tat hier in Deutschland das ganz einzigartige Experiment einer Staats-Neuschöpfung ex fundamento, einer Konstituierung aus der einzig legitimen konstituierenden Gewalt, nämlich der allgemeinen Wählerschaft, das Experiment eines originalen Aktes der konkreten »Selbstbestimmung des Volkes« anstellen können, ohne irgendeine Verunreinigung durch Vorgriffe und Vorentscheidungen personeller, organisatorischer oder gar gesetzgeberischer Art fürchten zu müssen.

Eben diese Abwesenheit einer provisorischen Gewalt – jedenfalls einer solchen, die der Nation zugehörte, welche zu organisieren war und die daher eine Herrschaft installieren könnte, ohne das Gebot der nationalen Souveränität zu verletzen – ebendies mußte der anderen Seite wie ein

Vakuum vorkommen und wie jedes Vakuum einen Schrekken erzeugen. Darum insistieren die Noten der Sowjetregierung darauf, daß zuerst und zunächst doch (neben dem Friedensvertrag) die Vereinigung Deutschlands zu bewerkstelligen sei, und sie weigern sich hartnäckig zu begreifen, daß die Veranstaltung von freien Wahlen ebendiesen Zweck erfüllen soll. Man könnte auch sagen, die Sowjetregierung wolle und könne den Rekurs auf die originäre Legitimitätsquelle der Staatsbildung, nämlich auf die Willenskundgebung desjenigen Volkes, das ein Staat werden will und soll, nicht verstehen und nicht akzeptieren, weil ihr dieses ›Volk‹ in seiner derzeit gegebenen gesellschaftlichen Gemenge-Lage für eine entscheidende Gewalt niemals gelten kann. Sie kann dergleichen nicht annehmen und sie will es nicht annehmen, sie kann es nicht annehmen wollen.

Unser Realist von vorhin würde hier wohl wiederum ärgerlich werden und eine ›viel einfachere‹ Erklärung für vollkommen ausreichend erachten: Die Russen wollten eben die bereits befestigte Machtposition der deutschen Satellitenpartei nicht drangeben, und es sei von allem Anfang an ein recht naiver Einfall gewesen, ihnen zumuten zu wollen, sie sollten selber mitansehen, wie die kommunistische Parteiherrschaft durch nichts als ein Votum irgendeiner Wählerschaft hinweggeblasen würde, und sie sollten zu einer derartigen Komödie auch noch die Hand reichen. Freilich, freilich, so ist es. Wie aber sollen wir den Umstand erklären, daß das Postulat der freien Wahlen als solches so lange Zeit hindurch keinem Widerspruch und keinem grundsätzlichen Einwand begegnet ist? Hatte nicht Stalin selbst in Jalta seine Unterschrift unter jene »Deklaration über das befreite Europa« gesetzt, worin ebendieses Prinzip als Basis der allgemeinen Neuordnung verkündet worden war? Konnten die Westmächte nicht darauf bauen, daß sie hier – in Deutschland – doch endlich einmal ernst damit machen könnten, ohne von der Sowjetunion hingehalten und am Ende übertölpelt zu werden, wie es ja eben mit Hilfe ihrer etablierten ›Provisorischen Regierungen‹ nun oft genug geschehen war? Hier, in Deutschland, war die Aussicht vorhanden, so schien es, und zwar natürlich vor allem deswegen, weil der größere Teil des Landes diesseits des Eisernen Vorhangs lag, und sie selbst, die USA, Großbritannien und Frankreich, auf dem Platze kräftig anwesend waren. Nein, es war keine Naivität und noch weniger eine Spiegelfechterei für bloße Propagandazwecke – wie doch von argwöhnischen und verbitterten ›Realisten‹ vermutet worden ist. Es schien dieses Mal nicht aussichtslos, die russischen Partner bei ihrem Wort zu nehmen, dem Wort von Jalta sozusagen, dem Wort von den »freien Wahlen«, das sie ja auch selbst im Munde führten, wenngleich ihre eigenen Wahlveranstaltungen – wie John McCloy bemerkt hat – nur eine Travestie wirklicher Wahlen darstellten. Es war nicht aussichtslos, dieses Experiment zu wagen – der Vorschlag war billig und gerecht, jede der beiden Seiten würde ja die jeweils ihr näherstehende oder sogar untertane deutsche Hälfte mit allen mühsam erzeugten Staatseinrichtungen zugunsten eines noch unbekannten Dritten aufgeben, man würde sich dem Votum der gesamtdeutschen Wählerschaft beiderseits unterwerfen, wie man sich in älteren Zeiten einem Gottesurteil unterwarf; und der Vorschlag war so natürlich, so einfach, so naheliegend und vor allem so bezwingend legitim, da er doch auf dem weltweit und nicht erst seit gestern anerkannten Grundsatz der nationalen Selbstbestimmung fußte. Er schien eigentlich ganz unwidersprechlich. Gewiß lief er den sowjetrussischen Interessen zuwider, aller Wahrscheinlichkeit nach würde ihre Position in Deutschland gemindert oder auch beseitigt werden, wenn der Vorschlag ausgeführt würde – aber, wenn dieser Gesichtspunkt der baren Macht sich bei der Sowjetregierung zuletzt ganz durchsetzen sollte, was man freilich fürchten mußte, so war doch zum wenigsten vor aller Welt und auch vor den Deutschen selber klargestellt, daß einzig die Sowjetunion die Lösung ihres staatlichen Lebensproblems verhinderte, daß die Sowjetunion sowohl das Wort von Jalta als auch den hohen Grundsatz der nationalen Selbstbestimmung verriet, und daß sie eben nichts anderes kenne als nackte, brutale Macht. Solche oder ähnliche Überlegungen mögen auf der westlichen Seite angestellt worden sein, – die östlichen in analoger Weise hypothetisch auszudenken, möchte ich nicht wagen. Beide Seiten müssen bei ihren so unterschiedlichen Projekten und Methoden mindestens zuzeiten auch eine reale Chance gesehen, eine ernstliche Erwartung gehegt haben. Die Westmächte berechtigte dazu das Vertrauen in die Universalität des Legitimitätsprinzips der allgemeinen Wahl, die Sowjetunion mag ihre zeitweilige Zuversicht eher an die Wirksamkeit der völkerrechtlichen Verpflichtung geknüpft haben, daß ein Friedensvertrag mit Deutschland geschlossen werden müsse.

Geraume Weile konzentriert sich die Sowjetregierung in jenen Noten darauf, ihre eigene Tagesordnung derjenigen des Westens entgegenzusetzen, also die Friedensverhandlung und vor allem die Provisorische Regierung an den Anfang und die Veranstaltung von Wahlen möglichst ans Ende der Rang- und Zeitfolge zu rücken. Die Moskauer Äußerungen sparen in allen möglichen anderen Hinsichten nicht mit groben und mit scharfen Tönen, und so muß es auch hier auffallen, daß der Gedanke der Wahlen als solcher lange Zeit hindurch keiner Kritik unterzogen wurde. Wohl polemisiert zum Beispiel die Note vom 23. August 1952 gegen die Idee der internationalen Untersuchungskommission, und zwar mit dem charakteristischen Argument, darin liege »eine Beleidigung der deutschen Nation«, die ja Wahlen, Parteien und Parlamentarismus seit mehr als hundert Jahren kenne und solche Aufsicht daher nicht brauche; das Argument, das in Abwandlungen später wiederkehrt, erinnert lebhaft an die nicht viel weniger scheinheiligen Mahnungen, die Stalin in Jalta an seine Verhandlungspartner gerichtet hat, die nationale Empfindlichkeit der Polen nicht durch internationale Kontrollen zu verletzen. Im gegenwärtigen Fall diente ein solcher empörter Hinweis offenkundig dazu, gerade jene Verlegung der notwendigen Initial-Leistungen in internationale, neutrale und jedenfalls nicht-deutsche Organe zu verhüten, welche allein – wie zuvor schon dargelegt worden ist – das Experiment der reinen Staatsschöpfung durch die Wählerschaft möglich macht und daher einen wesentlichen Teil des westlichen Vorschlages bildet. Würde sich das Argument der nationalen Empfindlichkeit, diese Belehrung über den guten Ton, hier durchsetzen, so wäre die unvermeidliche Folge, daß diese gewissen Initial- und Vorbereitungsaufgaben eben doch einer wie immer gearteten gemischten deutschen Instanz übertragen werden müßten, und im selben Augenblick wäre der entwicklungsfähige Embryo einer Provisorischen Regierung entstanden. Tatsächlich erklärt dieselbe Moskauer Note denn auch ganz ohne Umschweife, das beste und sogar das »objektivste« Gremium für diese Funktionen wäre ein deutsches Gremium, »zum Beispiel aus Vertretern der Volkskammer der Deutschen Demokratischen Republik und des westdeutschen Bundestags«. Es läuft immer auf dasselbe Ziel hinaus: das schreckende ›Vakuum‹ zu füllen, Organe zu schaffen, die Vorentscheidungen zu treffen vermögen, und zwar nationale Organe, nicht internationale, und das heißt zugleich, dem Akt der gesamtdeutschen Wahlen selber seine originäre und konstituierende Bedeutung zu nehmen.

Dergleichen Kritik und Polemik also findet sich – zu schweigen natürlich von dem massiven Kampf gegen die Westverträge, der indessen in dem gegenwärtigen Zusammenhang ohne Interesse ist. Lange Zeit aber wartet der Leser dieser Dokumente vergeblich auf eine Kritik, eine

Bemängelung, eine Anzweiflung des Prinzips der freien Wahlen als solchen oder seiner Tauglichkeit, den Zweck der Vereinigung Deutschlands zu erreichen. Auch eigene Vorstellungen vom Charakter solcher Wahlen treten in den russischen Noten erst verhältnismäßig spät auf, lassen dann allerdings an Deutlichkeit kaum zu wünschen übrig: ich denke an die Formeln von der »Teilnahme *aller* demokratischen Organisationen« und von der Verhinderung des »Druckes der Monopole auf die Wähler«, wie sie in der Note vom 15. August 1953 enthalten sind. Sie hatten wohl ein Vorspiel in dem Wahlgesetzentwurf der Volkskammer, der das Datum des 9. Januar 1952 trägt, worin immerhin die wiederkehrende Wendung von den »Parteien, Organisationen und Vereinigungen« eine Ahnung von der organisatorischen Methodik vermitteln konnte, die hier zu erwarten stand – es ist die Methodik des kalten Klassenkampfes –, wenn auch das Eigentliche in einem solchen Paragraphenwerk nicht vorkommt. Die russische Note ist deutlicher; aber auch mit diesen Enthüllungen rückte die Sowjetregierung, wie man sieht, erst im vierten Jahr dieser ganzen geisterhaften Auseinandersetzung heraus.

Einen Schritt weiter ging Außenminister Molotow auf der Berliner Viermächte-Konferenz, als er – in der Sitzung vom 4. Februar 1954 – gegen den Eden-Plan unter anderem mit großer Schärfe das Argument vorbrachte, Wahlen könnten »von den aggressiven Kreisen ausgenutzt« werden, sie könnten sozusagen die falschen Leute an die Spitze bringen, und es habe ja auch schon früher in der deutschen Geschichte Wahlen gegeben, »bei denen die deutschen Militaristen und Faschisten sich den Weg zur Macht bahnten«. Hier endlich kommt die Katze aus dem Sack. Hier ist nicht irgendein Detail, sondern das Prinzip der freien Wahl als eines originären Aktes selber in Zweifel gezogen. Nicht jedes Volk, nämlich nicht jede ›Gesellschaft‹, heißt das, soll zur Wahl gehen dürfen in dem

Aggregatzustand, in dem sie sich gerade befindet. Auch eine Wahl ist ein Ausdruck gesellschaftlicher Machtverhältnisse, heißt das; selbst die Mehrheit kann den falschen Willen äußern, heißt das, und auch einer Entscheidung ›des Volkes‹, heißt das, muß grundsätzlich mißtraut werden. Es heißt noch mehr. Es heißt selbstverständlich, daß eine Wahl – und zwar gerade eine originäre Wahl – als solche gar nichts zu legitimieren, keinerlei Rechtmäßigkeit zu schaffen vermöge. Es heißt, daß dem Wählervolk als solchem keine Autorität und keine konstituierende Kraft zukomme und zugesprochen werden dürfe. Es liegt darin, daß der Begriff des ›Volkes‹ selbst als ein politischer Begriff ausgestrichen wird, und es liegt im Grunde oder in der Konsequenz darin, daß daher auch die ›Selbstbestimmung‹ eines solchen Volkes ihren Sinn und ihre Geltung einbüßt. Mit einem Schlage wird offenbar, daß in dem politischen Weltbilde des Moskauer Partners nur eine kahle Stelle und ein leerer Fleck dort ist, wo sich für die anderen die Gründe der Rechtmäßigkeit befinden, und daß alle diese Worte, die den anderen für die Essenz des Politischen gelten, in seinen Augen schlechthin nichts bezeichnen. Es wird offenbar nicht nur, daß man die ganze Zeit über vergeblich auf einen Restbestand gemeinsamer Realität und Geltung vertraut hatte, und nicht nur, daß die Interessen und Willensrichtungen einander stracks zuwiderlaufen, und nicht nur, daß beide Parteien sich bei denselben Worten etwas Grundverschiedenes denken, und auch nicht nur, daß ›westliche‹ Vorstellungen im bolschewistischen Munde heuchlerisch mißbraucht oder böswillig verkehrt und travestiert würden; sondern es wird offenbar, daß die eine Seite sich gerade bei den fundamentalen Begriffen der anderen Seite schlechterdings überhaupt nichts irgend Ernstliches und Wesenhaftes denken kann. Vielleicht ist eine direkte kritische Antwort auf den Vorschlag der gesamtdeutschen Wahlen gerade deshalb so verblüffend lange ausgeblieben, weil die bolschewistischen Partner niemals eigentlich und dem Wesen nach verstanden haben, was damit gemeint war. Auf der Genfer Außenministerkonferenz, Ende 1955, hat Molotow dann jene kuriose Wendung geprägt von der »*mechanischen* Verschmelzung der beiden Teile Deutschlands«, welche durch die »sogenannten freien Wahlen« nach dem Plan Edens herbeigeführt werden solle. Man muß den Ausdruck nicht als ein zufälliges Schmähwort auffassen; es kann sehr wohl darin ein aufrichtiges und subjektiv durchaus sachgemäßes Urteil zum Vorschein kommen. Was wir mit den Worten vom Gemeinwesen, vom Volk, von der bürgerlichen Zustimmung und vom Akt der Wahl meinen, hat in diesem Kategoriensystem augenscheinlich keine Stelle. So muß die Einsammlung von Stimmen in der Tat als ein »mechanischer« Vorgang erscheinen, solange es die Stimmen eines bloßen ›Volkes‹, eines Haufens oder Schwarms und nicht einer vorgeformten, durch Klassenkampf und Massenorganisation zubereiteten ›Gesellschaft‹ sind; das ›Volk‹ erscheint hier nur als formloser Stoff, und der Gedanke muß absurd erscheinen, ihm ohne alle Vorbereitung die Qualifikation einer aktiven Wählerschaft zuzuerkennen und die Autorität einer konstituierenden, staatsbildenden Handlung zuzutrauen. Vielleicht sind diese Bemerkungen, welche Einsicht in die abgründige Natur der Ost-West-Divergenz zu gewinnen versuchen, nur lauter Binsenwahrheiten. Es sind aber eben diese Binsenwahrheiten, die uns am tiefsten beunruhigen.

Der Konflikt, der uns hier beschäftigt, ist gewiß ein Konflikt der Mächte und ein Konflikt um Machtpositionen. Er ist aber auch ein Konflikt der Legitimitäten. Die Verhandlungen über die Vereinigung Deutschlands, bei welchen fünf Jahre lang hier die freie Wahl, dort die Provisorische Regierung gefordert wurde, zeigen zuletzt, daß alle Gründe der ›westlichen‹ Rechtmäßigkeit in der

Konfrontation mit der bolschewistischen Denk- und Verfahrensart ins Leere fallen. Gerade das Beharren auf der ›Provisorischen Regierung‹ – unter welchem Namen auch immer – bezeugt auf ebenso drastische wie scharfe Weise, daß das Legitimitätsprinzip der originären Wahl hier an eine Grenze gelangt ist.

Was aber ist es, das diesem unserem Prinzip eigentlich entgegensteht? Findet hier ein Konflikt zwischen der Rechtmäßigkeit und der Macht statt, ein Konflikt zwischen der legitimen und der usurpatorischen Herrschaft? Oder sind es zwei Legitimitäten, die aufeinanderstoßen? Ist es zweierlei Rechtmäßigkeit, was uns verwirrt?

4. Kapitel
Die vergebliche Gier nach Zustimmung

Die Frage nach dem Grunde der Macht totalitärer Parteiherrschaft drängt sich auf. Die Frage nach dem Konflikt der Legitimitäten ist aufgeworfen und verlangt eine Antwort. Was hier zuallererst auffällt, ist indessen der Umstand, daß auch in diesen totalitären Herrschaften Wahlen veranstaltet werden, die doch augenscheinlich in irgendeinem Sinne auch zu ihrer Rechtfertigung beizutragen bestimmt sind. Nirgends und in keinem Falle gehen zwar die Regierungen aus solchen ›Wahlen‹ hervor – und wir haben (im vorigen Kapitel) an den west-östlichen Auseinandersetzungen über die deutsche Frage wahrgenommen, wie konsequent die bolschewistische Diplomatie darauf besteht, daß eine Regierung unter diesem oder jenem Namen und jedenfalls unter vorherrschendem kommunistischen Einfluß zuvörderst installiert werde, bevor man an Wahlen denken wolle. Wie lange und wieweit Stalin und Molotow ihre westlichen Verhandlungspartner oder Verhandlungsgegner hinsichtlich der Rang- und Zeitfolge dieser Prozeduren hinzuhalten, auch durch Undeutlichkeiten zu täuschen bestrebt sein mochten, wie spät die Sowjetregierung auch mit dem fundamentalen Argument wider die originäre und konstitutive Funktion von Wahlen hervorgetreten sein mag – die Untersuchung ergibt in jedem Fall zweierlei: einmal, daß die bolschewistischen, die totalitären ›Wahlen‹ nicht dazu dienen sollen, eine Regierung zu bestellen oder zu beschaffen; zum zweiten aber, daß gleichwohl auch nach bolschewistischem oder totalitärem Plan irgendwann einmal ›Wahlen‹ veranstaltet werden sollen. Daß dies nicht bloß eine widerwillige Konzession gegenüber westlich-bürgerlichen Erwartungen darstellt, erhellt aber aus der simplen Tatsache, daß eben in allen kommunistischen Parteidiktaturen – einschließlich der langher befestigten Parteidiktatur der Sowjetunion selbst – periodische Wahlen stattfinden, daß auch dort in irgendeinem Sinn ›repräsentative‹ Körperschaften, nämlich Räte, in irgendeinem Sinn ›gewählt‹ oder doch durch Maßnahmen von der Art allgemeiner Wahlen zum wenigsten bestätigt werden. Derartige Wahlen gehören, mit einem Wort, auch zur totalitären Verfassung. Und so bleibt das Rätsel zu lösen, was diese Einrichtung eigentlich im Zusammenhang eines totalitären Systems bedeute. Wozu der Aufwand? Und in diesem Rätsel steckt ein weiteres verborgen. Wie sollen wir eigentlich dieses unbedingte, dieses wütende Bedürfnis totalitärer Herrschaften nach hundertprozentiger Zustimmung ihrer allgemeinen Wählerschaften verstehen und erklären? Anderwärts fußen Regierungen auf (parlamentarischen oder unmittelbar bürgerlichen) Mehrheiten, zuweilen sogar recht knappen, und sie sind es zufrieden, da auch die divergierenden Minderheiten die jeweilige Mehrheitsentscheidung zu respektieren pflegen. Die Parteidiktaturen hingegen sind, sobald sie einmal fest etabliert sind, mit keiner Mehrheit mehr zufrieden, sie bedürfen der Gesamtheit. Sie suchen die Zustimmung, und es muß die allgemeinste sein. Gewiß ließe sich antworten, darum eben heiße diese Herrschaftsweise totalitär, weil sie es auf die totale Zustimmung, die Verfügbarkeit und Dienstbarkeit der totalen Gesellschaft angelegt habe – oder, umgekehrt, sie lege es ebenhierauf an, weil sie totale Herrschaft sei. Aber ganz abgesehen davon, daß wir uns bei solchen Erklärungen fortwährend im Kreise bewegen, trägt der Begriff und die Erkenntnis des ›Totalitären‹ zum Verständnis gerade dieser Wahlveranstaltungen, dieser mehr oder minder manipulierten Zustimmungen nicht viel bei. Als vorwiegende Merkmale des totalitären Systems pflegt man – durchaus zu Recht – die totale Organisation der Bevölkerung in Verbänden anzusehen, die von der einen Partei kontrolliert werden, ferner die totale Überwachung und die totale Indoktrination mit den Apparaten der Agitation und der Propaganda, auch die Monopolisierung aller Mittel der geistigen Lenkung wie des physischen Zwanges. An die totalen ›Wahlen‹ denkt man bei dem Versuch einer allgemeingültigen Kennzeichnung der totalitären Herrschaft nicht so sehr oder allenfalls am Rande – und dies ganz offenbar deswegen, weil diese monströsen Veranstaltungen im Grunde als eine Zutat, ein Luxus, ein unnützer Schein und jedenfalls nicht als wesensnotwendig oder nur wesenszugehörig angesehen werden.

Vielfach unterscheiden die Kenner ausdrücklich zwischen Schein und Wirklichkeit des sowjetischen Regierungssystems, wobei sie die Sowjets im großen und ganzen zu der Sphäre des Scheinhaften rechnen, während sie die ›Wirklichkeit‹ in der Organisation der Partei und ihrer vielfältigen Lenkungsmittel erblicken. Eine ähnliche, wenngleich nicht ebenso schroffe Unterscheidung hat der beste deutsche Kenner und kritische Kommentator der Verfassung der Sowjetunion, Reinhard Maurach, getroffen, der nämlich das Parteirecht als das »innere«, das Recht der Vertretungskörperschaften als das »äußere« Staatsrecht dieses Systems zu bezeichnen vorgeschlagen und auf diese Weise die eigentumliche Doppelgleisigkeit der politischen Formen und Prozesse in der Tat durchgängig sichtbar gemacht hat. Das »äußere« Recht, die ganze Hierarchie der Räte mit den beiden Kammern des Obersten Sowjets an der Spitze, verhält sich zu dem »inneren« der Partei, des Zentralkomitees, des Politbüros und des Sekretariats, wie die Schale zum Kern oder wie der Mantel zum Körper. Es kann keinen Zweifel daran geben, daß schlechthin alle politischen Entscheidungen in und von den Organen der herrschenden Partei getroffen werden – wobei natürlich auch der Erste Sekretär als ein solches Organ aufgefaßt werden muß – und daß hier alle wirklichen Regierungsfunktionen vereinigt sind. Auch der Ministerrat muß eher als ein Konglomerat von obersten Verwaltungsstellen angesehen werden, welche ihre Direktiven von Parteiorganen erhalten. In den Sowjets fallen keine Entscheidungen, sie werden dort nur bekanntgegeben und angenommen.

Einige Autoren haben daher schon früher die sehr berechtigte Frage aufgeworfen, wozu dieses »äußere« System mitsamt den wiederkehrenden ›Wahlen‹ überhaupt aufrechterhalten werde. So hat man gesagt, auf diese Weise solle der Sowjetbevölkerung das Gefühl gegeben und erhalten werden, sie sei am politischen Geschehen aktiv beteiligt, oder Partei und Bevölkerung sollten eng miteinander verbunden werden.[1] Doch leuchtet das nicht unbedingt ein, denn der Sowjetbevölkerung werden unaufhörlich so viele Aktionen und Aktivitäten angeraten und abgefordert, zumal auf dem Gebiet der industriellen und landwirtschaftlichen Produktion – und dies alles bedeutet im System der sozialistischen Planwirtschaft ja sogleich auch ›politische‹ Tätigkeit –, daß die wiederkehrenden ›Wahl‹-Akte daneben recht unerheblich anmuten. Eher scheint eine andere Erklärung zur Lösung des Rätsels beizutragen, die im Hinblick auf die entsprechenden deutschen Erscheinungen gegeben worden ist: diese Wahlgänge würden von den dortigen Funktionären »als plebiszitäre Zustimmung zum Programm der Nationalen Front interpretiert«, und dies mache in der Tat plausibel, warum so viel Wert auf die Einsammlung von möglichst hundert Prozent Ja-Stimmen gelegt werde.[2] Zustimmung kann wirklich auf keinem anderen Wege beschafft werden als auf demjenigen einer allgemeinen Abstimmung, und sei sie auch in die Form der ›Wahl‹ einer Vertretungskörperschaft

1 W. Grottian, *Das sowjetische Regierungssystem*, Leitfaden, Köln und Opladen 1956, S. 163.

2 Ernst Richert, *Macht ohne Mandat*, 1958, S. 101.

gekleidet. Es scheint, daß alle umwegigen innenpolitischen oder auch außenpolitischen Erklärungsversuche, alle Hypothesen über psychologische oder demonstrative Absichten der Herrschenden zuletzt bei der elementaren und nicht weiter auflösbaren Einsicht anlangen müssen, der totalitären Herrschaft, selbst der voll ausgebildeten, alle Machtmittel monopolistisch verwaltenden, fest etablierten Parteidiktatur – und sogar gerade ihr – eigne ein Bedürfnis nach allgemeiner Zustimmung, und zwar nach einmütiger Zustimmung. Man muß in der Tat vermuten, daß ›Wahlen‹ zur Rechtfertigung dieser Herrschaft beizutragen bestimmt sind.

Die Entwicklung der Wahlen und der Wahlverfahren in der deutschen Sowjetzone liefert ein lehrreiches Exempel. Die Gemeinde-, Kreistags- und Landtagswahlen vom September und Oktober 1946 gingen im Schema nach der Art eines Systems mit konkurrierenden Parteien vor sich, wenngleich die beiden ›bürgerlichen‹ Parteien gegenüber der »Sozialistischen Einheitspartei« in jeder erdenklichen Weise durch die sowjetische Militärverwaltung behindert und in ihren Werbungsmöglichkeiten benachteiligt wurden. Die SED gewann auf diese Art bei den Landtagswahlen in den damaligen fünf Ländern Stimmenanteile, die jeweils um ein weniges unter fünfzig Prozent blieben, wenn sie sie auch in dreien von ihnen durch die zusätzlichen Mandate der von ihr beherrschten »Massenorganisationen« zu einer knappen absoluten Parlamentsmehrheit zu steigern vermochte. Das erste Stadium zeigt also mehrere gesondert operierende Parteien und verhältnismäßige Anrechnung der Stimmen; der Vorherrschaft der Diktatur-Partei wurde durch administrative Machenschaften der Besatzungsmacht nachgeholfen. Das Resultat waren Parteienparlamente mit einer privilegierten Hauptpartei. Die Wählerschaft formierte sich, soweit sie eine Chance dazu hatte und soweit sie den Mut dazu aufbrachte, in verschiedene Partei-Anhängerschaften.

Ein ganz anderes Prinzip wurde etwa drei Jahre später bei den

Wahlen zum »Dritten Volkskongreß« angewandt – die ersten beiden »Volkskongresse« (von 1947 und 1948) waren ohne Beteiligung der allgemeinen Wählerschaft gebildet worden. Hier zuerst wurde den Wählern eine Einheitsliste vorgelegt, es gab keine wie immer beschränkte Konkurrenz von Parteien mehr, das zahlenmäßige Verhältnis ihrer Kandidaten war der Entscheidung der Wähler entzogen, die Vorherrschaft der SED wurde im vorhinein mit Hilfe des internen und weitgehend oktroyierten Verteilungsschlüssels auf den Vorschlagslisten gesichert, aber die Wähler hatten die Wahl, zu diesem Block-Angebot entweder Ja oder Nein zu sagen. Die Wahlzettel sahen Felder für Ja und für Nein vor. Das ist ein gründlich verändertes Verfahren. Die allgemeine Wählerschaft hatte nun die freilich bescheidene und eingeschränkte Gewalt der Auswahl eingebüßt, aber sie hatte die Gewalt der Zustimmung und Verwerfung en bloc dafür eingetauscht. Vielleicht haben die Erfinder dieser Operation die Erwartung gehegt, es werde den meisten schwer werden, ihre Einheitsliste insgesamt abzulehnen, nachdem doch immerhin Kandidaten aller zuvor selbständigen Parteien darauf zu finden waren; vielleicht haben sie gehofft, die drei vormaligen Partei-Anhängerschaften unter den Wählern würden sich angesichts dieser Liste ganz ebenso zusammenschließen, wie dort die Kandidaten (unter Druck) gleichsam aneinander gefesselt worden waren, und es würden daher nur geringfügige Minderheiten von Nein-Sagern übrigbleiben. Diese Erwartung trog. Trotz aller Tricks, die bei der Auszählung der Stimmen angewandt wurden – die im gegenwärtigen Zusammenhang nicht von Interesse sind –, fielen die Minderheiten der Nein-Sager recht beträchtlich aus, sie lagen (wenn man die zahlreichen ungültigen Stimmen hinzurechnet) in den fünf Ländern etwa zwischen 30 und 45 Prozent, im Sowjet-Sektor von Berlin war ihr Anteil noch höher.

Das Verfahren in diesem zweiten Stadium gleicht demjenigen des echten Plebiszits im altrömischen Sinne. Die Einheitsliste war gleichsam mit einer rogatio verbunden, einer Fragestellung der Behörde. Die Plebs, hier die allgemeine Wählerschaft, hatte die Wahl zwischen Zustimmung und Verwerfung. Daß eine Kandidatenliste in dieser Weise wie ein Gesetzesvorschlag oder irgendein anderer sachhaltiger Antrag der Menge als globale Frage vorgelegt wird – in dem Sinne: Wollt ihr das oder wollt ihr es nicht? –, stellt wohl eine Kuriosität in der Geschichte der Wahlen und Abstimmungen dar. Im übrigen hatten nun die Veranstalter die proportionale Zusammensetzung der fraglichen Körperschaft (des Dritten Volkskongresses) ebenso endgültig vorausbestimmt wie die Auswahl ihrer Mitglieder. Der Vorschlag stellte bereits die Wahl dar; allenfalls konnte er noch als Ganzes verworfen werden. Was die allgemeine Wählerschaft tatsächlich allein noch beitrug, war die Zustimmung zu dieser bereits vollzogenen Wahl. Diese Zustimmung wurde geliefert oder doch herausgelesen und herausgezählt: es war eine mehrheitliche Zustimmung nach der Weise eines eigentlichen Plebiszits.
Die einmütige Zustimmung wurde erst im dritten Stadium der Entwicklung herbeigeführt und eingeholt. Den ersten ›Wahlen‹ zur Volkskammer, die lange hinausgeschoben worden waren, dann aber am 15. Oktober 1950 veranstaltet wurden, lag wiederum eine Einheitsliste zugrunde, die innerhalb der Gremien des Blocks ausgehandelt oder vielmehr erzwungen worden war. Aber dieses Mal waren die Stimmzettel nur mit den Namen der Kandidaten bedruckt – die Kreise für Ja und Nein waren verschwunden. Dem Wähler war keine andere Handlung mehr möglich, als eben diesen Stimmzettel – übrigens unkuvertiert, wie berichtet wurde – in die Urne zu werfen, so wie er war. Wer es nicht tat oder überhaupt zu Hause blieb, konnte ohne Schwierigkeit in den Wahlregistern identifi-

ziert werden, er machte sich verdächtig. Das offizielle Ergebnis verzeichnet denn auch eine Beteiligung von 98,5 Prozent der Wahlberechtigten und einen Anteil von 99,6 Prozent bestätigender ›Stimmen‹. Es fehlt eigentlich an dem geeigneten statistischen Terminus, diesen Sachverhalt zu bezeichnen – man zögert, selbst von ›Stimmen‹ zu sprechen angesichts der Tonlosigkeit des Vorgangs. Es ist, als vernähme man nur das Geraschel des Papiers. Auch die leiseste, unscheinbarste Handlung persönlichen Charakters – wie etwa jenes Einzeichnen eines Kreuzchens, das Anstreichen eines Namens, oder wie immer sonst wir in der Verschwiegenheit unserer Wahlzellen das Zeugnis entweder hergebrachter Gewohnheit oder vorbedachter Entschließung oder auch augenblicklicher Laune anbringen mögen –, all dergleichen ist hier entfallen. Es gibt nicht einmal einen Bleistift und es bedarf auch keines Bleistiftes. Die Zustimmung war nun vollständig gesichert, wenn auch die Subjektivität der Zustimmenden auf ein Minimum reduziert oder ihre ›Stimme‹ zu einem ausdruckslosen und unkenntlichen Schnarren verdorben erscheint.

Es fällt uns schwer, dergleichen ohne Bitterkeit zu schildern. Indem wir die Entwicklung des Verfahrens in diesen drei Stadien bedenken, meinen wir förmlich am eigenen Leibe zu spüren, wie hier der bürgerlichen Aktivität und Teilnahme mit einigen wenigen Operationen zunehmend die Luft abgesaugt, wie dem bürgerlichen Wesen das Mark aus den Knochen gezogen wird. Die totale Zustimmung ist – im dritten Stadium – in der Tat gewährleistet und besorgt, aber die da zustimmen, sind gleichsam nur noch Schemen von Bürgern. Die westliche, insbesondere westdeutsche Analyse dieser Entwicklung und zumal ihres Endzustandes – der Vorlage einer fertigen Einheitsliste unter Ausschließung jeder Möglichkeit zu widersprechen – wendet sehr begreiflicherweise in der Regel ihre Hauptaufmerksamkeit auf die Enthüllung all jener Tricks, der offenkundigen wie auch der geheimen, mitsamt dem potentiellen Terror, welche zur Herbeiführung des Ergebnisses hundertprozentiger Zustimmung angewendet worden sind und jedesmal von neuem angewendet werden. Den Übergang von einem Verfahren der behinderten Auswahl zu demjenigen des Plebiszits und schließlich zu demjenigen der unausweichlichen Akklamation erklären westliche Beobachter und Deuter aus der Erkenntnis der Machthaber, daß sie in ›freien‹ Wahlen mit konkurrierenden Kandidaturen eben niemals eine Mehrheit gewinnen, daß sie also, wenn sie gleichwohl solche eigentliche Wahlen ausschrieben, hernach gegen das Votum der Wähler würden regieren müssen. Sofern man aktuelle Motive aufsucht, ist das alles auch ganz richtig. Aber daraus wird nicht verständlich, warum überhaupt wahl-artige Veranstaltungen immer wieder getroffen werden, und es wird ebensowenig verständlich, warum es die Parteidiktatur auf die Einmütigkeit der Anerkennung des Volkes anlegt, wie künstlich sie herbeigeführt werden mag. Auch ist es ja keine Besonderheit der deutschen kommunistischen Parteiführung, daß gerade sie auf Mittel und Wege hätte sinnen müssen, den peinlichen Eindruck mangelhafter Zustimmung von seiten der Bevölkerung der Zone zu verhüten. Es ist nicht einmal ausgemacht, ob die Führung der diktatorischen Partei ein solches Ergebnis eigentlicher, nämlich freier Wahlen überhaupt für sich selbst als peinlich empfände. Nach den Gemeindewahlen vom September 1946, bei welchen in zahlreichen thüringischen Städten die beiden bürgerlichen Parteien trotz aller Benachteiligung Mehrheiten in den kommunalen Körperschaften erhalten hatten, hat ein hoher Staatsbeamter des damals noch bestehenden Landes Thüringen den bemerkenswerten Ausspruch getan, diese Ergebnisse seien ganz gleichgültig, und man werde sich darum doch nicht »von Parteien beeinflussen lassen, die als das Sammelbecken aller Mißgestimmten und reaktionären

Kräfte zufällig die Mehrheit erhalten« hätten.[3] Das ist die authentisch kommunistische Ansicht von der Sache, und dieses Urteil fällt übrigens ganz in die gleiche Kategorie wie jener Einwand, den Molotow auf der Genfer Außenministerkonferenz von 1955 wider die Idee der Wiedervereinigung durch freie Wahlen formuliert hat. Seine Kritik der »mechanischen Verschmelzung« und jene Kritik der tatsächlichen Wahlergebnisse als »zufälliger Mehrheiten« reaktionärer Gruppen – das liegt in derselben Bahn des Denkens. Wenn man will, kann man es das revolutionäre Denken nennen.

Das alles war auch gar nichts Neues. Die Scheu vor der Legitimität einer durch allgemeine Wahlen bestellten repräsentativen Versammlung ist durch einen fundamentalen Akt der Oktober-Revolution von 1917, durch eine Entscheidung Lenins selber, gewissermaßen ein für allemal beiseite gesetzt und abgetan worden, nämlich durch die Auflösung der Konstituierenden Versammlung am 7. Januar 1918. Noch das Parteiprogramm von 1917 hatte die alte, lang gehegte Forderung nach einer »Konstituierenden Versammlung« enthalten, welche »vom ganzen Volke gewählt« werden sollte; noch die Resolution vom April 1917 hatte dieses Postulat wiederholt, obwohl es inzwischen Sowjets gab, und immer wieder hatten auch die Bolschewiki die »Provisorische Regierung« scharf dafür getadelt, daß sie die Ausschreibung dieser allgemeinen Wahlen sträflich hinauszögere. Sogar nach der Oktober-Revolution hat der Rat der Volkskommissare noch das Datum dieser Wahlen bestätigt, das die Provisorische Regierung Kerenskis vor ihrem Untergang auf den 12. November (russischen Kalenders) festgesetzt hatte. Die Wahl fand statt und brachte eine absolute Mehrheit der Sozialrevolu-

3 Die Äußerung stammt von einem gewissen Dr. Staas und ist angeführt in der dokumentarischen Publikation *Die Wahlen in der Sowjetzone*, Bonn 1956, S. 14.

tionären Partei, während die Bolschewisten knapp ein Viertel der Sitze erringen konnten. Erst danach, also in der Zeitspanne zwischen der Wahl und dem Zusammentritt der Konstituante, entwickelte Lenin die Theorie, daß die Revolution, der Bürgerkrieg und der Klassenkampf inzwischen eine neue Etappe erreicht habe: »Natürlich stehen die Interessen dieser Revolution höher als die formalen Rechte der Konstituierenden Versammlung.«[4] Die Versammlung ist dann, wie bekannt, nach einer einzigen Sitzung aufgelöst worden, und zwar durch ein Dekret des Zentralexekutivkomitees der Sowjets. Kein Widerstand erhob sich. Dadurch ist ein Paradigma aufgestellt worden.

Die offizielle »Geschichte der Kommunistischen Partei der Sowjetunion« resümiert den prekären Vorgang mit der einfachen Feststellung: »Die Partei vereitelte die Absichten der Konterrevolution, die Sowjetmacht mit Hilfe der Konstituierenden Versammlung zu stürzen.« Der Umstand, daß ›die Konterrevolution‹ mit Mehrheit aus der Wahl hervorgegangen war, wird – durchaus im Sinne des authentischen Leninschen Arguments – daraus erklärt, daß im Augenblick der Wahl »ein großer Teil des Volkes die Bedeutung der sozialistischen Revolution noch nicht voll erkannt hatte«.[5]

In der deutschen Sowjetzone hat die Kommunistische Partei ihre Herrschaft nicht durch Revolution, sondern durch Okkupation begründet. Wenn man aber von diesem kleinen Unterschied absieht, ist die Sachlage ganz die gleiche wie dreißig Jahre zuvor in Rußland. Der Herrschaftsanspruch der Kommunistischen Partei steht außer Zweifel, gleichgültig ob sie aus der Position einer Mehrheit oder einer Minderheit operiert. Solange ihr das Wählervolk kein eindeutiges Mandat erteilt, kann dies nur daran liegen,

4 *Thesen über die Konstituierende Versammlung*, Ausgewählte Werke in zwei Bänden, Berlin 1959, Band II, S. 282.

5 S. 554/55 der deutschen Ausgabe von 1960 (Dietz Verlag, Berlin).

daß das Volk entweder noch im Banne der reaktionären Kräfte, also in Unfreiheit, verharrt oder daß es die geschichtliche Notwendigkeit erst mit einer gewissen Verzögerung zu erkennen vermag. Die Herrschaft muß etabliert sein, damit diese Erkenntnis sich ausbreite und der Klassenfeind ausgeschaltet werde. Mangelt es noch am akuten – in der ›notwendigen‹ und das heißt in der erwünschten Richtung wirksamen – Volkswillen, so hat in jedem Falle die Partei die bessere Erkenntnis der wahren ›Interessen der werktätigen und ausgebeuteten Klassen‹. Sind diese Interessen erst durchgesetzt, ist die höhere Erkenntnis der Partei erst verwirklicht – wie sie das macht, ist lediglich eine Sache der ›revolutionären Taktik‹ –, so wird sich auch das Bewußtseins-Niveau der Massen unvermeidlich heben, die Zustimmung des Volkes kann nicht ausbleiben. Natürlich ist das dann nicht mehr dasselbe ›Volk‹ wie zuvor. Der Beobachter, der diesem Prozeß ›mit den Augen des Westens‹ zusieht, wird ihn mit den schnöden Worten beschreiben, es sei keine Kunst, die Zustimmung einer Menge zu erlangen, wenn man die Macht und dazu die Mittel der Propaganda wie der Einschüchterung erst in Händen habe, Opportunismus und Furcht täten dann ein übriges. Was in unseren Augen erzwungene Fügsamkeit ist, das stellt sich aber in der orthodox kommunistischen Auslegung als Ergebnis der gesellschaftlichen Umformung und der zunehmenden Reife der ›Massen‹ dar. Es bleibt ein Rätsel oder doch gewiß ein Problem, wie ein so ungeheuerlicher Betrug und Selbstbetrug allererst möglich sei oder aus welchen Gründen und Quellen sich dieser bedenkenlose Herrschaftsanspruch zuletzt herleite.

Übrigens macht die offizielle Parteigeschichte nicht einmal jene Unterscheidung zwischen Revolution und Okkupation. Es ist höchst bemerkenswert, wie die Nachkriegseroberungen sich in der »Geschichte der Kommunistischen

Partei der Sowjetunion« darstellen. »In Europa«, heißt es dort[6], »waren Albanien, Bulgarien, Ostdeutschland, Ungarn, die Tschechoslowakei, Polen, Rumänien und Jugoslawien vom kapitalistischen System abgefallen. Die Revolution entwickelte sich in jedem dieser Länder nach den allgemeinen Gesetzmäßigkeiten und wies zugleich spezifische Besonderheiten auf, die sich aus dem Unterschied der sozial-ökonomischen Bedingungen ergaben.« Es ist mit keiner Silbe von der Roten Armee, von Besetzung und Militärdiktatur die Rede. Ein Ingénu, der dies läse, müßte wahrhaftig glauben, das sei alles ganz von selbst vor sich gegangen. Die erstaunliche Geschwindigkeit dieses ausgedehnten Umsturzes erklärt sich nach derselben Darstellung folgendermaßen: »Der rasche Sieg der Volksmassen über die Bourgeoisie in diesen Ländern war der richtigen Politik der kommunistischen Parteien und der führenden Rolle der Arbeiterklasse zu verdanken.« Immerhin ist hier das Sätzchen angefügt: »Große Bedeutung im Befreiungskampf der Völker dieser Länder hatte die Hilfe der Sowjetunion.« Wir wollen uns jetzt nicht in die Analyse dieser kanonisch festgelegten Versionen vertiefen, welche, als geistige Erzeugnisse betrachtet, gewiß mehr Ähnlichkeit mit liturgischen Texten denn mit kritischer Geschichtsschreibung besitzen. Es handelt sich jetzt lediglich darum, festzuhalten, daß hier auch diejenigen staatsstreichartigen Vorgänge, die die jeweilige nationale Zweiggruppe der Kommunistischen Partei unter dem Schirm der sowjetrussischen Okkupationsmacht in ihrer mehr oder minder abhängigen Herrschaft befestigten, als revolutionäre Vorgänge erscheinen und daß zur Illustration dessen sogar die obligaten »Volksmassen« auf dem Plan erscheinen – auch im Hinblick auf diejenigen Fälle, wo in Wahrheit nur winzige Funktionärs-›Kader‹ vorbereitete Pläne ausgeführt haben.

6 S. 759.

Aber das mag man als Beiwerk hinnehmen, als Staffage auf dem Schlachtengemälde der ideologischen Geschichtsdarstellung. Bedeutsamer erscheint jene Ausweitung des Revolutionsbegriffes auf schlechthin alle Spielarten der ›Machtergreifung‹ durch die Kommunistische Partei. Wie markant sich auch die Prozeduren der Eroberung in dieser sogenannten »Zweiten Etappe der allgemeinen Krise des Kapitalismus« von dem eschatologischen Bilde der Weltrevolution oder doch der europäischen Revolution unterscheiden, die Lenin und Trotzki dreißig Jahre zuvor vor Augen hatten – blickt man auf den Effekt und das Resultat, so bildet auch die Okkupation in der Tat nur die Fortführung oder endliche Wiederaufnahme der Revolution. Der »bewaffnete Aufstand« vom Oktober 1917 hat die bolschewistische Parteidiktatur in Rußland begründet, und die verschiedenartigen teils blutigen, teils unblutigen Staatsstreiche, die im Gefolge des Zweiten Weltkrieges und unter der russischen Okkupation in Osteuropa unternommen wurden, haben das bolschewistische Partei-Imperium begründet. Es ist eine historisch neuartige Spielart von ›Imperialismus‹, die sich hier unter dem Namen der sozialistischen Revolution durchgesetzt hat. Und dieses Imperium einer totalitären Partei stellt das einzige eigentliche Imperium dar, das auf der gegenwärtigen politischen Weltkarte zu finden ist.

Um aber auf die Bedeutung der ›Wahlen‹ im Sowjetsystem zurückzukommen, so ist nun gewiß deutlich geworden, daß bei hartgesottenen Kommunisten mit einer Furcht vor der Peinlichkeit, die ihnen selbst eine Wahlniederlage und eine Minderheitsposition eintragen könnte, im Ernst nicht gerechnet werden kann.

Vor allem ist ja die Peinlichkeit nicht geringer, welche gerade jene so offenkundig manipulierten totalen Anerkenntnisse ihren Veranstaltern eintragen konnten und auch tatsächlich eingetragen haben. Für denjenigen Teil der

Welt, der nach Verfassungen bürgerlicher Rechtmäßigkeit lebt und daher Wahlentscheidungen nach dem Maße der Freiwilligkeit mißt, entbehren allein solche Zahlen wie die einer 98prozentigen Beteiligung und einer 99prozentigen Zustimmung, entbehrt vor allem die grundlegende Maßnahme der Aufstellung einer ›Einheitsliste‹ schlechthin jeglicher Überzeugungskraft. Wenn es den Herrschern darum ginge, peinliche Eindrücke in der Welt zu vermeiden, so müßten sie diese Total-Bestätigung zu arrangieren ganz ebenso unterlassen wie die Veranstaltung eigentlicher Wahlen mit konkurrierenden Kandidaturen. Auch und gerade unter diesem Gesichtspunkte täten sie gewiß besser, auf jegliche Art von Appell an die allgemeine Wählerschaft zu verzichten. Man würde dann im Westen vielleicht einräumen, sie seien insoweit wenigstens ehrlich.

Dennoch halten die bolschewistischen Parteidiktaturen durchweg daran fest, ›Wahlen‹ abzuhalten. Auch in der Sowjetunion selber wird dieser verwunderliche Ritus alle vier Jahre zelebriert. Reinhart Maurach macht – in seinem »Handbuch der Sowjetverfassung« – die gewiß treffende Bemerkung, es sei »eine jedem Sowjetbürger einleuchtende Binsenwahrheit«, daß von freien Wahlen dort nicht die Rede sein könne, wo die herrschende Partei ein absolutes und exklusives Monopol der Wahlvorschläge innehabe.[7] Dies zu entdecken, braucht es keine irgend detektivischen Fähigkeiten: das Nominierungsmonopol stand in der Verfassung von 1936 und steht in der Verfassung von 1977. Hier heißt es in Artikel 100: »Das Recht, Kandidaten für die Wahl zu Deputierten aufzustellen, haben die Organisationen der Kommunistischen Partei der Sowjetunion, der Gewerkschaften, des Leninschen Kommunistischen Jugendverbandes der Sowjetunion, die genossenschaftlichen und anderen gesellschaftlichen Organisationen, die Arbeitskollektive sowie die Versammlungen von Militärbe-

7 S. 37 dieses Werkes, das 1955 in München erschienen ist.

diensteten in den Truppenteilen.« Daß der Pluralismus der Körperschaften, die hier aufgezählt werden, nur ein Schein ist, bedarf vielleicht bei uns im Westen einer ausdrücklichen Erinnerung, gewiß nicht in der Sowjetunion selbst; es ist ja die tausendfältig erklärte Aufgabe der Kommunistischen Partei, die Klassen der Arbeiter und Bauern und daher auch ihre sämtlichen gesellschaftlichen Organisationen zu führen.

Da aber das geltende ›Wahl‹-System der Sowjetunion nicht von der Verhältniswahl mit ihrer weiträumigen Gebietseinteilung und ihren Kandidatenlisten, sondern – so ironisch es auch klingen mag – von der Mehrheitswahl mit ihren Einmann-Wahlkreisen hergeleitet scheint, so findet der ›Sowjetbürger‹ am ›Wahltage‹ auf seinem Zettel für jeden der zu bestellenden oder vielmehr zu bestätigenden Räte nur den Namen eines einzigen Kandidaten vor. Diese Vorschläge sind zwingend. Alle Mitglieder der Sowjets sind designiert, bevor die ›Wahl‹ stattfindet. Es findet auch hier gar keine Wahl statt, sondern in der Tat eine Art von Ritus des hinnehmenden Anerkenntnisses vollzogener Designationen, wenn freilich auch zumeist in denjenigen technischen Formen, welche mit dem Siege des allgemeinen, gleichen und geheimen Wahlrechtes in Übung gekommen sind. Unter diesen Umständen kann man nicht umhin, Maurach recht zu geben: Der ›Sowjetbürger‹ kann sich keiner Täuschung über den wirklichen Charakter dieser ›Wahl‹ überlassen. Ja, wir können sogar hinzufügen, daß hier eigentlich gar keine Täuschung vorliegt, daß eine Täuschung im Grunde gar nicht beabsichtigt sein kann. Eine Täuschung liegt einzig darin, daß dieser seltsame Ritus als ›Wahl‹ und daß diejenigen, die an ihm teilnehmen, als ›Wähler‹ bezeichnet werden, und dies sowohl im ständigen amtlichen Sprachgebrauch als auch im Text der Verfassung. Vielleicht ist diese Täuschung aber auch eine Selbsttäuschung. Der Vorgang ist keine Wahl; die an ihm teilnehmen, sind keine Wähler, und die ›Sowjetbürger‹ besitzen daher auch kein irgendwie geartetes Wahlrecht. Sie haben nur das Recht, hinzunehmen und anzuerkennen, was die herrschende Partei zwingend entschieden hat. Diese Veranstaltungen, die den Namen von Wahlen tragen, vermögen also weder die äußere Welt von der Volkstümlichkeit der bolschewistischen Parteidiktatur zu überzeugen, noch im Inneren ein irgend erhebliches Gefühl bürgerlicher Mitwirkung zu erzeugen. Das Rätsel läßt sich nicht mit der Aufdeckung akuter strategischer oder gar propagandistischer Motive und Absichten lösen. Allenfalls könnte man die Einrichtung der Sowjets und der Sowjet-›Wahlen‹ einfach für einen historischen Zopf erachten, der vom Kopfe der herrschenden Partei herunterbaumelt. »Alle Macht den Sowjets« hieß einmal Lenins revolutionäre Parole; diese Räte der »Arbeiter- und Soldaten-Deputierten« sollten »arbeitende Körperschaften« sein im Unterschied zu den schwätzenden Parlamenten der Bourgeoisie, sie sollten selber die gesamte Verwaltung übernehmen, die Bürokratie überflüssig machen, welche Lenin (wie Marx) zeitlebens als das eigentliche Übel des Ausbeuter-Staates und des Staates überhaupt angesehen hat. Mittels der Sowjets sollten »tatsächlich Alle an der Verwaltung des Staates teilnehmen«: so steht es in »Staat und Revolution« (1917) geschrieben, in dieser hastigen und hitzigen, fleißigen und schwärmerischen Schrift, in der Lenin, wie es scheint, sich gleichsam im letzten Augenblick theoretisch noch darüber Klarheit zu verschaffen versucht hat, was für eine politische Verfassung denn die Revolution eigentlich schaffen solle, und die doch im Grunde das verfassungspolitische Dunkel, welches Marx hinterlassen hatte, nicht im geringsten aufzuhellen vermocht hat. Der Sowjetkongreß sollte nach der ersten formulierten Verfassung (vom 10. Juli 1918) der Träger der Staatsgewalt sein, der alle übrigen Organe zu bestellen hatte, und schließlich trägt das ganze System ja (seit 1922) bis auf diesen Tag den Namen einer Union der Sozialistischen *Sowjet*-Republiken, den Namen der *Sowjet*-Union.

Freilich hat Lenin im Handeln sehr bald entdeckt, was ihm zuvor beim Denken – mindestens zeitweilig – verhüllt geblieben war. Schon 1919 rief er nach organisatorischen Talenten – nicht für die Sowjets, sondern für die Partei, denn die Partei sei es, die den Staat aufzubauen habe. Und in seinem Bericht vor dem Neunten Parteitag – im Frühjahr 1920 – war er soweit, den »ganzen alten schädlichen Plunder« des Demokratismus und des Kollegialsystems, also doch eben der Sowjet-Verwaltung, mit Hohn zu begießen. »Man kann nicht fortwährend in der Vorbereitungsklasse der Schule sitzen«, sagte er, und das war eigentlich die Sterbe-Urkunde für die Idee der Sowjets. Die Hauptschule – um in seinem Bilde zu bleiben – wurde die Partei, »die führende Partei des Proletariats«, und Zentralismus, Konzentration, Führung, Weisung, Disziplin waren nun die Losungen.[8] Das Erstaunliche an Lenin – wenn man will, mag man es sein Genie nennen – liegt gerade in seiner ganz undoktrinären Elastizität. In den Jahren zwischen 1917 und 1920 haben die Notwendigkeiten des Regierens in seinem Geiste eine Wandlung hervorgerufen, wie sie radikaler kaum gedacht werden kann. Zwei Jahre nachdem die Verfassung verkündet war, war der Name der Sowjetrepubliken eigentlich schon obsolet geworden. Allenfalls hätte dieser Staat jetzt auf den Namen einer Union der Bolschewistischen *Partei*-Republiken getauft werden können. Seitdem und bis heute stellt das ganze monströse Gebäude der Sowjets aller Stufen im Grunde nicht viel mehr als eine Ablagerung versteinerter Relikte der ersten Revolutions-Phase dar. Aber man schleppt diese Institutionen fort und man schleppt die rituellen ›Wahlen‹ fort, woraus sie vermeintlich hervorgehen, in welchen ihre von

8 *Ausgewählte Werke*, Band II, S. 648 ff., besonders S. 652 und 662.

der Partei vorausbestimmte Zusammensetzung vom Volke gutgeheißen wird. Was bedeutet diese elementare Begierde der Herrschenden nach einem förmlichen allgemeinen Anerkenntnis und nach einem einmütigen Anerkenntnis?

Das Verfahren, durch Wahl oder auch durch wahl-ähnliche Zustimmungsakte einen Consensus der Regierten mit der Regierung herbeizuführen, ist kein Erzeugnis der Neuzeit. Neu ist allenfalls die Idee und die Übung des allgemeinen Wahlrechts. Unter dem Namen der Wahl werden so unterschiedliche Prozeduren verstanden wie die Bestellung der Konsuln und anderer Beamten in der römischen Republik, aber auch die Ausrufung von Kaisern in Rom oder Byzanz durch die Prätorianergarden oder andere Heere und Heeresteile, wie die Erhebung eines germanischen Heerkönigs, aber auch die spätmittelalterliche Kür des deutschen Königs und Kaisers durch die sieben Kurfürsten, die Wahl des Papstes durch das Kollegium der Kardinäle und die Wahl des amerikanischen Präsidenten durch die Millionenmenge der wahlberechtigten und wahlwilligen Bürger des Landes. Die Fülle der Formen und Varianten anschaulich zu machen und zu ordnen, ist hier nicht die Aufgabe. Sie lassen sich gewiß insgesamt unter einer Reihe von Gesichtspunkten gruppieren, etwa nach der Beschaffenheit des jeweiligen Wahlkörpers, ob er nämlich flüssig oder aber fest begrenzt sei, oder auch nach dem Grade und der Art der Bindung, die die Wählenden mit der Wahl dem Gewählten ausdrücklich oder unausdrücklich auferlegen mögen. Ganz augenfällig aber sind die Unterschiede in der Art der Zustimmung, welche jeweils erfordert oder doch erwartet wird. In der breitesten und weitesten weltgeschichtlichen Vergleichung der Wahlformen und wahlartigen Erscheinungen heben sich die geregelte Abstimmung und die daraus folgende Entscheidung durch einfache oder qualifizierte Mehrheit auf der einen, die einmütige Akklamation auf der andern Seite als immer wohlunterscheidbare, wenn auch sich gelegentlich miteinander vermengende typische Gestalten heraus. Die Erwartung einmütiger Akklamation findet sich vielfach verschwistert mit der fundamentalen Überzeugung, daß die anwesende Menge einig sein müsse in der Erkenntnis des rechten Mannes, der von Gott berufen sei, das Amt des Fürsten oder Bischofs auszuüben. In der einmütigen Zustimmung gibt sich dann eine Inspiration oder Offenbarung kund, eine solche Wahl stellt ein numinoses Ereignis dar. Bei jeder geregelten Abstimmung hingegen – gleichgültig, wie viele Kandidaten für das fragliche Amt sich präsentiert haben oder vorgeschlagen sind – kommt es zuletzt nur darauf an, ob die Wählenden insgesamt sich darin einig sind, die Regel anzuerkennen, die im Konfliktsfall eine Entscheidung verbürgt, also zum Beispiel die simple Regel, daß der Wille der Mehrheit gelten solle. Der Vorgang der einmütigen Akklamation will als ein Akt der Erkenntnis und Anerkenntnis dessen gedeutet werden, der sich aus anderer Legitimation als der wahre Herrscher zeigt. Die geregelte Abstimmung – sofern sie nicht bloß als der notdürftige Ersatz der Einmütigkeit aufgefaßt, sondern aus eigenem Recht und eigener Würde angewendet wird – will nicht das Wahre oder den Wahren schlechthin entdekken und krönen, sondern diejenige Lösung herbeiführen, die eine starke und wohlbegründete Zustimmung findet und ebendarum die beste mögliche ist. Die akklamatorische, auch inspiratorische Wahl soll Einheit ausdrücken – da nur der Böswillige der Wahrheit widerstreben kann –, die bürgerliche Abstimmung soll ein größeres oder geringeres Maß von Einigung herbeiführen. Dort wird die Einmütigkeit im Hinblick auf das Ziel des Aktes erfordert, hier indessen das Einverständnis über die Verfahrensregel. (Dieses Einverständnis zu erreichen, die Unterwerfung unter die gemeinsame Spielregel durchzusetzen, ist eine der mühseligsten Arbeiten, ihr Erfolg aber eines der edelsten Erzeugnisse eigentlich politischer Kultur.) Dort gilt die zählbare oder unzählbare Menge im Augenblick der Erleuchtung gleichsam für ein einziges kollektives Wesen, hier wird, wenn es darauf ankommt, jede Stimme ernstgenommen und gewogen.

Es bleibt verwirrend – wenngleich kaum vermeidlich –, daß beide Vorgänge mit dem einen und gleichen Namen der Wahl bezeichnet werden. Beide Wege der Erwählung sind allerdings in einer der ehrwürdigsten Vorschriften, die die abendländische Geschichte der Wahl-Institutionen kennt, als alternative Möglichkeiten nebeneinander aufgeführt: Schon die Epistel des Symmachus vom Jahre 499, das älteste überlieferte Papstwahlgesetz, stellt am Anfang den Fall auf, daß sich der gesamte geistliche Wahlkörper zu einem und demselben Manne hinneige, läßt aber demnächst auch zu, daß »die Meinung der meisten siege«, dann nämlich, wenn unterschiedliche Absichten auftreten und ein Wettstreit entstanden ist.[9] So nämlich pflege es zu geschehen, fügt der Verfasser ein, und es ist dieser temperierte, die menschliche Unzulänglichkeit weise in Rücksicht ziehende, das Zweckmäßige bedenkende Sinn, der sich in dem Institut der Papstwahl durch alle Krisen, Kämpfe, Schwächezeiten, Schismen wirksam erhalten hat. Ganz ähnlich unterscheidet noch die Constitutio Pius' des Zehnten vom Jahre 1904 zwischen der einmütigen Wahl, welche die Kardinäle »wie unter dem Anhauch des Heiligen Geistes« treffen, und der gewöhnlichen, in der gesellschaftlichen Wirklichkeit freilich vorherrschenden, bei welcher denn die Entscheidung nach dem Gesetz der qualifizierten Mehrheit herbeigeführt werden solle.[10] Obwohl also diese beiden Wege oder Formen der Wahl hier

9 Mirbt, *Quellen zur Geschichte des Papsttums und des römischen Katholizismus*, 1924, Nr. 192.

10 So im Kapitel V der Constitutio, das überschrieben ist ›De forma

seit alters gleichermaßen ins Auge gefaßt sind, werden sie doch, wie man sieht, auch sorgsam voneinander unterschieden. Wiederum mutet diese kirchliche Unterscheidung bei aller Deutlichkeit doch milde an, und das rührt daher, daß die Mehrheitsentscheidung und das ganze »gewöhnliche« Verfahren im Grunde nur als eine unumgängliche Konzession an die menschliche Unvollkommenheit eingeführt ist. Das eigentlich Erwünschte, Gebotene und von Rechts wegen zu Erwartende muß in dieser Sphäre die concordia plena, die volle Eintracht, bleiben – das leuchtet bei der Natur des Amtes, das hier durch Wahl zu besetzen ist, sehr wohl ein.

Anders nämlich als in dem Zusammenhang dieser ingeniösen Verknüpfung des Heiligen und des Zweckmäßigen stellt sich das Verfahren der Abstimmung und das Einverständnis über die Mehrheitsregel im Lichte bürgerlicher Rechtmäßigkeit dar – und das heißt überall dort, wo Entscheidungen auf dem Grunde menschlicher Vereinbarung getroffen werden, nicht damit göttlicher Wille erfüllt, sondern damit das Gemeinwesen erhalten werde. Die Mehrheitsregel dient hier nicht als Ersatz der Einmütigkeit, sondern wird zu einem Gesetz eigener Würde. In den Comitien der römischen Republik wurde die Abstimmungshandlung regelmäßig in dem Augenblick beendigt, in welchem es feststand, wie die Mehrheit (hier nicht der Personen, sondern der Abteilungen) sich verantwortlich geäußert hatte: über die Abstimmung der noch übrigen Abteilungen wurde gar nicht mehr berichtet. So selbstverständlich war es, daß die Mehrheit das Ganze binde, daß Meinung und Wille der Gesamtheit gar kein Interesse fand. Die Zwietracht (discordia) oder Uneinigkeit gilt hier nicht für böswillige Störung, sondern für den natürlichen Zustand der Gesellschaft, und die Einigung wird bewerkstel-

electionis‹. Dieser Text findet sich im dokumentarischen Anhang des geltenden Codex iuris canonici.

ligt durch jenes höchst verwunderliche Einverständnis darüber, daß man der Einmütigkeit nicht bedürfe, um gleichwohl Entscheidungen treffen zu können, so auch Wahlentscheidungen. Dem numinosen Sinn erscheint die Abstimmung nach einer Mehrheitsregel als trivial, bestenfalls als unvermeidlich, dem bürgerlichen Sinn erscheint die akklamatorische Einmütigkeit als verdächtig, bestenfalls als gleichgültig.

Es ist eine dornige Aufgabe, den möglichen Beitrag zu formulieren, den die Erörterung dieser beiden gegensätzlichen Grundtypen von Wahlvorgängen zum Verständnis jener arrangierten Einstimmigkeit zu leisten vermag, die wir in totalitären Systemen unserer Tage beobachten. Selbstverständlich kann keine Rede davon sein, daß bei jenen monströsen und hohlen totalen Anerkenntnissen, wie sie bei Sowjetwahlen (und Volkskammerwahlen) erzeugt oder besorgt werden, irgendein Bewußtsein der Eingebung und Erleuchtung sich einstellte. Ich behaupte auch nicht, daß solch ein Sowjet-Deputierter den dreihunderttausend Bewohnern seines Wahlkreises oder auch nur den Stimmberechtigten unter ihnen in irgendeinem Sinn als ein Gottgesandter erschiene, ich behaupte es nicht einmal gleichnisweise. Der zwingende Vorschlag, den diese ›Wähler‹ förmlich hinzunehmen und anzuerkennen genötigt werden, stammt aus keiner anderen Quelle als derjenigen der herrschenden Partei, aber die Partei ist eine Instanz höchst eigentümlicher Beschaffenheit, als solche jeglicher Kritik, jeglichem Zweifel, überhaupt dem Bereich der Diskussion enthoben, ein wahres corpus mysticum des Weltgeistes und ein vielgesichtiger Herrscher, Führer und Erzieher, welchem – nach offiziellen Formeln – nicht allein »vorbehaltlose Ergebenheit« geschuldet, sondern auch »höchste Autorität« zugeschrieben wird und welchem »unbegrenztes Vertrauen«, ja sogar »die uneingeschränkte Liebe des Sowjetvolkes«

entgegengebracht werden soll.[11] Das sind Haltungen der Unterwerfung oder auch der Frömmigkeit, wie sie Menschen sonst wohl nur gegenüber transzendenten Wesenheiten, dem Heiligen, dem Göttlichen und seiner irdischen Inkarnation oder gegenüber gottähnlichen Herrschern einnehmen und einüben.

Ich sage hier nicht mehr, als daß diese Quasi-Heiligkeit, auch Unfehlbarkeit der herrschenden Partei und jene akklamatorische Einmütigkeit des hinnehmenden Anerkenntnisses offenbar zusammengehören. Was da ›Wahl‹ genannt wird, hat mehr Ähnlichkeit mit einer rituellen Huldigung, wie sie vordem geweihten und gekrönten Häuptern erwiesen wurde – und auch dazu hat es gewiß zu allen Zeiten der Organisation bedurft –, als mit der Bestellung von Abgeordneten nach einer bürgerlichen Verfassung. Man kann den Vorgang verstehen als eine Art wiederkehrender Huldigung der Gläubigen wie der Ungläubigen, die allerdings in die Formen gekleidet oder verhüllt ist, die sich mit dem allgemeinen Wahlrecht ausgebreitet haben. Man hat gewiß nicht den Eindruck, daß die bolschewistische Parteiherrschaft ihre Macht selber auf den Grund eines allgemeinen und einmütigen Volkswillens zurückführte oder von ihm herschriebe, wie es persönliche Usurpatoren des modernen demokratischen Zeitalters, vor allem die beiden Bonaparte, zeitweilig im Sinn gehabt haben mögen. Diese wiederkehrenden Zustimmungsakte sind vielmehr, was die Legitimierung anlangt, bei all ihren gewaltigen Dimensionen, ihrer Methodik, ihrer Vollständigkeit und Regelmäßigkeit durchaus sekundär. Dennoch kann auf sie offenbar nicht verzichtet werden. Sie bilden eine Bescheinigung der Rechtmäßigkeit, die man sich selber auszustellen nicht müde wird, ein

11 Alle diese Wendungen sind dem Artikel über die »Kommunistische Partei der Sowjetunion« in der Enzyklopädie *Die UdSSR* entnommen, Deutsche Ausgabe, Leipzig 1959, Spalte 676.

Attest der Macht, nicht ihre Quelle. Wiewohl Bekundungen eines ›Volkes‹, welchem aller Wille längst entzogen ist, müssen sie eingeholt werden, damit die Herrschenden sich als solche wiedererkennen. Wie fiktiv sie uns anmuten, so dienen diese arrangierten Akklamationen doch dem Identitätsnachweis der Herrschaft. Ein Fürst, der sich nicht huldigen ließe, entbehrte der Gewißheit seiner Stellung. Die Huldigung ist nicht der Grund, wohl aber eine Bezeugung seiner Macht. Auch die Parteidiktatur begehrt solche Bestätigung und sie bedient sich dazu der Formen der Wahl, welche sie im gleichen Atemzug denaturieren muß. Sie kann dabei nichts gewinnen, was sie nicht schon besäße. Es ist nichts als ihr eigenes Echo, was sie bei solcher Akklamation vernimmt, aber sie will und muß es hören.

5. Kapitel
Grund und Abgrund der Macht

Mit den Augen des Westens, also mit unseren Augen betrachtet, ist die bolschewistische Parteiherrschaft, ist totalitäre Parteiherrschaft überhaupt, unrechtmäßig. Ihre Regierung geht nicht aus Wahlen hervor. Ihre Wahlen sind nichts als organisierte Akklamationen. Die ›Sowjetbürger‹ tragen diesen ihren Namen zu Unrecht, denn sie haben keine Chance, an der Regierung teilzunehmen, und es gibt nicht einmal ein Mittel, zu erkennen, ob sie ihr zustimmen, weder im ganzen noch im einzelnen. Alle politische Gewalt ist monopolisiert. Opposition, ja bloße Abweichung, ist illegal, kann jederzeit als Hochverrat klassifiziert und verfolgt werden. Die Justiz folgt den Weisungen der Herrschenden. Die menschliche Person ist aus dem politischen System eliminiert, sie gilt als solche weder für schutzwürdig noch für wirkungsmächtig, im Staate hat sie keinen Platz. Ein Emigrant, der noch die Zeit der großen ›Säuberung‹ unter Stalin erlebt hatte, faßte die politische Lebensmaxime des durchschnittlichen Sowjetbürgers in die imperativische Formel: »Reden, wie jedermann redet!« Nicht einmal der absolute Rückzug des Individuums aus allem öffentlichen und gesellschaftlichen Umgang bot und bietet eine Gewähr der Sicherheit oder Freiheit: Folge man diesem Grundsatz – so lautet eine andere authentische Aussage –, und es entschlüpfe einem dann ein einziges Mal ein Wort, das der Linie nicht entspricht, so sei man verloren. Die Person hat nicht nur keinen Platz im Staate, es ist ihr auch nicht verstattet, sich zurückzuziehen und gleichsam zu verstecken, sie muß sich verhüllen, einkleiden, anpassen, verpuppen. Ein amerikanischer Gelehrter polnischer Herkunft[1] hat diesen ›Sowjetmenschen‹ mit der einleuchtenden Wendung charakterisiert: »Passive Hinnahme der gegebenen Lebensbedingungen, vereint mit geheuchelter Begeisterung.« Heuchelei aber kann zur zweiten Natur werden, eine Haut oder Schwarte erzeugen, worunter die angeborene, originale Haut wirklich verschwindet. (Auch im totalitären Deutschland der Hitler-Epoche waren diese Erscheinungen zu beobachten.)

Insofern unser Begriff des Staates sich von der Polis herschreibt oder die Idee eines Vertrages, eines compact, eines contrat, einer Vereinbarung in sich trägt – nicht daß er aus solcher Vereinbarung hervorgegangen sei, ist wichtig einzusehen, sondern daß Vereinbarung, Vertrag und Verträglichkeit, Einigung der Gegensätze in der Zeit immerfort hergestellt werde, ist notwendig, damit der Staat lebe –, insofern müssen wir sogar zögern, dem totalitären System den Namen des Staates zuzuerkennen. Wo keine Subjekte sind, kann auch keine Vereinbarung stattfinden oder hergestellt werden. Und wo keine Vereinbarung stattfindet, ist der innere Friede nur ein Anschein, der auf dem teils gewaltsam unterdrückten, teils gewaltsam gelenkten Bürgerkriege beruht. Wie nötig es auch unserem liberalen Staate sein mag, in Krisen – im Ausnahmezustand – eine zeitweilige Diktatur einrichten zu können, so kann doch eine permanente Diktatur mit einem strengen Begriff des Staates nicht vereinbart werden. Unter dem Gesichtspunkt bürgerlicher Legitimität ist eine permanente Diktatur an sich selbst schon nichts anderes als dauerhaft gewordene Usurpation.

Es scheint ungefähr auf dasselbe hinauszulaufen, wenn uns

1 Zbigniew Brzezinsky in seinem ausgezeichnewten Buche *The permanent purge*, Harvard University Press 1956, S. 112. Dort sind auch die Äußerungen russischer Emigranten angeführt, die ich zuvor zitiert habe; sie entstammen der großen Interview-Sammlung des sogenannten Harvard-Project.

so viele Kenner und Analytiker des Sowjetsystems immer wieder versichern, es handle sich im Kreml in letzter Instanz immer nur um Macht. Ein Beispiel für viele liefert ein amerikanischer Forscher, Barrington Moore, dessen Untersuchungen sich auf die Stalin-Epoche beziehen: Die oberste Erwägung Stalins und seiner Mitarbeiter, wenn sie sich zwischen mehreren möglichen Wegen zu entscheiden hatten, habe sich stets auf die eigene Machtposition bezogen, keine ethischen oder sozialen Grundsätze, ob aus der marxistischen oder einer anderen geistigen Überlieferung hergeleitet, hätten dort je den Gesichtspunkt der Macht aus dem Felde schlagen können.[2] Die Bemerkung leuchtet ohne weitere Gründe oder Beweise ein, sie hat wahrhaftig nichts irgend Überraschendes an sich. Aber sie berührt nicht die Frage, die uns hier beschäftigt: die Frage nach dem Grunde dieser Macht, dieses Machtwillens, dieser Machtbesessenheit, dieser offenbar von keinem Zweifel angekränkelten, absolut unerschütterlichen vitalen oder existentiellen Gewißheit, daß eben diese Macht – die Macht der Sowjetunion, die Macht der bolschewistischen Partei, die Macht des Politbüros, die Macht des Ersten Sekretärs, die Macht Josef Stalins (oder die Macht Malenkows oder die Macht Chruschtschows oder Breschnews oder Gorbatschows) – unter allen Umständen erhalten, gefördert, durchgesetzt und gestärkt werden müsse. Die Frage ist falsch gestellt, wenn man herauszufinden sucht, welchem höheren Zweck solche Macht diene oder auch nur zu dienen meine, wenn man in den Zeugnissen mit Lupen danach suchen zu müssen glaubt, welche ›Ideale‹ etwa doch noch im Hinter- oder Untergrunde solchen Machthandelns spuken möchten. Die Arbeiterklasse »hat keine Ideale zu verwirklichen«, schrieb schon Karl Marx (in der »Adresse über den Bürgerkrieg in Frankreich

2 Barrington Moore, *The strenghts and weaknesses of the Soviet System*, ungedruckter Bericht, Harvard 1952, zitiert bei Brzezinsky, S. 114.

1871«).[3] Wenn das schon von der mythischen Marxschen Arbeiterklasse galt, um wieviel mehr muß es von der bolschewistischen Parteidiktatur oder erst von dem jeweiligen Sekretär und Diktator gelten! Je nackter der »Gesichtspunkt der Macht« hervortritt, je wütender die Position der Diktatur und des Diktators als pure Machtposition gesichert und ausgebaut wird, je gräßlicher die Opfer sind, die sie fordert und die denn auch gebracht werden, um so nachdrücklicher, um so schärfer stellt sich gerade die Frage nach dem Grunde, nach dem Ursprung, nach der Rechtfertigung dieser Macht.

Freilich müssen wir mit der äußersten Möglichkeit rechnen, daß sich am Ende gar kein Grund enthüllt, sondern nur ein Abgrund auftut, und daß Rechtfertigungen, die tatsächlich vorgebracht werden, sich als lügnerisch oder auch als wahnhaft entpuppen. Eine solche Entdeckung kann aber nicht am Beginn, sondern nur am Ausgang der Untersuchung stehen. Und man kann an diese Grenze des wirklich Entsetzlichen nur gelangen, wenn man zuvor die Frage nach dem Grunde der Macht gestellt und redlich verfolgt hat. Es ist nicht die Frage nach ihrem Zweck, sondern nach ihrer Quelle. Sie weist auch über die individuelle Person des einzelnen Herrschers hinaus. Man mag zum Beispiel – zumal nach dem posthumen Gericht, das der Nachfolger über ihn gehalten hat – geneigt sein, im Falle Stalins eine Perversion des Machtdenkens, einen Machtwahn nach der Art des Cäsarenwahns oder auch eine tückisch kalkulierende und nie ermüdende Terror-Krankheit von mehr orientalisch-sultanistischem Zuschnitt annehmen (wiewohl Zbigniew Brzezinsky sehr überzeugend dargetan hat, daß die blutigen Massensäuberungen der Stalin-Ära weniger den individuellen Neigungen des Diktators als den inneren Bedürfnissen der totalitären Herr-

3 *Politische Schriften*, hg. von Hans-Joachim Lieber, Stuttgart 1960, im zweiten Band, S. 928.

schaft als solcher entsprungen sind): so bliebe noch immer das Rätsel übrig, aus welchem Grunde und auf welchem Grunde solche Herrschaftsmacht mitsamt ihrer Perversion, ihrem Wahn und ihrer Krankheit erwachsen sei oder aus welcher Quelle sie ihre Rechtmäßigkeit herleite – ihre Rechtmäßigkeit nämlich als Macht und gerade als schiere Macht, ihr Recht, sich so unbedingt, so exzessiv, so brutal und so tückisch zu behaupten. Denn wir sind hier von der Annahme ausgegangen, der Begriff der Legitimität sei ein universaler Begriff, und jede Regierung führe eine tiefe Überzeugung von ihrer Rechtmäßigkeit mit sich, woher auch immer ihre faktische Gewalt rühren möge. Das war der erste Satz des ersten Kapitels dieses Buches, und hier nun muß er sich erweisen.

Hier erst zeigt sich auch, welche Anstrengung nötig ist, der möglichen Existenz unterschiedlicher Legitimitätsprinzipien oder Legitimitäts-Arten im konkreten Falle ernstlich nachzuforschen. ›Mit den Augen des Westens‹ vermögen wir das schlechthin andere Prinzip – wenn denn dieser totalitären Parteiherrschaft des Sowjet-Systems ein solches zugrunde liegen sollte – gewiß nicht wahrzunehmen. Ein empirisches Register von Legitimitäts-Arten ist leicht aufgestellt, solange wir uns gleichsam naturgeschichtlich verhalten und nur eben in eine Ordnung bringen, was sich an Erscheinungen dieser Art sammeln läßt. Sind wir indessen selbst beteiligt, sind wir von einem Konflikt selber ergriffen, der gewiß ein Konflikt von ›Mächten‹ und Staatensystemen, zugleich aber ein Konflikt von Gesellschaftsordnungen, ein Konflikt von Verfassungs- oder Herrschaftsweisen und ein Konflikt zwischen ›Kulturen‹ ist, ja die Fundamente des Denkens und der Wissenschaft selber betrifft – und das alles gilt ohne Zweifel von dem sogenannten Ost-West-Konflikt –, so bedarf es einer Art von geistiger Selbstentäußerung, wenn wir gleichwohl den Weg der Erkenntnis verfolgen wollen. Nichts Geringeres

ist gefordert, als daß wir mitten im Handgemenge – und ohne darin einzuhalten – der Gestalt und der Gebärde des Gegners innezuwerden streben, als ob es uns nichts anginge. Das ist es, was die Wissenschaft verlangt – unsere ›westliche‹ Wissenschaft jedenfalls, die abendländische.
Der Hinweis auf den Gesichtspunkt der Macht, welcher für Stalin und die Seinen der oberste gewesen sei, kann die Legitimitätsfrage darum nicht entkräften, weil sie gerade die Frage nach dem Grunde der Macht ist. Ethische Prinzipien und sittliche Zwecke haben mit der Frage der Rechtmäßigkeit nicht unbedingt und nicht überall einen Zusammenhang. Es würde gewiß auch nicht leichtfallen, die ethischen Grundsätze in der Regierungspraxis altägyptischer Pharaonen zu entdecken, und doch läßt sich nicht leugnen, daß diesen Gottkönigen ein hohes Maß von Legitimität eigen war, die ihre Herrschaftsmacht durch Jahrtausende erhalten hat. Übrigens kommt es selbstverständlich auch in Verfassungsstaaten westlichen Gepräges vor, daß einzelne Inhaber von Regierungsämtern oder führende Gruppen oder ganze Parteien sich in gewissen Lagen vorwiegend von »Gesichtspunkten der Macht« leiten lassen, daß sie ihr ganzes öffentliches Verhalten danach einrichten, eine errungene Machtposition zu wahren oder eine noch entbehrte zu erringen – nur mit dem Unterschied, daß hier die rechtlichen Institutionen und Regeln, die Gesetze in solchen Kalkül miteinbezogen werden müssen und daß man bei alledem auch noch auf die Regungen autonomer Faktoren der öffentlichen Meinung, zuzeiten der gesamten Wählerschaft Bedacht zu nehmen gezwungen ist; doch liegt das nicht am Geist der Personen oder Organisationen, die hier Macht suchen oder ausüben, sondern – mit einem klassischen Ausdruck zu reden – am »Geist der Gesetze«.
Verwirrender indessen muß es wirken, wenn uns eine solche Stimme und ein solches Argument aus dem Inner-

sten der bolschewistischen Herrschaftsorganisation selber entgegentönt. Der italienische Schriftsteller Ignazio Silone, eine ernste und männliche Natur, hat uns die Geschichte seiner Abwendung von der Sache des Kommunismus erzählt, welcher er zeit seines bewußten Lebens bis dahin angehangen hatte. (Sie steht in dem Bande »The God that failed«, den Richard Crossman angeregt und herausgegeben hat und der 1949 zuerst erschienen ist.) Diese Geschichte ist ebenso ergreifend wie erhellend. Silone erfuhr seinen Schock bei einer Sitzung des erweiterten Exekutivkomitees der Komintern, Mai 1927 in Moskau. Stalin war im Begriff, einen Schlag gegen Trotzki zu führen, und hatte eine Resolution eingebracht, durch welche eine bestimmte Schrift Trotzkis verurteilt werden sollte. Es schien also um politisch-ideologische Auseinandersetzungen subtiler Art zu gehen. Nur kannte niemand die Schrift von Trotzki. Silone begehrte sie kennenzulernen, bevor er zu der Resolution Stellung nähme. Darauf wurde ihm und seinem Landsmann Togliatti ein ›Mentor‹ geschickt, der sie abends ins Gebet nehmen sollte, ein bulgarischer Funktionär namens Kolarow. Er kannte Trotzkis Auslassungen auch nicht. Frank und frei erklärte er den beiden Aufsässigen, es handele sich hier ganz einfach um einen Machtkampf zwischen zwei rivalisierenden Gruppen in der russischen Parteiführung und um weiter nichts, und er für seinen Teil habe sich entschieden, nämlich einfach für die Mehrheit. »Dokumente interessieren mich nicht; wir sind hier nicht in einer Akademie«, sagte – laut Silones Darstellung – dieser derbe Opportunist. »Habe ich mich deutlich ausgedrückt?« frug er.

»Allerdings«, gab Silone zur Antwort, »sehr deutlich sogar.«

»Habe ich euch nun überzeugt?« wollte er weiter wissen.

»Nein«, erwiderte Silone.

Der Bulgare hörte sich die Gründe seiner italienischen

Parteifreunde an und schloß die Unterredung mit der herablassenden Bemerkung:
»Ihr seid noch zu jung, ihr habt noch nicht begriffen, worum es sich in der Politik wirklich handelt.«
Das ist nicht die ganze Geschichte, aber doch ihr Kern. Und es ist – ich wiederhole es – die Geschichte von Ignazio Silones Bekehrung, die Geschichte seiner entscheidenden Ernüchterung. Es ist nicht bekannt, ob jener Kolarow auf Weisung oder im Sinne Stalins gehandelt hat, als er dieses ebenso ehrliche wie grobe Argument vorbrachte. Möglich ist es. Stalin selbst wäre vielleicht listiger vorgegangen, hätte im Hinblick auf diese Geister, die närrisch genug waren, sich ihr Urteil selbst bilden zu wollen, höhere Erwägungen und höhere Zwecke vorgeschützt. Was aber einen Mann, der von Jugend auf Sozialist gewesen war und dem Regime Mussolinis aktiv aus der Illegalität widerstanden hatte, was also Silone an diesem Erlebnis so tief erschütterte, das war offenbar die Entdeckung, wie schauerlich banal es hier im inneren Zirkel zuging. Er tat wirklich einen Blick in den Abgrund, in einen Abgrund der Unrechtmäßigkeit, und sein Entsetzen teilt sich uns sehr lebhaft mit.
Das ist höchst irritierend. Die direkte Konfrontation mit einem derartigen Vakuum stellt unser Vorhaben auf eine hartere Probe, als es die Urteile fremder Beobachter und Kenner zu tun vermögen. Wie sollen wir noch nach dem Grunde der Macht forschen, wenn selbst ein solcher Eingeweihter wie jener Kolarow keinen Grund anzugeben weiß – ja nicht nur das: wenn er einen Grund anzugeben oder auch nur zu suchen sich weigert! Denn die eventuellen einzelnen einsichtigen Gründe, die zur Verurteilung Trotzkis bei Kenntnis der Unterlagen hätten angeführt werden können, oder die eventuellen Gründe, die dafür vorgebracht werden konnten, daß eine Kenntnis der Unterlagen nicht eröffnet werden könne, gleichviel ob

Gründe des Rechts oder Gründe der Zweckmäßigkeit – sie hätten ja nicht allein die aktuelle Entscheidung, sondern zugleich auch die Macht zu rechtfertigen vermocht, welche diese Entscheidung herbeiführte und in deren Namen sie getroffen wurde. Silone wollte selber prüfen, und das heißt an der Entscheidung teilhaben. Hätte er einen feineren Mentor gehabt, zum Beispiel seinen deutschen Kollegen Bert Brecht – den Brecht des »Jasagers« und der »Maßnahme«, jener unvergeßlichen Parabeln des absoluten Gehorsams –, er hätte ihn womöglich davon überzeugen können, es sei das höhere Ethos, den Anspruch des eigenen Verstandes preiszugeben und sich der Weisheit der Partei zu unterwerfen. Er oder ein anderer Beichtvater seinesgleichen hätte es vielleicht vermocht, den Abfall dieses Getreuen zu verhüten. So aber geriet er an einen trivialen Zyniker, dessen ganze Lektion darauf hinauslief, daß man immer gut tue, sich zu den stärkeren Bataillonen zu schlagen oder auch – mit einem vulgärdeutschen Ausdruck zu reden – ›richtig zu liegen‹.

Die Erzählung ist übrigens auch in anderer Hinsicht lehrreich. Sie gibt Anlaß, über das Wesen der bolschewistischen Partei-Disziplin nachzudenken. Es ist gerade diese unbedingte, von Lenin gebotene Disziplin, welche es augenscheinlich unmöglich macht, ein mehrköpfiges Leitungsorgan, eine ›Troika‹ oder eine ›kollektive Führung‹ oder auch ein solches wunderliches Modell der Kollegialität, wie es Chruschtschow und Bulganin, hernach Breschnew und Kossygin eine Zeitlang geboten haben, auf längere Frist in Wirksamkeit zu erhalten. Das System des unbedingten Gehorsams verlangt zuletzt immer nach dem Einen, der die Befehle gibt, welchen gehorcht werden soll. Die militante, disziplinierte Kaderpartei braucht ebendeswegen den obersten Befehlshaber oder Befehlsgeber, und das ist der zwingende soziologische Grund, der immer wieder zur Ein-Mann-Diktatur zurückführt. Das Seltsame an der bolschewistischen Ausprägung des absoluten Gehorsams – im Unterschiede zu der nationalsozialistischen Parteiorganisation, die ganz ausdrücklich auf das »Führerprinzip« gegründet war, im Unterschied zu jeder militärischen Organisation, im Unterschied aber auch zu älteren historischen Erscheinungen wie etwa der Ordens-Disziplin insbesondere der Jesuiten – liegt in dem Schleier von »Demokratie«, der das »monolithische« Gebilde umgibt, in dem ständigen gespenstischen Betrieb und Geräusch von Versammlungen, Diskussionen und Resolutionen, womit der an sich selber fast lautlose Vorgang des Befehlens und Gehorchens hier einhergeht. Im Grunde ist diese eingeübte innerparteiliche Verfahrensweise nicht minder rituell und nicht minder paradox als jene Gewohnheit der allgemeinen Wahlen zu den Sowjets, von der im vorigen Kapitel die Rede war. ›Diskussion‹ ist schließlich nur noch ein Euphemismus für Agitation, und Agitation wiederum eine freilich recht aufwendige Technik der Befehlsübermittlung. Auch darin liegt etwas Rätselhaftes. Diese Riten erwecken den Anschein, als werde der eine und einheitliche Wille, die volonté générale der Partei, dadurch erzeugt, daß jede Zelle, ja jedes Mitglied durch eigne Einsicht dazu beitrüge oder daß es sich von der zweifelsfreien Notwendigkeit der jeweiligen Maßnahme selber und ganz persönlich überzeugt habe oder doch habe überzeugen lassen – etwa in der Weise, wie die Schüler des Sokrates sich im Platonischen Dialog von der Wahrheit überzeugen, die er ihnen eröffnet. Es scheint indessen, daß an der Fiktion dieser Diskussions- und Agitations-Kampagnen alle teilhaben, auch die Veranstalter, auch die Führung. Auch dies stellt einen fest ausgeprägten Ritus dar, der augenscheinlich einem tiefen Bedürfnis entspricht, wenngleich er dem Außenstehenden wie purer Schwindel und wie bloße Machenschaft vorkommt.

Der fortgeführte rituelle Betrieb der Agitation, Diskussion

und Resolution gehört – mit jener vergeblichen Gier nach der totalen Zustimmung des Volkes – in die Reihe der charakteristischen Widersprüche der totalitären Gesellschaft.

In der Erzählung Silones zieht Stalin die Resolution gegen Trotzki am anderen Morgen förmlich zurück, nachdem sich herausgestellt hat, daß die italienischen und noch ein paar wenige andere Genossen bei ihrem Vorbehalt beharren. Die ›demokratische‹ Spielregel scheint zu triumphieren. Auf der Heimreise aber liest der Autor zu seinem höchsten Erstaunen in Berlin in der Zeitung, die Exekutive der Komintern habe eine strenge Verwarnung an Trotzki ergehen lassen wegen eben jenes Dokumentes, welches die Delegierten nicht hatten kennenlernen können oder dürfen. Thälmann, der deutsche Partei-Chef, erklärt ihm das Unbegreifliche: es gibt eine Bestimmung in den Statuten, wonach das Präsidium in dringenden Fällen im Namen des Exekutivkomitees handeln kann. Das fragliche Dokument war auch inzwischen nicht vorgelegt worden, berichtete Thälmann. Und an dieser Stelle der Geschichte lernen wir nun einen besseren – oder sollen wir sagen: einen dümmeren?, einen frömmeren? – Interpreten kennen, als es jener Kolarow gewesen war. Die Kommunistischen Parteien von Nordamerika, Ungarn und der Tschechoslowakei hatten inzwischen auch ihrerseits Trotzkis Dokument in aller Form getadelt – dies zu erreichen, war ja der Zweck der Komintern-›Resolution‹ gewesen. »Ich hoffe, das Beispiel zeigt Ihnen«, sagte Thälmann, »was kommunistische Disziplin heißt.« Und Silone, der Erzähler, macht eigens noch die Bemerkung, es sei nicht die leiseste Andeutung von Ironie in diesen Worten gewesen. Natürlich nicht.

Die ›demokratische‹ Prozedur der Vorlage, Erörterung und Zurücknahme eines ›Resolutions-Entwurfs‹ entpuppte sich derart als ein reines Manöver. Schließlich ging es auch ohnedem. Man muß sich klarmachen, wann sich diese

Geschichte zugetragen hat: im Mai 1927, knapp zehn Jahre nach der Oktober-Revolution, und zu einer Zeit, da Stalin noch mit seinen Konkurrenten rang, keineswegs also auf der Höhe seiner ausgebauten absoluten Autokratie stand. Schon damals hatte sich also der Typus des bedenkenlos Gezynischen wie derjenige des bedenkenlos ergebenen Gefolgsmannes herausgebildet, und zwar unter den führenden Funktionären der Internationale und nicht etwa bloß unter den ›kleinen Parteigenossen‹. Wir müssen beide Auskünfte in Rechnung setzen, sowohl diejenige Kolarows wie diejenige Thälmanns. Der Deutsche drückt die fatale Tugend des unbedingten Gehorsams aus – vermutlich ohne das Problem des sacrificium intellectus überhaupt zu verspüren –, der Bulgare das kahle Laster des Opportunismus – offensichtlich ohne sich auch nur die Mühe einer ideologisch konformen Redeweise zu machen. Keiner von beiden fragt nach dem Grunde dieser Entscheidung, keiner auch nach dem Grunde der Macht, welcher sie beide gleichermaßen nachfolgen. Thälmanns Hinweis auf die Parteidisziplin – in dem Sinne, es sei in jedem Falle ein Verdienst, sie zu üben – scheint die Überzeugung von der Rechtmäßigkeit der Entscheidungen in sich zu schließen, die zu unterstützen und auszuführen eben Parteidisziplin nötig ist. Denkbar wäre freilich auch, daß Disziplin als solche für notwendig und verdienstlich gälte, gleichgültig, ob rechte oder falsche, rechtmäßige oder unrechtmäßige Entscheidungen getroffen worden sind. Aber auch bei einer solchen Annahme, bei einem solchen reduzierten Zustande des eigenen politischen Bewußtseins bliebe – zum wenigsten im Falle eines geübten Funktionärs wie Ernst Thälmann – die Frage übrig, von welcher Art die Autorität der Macht sei, die diese Disziplin fordert, oder aus welcher letzten Quelle der Anspruch sich herleite, solche Disziplin zu erwarten.

Es gibt ohne Zweifel eine ganze Reihe von Zeugnissen

beider Mentalitäten, sowohl des Thälmannschen als auch des Kolarowschen Typus, aus der kommunistischen Welt, und es wäre eine lohnende Aufgabe, sie unter dem Gesichtspunkt der Typologie des Gehorsams zu sammeln. Auch Leo Trotzki hat in seiner Autobiographie – an einer Stelle[4], wo er von den fabrizierten Anklagen der GPU gegen Mitglieder der »Opposition«, zumal gegen seine eigenen Mitarbeiter, spricht – einen Einblick in den ›Unglauben‹ der höchsten Herrschafts-Elite vermittelt; man muß annehmen, daß ihm solche Züge vertraut gewesen sind aus der Zeit, da er selber diesem Zirkel noch angehörte oder doch nahe war. Im »engen Kreise«, sagt er, behaupteten die Führer, diese und jene Formulierungen solcher Anklagen seien »›für die Masse nötig‹« und »manchmal noch zynischer ›das ist für die Dummköpfe‹«. Und wenn auch in diesem Beispiel die Entleerung oder Aushöhlung den fundamentalen Glauben an die Rechtmäßigkeit der kommunistischen Parteiherrschaft als solchen noch nicht ergriffen haben mag, so scheinen doch Leute, die bewährte Kommunisten des Verbrechens der Konspiration mit dem ›Klassenfeinde‹ zu beschuldigen, die solche Beschuldigungen als rein artifizielle Intrige zu erfinden und zu handhaben in der Lage sind, von dem Modell des machiavellistischen ›Technikers der Macht‹ gewiß nicht mehr sehr weit entfernt. Wenn aber erst einmal wesentliche Elemente der Ideologie selber zum Gebrauch ›für die Dummköpfe‹ oder auch nur ›für die Masse‹ gleichsam abgesondert und freigesetzt sind derart, daß eine selbst ungläubige Führung damit als mit einem neuen »Opium fürs Volk« schaltet, so muß man schließen, daß zum wenigsten das subjektive Legitimitätsbewußtsein der Herrschenden oder einiger von ihnen in einen Prozeß der Degeneration eingetreten ist. Daß Ideologie auf diese Weise zum bloßen Instrument der Macht werden kann und

4 Leo Trotzki, *Mein Leben*, Berlin 1929, S. 547.

daß, umgekehrt, Macht gleichsam nackt über die Sphäre der Ideologie sich erheben kann, diese Erscheinung kann man wohl auch zu den Widersprüchen der totalitären Gesellschaft rechnen. Solche Prozesse der Auszehrung, welche ja bemerkenswerterweise eher die Führung zu ergreifen pflegen als die Gefolgschaft, brauchen darum indessen nicht progressiv fortzuschreiten. Sie können aufgehalten werden, können auch wieder ganz von der Oberfläche verschwinden.

Derartige Erscheinungen des Zynismus in der Herrschaftselite und der Instrumentalisierung des ›Glaubens‹ sagen indessen noch nichts über die Rechtmäßigkeit oder Unrechtmäßigkeit eines ganzen Regierungssystems aus, und das Auftreten solcher Hohlräume der bloßen Macht und Machttechnik inmitten der Führung läßt noch nicht den Schluß zu, daß diese Macht als solche grundlos sei. Legitimität kann freilich degenerieren, sie kann sich verbrauchen, kann sogar von der Auszehrung befallen werden und schwinden. Aber der Blick in diesen Abgrund – jener Blick, wie er den gläubigen Silone nach seinem eigenen Zeugnis in den Abfall getrieben hat – muß uns nicht davon zurückhalten, gleichwohl nach dem Grunde solcher Macht zu forschen, auch der entarteten.

6. Kapitel
Weissagung und Inspiration

> *»Wenn dir nun diese Zeichen kommen, so tue, was dir unter die Hand kommt; denn Gott ist mit dir.«*
> *(Erstes Buch Samuel, Zehntes Kapitel, Vers 7)*

Wie sie sich selbst versteht, ist die bolschewistische Parteidiktatur natürlich durchaus rechtmäßig. Sie weiß sich als rechtmäßig nicht nur darum, weil sie in irgendeiner Weise den Marxschen Endzustand der klassenlosen Gesellschaft, das Ende aller Unterdrückung und daher auch des Staates und das ›Reich der Freiheit‹ erwartet oder zu erwarten und herbeizuführen behauptet, sondern sie weiß sich als rechtmäßig auch insofern, als sie Diktatur ist, als sie Diktatur dieser einen und einzigen Partei ist, als sie Gewalt übt und als sie ihre konzentrierte Macht erhält, ausbaut und ausdehnt. Dieses Bewußtsein beruht auf Weissagung. Weissagung und Offenbarung sind der Grund dieser Macht. Man müßte ihre Rechtfertigung numinos nennen, ginge sie nicht mit der Leugnung Gottes einher. Der Atheismus, auch der militante, führt keineswegs notwendig zur Autonomie des Menschen, er kann andere Wesenheiten an die Stelle Gottes setzen. Was sich in den Weissagungen und Offenbarungen kundtut, von denen die Legitimität der bolschewistischen Parteidiktatur sich herleitet und aus denen sie sich fortdauernd speist, ist nicht die Stimme Gottes, sondern die Stimme der Geschichte, und zwar der Geschichte als Entwicklung und Bewegung. Diese Herrschaft ist nicht von Gottes Gnaden, sondern von Gnaden der Geschichte, historiae gratia. Es gehört zu den größten Wunderlichkeiten unseres Zeitalters, daß gerade diejenigen

Regierungen, die auf ihre Gottlosigkeit pochen, die sich einer ›materialistischen‹ Denkungsweise rühmen und befleißigen, gleichwohl ihre Rechtmäßigkeit aus Offenbarung herschreiben. Daß die Macht der bolschewistischen Parteidiktatur auf Weissagung und historischer Offenbarung beruht, läßt sich aus den Zeugnissen nachweisen, und ich will nachher dazu übergehen, die Eigentümlichkeiten dieser mächtigen säkularen Spielart von Offenbarungs-Legitimität an einigen bedeutsamen Entscheidungen der revolutionären und der nachrevolutionären Epoche dieser Herrschaft zu zeigen.

Freilich, die Geschichte strebt ihrem Ende zu. Wenn man es vorzieht, dieselbe Sache in Marxens brillanter eschatologischer Zuspitzung auszudrücken – so ist es nicht die Geschichte, sondern die Vorgeschichte, welche ihrem Ende zustrebt, indem ja alle bisherige Geschichte, die den Menschen in der Unterdrückung, Ausbeutung, Entfremdung und Verdinglichung festhalte, ebendarum bloße Vorgeschichte sei, und die Geschichte, die eigentliche, die eigentlich menschliche Geschichte erst nach dem ›letzten Gefecht‹ der Revolution, nach der Vernichtung der Ausbeuter, der Sozialisierung der Produktionsmittel und mit dem Übergang zur klassenlosen Gesellschaft anhebe. Dies ist gewiß die erste, erregendste, auch großartigste aller Weissagungen, diejenige des »Kommunistischen Manifestes«, von dem der Philosoph Karl Löwith sehr treffend gesagt hat, es sei »in erster Linie ein prophetisches Dokument«.[1] Übrigens sind geistesgeschichtliche Untersuchungen, mögen sie sonst ihren hohen Wert haben, jetzt nicht von erheblichem Belang; es ist für uns nicht so wichtig, der historischen Herkunft dieses Marxschen Prophetismus nachzuforschen (wie Karl Löwith getan hat), sondern es ist vorwiegend wichtig, die universale, in vielen

1 *Weltgeschichte und Heilsgeschehen.* Die theologischen Voraussetzungen der Geschichtsphilosophie, Stuttgart 1953, S. 46.

Kulturen und Zeitaltern wiederkehrende Erscheinung der Offenbarungs-Legitimität in dieser heute wirksamen Ausprägung zu beschreiben und kritisch aufzufassen. Es ist deswegen für uns auch ziemlich gleichgültig, ob man zwischen dem jüdisch-christlichen Offenbarungsglauben und dem marxistischen Offenbarungsglauben ein Verhältnis der Verwandlung, sei es der ›Säkularisierung‹ und Verweltlichung, sei es der fortschreitenden diesseitigen Verwirklichung erkennen oder herstellen will. Ob die Marx-Engelssche, die marxistische und die bolschewistische Offenbarung ein Derivat der Religion sei oder ganz im Gegenteil das Vehikel, das ›Prinzip Hoffnung‹ endlich vom Himmel auf die Erde herabzuholen (wie der unermüdliche rhapsodische Denker des Utopischen, Ernst Bloch, es verstanden wissen will) – das alles ist hier nicht eigentlich von Interesse. Wir wollen das Phänomen nicht wiederum historisieren, es weder auf Älteres zurückführen noch als geschichtlich notwendige, in die Zukunft forttreibende Neuerung bestaunen. Wir wollen es in seiner Eigentümlichkeit auffassen, seine Merkmale studieren, seine legitimierende Leistung abzuschätzen und schließlich auch seine tiefe Fragwürdigkeit zu erkennen versuchen.

Es kommt auch nicht darauf an, zum soundsovielten Male die Ideologie des ›Marxismus-Leninismus‹ als solche darzustellen oder zu analysieren. Wohl aber kommt es darauf an, was dort ›Ideologie‹ heißt, als ein System oder als eine sich fortbildende Kette von Weissagungen und Inspirationen zu erkennen – oder vielmehr, an dieser sogenannten Ideologie diejenigen Elemente wahrzunehmen und hervorzukehren, welche die spezifische Rechtmäßigkeit der Parteidiktatur stützen, weil sie Weissagungen und Inspirationen darstellen. Da wir aber in alledem die mächtig präsente, die Welt bedrängende Herrschaftsform der totalitären Parteidiktatur stets vor Augen haben, so muß für unsere Aufmerksamkeit jene Urprophetie des Kommunistischen Manifestes in den Hintergrund treten. Insoweit wollen wir uns an die Realien und Realitäten halten. Es genügt zu wissen – was ohnehin jedermann weiß, wenn es auch zeitweilig hier wie dort in die Verschollenheit geraten sein mag –, daß nach der Lehre alle Herrschaft dem Zeitalter des Übergangs angehöre. Dennoch übt die bolschewistische Partei Herrschaft aus in einem Maße und mit einer Ausschließlichkeit wie keine staatliche Macht sonst auf allen fünf Kontinenten einschließlich der Überbleibsel patriarchalischer Despotie (etwa im Vorderen Orient) und der autoritären Regimes militärischen Ursprungs. Und es ist der Grund und die Quelle dieser ausgebildeten Herrschaft, welche wir kennenlernen und beurteilen möchten.

Immerhin müssen wir uns die fundamentalen Weissagungen von Karl Marx kurz in Erinnerung rufen. Daß die Heraufkunft der klassenlosen Gesellschaft in seinem Geiste in der Tat den Charakter einer Weissagung hat – und nicht etwa denjenigen eines Aktionsprogramms –, das hat der erste und größte Klassiker des Kommunismus mit aller nur irgend wünschenswerten Deutlichkeit und polemischen Zuspitzung selber zu erkennen gegeben in jener späten Schrift, die unter dem Namen »Kritik des Gothaer Programms« bekannt geworden ist. Diese »Randglossen zum Programm der Deutschen Arbeiterpartei«, wie er selbst sie überschrieben hat, sind 1875 verfaßt, aber erst 1891 (von Engels) veröffentlicht worden. Sie sind von der bittersten Empörung erfüllt über den Weg, den die deutsche Sozialdemokratie unter dem Einfluß von Ferdinand Lassalle nahm; ihm schreibt jedenfalls Marx in charakteristischer Ausschließlichkeit alles zu, was ihm selber als Abweichung vom rechten Weg erscheint. In einem gewissen Maße stellt die Schrift deswegen eines der frühesten ›Ketzer‹-Urteile der Marxschen Orthodoxie dar. (Lassalle war freilich schon tot, als dieses Urteil erging.) Das

Parteiprogramm enthielt einen Passus, worin es heißt, die Deutsche Arbeiterpartei erstrebe »mit allen gesetzlichen Mitteln den freien Staat und die sozialistische Gesellschaft, die Aufhebung des Lohnsystems mit dem ehernen Lohngesetz und der Ausbeutung in jeder Gestalt«, und schließlich erstrebe sie »die Beseitigung aller sozialen und politischen Ungleichheit«. Marx gießt mit einiger Ausführlichkeit seinen Hohn über das Lassallesche »eherne Lohngesetz« und über die in seinen Augen unzulängliche Vorstellung vom Wesen des Arbeitslohnes aus, die sich in diesen Formulierungen ausdrücke, und schließt den Abschnitt mit der folgenden barschen und diktatorischen Korrektur: »Anstatt der unbestimmten Schlußphrase des Paragraphen ›die Beseitigung aller sozialen und politischen Ungleichheit‹ war zu sagen: daß mit der Abschaffung der Klassenunterschiede von selbst alle aus ihnen entspringende soziale und politische Ungleichheit verschwindet.«[2] Von selbst! In diesen zwei Wörtchen liegt der Kern der Unterscheidung, die hier vorgenommen wird. Es ist die Unterscheidung zwischen Politik und Geschichte oder zwischen bürgerlichem Handeln und utopischer Erwartung oder zwischen Reform und Revolution oder endlich zwischen Programm und Weissagung. Wobei Marx durchgängig auf der Seite der Geschichte, der Utopie, der Revolution und der Weissagung ist. Freilich bedarf es auch zur Revolution des Handelns, aber diese Aktionen der Elenden, des organisierten Proletariats, vollziehen sich nicht so sehr aus Entschlüssen als auf Geheiß des historisch-gesellschaftlichen Prozesses, sie erwachsen nicht aus autonom-menschlicher und in diesem eigentlichen Sinne politischer Einsicht und Planung, sondern aus der Reife der Zeit, und mit der Umwälzung wird wie mit einer Explosion »von selbst« alles anders. Die Ersten werden dann die Letzten, und vor allem werden die Letzten dann

2 *Politische Schriften*, Zweiter Band, Stuttgart 1960, S. 1031.

die Ersten sein. Hier gibt sich die Struktur der Weissagung mit Schärfe zu erkennen wie auch das Beharren darauf, daß es bei der Weissagung bleibe, daß sie nicht verdorben werde durch »unbestimmte Phrasen«, daß sie nicht vermengt werde mit dem, was man erstreben und betreiben wolle, gar noch »mit gesetzlichen Mitteln«. »Unbestimmt« nämlich – so muß man die überraschende Wendung wohl verstehen und so ist sie auch recht gut zu verstehen – unbestimmt erscheinen ihm alle bloßen menschlichen Bestrebungen, alle rein politischen oder rein bürgerlichen Ziele, denn man weiß nicht, wie weit sie führen mögen. Bestimmt aber erscheint ihm einzig das notwendige Ereignis, welches eben den Gegenstand der Weissagung bildet. Die ›Wissenschaftlichkeit‹ der Marxschen Lehre ist nur der zeitgemäße Ausdruck oder die modische Einkleidung ebendieser hartnäckigen Zuversicht des Propheten, und der dümmliche, wenn auch gewiß ergreifende Aberglaube an solche ›Wissenschaft‹, der in der Masse der Arbeiterschaft erzeugt wurde, hat beträchtlich mehr Ähnlichkeit mit der besessenen Offenbarungsgewißheit einer Sekte als mit der Diskussionsbereitschaft einer Gelehrtenrepublik. In Marxens Kritik aber geht ein heißer Atem, und der Zorn des Propheten möchte die bedächtigen Programmatiker verbrennen. Erkennte man den Propheten nicht an der Prophetie, man müßte ihn an diesem seinem Zorn erkennen.

Was aber jenes dunkel-gewaltige Geschichtswesen anbetrifft, welches sich nach seiner eigenen »dialektischen« Weise fortwälzt und seinem fernen Ende zubewegt und welches den Propheten und Exegeten von seinen inneren Lebensgesetzen oder Lebensprozessen enthüllende Kunde geben soll, so zeigt sich seine übermenschliche oder jedenfalls nicht-menschliche Eigenmacht untrüglich in der metaphorischen Sprache an, wie sie von Marx bis zu Lenin und Stalin und zu den Litaneien der offiziellen Partei-

Geschichtsschreibung in Übung geblieben ist. Die Arbeiterklasse, so heißt es zum Beispiel in der von Marx verfaßten »Adresse des Generalrates über den Bürgerkrieg in Frankreich« (vom 30. Mai 1871), habe keine Utopie einzuführen und keine Ideale zu verwirklichen: »sie hat nur die Elemente der neuen Gesellschaft in Freiheit zu setzen, die sich bereits im Schoße der zusammenbrechenden Bourgeoisgesellschaft entwickelt haben«.[3] Und wiederum heißt es – in der »Kritik des Gothaer Programms« – von der kommunistischen Gesellschaft in ihrer ersten Entstehung, daß sie »in jeder Beziehung, ökonomisch, sittlich, geistig, noch behaftet ist mit den Muttermalen der alten Gesellschaft, aus deren Schoß sie herkommt«.[4] In demselben Zusammenhang übrigens findet sich abermals eine antithetische Formulierung, die ähnlich derjenigen, die ich oben analysiert habe, auf den Weissagungs-Charakter solcher geschichtlicher Aussagen pocht: »Nicht wie sie sich auf ihrer eigenen Grundlage entwickelt hat, sondern umgekehrt, wie sie eben aus der kapitalistischen Gesellschaft hervorgeht«, sei diese kommunistische Gesellschaft in ihrer Entstehungsphase zu betrachten. So entschieden hält der Autor an dem notwendigen Ereignis dieser Umwälzung fest – also nicht allein an ihrer unwiderstehlichen Notwendigkeit, sondern ebensosehr an ihrer gleichsam unbewußten Ereignishaftigkeit –, daß er von einem willentlichen Gründungs- oder Stiftungs-Akt der kommunistischen Gesellschaft überhaupt nichts wissen will. Sie geht nur eben hervor, sie hat sich »im Schoße« der alten Gesellschaft »entwickelt«, sie kommt aus diesem Schoße her »nach langen Geburtswehen«[5], trägt die Muttermale ihrer Abstammung an sich, und so immer fort. Es gehört in denselben Umkreis der Metaphorik, wenn es – eigentlich

3 *Politische Schriften* II, a.a.O., S. 928.
4 *Politische Schriften* II, S. 1022.
5 *Politische Schriften* II, S. 1024.

beinahe euphemistisch – von der alten, der kapitalistischen, der bürgerlichen Gesellschaft immer wieder heißt, sie ›sterbe ab‹. Auch vom Staat gilt ja – nach der berühmten Formel –, daß er ›absterbe‹, wenn erst die Diktatur des Proletariats ihr Werk getan haben werde. In einer glänzenden poetischen Vision hat Marx (wiederum in der »Adresse über den Bürgerkrieg in Frankreich«) der Pariser Kommune als der »Vorbereitung einer neuen Gesellschaft« die Assemblée von Versailles gegenübergestellt – »diese Versammlung, die Vertreterin von allem, was abgestorben war in Frankreich, aufgestützt zur Positur scheinbaren Lebens durch nichts als die Säbel der Generale von Louis Bonaparte«.[6] Es ist beinahe, als brauchte es am Ende kaum noch des Kampfes, der Opfer, der Bürgerkriege und der physischen, blutigen Vernichtung des Alten, so sehr verfängt sich die Prophetie immer wieder in den Metaphern von Tod und Geburt.

Derartige Eindrücke wird der Leser von Lenins Schriften freilich niemals gewinnen. Gerade die aktive Vernichtung des Alten – des Zarismus, der Bourgeoisie, der Großgrundbesitzer und Großbauern – bildet ja seine ständig wiederkehrende Forderung, keinen Augenblick hat er aufgehört, vor dem Stehenbleiben bei momentanen Siegen und vor dem ›Ausruhen auf den Lorbeeren‹ zu warnen. Das ist ein wesentlicher Aspekt seiner Auffassung von der »permanenten Revolution«. Um so mehr muß es uns erstaunen, auch in den Vorstellungen dieses erbarmungslosen Vernichtungs-Strategen gleichwohl kräftige Spuren derselben Metaphorik zu entdecken, in der sich die Geschichte als eine Art von biologischem Prozeß abzeichnet. Es gibt kaum ein aufschlußreicheres Zeugnis dieser Bildersprache als die berühmte »Resolution über den bewaffneten Aufstand« vom 10. Oktober 1917, die Lenin entworfen hat und mit der das Zentralkomitee den entscheidenden

6 *Politische Schriften* II, S. 936.

revolutionären Akt dieses Schicksalsjahres eingeleitet hat. »Das ZK stellt ... fest, daß der bewaffnete Aufstand unumgänglich und völlig herangereift ist, und fordert alle Parteiorganisationen auf, sich hiervon leiten zu lassen und von diesem Gesichtspunkt aus alle praktischen Fragen zu behandeln und zu entscheiden ...«[7] Es ist die Metapher des »Reifens«, auf die es hier ankommt. Sie kehrt übrigens in diesem nur wenige Sätze umfassenden Dokument sogar noch ein zweites Mal wieder. Und sie ist bis zum heutigen Tage für den Stil der bolschewistischen Partei und ihrer Kundmachungen besonders charakteristisch geblieben. Die Feststellung der »Unumgänglichkeit« und des »völligen Heranreifens« des bewaffneten Aufstandes gründet sich zwar auf eine umsichtige Analyse der innerrussischen und der internationalen Lage, sie hat ganz gewiß nichts irgend Irrationales an sich. Aber es muß uns doch auffallen, daß der praktische Schluß nicht etwa lautet, die Lage sei zum Losschlagen günstig, man könne oder man müsse jetzt einen entscheidenden Schlag wagen, oder dergleichen, sondern daß eben aus jenen Daten die objektive »Unumgänglichkeit« des Aufstandes hergeleitet wird, und zwar im Bilde und nach der Art eines Reifeprozesses – mag man dabei nun eher das Reifen einer pflanzlichen Frucht oder einer menschlichen Leibesfrucht vor dem unwillkürlichen Auge haben, jener Leibesfrucht, die (in Marxens Gedankenbildern) aus dem Mutterschoße der alten Gesellschaftsverhältnisse hervorgehen müsse. Noch auf diesem Höhepunkte der Entscheidung, ja vielleicht gerade in diesem schärfsten Augenblick der Tat tritt in diesen Worten das dunkle Eigenwesen der Geschichte mächtig und unverkennbar hervor, und es ist sein Geheiß, das ausgeführt werden will. Welcher Feldherr hätte je nach gehöriger Abschätzung der eigenen Kräfte wie derjenigen des Geg-

7 Lenin, *Ausgewählte Werke in zwei Bänden*, Berlin 1959, Band II, S. 151.

ners, nach der Erforschung des Geländes und der Wahl der Stunde mit den Worten zum Angriff aufgerufen, die Schlacht sei »völlig herangereift«! Der Revolutionsfeldherr Lenin aber bewährt hier nicht bloß die Gaben einer autonomen Taktik und Strategie, sondern zu gleicher Zeit diejenigen eines Exegeten der geschichtlichen Notwendigkeit. Auch dieser Handelnde handelt – nach seinem Selbstverständnis – aus Weissagung und Offenbarung. Der gespannteste Wille fühlt sich nicht eigentlich als spontan, sondern vielmehr als ausführend: Es ist ja die eigene Tat – der »bewaffnete Aufstand« –, welche da als unumgänglich und als objektiv herangereift erscheint. Diese Sprache scheint nicht den kleinsten Spalt für den Eingriff des Subjektes, für den Zugriff des Menschen selber offen zu lassen – für jenes Vermögen des Menschen, eine Reihe von Ursachen und Folgen selber anzufangen, von welchem Immanuel Kant gesprochen hat. Mit einem Wort, diese Metaphorik schließt Freiheit aus. Und sie macht, im gleichen Zuge, Verantwortung überflüssig, ja unsinnig. Solch ein Phänomen läßt sich nicht mit den dürren schulphilosophischen Begriffen des neunzehnten Jahrhunderts wie etwa mit dem Begriff des ›Determinismus‹ fassen und erklären. Es ist die im Grunde mythologische Ansicht der Geschichte als eines leibhaftigen Lebensprozesses, welche es allein verständlich macht.

Ich habe schon gesagt, daß insbesondere die Metapher des »Reifens« sich nach Lenins Vorgang in der Sprechweise der offiziellen Dokumente der bolschewistischen Parteien überall festgesetzt hat. Jeder Kundige wird Beispiele dieser Art in Erinnerung haben. Häufig werden die politischen oder wirtschaftlichen Maßnahmen der Führung in diesen Darstellungen als ›Lösung von Aufgaben‹ aufgefaßt, und es scheint dabei wiederum die Annahme durchzuschimmern, daß alles Handeln, jedenfalls alles ›richtige‹ Handeln jeweils eine ausführende Antwort auf die Forderungen darstelle, welche die Geschichte selber erhebe. Auch in diese Denkfigur spielt dann nicht selten die Vorstellung des Reifens hinein. So erläutert – um ein Beispiel für viele anzuführen – der berühmte »Kurze Lehrgang« der sowjetrussischen Parteigeschichte, worin die vorschriftsmäßigen Ansichten der Stalin-Ära kodifiziert waren, in dem von Stalin selbst verfaßten Abschnitt »Über dialektischen und historischen Materialismus« die allgemeine Funktion der Theorie in folgender Weise: Es gebe alte Ideen und Theorien – heißt es da –, »die sich überlebt haben und den Interessen der ablebenden Kräfte der Gesellschaft dienen« und die daher »die Entwicklung der Gesellschaft« hemmten, und es gebe neue Ideen und Theorien, die »die Entwicklung der Gesellschaft« erleichterten; solche neuen Theorien entstünden darum, »weil ohne ihr organisierendes, mobilisierendes und umgestaltendes Wirken die Lösung der lösungsreifen Aufgaben der Entwicklung des materiellen Lebens der Gesellschaft unmöglich ist«.[8] Hier gibt es also nur noch den Unterschied des Alten und des Neuen, des Hemmenden und des Förderlichen, die Wahrheit oder ›Richtigkeit‹ ist eine bloße Funktion der Entwicklung – man fühlt sich geradezu an Nietzsche erinnert –, und alle Theorie wird zu einer Art historischer Lebens- oder Geburtshilfe. Derart fügt sich hier auch der Geist in die biologischen Sprachbilder und in die Mythologie des Geschichtsprozesses ein, und da die Theorie also das jeweils historisch ›Reifende‹ erkennen, die Frucht des Lebens pflücken oder hervorziehen soll, so kann nur diejenige Lehre passend, treffend und ›richtig‹ sein, die auf Weissagung beruht. Diese Stimmigkeit tritt geradezu an die Stelle der Wahrheit. So rühmt Trotzki – in Wendungen, die sich allerdings von der festgeprägten Metaphorik des Jargons freihalten – an Lenin, er sei darum der unbestrit-

8 *Kurzer Lehrgang*, Nachdruck der Moskauer Ausgabe von 1939, Berlin 1945, S. 140/41.

tene Führer der Partei geworden, »weil sein Denken und Wille letzten Endes den grandiosen revolutionären Möglichkeiten des Landes und der Epoche angemessen waren«.[9]

Trotzki ist es aber auch gewesen, der dank seiner überlegenen Bildung und seiner unbefangeneren, freieren Denk- und Schreibweise diese ganze Geschichtsansicht aus ihrem metaphorischen Versteck hervorgeholt und in aller Helligkeit deutlich ausgesprochen hat: »Die sozialen Entwicklungsvorgänge sind ihrem Wesen nach den organischen Prozessen ... viel näher als den mechanischen« – so notierte er unter dem Datum des 5. April (1935) im französischen Exil in sein Tagebuch. Und er baut diesen Gedanken an derselben Tagebuchstelle sogleich noch weiter aus, indem er den handelnden Revolutionär tatsächlich einem Arzte vergleicht: »Wie der Arzt, ist auch der marxistische Revolutionär darauf angewiesen, sein Wirken auf das autonome Regime der Lebensprozesse zu stützen«.[10] So geradezu herausmeditiert, würden diese Bemerkungen Wladimir Iljitsch vermutlich ebenso verblüfft haben wie Karl Marx. Lenin hätte sie vielleicht auf das Konto jener Neigung zu poetischer Phraseologie geschrieben, die er Trotzki in den Zeiten vor der Revolution gelegentlich recht bissig nachgesagt hat. In Wirklichkeit aber hat Trotzki in seinen einsamen Überlegungen nur heraufgehoben und ein wenig ausgesponnen, was in jenen festgebackenen Sprachbildern und Bildfragmenten längst eingesenkt gelegen hatte, wenn auch die auf ihre Wissenschaftlichkeit erpichten marxistischen Denker solche Spuren nicht zu bemerken pflegen. Weniger erstaunt wäre Hegel gewesen, der fortgerückte Vorläufer des großen Propheten. Denn er hat an einer berühmten Stelle, nämlich

9 *Geschichte der russischen Revolution*, Neudruck der deutschen Originalausgabe von 1931, Frankfurt 1960, S. 259.
10 *Tagebuch im Exil*, Köln 1960, S. 134.

in der Vorrede zur »Phänomenologie des Geistes«, mit dem ganzen Zauber souveräner Gleichnisrede, dessen dieser großartig-krause Schriftsteller gelegentlich fähig war, die Gestaltungen des Weltgeistes in eben diesem Bilde der Geburt vorgestellt: »... wie beim Kinde nach langer stiller Ernährung der erste Atemzug jene Allmählichkeit des nur vermehrenden Fortgangs abbricht – ein qualitativer Sprung –, und jetzt das Kind geboren ist, so reift der sich bildende Geist langsam und still der neuen Gestalt entgegen, löst ein Teilchen des Baues seiner vorhergehenden Welt nach dem anderen auf; ihr Wanken wird nur durch einzelne Symptome angedeutet ... Dies allmähliche Zerbröckeln, das die Physiognomie des Ganzen nicht veränderte, wird durch den Aufgang unterbrochen, der, ein Blitz, in einem Male das Gebilde der neuen Welt hinstellt.«[11]

Da haben wir beinahe alles urkräftig beieinander, den Mutterschoß, die Reifung und Geburt des Neuen, das Absterben des Alten, aber freilich nicht pedantisch ausgeführt, vielmehr mit Gleichnis-Elementen andern Ursprungs vermischt, wie es einem bedeutenden Stil eigen und gehörig ist. Ich will nicht entscheiden, ob sich die marxistische Konvention der biologischen Metaphern von Hegel herschreibt; es ist nicht unwahrscheinlich.

In wiederkehrenden Metaphern, zumal solchen, die unbemerkt mitgeführt werden, bekunden sich oft die mythologischen Konfigurationen, in welchen das absichtsvolle und methodische Denken mit all seiner Begrifflichkeit und ›Wissenschaftlichkeit‹ verfangen bleibt. Solche Bilder stellen sich unter den Augen der Ideologie und der Ideologen ein, aber diese Augen sind blind dagegen, und so hat die Metaphorik ihr unkontrolliertes mächtiges Dasein doch gleichsam hinter dem Rücken derer, die sie brauchen. Die

11 Nach der Ausgabe von Georg Lasson zitiert. Zweite Auflage, Leipzig 1921, S. 9.

Figur der Geschichte als eines Lebens- und Fortpflanzungsvorganges, ja als eines leibhaftigen Wesens, das sich fortzeugt, gebiert, abstirbt, reift und wiederum auch in Fäulnis übergeht, hält sich unter und über aller ökonomischen und soziologischen Analyse durch. Und darin eben scheint eine Gewähr und Stütze der marxistischen Weissagung zu liegen, insoweit jedenfalls, als sie sich auf die Zukunft der kapitalistischen Gesellschaft, auf die Revolution und auf die Diktatur des Proletariats als auf das Kindesalter der sozialistischen Gesellschaft bezieht. In der Urprophetie des Kommunistischen Manifests gibt es ein Diesseits und ein Jenseits, das Diesseits nämlich der Verelendung und das Jenseits der klassenlosen Gesellschaft. Die Revolution ist die Scheidewand oder die enge Pforte, welche aus dem Jammertal ins Paradies führt. In ihr fallen Tod und Geburt zusammen, der Tod der alten und die Geburt der neuen Gesellschaft, des neuen Äons. Aber doch nicht ganz. Denn da ist der unvermeidliche »Übergang«. Auch der Übergang, die Epoche des Übergangs, bildet ein Element der Weissagung. Und eben die Epoche des Übergangs muß uns am meisten beschäftigen, denn ihr gehört das Herrschaftssystem der bolschewistischen Parteidiktatur, ihr gehört auch das ausgedehnte Partei-Imperium an, welches uns höchst wirklich und dringlich vor Augen steht.

Hinsichtlich des Übergangs und also hinsichtlich der revolutionären und nachrevolutionären Politik hat Karl Marx im Grunde nur ein einziges Prophetenwort und eine einzige Weisung hinterlassen. Das Wort heißt »Diktatur des Proletariats«. Es werde und solle dies – so dachte er – die Diktatur der Mehrheit über die Minderheit sein, und eben hierdurch werde sie sich von allen bisherigen Diktaturen oder Herrschaftssystemen der Geschichte unterscheiden, den feudalistischen wie den kapitalistischen, welche sämtlich Diktaturen von Minderheiten über die

Mehrheit gewesen seien. »...es kann kein Zweifel sein, wer der endliche Sieger sein wird – die wenigen Aneigner oder die ungeheure arbeitende Majorität«, schrieb Marx noch 1871 in der »Adresse über den Bürgerkrieg in Frankreich«, im Angesichte des Untergangs der Pariser Kommune.[12] In der Kommune auch begrüßte, ja bejubelte Marx »die endlich entdeckte politische Form, unter der die ökonomische Befreiung der Arbeit sich vollziehen könnte«[13], und in ebendieser Formulierung meinen wir einen Seufzer der Erleichterung zu verspüren, als habe es ihn, Marx, doch insgeheim geplagt, das Politische über dem Ökonomischen, das planvolle Handeln über dem historischen Werden, die Verfassung über dem Arbeitsertrag so lange vernachlässigt zu haben. Für einen Augenblick scheint seine merkwürdige politische Blindheit zu weichen. Was ihm sich da als politische Form – »eine durch und durch ausdehnungsfähige politische Form« – darbot, war die absolute Selbstregierung ohne Beamtenschaft und ohne Armee, die Selbstverteidigung und die Selbstverwaltung ›der Arbeiterklasse‹, die Befreiung der Gesellschaft von dem »Schmarotzerauswuchs« des Staates. Er scheint darin nicht nur eine Revolutionsverfassung gesehen zu haben, was die Kommune tatsächlich gewesen ist und was sie wohl allein auch sein kann, sondern er scheint sie für eine dauerhafte Verfassungsmöglichkeit gehalten zu haben, ohne freilich in der Folge allzuviel Aufmerksamkeit an die Befestigung und Ausarbeitung dieser enthusiastischen Wahrnehmungen gewendet zu haben.

Man kann diese Marxsche Entdeckung einer »politischen Form« indessen kaum zu seinen Weissagungen rechnen. Höchstens hat er hier ein mögliches Modell der Nachahmung empfohlen. Er hat niemals behauptet, der revolutionäre Befreiungsakt werde sich nach diesem Muster der

12 *Politische Schriften* II, S. 951.

13 *Politische Schriften* II, S. 927.

Kommune vollziehen, er hat sich auf den Hinweis beschränkt, daß er sich in dieser Form habe vollziehen können. Und er hat im übrigen Wert darauf gelegt, hervorzuheben, daß diese politischen Formen – der »wohlfeilen Regierung« und der »wahren Republik« – keinesfalls das Ziel, gar das Endziel auch nur dieser einen, vorläuferhaften proletarischen Revolution in Frankreich bildeten: dies habe sich vielmehr nur »nebenbei und von selbst«[14] ergeben. Worin doch zweifellos auch die Überzeugung sich ausspricht, daß dergleichen ›politische Formen‹ oder Verfassungsgedanken das Ziel der proletarischen Revolution auch gar nicht bilden dürften und sollten. Er hat das Thema der Verfassung mit dieser Bemerkung gleichsam eigenhändig aus dem Bereich der ›wissenschaftlichen‹ Prognose und das heißt der Weissagung ausgeschlossen. So tief apolitisch, ja eigentlich antipolitisch sind Marxens Prophetie und Utopie beschaffen.

Es bleibt also dabei: die einzige Marxsche Weissagung und Anweisung für den ›Übergang‹ liegt in dem Worte von der Diktatur des Proletariats, und zwar als der Herrschaft der Mehrheit über die Minderheit. Der Begriff der Diktatur freilich ist unstreitig ein politischer Begriff – insofern jedenfalls, als er eine Verfassungsfigur bezeichnet, nämlich die der Befehlsgewalt im Ausnahmezustand. Dessen war sich Marx anscheinend auch durchaus bewußt, wenigstens zeitweilig. »Jeder provisorische Staatszustand nach einer Revolution erfordert eine Diktatur, und zwar eine energische Diktatur« – die Bemerkung stammt aus dem Jahre 1848.[15] Um so mehr muß es erstaunen, daß er das Proletariat als die ungeheure Mehrheit für fähig hielt, eine solche Diktatur auszuüben, das heißt die Rolle des Diktators zu übernehmen. Ob Karl Marx es empfunden, ob er es sich selber deutlich gemacht hat oder nicht: die Zusam-

14 *Politische Schriften* II, S. 927.

15 Marx – Engels, *Werke*, Berlin 1957, Band 5, S. 402.

menfügung »Diktatur des Proletariats« bildet ohne Zweifel eine Paradoxie, eine echt utopische Verkehrung des Gewohnten, einen wunderbaren Widerspruch – und dies auch in dem Sinne, daß dann die ganze Klasse, das Millionenheer der Proletarier, eine Funktion ausüben werde, welche bis dahin und in aller ›Vorgeschichte‹ immer nur von einzelnen ausgeübt worden ist. Die Letzten werden die Ersten sein, die vielen, überwältigend vielen Letzten werden allesamt die Ersten sein – auf diese Art ließe sich, mit einem gewissen Mißbrauch ehrwürdiger Worte, dieselbe Paradoxie auch ausdrücken, und eine derartige Formulierung wäre ganz ebenso politisch oder ganz ebenso unpolitisch wie diejenige von Marx. Er hat sich bei dem Worte »Diktatur« sozusagen gar nichts Böses gedacht. Und er hat offenbar weder viel Nachdenken an die Frage gewendet, wie ›das Proletariat‹ es organisatorisch in concreto anfangen solle, eine Diktatur auszuüben, noch scheint ihm das ungeheure Problem in den Sinn gekommen zu sein, wie es hernach anzustellen sei, die Diktatur wieder abzubauen, von diesem »provisorischen Staatszustand« wieder herunterzukommen und also den ›Übergang‹ zu beenden. Natürlich nicht! – denn dieser ›Übergang‹ ist ihm ja keine Maßnahme, keine Aktion, keine Handlung, sondern ein Ereignis. Und so erweist sich abermals, daß auch diese berühmte Formel mit dem scharfen Klang ihrer Ankündigung nur scheinbar ein strategisch-politisches Element enthält. Es ist keine strategische, sondern eine prophetische Formel. Und es ist keine politische, sondern eine apokalyptische Anweisung.

Lenin aber, der es ja nun unvermeidlich mit dem ›Übergang‹ und mit nichts als dem ›Übergang‹ zu tun bekam, hat dieser einen und einzigen und freilich ungeheuren oder ungeheuerlichen Ur-Weissagung Marxens eine ganze Reihe neuer Offenbarungen hinzugefügt, die sich zu einem Teil in rascher Folge mit fortschreitenden Ereignissen und mit fortschreitenden Handlungen gegenseitig abgelöst haben. Man kann natürlich auch sagen, Lenin sei – im Unterschiede zu Marx – zum Handeln gezwungen gewesen, und er habe schon in den beständigen inneren Auseinandersetzungen der russischen sozialdemokratischen Partei vor und nach der Jahrhundertwende, vor und nach der unglücklichen Revolution von 1905, vollends aber vom April des Jahres 1917 an und in der kurzen Frist, die ihm nach dem Triumph des Oktober und der Zeit des Interventions- und Bürgerkrieges noch verblieben war, unaufhörlich weittragende praktische Entscheidungen treffen müssen. Aber das ist fast nur ein anderer Ausdruck für dieselbe Sache, denn es gibt keine einzige wichtige Entscheidung Lenins, die er – in seinem eigenen Bewußtsein – nicht als Ausleger, als Exeget des Orakels der Geschichte getroffen hätte. Nichts anderes will es besagen, daß er zeit seines Lebens so überhitzig darauf bestanden hat, alles Tun müsse ›theoretisch‹ begründet sein, müsse aus einer geschlossenen Theorie der gesellschaftlichen Entwicklung hervorgehen. Es wird schwerhalten, Entscheidungen Lenins ausfindig zu machen, die nicht in solch einer heißen Dampfwolke ›theoretischer‹ Gründe einherkämen. Immer fühlte er sich als Vollstrecker des zwingend Notwendigen – selbst dann, wenn er mit seinem Willen und Vorschlag ganz allein stand und sich erst gegen eine Mehrheit seiner Genossen im Zentralkomitee der Partei mühsam durchzusetzen hatte.

Das eindrucksvollste Beispiel einer solchen Situation bietet ja die Geschichte der »Aprilthesen«, jenes Zusammenstoßes, bei dem der eine, eben aus der Emigration zurückkehrende Lenin dem gesamten übrigen Führungskreise seiner Partei mit der völlig neuen Forderung entgegentrat, man müsse nun sofort und ohne Zaudern zur Diktatur des Proletariats übergehen. Das war nach der bis dahin überlieferten, sozusagen planmäßig gebotenen alten sozialdemokratischen Weissagung eine schockierende und geradezu geschichtswidrige Idee. Bis dahin hatte man in dem Bewußtsein gelebt, man müsse nun nach dem Sturz des Zarismus und Feudalismus (durch die Februarrevolution) zuerst das bürgerlich-demokratische Stadium sich vollenden lassen, bevor man das historische Recht erwerbe, zur proletarisch-sozialistischen Umwälzung überzugehen. Lenin brach mit einem Schlage mit dieser lange gehegten Schematik der Erwartungen. »Die russische Revolution vom Februar/März 1917« – sagte Lenin – »war der Beginn der Umwandlung des imperialistischen Krieges in den Bürgerkrieg. Diese Revolution hat den *ersten* Schritt zur Beendigung des Krieges getan. Erst der *zweite* Schritt kann seine Beendigung *sicherstellen*, nämlich der Übergang der Staatsmacht an das Proletariat.«[16] Gewiß können wir sagen, daß hier der mächtige Wille eines einzigen Mannes die hergebrachte ›Theorie‹ und das heißt die geltende Weissagung umgestürzt habe – so etwa mögen sich Geschichtsschreiber ausdrücken, die ein einziges, einfaches und identisches Menschenwesen wie eine geschnitzte Puppe durch Altertum und Neuzeit, Orient und Okzident hindurchwandern lassen. Aber im vorliegenden Falle wäre gewiß auch der mächtigste persönliche Wille ohnmächtig geblieben, wenn er als purer persönlicher Wille aufgetreten wäre und sich geltend gemacht hätte. Er trat auf und machte sich geltend als der veränderte Wille des geschichtlichen Lebensprozesses, als neue Inspiration wider die hergebrachte Weissagung, und diese neue, ›richtige‹ Auslegung des historisch-gesellschaftlichen Auftrages gab sich abermals als zwingende ›wissenschaftliche‹ Analyse der Klassenlage nicht allein Rußlands, sondern ganz Europas. »Wenn wir die Parolen Lenins akzeptieren, tun wir nur, was uns das Leben selbst eingibt« – die simple Formel stammt von einer alten Bolschewistin, Ludmilla Stahl, die

16 Lenin, *Ausgewählte Werke*, II, S. 26.

Trotzki in seiner »Geschichte der russischen Revolution«[17] mit tiefer Zustimmung zitiert. Und derselbe Autor, dessen Geschichtserzählung zu gleicher Zeit selbst ein authentisches Dokument ersten Ranges darstellt, löst das Problem der »Rolle der Persönlichkeit«, das ihn so tief beschäftigt, gerade im Zusammenhang der Darstellung dieser Vorgänge vom April 1917, mit der Bemerkung, er wolle beweisen, »daß Lenin nicht Schöpfer des revolutionären Prozesses war, sondern sich nur in die Kette der objektiven historischen Kräfte eingegliedert hat«. Einigermaßen unbehilflich setzt er allerdings hinzu: »Doch war er in dieser Kette ein großes Glied.« Noch aufschlußreicher, zugleich auch beunruhigender mutet uns aber ein Satz an, der wenige Zeilen später folgt: »Lenin stand der Partei nicht von außen gegenüber, sondern er war ihr vollendetster Ausdruck.«[18] Da trifft uns die Offenbarungsgewißheit und die Auslegungswillkür – welches beides hier ein und dasselbe ist – wie mit einem unergründlich flackernden Blick. Tatsächlich kam Lenin von außen heran und tatsächlich stand er, für eine Weile ganz allein, der Partei gegenüber, tatsächlich prallten seine Exegese und seine Forderung auf die gefestigten Überzeugungen, Erwartungen und Absichten des gesamten übrigen Korps, tatsächlich stand er eine Zeitlang isoliert. Und doch soll nicht die Mehrheit, sondern dieser eine der »Ausdruck der Partei« gewesen sein! Nach allen humanistischen oder bürgerlichen Maßstäben heißt das die Verhältnisse gänzlich auf den Kopf stellen. Aber der Partei-Geist wehet, wo er will.

Es gibt einen Zug in Lenins Denken – er hat sich übrigens auch seinen Nachfolgern und der gesamten offiziellen historischen Literatur der Kommunistischen Partei mitgeteilt –, welcher sein Selbstverständnis als Mundstück und Exekutor geschichtlicher Aufträge besonders deutlich

17 Neuausgabe von 1960, S. 262.
18 Neuausgabe von 1960, S. 263.

macht: das ist sein geradezu besessener Hang zur Periodisierung. Ein frühes Exempel bietet die berühmte Schrift »Was tun?« vom Jahre 1902, dort wiederum der zusammenfassende Schlußabsatz. Es handelt sich da um die kritische Analyse der russischen sozialdemokratischen Bewegung. Ihre Geschichte teilt er in drei Perioden ein, die »embryonale« Periode von 1884 bis 1894, in der die Theorie und das Programm entstanden sei, die »Kindheits«-Periode von 1894 bis 1898, in der sie zur eigentlichen politischen Partei geworden sei, und eine dritte seit 1898, welche durch ein Zurückbleiben der Theorie hinter der »spontanen« Entwicklung des Proletariats gekennzeichnet sei. Die gesamte Polemik der Schrift gilt den verschiedenen sektenhaften Schattierungen des Marxismus dieser Zeit, seiner eigenen Zeit, die er auch als eine »Periode der Funktionäre« und des »Kanzleibürokratismus« bezeichnet. Und die Triebfeder solchen Ordnens und Einteilens wird mit einem Schlag sichtbar in der Pointe und Parole, die diesen Traktat beschließt: Die Antwort auf die Frage des Titels, auf die Frage »Was tun?« lautete in aller Kürze: »Die dritte Periode liquidieren!«[19] Der Aufruf zur aktiven Organisation des Klassenkampfes – denn darauf läuft das Ganze hinaus – tritt also in der seltsamen Einkleidung hervor, daß eine Epoche abgeschlossen und gänzlich abgetan, eine neue eröffnet werden müsse. Wiederum macht sich gewiß ein starker Wille fühlbar, aber wiederum auch versteht er sich selber als historisch erkennend und historisch umwälzend – wiewohl hier nur in den vergleichsweise beschränkten Dimensionen der Entwicklung einer noch unbedeutenden, von dauernden Richtungsstreitigkeiten zerrissenen Partei. Wenn das jeweils neueste Prinzip auch das fortgeschrittenste ist, welches alle vorigen einfach darum hinter sich und unter sich zurückläßt, weil sie eben ›von gestern‹ sind, so hat derjenige

19 *Ausgewählte Werke* I, S. 259 bis 262.

freilich eine großartige Position, der sich mit dem soeben kommenden im Einklang weiß – vorausgesetzt nur, daß er Gegner, Konkurrenten, Kritiker und Gefolgsleute ebendavon zu überzeugen vermag. Diese historische Inspiriertheit ist Lenins stärkste Waffe gewesen.

So hat er in dem Prawda-Aufsatz über »die historischen Schicksale der Lehre von Karl Marx« vom Frühjahr 1913 die »Weltgeschichte« seit dem »Kommunistischen Manifest« – in der Tat nicht die Geschichte des Proletariats, nicht die Geschichte der Aufstände und nicht einmal die europäische Geschichte, sondern geradezu die Weltgeschichte – in die drei »Hauptperioden« von der Achtundvierziger Revolution bis zur Pariser Kommune, von der Kommune bis zur russischen Revolution von 1905, und »seit der russischen Revolution« eingeteilt. Wie in dem vorigen Exempel die Periodisierung in die Aufforderung mündet, eine neue Epoche zu eröffnen, so hat sie auch hier ihre Pointe in der Unabgeschlossenheit der dritten Periode. Abermals enthüllt es der letzte Satz: »Einen noch größeren Triumph ... wird dem Marxismus als der Lehre des Proletariats die kommende historische Epoche bringen«.[20] Das Vergangene wird eingeteilt, damit Platz geschaffen werde für das Kommende.

In dem Aufsatz »Über die Verletzung der Einheit« aus dem Jahre 1914 setzt Lenin in gewisser Weise die vorige Periodisierung der Parteigeschichte fort, indem er die theoretischen Richtungen des sogenannten »Kleinbürgerlich-intellektuellen Flügels« in drei Epochen einteilt und diese mit einigen jener polemischen Schlagworte oder Ketzernamen bezeichnet, in deren Erzeugung er so ermüdend fruchtbar gewesen ist. Das Detail ist nicht interessant – es handelt sich um den »Ökonomismus«, den »Menschewismus« und das »Liquidatorentum« –, interessant ist allenfalls der Umstand, daß diese entsetzlich rechthaberi-

20 *Ausgewählte Werke* I, S. 16.

sche Polemik sich zum guten Teil gegen Trotzki richtet. (Man muß einer solchen ›wertenden‹ Bemerkung freilich sogleich die Erläuterung beifügen, daß eben diese ›Rechthaberei‹ gerade ein Merkmal der Figur des Propheten oder des inspirierten Wahr-Sagers bildet, daß sie ihm notwendig zukommt und gar nicht hinweggenommen werden kann, ohne daß das ganze Wesen sich verwandelte.) Auch die gegnerischen Strömungen also haben ihre Perioden.

Erst mit dem akuten Eintritt Lenins und der bolschewistischen Partei in die Führung der russischen Revolution von 1917 aber wird diese Leidenschaft des Periodisierens und die Auslegung des jeweils neuesten historischen Gebots zur ständigen – und daher auch ständig legitimierenden – Führungsaufgabe. Die Führung rechtfertigt sich fortwährend aus der Erkenntnis – und zwar unvermeidlicherweise aus der ›richtigen‹ Erkenntnis – des geschichtlichen Willens. Die Exegese der historisch-gesellschaftlichen Offenbarung wird vollends zur unentbehrlichen Funktion der Führung, hernach der Herrschaft. Erkenntnis und Aktion liegen in denselben Händen, in den Händen der Partei, in den Händen des Zentralkomitees, in den Händen Lenins. Dieses Zusammenfallen der Rollen des Weissagens – der ›Theorie‹ – und des Handelns – der ›Praxis‹ – ist bis heute ein Kennzeichen der bolschewistischen Parteidiktaturen geblieben, nicht allein in der Sowjetunion. Die spezialisierten ›Ideologen‹, welche neben den regierenden Hauptfiguren zeitweilig wie im Halbschatten sichtbar werden, scheinen, sofern sie in dieser Funktion verharren, im großen und ganzen doch eher Rand-Erscheinungen geblieben zu sein. Beim zwölften Parteikongreß im Jahre 1923, dem ersten, der ohne Lenin, und dem letzten, der zu seinen Lebzeiten abgehalten worden ist, hat Kamenew in seiner Eröffnungsansprache das Lehr- und Prophetenamt vielleicht zum ersten Mal offiziell als ein persönliches Amt charakterisiert mit den Worten, die Partei kenne nur ein

Mittel gegen Krisen und Fehlentscheidungen, die Lehren Wladimir Iljitschs.[21] Unter den gleichsam höfischen Titeln, die nachmals Josef Stalin zuerteilt wurden, hat derjenige des »großen Lehrers« wohl die häufigste Anwendung und die weiteste Verbreitung gefunden. Im Falle von Mao-tse-Tung war ähnliches zu beobachten. Die bolschewistische Parteidiktatur stellt sich in ihrer autokratischen Ausprägung als eine Art Propheten- oder Exegeten-Herrschaft dar. Wenn ein Vergleich aus anderer historischer Sphäre erlaubt ist: der Kaiser ist hier zugleich der Papst, der Papst zugleich der Kaiser. Aber die Kongruenz der ›geistlichen‹ und ›weltlichen‹ Führung ist ja auch sonst in dem großen Vorrat an Erscheinungsformen der Herrschaft, den uns die Weltgeschichte darbietet, keineswegs unbekannt. Zumal der Orient ist reich an Exempeln des ›Caesaro-Papismus‹. Wollten wir unsererseits uns ebenfalls darauf verlegen, die Geschichte als Entwicklung und Fortschritt zu begreifen, das Neue vom Alten und das Alte vom Neuen abzuheben, so könnten wir allerdings aus diesen Beobachtungen den Schluß ziehen, am Ende sei die bolschewistische Diktatur eine recht altertümliche Herrschaftsform.

Noch bedarf es wohl einer Erläuterung, daß hier die Begriffe der Weissagung und der Inspiration mit einer Nuance der Unterscheidung angewendet worden sind. Der Begriff der Weissagung ist uns aus Luthers Bibel vertraut, zumal aus dem Alten Testament. Denjenigen der Inspiration hingegen habe ich nicht so weit hergeholt. Er findet sich bei Trotzki.

Die Zusammenfügung von Weissagung und Inspiration drängt sich vor allem deswegen auf, weil wir uns – wohl infolge der christlichen Lehre von den Vorhersagen der Propheten des Alten Bundes – gewöhnt haben, mit dem Begriff der Weissagung vorwiegend die weithinzielende,

21 Edward Hallett Carr, *A History of Soviet Russia*, Volume III: *The Interregnum*, London 1954, S. 274.

über lange, womöglich unbestimmt lange Fristen sich erstreckende Prophetie zu verknüpfen. In diesem Sinne fußt die bolschewistische Herrschaft, wie bereits dargelegt, auf der originären Weissagung der Diktatur des Proletariats. Aber es ist ja dabei nicht geblieben, es konnte dabei auch nicht bleiben. Das Weissagen hat sich fortgesetzt, es sind neue, teils nicht minder umfassende, teils speziellere, begrenztere, kurzfristige, ja kurzlebige ›Offenbarungen‹ historischer Notwendigkeit hinzugetreten, und in gewisser Hinsicht ist auch jene Marxsche Urprophetie ganz wesentlich abgewandelt worden, wie sogleich noch zu erörtern sein wird. Jeder der ›großen Lehrer‹, Kalifen, Gurus oder Herrscher-Propheten des Bolschewismus hat zu diesem Schatze beigesteuert. Wollte man Lenins Beiträge aufzählen, so müßte man neben der Theorie des Imperialismus und des »imperialistischen Krieges«, neben dem Postulat des »Klassenbündnisses« der Arbeiter und der armen Bauern, neben dem Programm der Industrialisierung, auch der Elektrifizierung, vor allem diejenige Lehre anführen, die zur praktischen Konkretisierung der »Diktatur des Proletariats« und das heißt zur Ausbildung des totalitären Herrschaftssystems das Fundament gelegt hat, nämlich die Lehre von der Partei. Die Theorie der Weltrevolution fand er vor, doch hat er sie im Laufe der Zeit in bedeutsamer Weise abgewandelt, wovon noch ausführlicher zu reden sein wird.

Die bolschewistische Sprechweise unterscheidet vielfach grundsätzlich zwischen Fragen der Ideologie und Fragen der Taktik. Diese Differenz ist überhaupt nicht zu verstehen, solange man versucht, sie mit Arten der Regierungsentscheidung in Analogie zu setzen, wie sie sich im Bereich unserer bürgerlichen Verfassungen ausprägen mögen, also etwa mit unseren deutschen »Richtlinien der Politik« auf der einen, ressortgebundenen Einzelentscheidungen auf der anderen Seite. ›Ideologisch‹ vorgezeichnete Aufgaben und Ziele sind vielmehr diejenigen, die sich aus dem Zusammenhang jener fundamentalen Offenbarungen des historisch-gesellschaftlichen Lebensprozesses ergeben – die Weltrevolution, die Einheit der Partei, auch das ›Bündnis‹ mit der Klasse der Kleinbauern und Landarbeiter (wie sehr wir mit unseren politischen Augen gerade darin einfach ein strategisches Konzept zur Verbreiterung der sozialen Basis der Revolution erblicken mögen) und so fort. Als ›taktisch‹ andererseits figurieren die Pläne und Verfahrensweisen, welche ausgearbeitet und angewendet werden müssen, damit jene ›geoffenbarten‹ Ereignisse bewußt herbeigeführt, damit die geweissagten Aufgaben in die Tat umgesetzt und nicht etwa verfehlt oder versäumt werden. Als spezifisch neue ›Inspirationen‹ der Ära Stalins muß man jedenfalls die Festigung der Lehre vom »Sozialismus in einem einzigen Lande« und die Politik der Kollektivierung der Landwirtschaft auffassen. Chruschtschows ›ideologische‹ Neuerung liegt vorab in der Formel der »friedlichen Koexistenz« und in der Praxis der Konkurrenz der »verschiedenen sozialen und ökonomischen Systeme« (wie der euphemistische Ausdruck lautet). Dies ist gewiß kein absolut neuer Gedanke, man kann auch dafür kanonische Belegstellen aus der leninistischen Überlieferung angeben. Chruschtschow aber hat ihn zum Prinzip einer neuen Ära erhoben, und es ist ihm nicht leicht geworden, ihn mit den älteren geheiligten Weissagungssätzen von der Weltrevolution, vom universalen Klassenkampf und insbesondere vom imperialistischen Krieg oder von den imperialistischen Kriegen zu versöhnen. Eigentlich dogmatische Neuerungen sind seitdem nicht zu verzeichnen. Eine revidierte Periodisierung und die Konzentration auf den technisch-industriellen Fortschritt werden in einem späteren Kapitel – im Zusammenhang mit dem Parteiprogramm von 1986 – dargestellt werden.

»Revolution ist rasende Inspiration der Geschichte« – das

ist die Formulierung Trotzkis, auf die ich zuvor angespielt habe.[22] Wiederum ist es die in seiner Sphäre ungewöhnliche und überlegene geistige Phantasie dieses Mannes, die uns dieses erleuchtende Stichwort liefert. Das kurze Sätzchen dieses Organisators, Strategen und Terroristen, der nach seinem eigenen Bekenntnis doch niemals etwas anderes erstrebt hatte, als Schriftsteller zu werden und zu sein, sagt über die bolschewistische Rechtmäßigkeit mehr aus als all die obstinaten ›wissenschaftlichen‹ Haarspaltereien des großen Lenin: Es ist »die Geschichte«, von der die Offenbarung oder eben die Inspiration ausgeht und herkommt, und es ist ihre »Inspiration«, die sich in den Handlungen sowohl der vielgerühmten, mystisch verehrten »Massen« als auch ihrer Führer kundtut. »Die Führer fühlten«, schrieb Trotzki an der gleichen Stelle seiner Selbstbiographie, indem er an das Erlebnis der großen Revolutionstage zurückdenkt, »daß ihre Schritte mit den Schritten der Geschichte sich vereinigten.« Ich kenne kein Zeugnis, das den Grund dieser Macht treffender bezeichnete und deutlicher bekanntgäbe.

Daß aber jeweils neue Inspirationen zu den alten Weissagungen traten und treten durften, ist freilich nicht für alle zu jeder Zeit selbstverständlich gewesen. Fast in jedem einzelnen Falle bedurfte es beträchtlicher Auseinandersetzungen, Kämpfe, Machtkämpfe, bis sich die neue historische Eingebung durchsetzte. Auf welchen Widerstand Lenins Aprilthesen von 1917 im engsten Führungskreise gestoßen sind, habe ich oben in Erinnerung gerufen. Seine These vom Bündnis mit der »Dorfarmut« – die ja eine ganz fundamentale Neuerung gegenüber der alten marxistischen Vorstellung vom auserwählten Volke des industriellen Proletariats bedeutete – hat, wiewohl von einem realistisch-analytischen Standpunkte völlig einleuchtend, doch so viel Sprengstoff enthalten, daß Stalin seinen Bannfluch

22 *Mein Leben*, deutsche Ausgabe, Berlin 1929, S. 320.

gegen Trotzki jahrelang unter anderem mit dem Argument stützen konnte, dieser habe stets das Bauerntum ungenügend berücksichtigt. Auch die Leninsche Partei-Theorie mit ihren Geboten der unbedingten Disziplin und Einheit und mit ihrem Verbot der »Fraktionsbildung« hat sich nur langsam gegen immer neu aufkommende Widerstände durchsetzen können, und die Opposition berief sich zum mindesten teilweise und zeitweilig auf die Marxsche Urprophetie, die ja nicht einer organisierten Minderheit, der Partei, sondern der Arbeiterklasse insgesamt als der überwältigenden Mehrheit der Gesellschaft die Herrschaft versprochen und zuerkannt hatte. Welche unzählbaren Opfer der Sieg der Stalinschen ›Inspiration‹ von der Möglichkeit des Sozialismus in einem einzigen Lande – und also unter einstweiliger Vertagung der Weltrevolution – gekostet hat, bedarf kaum der ausführlichen Erinnerung; was er als »Trotzkismus« blutig verfolgte, war ja in der Hauptsache die fortgeführte Lehre von der »permanenten Revolution«, und das heißt von der Weltrevolution. Daß dieses Bannwort des »Trotzkismus« Unzähligen den Untergang bereitet hat, die subjektiv wenig oder nichts mit Trotzki zu schaffen hatten, ist eine ganz andere Frage. Auch die Inquisition hat Ketzer produziert, um sie zu vernichten. Selbst in der Ära der konsolidierten Tyrannei des Ersten Parteisekretärs galt noch immer, was in jenem Trotzkischen Satze von der Revolution gesagt war: die Inspiration der Geschichte »raste«. Sie raste in beiderlei Sinn des Wortes. Sie raste im Sinne der Geschwindigkeit, indem die neue Offenbarung eine neue Periode begründete, und im Handumdrehen zur Häresie wurde, was gestern noch rechter Glaube war. Und sie raste auch im Sinne der Raserei, der wütenden Verfolgung all derer, die verdächtig waren, dieser Inspiration sich zu verschließen.

Es gibt aber nicht nur den Widerstand gegen die jeweilige

einzelne Neuerung, es gibt das Beharren auf der alten Lehre als solcher, den Widerstand gegen die Inspirationen im Namen der Weissagung. Man hat sich bei uns im Westen oft genug darüber verwundern müssen, daß nicht allein der »Revisionismus«, sondern zu gleicher Zeit auch der »Dogmatismus« als eine Abweichung gebrandmarkt wurde, und man hat sich gefragt, was denn eigentlich für eine schiffbare Linie zwischen diesen beiden gefährlichen Strudeln noch übrigbleibe. Aber die Abwendung von den eingewurzelten Weissagungen, welche die einzelnen Stadien des geschichtlichen Prozesses in ihrem gleichsam planmäßigen Verlauf betreffen, ist in Wahrheit so alt wie das bolschewistische System, sie ist immer wieder von neuem vollzogen worden, und sie bezog sich nicht einmal nur auf die Phasen der Übergangsepoche, also der Diktatur des Proletariats, sie ist vielmehr schon aufgetreten, als es sich noch um die Vorbereitung der Oktoberrevolution drehte. Es hat etwas Verblüffendes, daß es gerade Stalin gewesen ist, der bereits auf dem Parteikongreß vom Juli 1917 die Bemerkung machte: »Es gibt einen dogmatischen und einen schöpferischen Marxismus. Ich habe mich für den letzteren entschieden.«[23] Der Ausspruch fiel im Zusammenhang der Diskussion darüber, ob die sozialistische Revolution in Rußland glücken könne, wenn nicht auch in Europa die Revolution siege; Stalin meinte, man müsse sich von dem veralteten Vorurteil freimachen, »daß nur Europa uns den Weg zeigen könne«. Dieser Begriff des »schöpferischen Marxismus« ist inzwischen völlig herrschend geworden, und die offizielle Geschichtsschreibung der bolschewistischen Partei wird – vor allem bei Gelegenheit der wiederkehrenden Résumés der einzelnen Parteitage – gar nicht müde, die jeweiligen Resolutionen oder Leitsätze als ebenso viele Erfolge auf dem Wege der »schöpferischen

23 I. Deutscher, *Stalin*, Stuttgart 1951, S. 166. Der Ausspruch ist dort nach der russischen Ausgabe von Stalins Werken (Band III, S. 187) zitiert.

Weiterentwicklung des Marxismus-Leninismus« zu preisen.
Die Idee der »schöpferischen Weiterentwicklung« hält die Möglichkeit neuer, auch veränderter, ja gründlich veränderter ›Inspirationen‹ offen. Anders ausgedrückt, sie stellt die ›ideologische‹ Formel dafür dar, daß die Weissagungen, die den Grund dieser Macht bilden, innerhalb der Grenzen der Urprophetie des Kommunistischen Manifestes sich fortwährend erneuern können. Die Weissagungen haben sich nicht – oder noch nicht – zu einem endgültigen System zusammengeschlossen, sondern die Geschichte kann jeden Tag eine neue ›Offenbarung‹ hervorbringen. Logisch macht das kaum eine Schwierigkeit, da es gerade die Geschichte ist, welcher die regierenden Exegeten ihre Notwendigkeiten ablauschen, und die Geschichte ja durch den Wechsel und die Veränderung definiert ist. Der Götze oder Abgott, dessen Kundgebungen hier von den großen Lehrern ausgedeutet werden, befindet sich selber in ständiger Bewegung. Der gemeine Menschenverstand könnte dies ganz natürlich finden und sagen: Gewiß, gewiß, neue Situationen verlangen neue politische Lösungen. Aber der gemeine Menschenverstand erweist sich hier als unzulänglich, denn ihm muß verborgen bleiben, daß alle ›neuen Situationen‹ sich – im Herrschaftsbereich der marxistischen Ideologie – in einen und denselben leibhaftigen Geschichtsprozeß einfügen oder doch einfügen lassen müssen, daß dieser Prozeß unerachtet aller feindlichen Störungen, aller Verzögerungen, Phasenverschiebungen und Wegkrümmungen einem gewissen Ziel zustrebt und daß die ›neuen Lösungen‹ sich daher jeweils nicht bloß aus einer momentanen Situation, einer Konstellation von Umständen und Bedingungen, sondern aus dieser Gesamtbewegung herleiten und rechtfertigen müssen. Auch Richtlinien und Grund-Entscheidungen, die den Aspekt der pragmatischen Zweckmäßigkeit darbieten, haben stets diese andere Seite und diesen

Hintersinn. Es gibt keine Klugheit und keine Gemeinheit, keine Schlauheit und keine Grausamkeit, welche sich nicht selber aus den Trotzkischen »Inspirationen der Geschichte« rechtfertigte oder doch jederzeit rechtfertigen könnte. Was sich nach unseren Begriffen humanistischer Rechtmäßigkeit als abgründige Willkür darbietet, fühlt sich selbst auf dem Grunde solcher fortdauernden historischen Offenbarung. Auch ein so vorzüglicher und intimer Kenner des bolschewistischen Herrschaftssystems und seiner Geschichte wie Zbigniew Brzezinsky urteilt ähnlich, wenn er von dem »anhaltenden Prozeß der Erfindung neuer Ziele und neuer Aufgaben« spricht, worin die Wurzel der totalitären Macht zu finden sei, oder von diesem Drang und Zug zum Tausendjährigen Reich, welcher die »wirkliche Quelle totalitärer Macht und die Rechtfertigung ihrer Zwangsgewalt« darstelle.[24] Der Grund der Willkür verliert sich im Abgrunde der Weissagung und Inspiration.
David Hume erzählt im siebten Bande seiner ›History of England‹ die seltsame Geschichte vom Gebet des Generals Fairfax am Tage der Hinrichtung König Karls des Ersten (30. Juni 1649). Fairfax, der nominelle Befehlshaber der Parlamentsarmee, hatte sich an dem Prozeß nicht beteiligt und soll alles versucht haben, die Ausführung des Todesurteils zu verhindern. Cromwell, so heißt es, bemühte sich, ihn davon zu überzeugen, daß Gott selbst den König verworfen habe, und ermahnte ihn, im Gebet himmlische Weisung zu suchen. Harrison, ein anderer von den puritanischen Offizieren und ein Metzgerssohn von Herkunft, wurde dazu bestimmt, mit Fairfax zu beten. Während sie noch beteten, kam die Nachricht, daß der Scharfrichter den tödlichen Schlag geführt habe. »Da erhob sich Harrison von seinen Knien und machte Fairfax klar, daß dieses Ereignis eine wunderbare Antwort der Vorsehung sei,

24 *The permanent purge*, p. 173/4.

welche der Himmel ihnen auf ihr demütiges Flehen gesandt habe.«[25]

In dieser Geschichte figuriert die Tat selber als das prophetische Zeichen ihrer Rechtmäßigkeit, die willentliche Handlung als ihr eigenes Orakel. Daß Hume sie in seinem aufgeklärten Sinn als ein schreiendes Exempel von Heuchelei deutet, ist jetzt nicht von Interesse. Mir scheint, die Anekdote rückt, übertreibend und übertrieben, doch jenen Trotzkischen Gleichschritt von Inspiration und Handlung oder, wie wir auch sagen können, die Koinzidenz von Willkür und Offenbarung wie mit einem Blitz ins Licht.

25 D. Hume, *The History of England*, Vol. VII, New edition, London 1782, p. 145.

7. Kapitel
Exegese als Herrschaftsaufgabe

»... die doppelsinnigen Schicksalsschwestern, die durch ihre Verheißungen zum Verbrechen treiben und in der Zweizüngigkeit dessen, was sie als Sicherheit angaben, den, der sich auf den offenbaren Sinn verließ, betrügen.« (Hegel, Phänomenologie des Geistes)

So begnügt sich die bolschewistische Partei- und Sekretärs-Herrschaft nicht mit der Verwaltung einer Offenbarung, die einmal in der Vergangenheit der Menschheit zuteil geworden ist, sondern sie weiß sich berufen und begabt, neue Erleuchtungen hinzuzufügen, alte zu verwandeln, ja sogar gründlich zu korrigieren. Ob dies für alle Dauer dieser Herrschaftsweise so bleiben wird oder ob diese Quelle der inneren Veränderung – und das heißt zugleich des Terrors – eines Tages versiegen wird, können wir nicht wissen. Einstweilen fällt es uns schwer, uns vorzustellen, hier könne je ein Abschluß der Weissagungen, ein Ende der Inspirationen eintreten; man kann sich nicht denken, daß die kommunistische Führung einmal darauf verzichtete, das Ende der Zeiten aktiv zu betreiben, daß sie gleichsam ihren Gott einen guten Mann sein ließe, Weltrevolution und Weltherrschaft auf den Nimmerleinstag verschöbe und sich auf die Kultivierung des Erreichten verlegte – selbstverständlich bei gleichzeitiger Fortführung der ideologischen Predigt. Zwar scheint der Ehrgeiz späterer Diktatoren wie vor allem der Enthusiasmus der Massen sich zu einem guten Teil der Raketentechnik und der Raumschifffahrt zugewandt zu haben – und auch hier ist ja originäre Entwicklung, effektiver Fortschritt, ist Bewegung von einem Stadium zum nächsten Stadium, auch von einer sensationellen ›Tat‹ zur nächsten Tat möglich –, doch figurieren die Taten des Sputnik und des Wostok und der Kosmonauten Gagarin und Titow nicht auf einer abgesonderten Geschichtstafel der Erfindungen und Entdeckungen, sondern auf einer und derselben, auf der sämtliche »Siege des Sozialismus« verzeichnet werden, und sie fügen sich nur allzugut in die weltpolitische Methodik der Lenker des Partei-Imperiums in der Ära der friedlichen Koexistenz. Der Umstand, daß Nikita Sergejewitsch Chruschtschow diese ›Inspiration‹ – der »friedlichen Koexistenz« – hat verkünden und innerhalb des Imperiums hat durchsetzen können, und daß sie seither in Geltung geblieben ist, bedeutet ja keineswegs eine Beruhigung der Expansion und eine Verlangsamung des Bewegungstempos; ganz im Gegenteil bezeugt dieser Akt »schöpferischer Weiterentwicklung« (um es im Parteijargon auszudrücken) als solcher gerade die ungeminderte Fortdauer jener Motorik, die sich aus den »Inspirationen der Geschichte« speist und rechtfertigt. So deutlich sich der bewegliche und bäurische Geist dieses Machthabers von dem finsteren bürokratisch-terroristischen Wesen Stalins, gar von dem brennenden Intellekt Lenins abhob – auch er, vielleicht gerade er, schien gleichsam in aller Einfalt erfüllt zu sein von dem ursprünglichen bolschewistischen Legitimitätsbewußtsein, das er selbst einmal in die simple Formel gebracht hat: »Man muß sich Rechenschaft davon geben, daß wir das legitime Kind der Geschichte sind. Wir vertreten eine höhere Stufe im geschichtlichen Ablauf der Zeiten, selbst wenn unser System nicht das Glück hat, euch zu gefallen.«[1]

Vielleicht hat sich in der bisherigen Geschichte des Bolschewismus niemals eine größere Erschütterung zugetra-

1 Rede im Rathaus von Reims am 30. März 1960, zitiert nach der *Neuen Zürcher Zeitung* vom 31. März 1960, Fernausgabe, Nr. 90, Blatt 2.

gen, als diejenige war, die in den frühen Tagen durch das Ausbleiben der erwarteten Weltrevolution hervorgerufen worden ist. »Der Erfolg der russischen sowohl wie der Weltrevolution hängt von zwei, drei Tagen des Kampfes ab« – so hatte Lenin am 8. Oktober 1917 geschrieben, in jenen »Ratschlägen eines Außenstehenden«, die er aus seinem finnischen Versteck nach Petersburg sandte.[2] Man kann nicht daran zweifeln, daß er überzeugt war, der bewaffnete Aufstand in Rußland werde in einem Nu die große Umwälzung der gesellschaftlichen Verhältnisse zum wenigsten in Europa nach sich ziehen, welche nach lang gehegter Weissagung die notwendige Frucht des imperialistischen Krieges sein mußte. »Es verlohnt sich nicht, bei dieser allzu bekannten und längst bewiesenen Wahrheit zu verweilen« – mit dieser Art ungeduldiger und übermütiger Floskeln, die für ihn charakteristisch sind, redete er damals von der Gewißheit, daß »alle Werktätigen« die Erhebung unterstützen würden. Die Revolution war wirklich wie eine einzige Explosion gedacht, zum wenigsten aber wie eine rasche Kettenreaktion, die über den Kontinent hinlaufen würde. Von einer solchen »Kette der sozialistischen proletarischen Revolutionen« hatte Lenin wenig früher – im Vorwort zu »Staat und Revolution« vom August 1917 – gesprochen, und er hatte die russische Februar-Revolution als ein Glied dieser Kette in das historische System eingeordnet.[3] Dieses eine war allein bisher sichtbar geworden, aber das war ihm Bürgschaft genug, daß auch die übrigen Glieder alsbald aus der historischen Verhüllung hervortreten würden. Zwei, drei Tage des Kampfes, und alles würde entschieden sein, für alle Zeiten. Die Stelle bildet buchstäblich das Pendant in Prosa zu dem großartig erregenden Vers der ›Internationale‹: »Auf zum letzten Gefecht!«

2 *Ausgewählte Werke* II, S. 150.
3 *Ausgewählte Werke* II, S. 159.

Ein halbes Jahr später, am 7. März 1918, auf dem siebten Parteitag, sagte derselbe Mann, nun der Sieger der Oktoberrevolution, der Herr Rußlands: »Ja, wir werden die internationale Weltrevolution erleben, aber sie ist zunächst nur ein sehr gutes, sehr schönes Märchen.«[4] Das steht in jener Rede »über Krieg und Frieden«, mit der er seine Genossen auf die schonungsloseste Weise aus ihren Illusionen gerissen und mit der er gerade auf diese Weise an die innersten Kräfte des Heroismus appelliert hat – jener Rede, in der er nicht nur den demütigendsten Frieden angekündigt, in der er vielmehr auch die äußerste Entschlossenheit kundgegeben hat, den demütigendsten Frieden anzunehmen und zu unterschreiben. Worin es heißt: »Wenn man nicht fähig ist, auf dem Bauche durch den Schmutz zu kriechen, dann ist man kein Revolutionär, sondern ein Schwätzer.« Ich kenne nur noch ein einziges Exempel aus der neueren Geschichte, das diesem hier an erbarmungsloser Offenheit und zugleich an unbedingter Festigkeit des Willens verglichen werden kann, und das ist die berühmte Rundfunkansprache Winston Churchills vom Mai 1940, worin er, soeben zum Premierminister berufen, dem Volke nichts als »Blut, Schweiß, Mühe und Tränen« verhieß. Natürlich war Lenin in einer ganz anderen Lage. In seinem Falle ging es nicht um Krieg, sondern im Gegenteil um die bedenkenlose Unterwerfung unter die Friedensbedingungen des Kriegsgegners, und es ging nicht um die Verteidigung der nationalen Integrität, sondern um die Verteidigung der eben erst errichteten bolschewistischen Herrschaft. Diese Herrschaft, die Frucht der Revolution, in Händen zu behalten, dafür war er bereit, jeden Preis zu zahlen, und er wußte auch seine Partei von diesen bitteren Notwendigkeiten zu überzeugen. Man muß sich vergegenwärtigen, was das hieß: Aushalten zu sollen, obgleich die ›Proletarier‹ der kriegführenden Mächte, zumal die deut-

4 *Ausgewählte Werke* II, S. 344.

schen, keineswegs dem Beispiel der russischen gefolgt waren, obgleich sich von jener Kettenreaktion so gut wie nichts gezeigt hatte, obgleich also alle Weissagungen desavouiert schienen, obgleich das Häuflein der russischen Kommunisten nun zwar an der Macht, aber völlig allein war, und die deutsche Militärmacht, scheinbar noch ungebrochen, ihm diktieren konnte, was sie nur wollte. Wo war da jene »allzu bekannte und längst bewiesene Wahrheit« geblieben – die Wahrheit, daß der imperialistische Krieg überall die Revolution gebären müsse, wenn man nur den rechten, nämlich ›reifen‹ Augenblick erkenne und einen Anfang mache!

Die revolutionäre Regierung, die ›Sowjetmacht‹, der Kommunismus überhaupt – alles hing an einem Faden. Müßte man nicht aufgeben? War nicht alle Prognose widerlegt, alle Theorie zusammengebrochen? War nicht die bolschewistische Partei, das russische Proletariat von ebenderselben ›Geschichte‹ verlassen, der es sich anvertraut hatte? Die Weltrevolution »ein schönes Märchen« – ein ungeheuerlicher Satz im Munde des Mannes, der ein halbes Jahr zuvor geschrieben, gedrängt, befohlen und geweissagt hatte: Zwei, drei Tage Kampf, und die Weltrevolution wird entschieden sein! Aber das ist nicht alles, was Lenin in diesem Augenblick sagte. Der Tenor dieser denkwürdigen und bedeutenden Rede erschöpft sich nicht in der Desillusionierung und der Ermahnung zum heroischen Standhalten. Das Argument lautet ganz anders. Man muß auf dem Bauche durch den Schmutz kriechen, aber, sagt Lenin mit allem Sarkasmus, der ihm in jeder Lage zur Verfügung steht, er schlage diese Art der Vorwärtsbewegung nicht deswegen vor, weil es ihm so gefalle, sondern weil es keinen anderen Weg gebe und weil »die Geschichte es nicht so angenehm gefügt hat, daß die Revolution überall zu gleicher Zeit ausreift«. Das Argument lautet, daß ›die Geschichte‹ – dieselbe Geschichte, welche den imperialistischen Krieg und die Weltrevolution als seine Frucht hatte hervorbringen sollen – bei diesem ihrem Werke souveräner vorgehe, als der beschränkte Sinn der russischen Revolutionäre es sich träume. Die internationale Revolution werde kommen, die deutsche Revolution werde kommen, aber sie sei noch nicht ›ausgereift‹. Und Lenin schlägt sich auch in dieser Lage der radikalsten Enttäuschung und der bittersten Bedrängnis durchaus wieder auf die Seite der Geschichte, er verspottet diejenigen, die ihr genau mit der Uhr oder mit dem Kalender auf die Schliche kommen zu können geglaubt hatten (und er hatte noch vor kurzem selbst zu diesen Leuten gehört, zu den Inspirierten, den Kundigen, den hochmütigen Eingeweihten), und er ruft ihnen zu: »Habt ihr ein Gerät gefunden, um zu bestimmen, daß die deutsche Revolution an dem und dem Tage ausbrechen werde?« Er deutet auch gesellschaftliche Gründe für die Ungleichzeitigkeit der europäischen Revolutionen an – von der ganzen ›Welt‹ ist ohnehin im Ernste nicht die Rede –, und dabei spielt die eigentümliche Erwägung eine Rolle, daß Revolutionen in zivilisatorisch, organisatorisch, ja auch ›demokratisch‹ fortgeschritteneren Ländern viel schwieriger anzufangen seien als »in dem Lande Nikolaus' und Rasputins«. Und an dieser Stelle fällt die verblüffende Bemerkung, in einem solchen Lande sei die Revolution eigentlich »ein Kinderspiel«.[5] Es ist gewiß die momentane rhetorische Absicht, die ihm diese Kennzeichnung, dieses Geständnis entlockt hat, welches aller gleichzeitigen und nachmaligen Heroisierung der Oktoberrevolution den Wind aus den Segeln zu nehmen drohte, – die Absicht, die Schwerfälligkeit, Saumseligkeit, Umwegigkeit der ›Geschichte‹ in bezug auf die Revolution in Europa zu rechtfertigen und zu erklären. Für einen Augenblick sieht es geradezu so aus, als sei dieses »Kinderspiel« der Oktoberrevolution seinerseits zur Unzeit gelun-

5 *Ausgewählte Werke* II, S. 341.

gen, nämlich zu früh und zu leicht – und die Verzögerung in Deutschland und anderwärts muß als das ›Normale‹ erscheinen. Die Oktoberrevolution ihrerseits war ja wirklich und wahrhaftig »in zwei, drei Tagen des Kampfes« entschieden worden, und zudem, wenn man es genau besieht, eines Kampfes nur um eine einzige zentrale Position, um Petersburg, ja, wenn man will, nur um das Winterpalais. Blickt man auf dieses akute Stadium der gesamten revolutionären Entwicklung, so trifft die Bemerkung vom »Kinderspiel« tatsächlich zu, und man kann wirklich urteilen, daß die eigentliche Entscheidung nicht erst mit dem Vollzug, sondern vielmehr schon mit dem Entschluß zum »bewaffneten Aufstand« gefallen sei – und der war freilich Lenins ureigenste Leistung gewesen.

Aber wir wollen hier nicht von neuem in die Analyse der Oktoberrevolution eintreten. Sondern wir wollen erkennen, auf welche Weise der erste und größte unter den bolschewistischen Exegeten mit der ersten und größten der Orakel-Enttäuschungen fertig geworden ist. Er hat die Weissagung der Weltrevolution nicht verworfen. Er hat diese Urprophetie auch nicht als solche für mangelhaft oder für einen Fehler erklärt. Er hat nicht einmal daran gezweifelt, daß sie sich noch bewahrheiten werde – »vielleicht in einigen Wochen oder sogar in einigen Tagen« –[6], im besonderen auch nicht daran, daß die sozialistische Revolution in Deutschland ausbrechen und siegen werde. Er hat auch keine neue inhaltliche ›Inspiration‹ an die Stelle der alten gesetzt oder der alten hinzugefügt. Er hat nur die bisherige übermütige Gewißheit der ›wissenschaftlichen‹ Prognostik des Marxismus in einem einzigen Punkte korrigiert, nämlich in dem Punkte des »Kalenders« oder des historischen Tempos. Es blieb bei der grundsätzlichen Erforschlichkeit der historischen Entwicklung und ihrer Phasen, das heißt bei den ›Wahrheiten der Offenbarung‹;

6 *Ausgewählte Werke* II, S. 341.

aber es wurde nun zum ersten Mal ein Element der relativen Unerforschlichkeit der ›Geschichte‹ eingeführt, und zwar mit Hinsicht auf die Zeitfolge und auf die Zeiträume. »Die Geschichte macht Zickzackwendungen und führt über Umwege«, hieß es nun[7], und ein Jahr später: »Es steht nicht geschrieben, daß sich alle Länder nach unserem revolutionären Kalender richten müssen.«[8] Und noch einmal ein Jahr später greift diese ›historische Unsicherheitsrelation‹ über die anfänglichen Dimensionen von Tagen, Wochen oder Monaten sogar noch weit hinaus. Nun erhebt sich Lenins Tonart fast zu derjenigen des Psalmisten, wenn er ausruft: »Der welthistorische Maßstab rechnet nach Jahrzehnten. 10 bis 20 Jahre früher oder später, das ist, mit dem welthistorischen Maßstab gemessen, gleichgültig, das ist – vom Standpunkt der Weltgeschichte aus gesehen – eine Kleinigkeit, die man nicht einmal annähernd berechnen kann.«[9] Über die Dimension der Jahrzehnte freilich ist Lenin, soweit ich ihn studiert habe, offenbar nicht hinausgegangen. Über ganze Jahrhunderte oder gar Jahrtausende souverän und gleichsam unbeobachtet im verborgenen zu disponieren – das hat er diesem Abgotte nicht eingeräumt, und so entspricht der Relativität dieser Unerforschlichkeit auch eine Relativität der Bescheidung des Exegeten und Propheten. Diese Bescheidung in der Erkenntnis oder Erkennbarkeit geht nicht so weit, daß sich gleichsam ein freier Raum des politischen Handelns eröffnete, worin man nach menschlichen Zwecken und in pragmatischer Weise, ungelenkt von Prognosen und Inspirationen, dem Tagewerk des Regierungsgeschäftes nachginge. Aber diese aus der bittersten Enttäuschung erwachsene These von der relativen Unberechenbarkeit des Eintrittes oder der ›Reifung‹ der

7 *Ausgewählte Werke* II, S. 356.
8 *Ausgewählte Werke* II, S. 515.
9 *Ausgewählte Werke* II, S. 711.

geweissagten Ereignisse – »wir wissen nicht, wann es geschehen wird«[10] – scheint immerhin jenen Bereich der »Taktik« in einem gewissen Maße erweitert, auch verselbständigt zu haben, worin es um die Festigung und Erhaltung der errungenen und freilich auch um die Vorbereitung neuer Positionen geht. Lenin hat den Frieden von Brest-Litowsk als einen »Kompromiß mit dem Imperialismus« interpretiert, der »unbedingt notwendig« gewesen sei, aber seine Notwendigkeit erklärt sich nicht aus dem unbeirrbaren Gang der Geschichte, sondern (eher im Gegenteil) aus derjenigen Taktik, die man einschlagen mußte, weil der Schritt der Geschichte gerade nicht mit dem Schritt der bolschewistischen Partei koinzidierte, weil die Parteiführung und der Rat der Volkskommissare nun zeitweilig von der souveränen Macht der Geschichte wie verlassen und also insoweit auf sich selbst gestellt waren.

Lenin also hat sich selbst und die Seinigen aus der schwersten Krise des historischen Offenbarungsglaubens (und daher auch des eigenen Rechtmäßigkeitsbewußtseins) dadurch gerettet, daß er die Unfehlbarkeit der Weissagung nach ihrem Inhalt aufrechterhielt, zugleich aber eine relative Fehlbarkeit oder Unberechenbarkeit hinsichtlich des Zeitplanes einräumte. Aber dabei allein blieb es nicht. Inzwischen hatte ja tatsächlich eine Art von ›proletarischer‹ Revolution in Deutschland stattgefunden, diejenige vom 9. November 1918, sie hatte aber nicht zu einem Siege des integralen Sozialismus geführt, sondern – vermöge der konstitutionellen Richtung der Sozialdemokratie und vermöge ihres Bündnisses mit den übrigen Parteien des sogenannten »interfraktionellen Ausschusses« des Reichstages, der Friedenskoalition oder der nachmals so benannten Weimarer Koalition – zur Errichtung der parlamentarischen (oder doch halb-parlamentarischen) Republik. Und diese neuerliche Abirrung von dem prophetisch vorge-

10 *Ausgewählte Werke* II, S. 517.

zeichneten Wege hat Lenin nun allerdings nicht mit derselben Großzügigkeit allein auf das Konto der relativen Unerforschlichkeit des geschichtlichen Ablaufs geschrieben wie zuvor das Ausbleiben der europäischen Revolution überhaupt, sondern hier und dieses Mal machte er eine feindliche Macht und eine böswillige Intrige verantwortlich, welche denn also dem Gange der Entwicklung offenbar ein Bein gestellt hatte. »Ein Häuflein abgefeimter Schurken, das denkbar schmutzigste Gesindel . . . , die abscheulichsten Henker aus den Reihen der Arbeiterklasse, die im Dienste der Monarchie und der konterrevolutionären Bourgeoisie stehen«, war da durch irgendeinen nicht weiter erklärbaren Zufall an die Spitze der »in der ganzen Welt als Vorbild geltenden marxistischen Arbeiterpartei Deutschlands«[11] gelangt, und diese Bösewichter – so muß man schließen – waren demnach sogar imstande, der ›Geschichte‹ das Konzept zu verderben. (Sie werden übrigens an der angeführten Stelle auch mit Namen genannt: Scheidemann, Noske, David und Legien.) Die Heftigkeit dieser Beschimpfungen, die ja in der bolschewistischen polemischen Redeweise Schule gemacht hat, ist kaum zu verstehen, wenn man nicht die Weissagung, die schon enttäuschte, dann wiederbelebte Heilserwartung in Rechnung stellt. Es können nur historische Teufel sein, die das große Ereignis, da es endlich doch eingetreten und als das längst prophezeite wiedererkannt war, mitten im Verlauf anzuhalten und umzuwenden vermochten. Dieser ›Fehler‹ war nicht aus dem Mangel an Organen präziser historischer Voraussicht, sondern einzig aus dem Dazwischentreten offenbarungsfeindlicher, geschichtswidriger, verräterischer Gegenkräfte zu erklären – eines ›Häufleins‹ freilich nur, welches sich aber nun gerade im entscheidenden Augenblick in die entscheidenden Positionen hatte einschleichen können. Die Bagatellisierung der reellen

11 *Ausgewählte Werke* II, S. 558.

gesellschaftlichen Bedeutung dieser Kraft geht mit ihrer Dämonisierung in dieser mythologischen Auffassung Hand in Hand.

Von einer »monistischen« Geschichtsansicht (der Terminus spielt auf den Titel einer Schrift von Plechanow an) kann denn allerdings keine Rede mehr sein, wenn es Schurken gibt, die dem dialektischen Prozeß arglistig in die Speichen greifen können. Von Anfang an zwar bot die Marxsche und marxistische Geschichtsmythologie diese beiden Aspekte – einerseits die ›wissenschaftliche‹ Gewißheit der ›Entwicklung‹ vom Kapitalismus zum Sozialismus, von der inneren Zersetzung des einen, der Reifung und dem endlichen Hervortreten des anderen Systems oder der anderen ›Stufe‹, andererseits aber, in der Exekution dieser Weissagung, den Appell zum Kampf der auserwählten Klasse gegen die verworfene Klasse, der Zukunft gegen die Vergangenheit. Einerseits also die ›monistische‹ Ansicht von einem einzigen durchgängigen Prozeß, als welcher sich das leibhaftige Geschichts- und Gesellschaftswesen fortwälzt, andererseits die durchaus ›dualistische‹ Ansicht vom tödlichen Gegensatze – nicht bloß der Hegelschen logischen ›Antithese‹, sondern dem existentiellen Streit auf Tod und Leben – zwischen den bürgerlichen und den proletarischen Kräften. Die »dialektische Geschichtsauffassung« ist in Wahrheit ein schillerndes Denkgebilde, nur an der Oberfläche methodisch geglättet. In ihrem innersten Wesen zeigt sie sich als ein echtes Orakel, welches dem Frager oder dem aktiven Interpreten zwar den sicheren Sieg und die endliche Glorie der allgemeinsten Freiheit oder auch der allgemeinsten Herrschaft verheißt, ihn zugleich aber in verzehrende Kriege jagt, indem es ihm den bösen Feind weist, der zuerst vernichtet werden müsse. So doppelsinnig war diese Weissagung von Anfang an, nur daß für lange Zeiten der Erwartung und der Vorbereitung der goldene Aspekt den bedenklichen gleichsam überdeckte oder das

›Prinzip Hoffnung‹ (mit Bloch zu reden) das Prinzip des Kampfes nur eben nach sich zog. Indem aber die vielberufene ›Reife‹ der Zeit eingetreten schien und indem die Auslegung des Verheißenen in die akute Ausführung überging, indem vollends das Handeln auch nach vollbrachter Revolution (in Rußland) fortdauernd zwingend nötig blieb – nämlich nun als Regierung zum Zwecke der inneren Umgestaltung und der äußeren Selbstbehauptung –, gewann der andere und gefährlichere Sinn des großen Orakels zunehmend an Wirklichkeit, und er ist es, der bis zum heutigen Tage im Vordergrund steht. Die Periode oder die mehreren Perioden des »Übergangs« ziehen sich schrecklich in die Länge, und daß ein Unterschied von einigen Jahrzehnten für die Geschichte und vor der Geschichte »eine Kleinigkeit« ausmacht, das ist längst buchstäbliche Erfahrung geworden. Unterdessen ist der Kampf – eben jener andere Sinn des Orakels – das unentwegte und auferlegte Gesetz des Handelns, und die bolschewistische Herrschaft würde ihrer eigentümlichen Legitimitätsgründe verlustig gehen, wenn sie in jenem Kampfe nachließe, welcher sich in der neueren Redeweise der Sowjetführung als der Kampf des »Lagers der friedliebenden Völker« wider dasjenige der »Aggressoren« oder »Imperialisten« darstellt. Die dualistische Mythologie könnte sich kaum drastischer, auch kaum primitiver bekunden als in diesen Wendungen, welche durchaus nicht dem bloßen Vorrat der Propaganda zuzurechnen sind, sondern gerade das eigentlichste Wesen dieser Herrschaft, des Grundes und Abgrundes ihrer Macht verraten. Auch hier liegt das Geheimnis ganz an der Oberfläche, jedermann sichtbar und doch verborgen.

Daher auch treten nun immer mehr und immer neue ›Feinde‹ in Erscheinung, welche teils Verlarvungen, teils Helfershelfer des einen bösen Feindes sind, des abstrakten, ubiquitären, überall und nirgends konkret sichtbaren ›Kapitalismus‹. Man fühlt sich bei dieser Beobachtung geradezu an die wunderliche Vervielfachung erinnert, die der mittelalterliche Volks-Aberglaube (wie schon einmal zuvor der spätjüdische) dem einen und einzigen Teufel hat angedeihen lassen, indem er neben den alten Satan sich den Luzifer und den Mephistopheles und den Vitzliputzli und noch ungezählte andere Larven und Varianten des bösen Geistes erfand. Jene ruckartige Entdeckung, die Lenin nach der ersten und schwersten Orakel-Enttäuschung gemacht und die ihm entscheidend geholfen hat, die gefährliche Krise der Isolierung zu überwinden, die Entdeckung eben, daß die Geschichte nicht nach einem und demselben Kalender arbeite, lief ja eigentlich auf eine Entschuldigung und Rechtfertigung des Wahrspruches von der Weltrevolution hinaus, zugleich auf eine begrenzte Selbstbescheidung des Exegeten. Diese Art von Fehlerbereinigung oder Wiederherstellung der Unfehlbarkeit hat sich, soviel ich bemerken kann, nicht wiederholt, wenigstens nicht so drastisch. Nahezu alle weiteren und spezielleren Behinderungen und Verzögerungen des revolutionären Siegeslaufes sind aus der Wirksamkeit des bösen Feindes, nämlich des Klassenfeindes, und zumal seiner versteckten, maskierten, verkleideten und geheimen Helfershelfer, Knechte oder Agenten erklärt worden. Auch dafür hat Lenin mit jener fast kapuzinerhaften Fluchrede auf die deutsche sozialdemokratische Führerschaft von 1918 ein Muster gesetzt. Die beiden Motive – die Korrektur des Auslegungsfehlers hinsichtlich des historischen Zeitplanes und die Brandmarkung des unerwarteten und unerhörten »Klassenverrats« in Deutschland – kehren, bereits lehrbuchhaft ausgedörrt und zur Einübung hergerichtet, in den »Thesen zur Weltlage« wieder, die die Kommunistische Internationale auf ihrem dritten Weltkongreß (in Moskau, 22. Juni bis 12. Juli 1921) verabschiedet hat. »Der Kurs der Kommunistischen Internationale«, so heißt es dort, »ist nicht eingestellt auf den Eintritt der proletarischen Revolution zu einem dogmatisch vorherbestimmten Kalenderdatum oder auf die Absicht, die Revolution in einer bestimmten Frist mechanisch durchzuführen. Die Revolution war und ist ein Kampf der lebendigen Kräfte auf gegebenen historischen Grundlagen.« Gleich danach springt der Gedankengang auf die Unterschiede zwischen der Komintern und der Sozialdemokratie über, und eine gewisse logische Undeutlichkeit scheint hier die Stelle anzuzeigen, an der die Revision des ›Kalender-Dogmas‹ mit der These vom verräterischen Dazwischentreten der deutschen Partei- und Gewerkschaftsführer zusammengeflickt wurde. Beides kommt ja nicht recht miteinander überein. Unter dem Gesichtspunkt der Stringenz der Weissagung kann eigentlich nur eines gelten, entweder ist die deutsche Revolution noch nicht reif gewesen, dann haben die Sozialdemokraten vielleicht recht gehandelt, sich auf die parlamentarische Republik zu verlegen; oder sie war reif und ist nur wider die rechtmäßige ›Inspiration‹ des Augenblicks von »Schurken« unterdrückt und umgebogen worden, dann aber wäre keine so grundstürzende Einräumung in bezug auf den unerforschlichen historischen Zeitplan vonnöten gewesen. Die Verbindung beider Argumente führt zu einer charakteristischen Übermotivierung, die in sich selber unstimmig bleibt. Die Verfasser der Komintern-Thesen haben augenscheinlich vor allem die Gefahr gefürchtet, daß ihre eigene zeitweilige Resignation das Ansehen der deutschen Sozialdemokratie und ihrer konstitutionellen Politik fördern werde. Daher die Formel, »daß die Sozialdemokraten der tatsächlichen Entwicklung der Revolution entgegenwirken, indem sie sowohl in der Regierung wie in der Opposition die Wiederherstellung des Gleichgewichtes im kapitalistischen Staate mit allen Kräften fördern, während die Kommunisten alle Wege, alle Methoden und alle

Möglichkeiten dazu ausnutzen, um den kapitalistischen Staat zu stürzen und ihn durch die Diktatur des Proletariats zu vernichten«.[12] Die geifernde Wut Lenins ist gewichen, auch das fratzenhafte Gesicht des Feindes verblaßt, dafür wird der fehlerhafte, »konterrevolutionäre« Charakter der Sozialdemokratie oder doch ihrer Führung mit trockener Endgültigkeit registriert.

Eine andere Konsequenz, die sich aus dieser Orakel-Enttäuschung, wenn sie nicht aufgeben wollte, für die russische Führung fast zwingend ergab, war die Konzentration der Energien auf das eigene Land. Stalins Hauptparole vom »Sozialismus in einem einzigen Lande«, welche zur Zeit seiner beginnenden Alleinherrschaft in den Rang einer neuen ›Inspiration‹ einrückte, hat natürlich hier ihre Wurzeln und Vorstufen, auch ihre klassischen Beleg- und Berufungsstellen. »Wenn wir in unserem Lande«, sagte Lenin Ende März 1920 auf dem neunten Parteitag, »die Diktatur des Proletariats vollkommen verwirklichen, seine Kraft durch seine Avantgarde, die führende Partei des Proletariats, aufs engste zusammenfassen, dann können wir die Weltrevolution erwarten.«[13] So natürlich diese Konsequenz aus der bitteren Desillusionierung von 1917 vom Standpunkte einer vitalen politischen Logik auch anmuten mag, so schwer ist der bolschewistischen Partei die Durchsetzung und Befestigung dieser Parole in Wirklichkeit gefallen. Als Josef Stalin im Jahre 1924 seine Vorlesungen »Über die Grundlagen des Leninismus« hielt, hat er es noch immer für notwendig gehalten, die Wendung zum »Sozialismus in einem Lande« umständlich und dazu auf mehrere verschiedene Weisen zu begründen. Die eine

12 Dieses wie das vorige Zitat aus »Thesen und Resolutionen des III. Weltkongresses der Kommunistischen Internationale«, Verlag der Kommunistischen Internationale, deutsche Auslieferung Hamburg, 1921, S. 27.

13 *Ausgewählte Werke* II, S. 652.

Erklärung findet sich in dem Abschnitt, der die Überschrift »Die Theorie« trägt, die andere in dem Kapitel »Strategie und Taktik«, und schon diese doppelte Zuordnung einer und derselben Frage zu zwei verschiedenen Elementen seiner Systematisierung des »Leninismus« zeigt an, welche Mühe er hatte, die Sache sich und anderen plausibel zu machen. In dem »theoretischen« Zusammenhang nimmt er seine Zuflucht zu einer Differenzierung der historischen Entwicklungsphasen des Kapitalismus und des Imperialismus. »Früher«, sagt er, habe man »angenommen«, zum Siege über die Bourgeoisie sei eine gemeinsame Aktion der Proletarier aller fortgeschrittenen Länder oder doch ihrer Mehrheit erforderlich – und er läßt an dieser Stelle offen, ob diese »Annahme« zu ihrer Zeit nun eigentlich begründet und berechtigt gewesen sei oder aber fehlerhaft und trügerisch. Nun aber mache es »der ungleichmäßige und sprunghafte Charakter der Entwicklung der verschiedenen kapitalistischen Länder unter den Verhältnissen des Imperialismus« nötig, sich an den Sieg der Revolution in einzelnen Ländern zu halten, ja darauf hinzuarbeiten.[14] Es wird nicht recht deutlich, worin eigentlich das historische Novum bestehen soll, und es ist für unseren Gedankengang auch unerheblich zu eruieren, ob und wie allenfalls sich eine solche Unterscheidung zwischen »früher« und »jetzt«, zwischen einer Epoche der gleichmäßigen und einer Epoche der ungleichmäßigen Entwicklung genauer begründen ließe. Wir brauchen uns nicht den Kopf der Stalin-Philologen zu zerbrechen. Die Stelle ist uns interessant als ein freilich etwas vager Versuch, die Wendung von der Erwartung der internationalen zur nationalen Revolution und Diktatur aus dem Gang der Geschichte selbst zu deuten, das heißt, das ursprüngliche Orakel festzuhalten und eine neue, freilich an Lenin sich anlehnende Doktrin hinzuzufügen, ohne

14 *Fragen des Leninismus*, Moskau 1947, S. 37.

einen eigentlichen Irrtum, eine eigentliche Fehlauslegung einräumen zu müssen. Unter dem Stichwort der »Strategie« nimmt sich das ganze Thema sehr viel einleuchtender aus. An dieser Stelle definiert Stalin die »dritte Etappe der Revolution« – auch er hat jenen besessenen Hang zur fortwährenden Periodisierung geerbt, von dem im vorigen Kapitel die Rede gewesen ist – ebenso geschickt wie massiv auf folgende Weise: »Festigung der Diktatur des Proletariats in einem Lande, wobei sie als Stützpunkt benutzt wird zum Sturz des Imperialismus in allen Ländern«.[15] Das ist ein klarer Fall, und auf die strategische Betrachtungsweise versteht sich Stalin augenscheinlich sehr viel besser als auf die »theoretische«. Aber selbst dieser entschiedene Praktiker konnte sich mit einer rein strategischen Bestimmung nicht zufriedengeben. Die strategische Zweckmäßigkeit bildet auch für ihn keine ausreichende Rechtfertigung des Handelns, jedenfalls dort nicht, wo die Urelemente der Prophetie und der Prognose berührt werden. So leicht fällt die Umdeutung des Orakels auch ihm nicht, daß er gleichsam einen autonomen revolutionären Feldzugsplan an diejenige Stelle zu setzen vermöchte, an der sich zuvor eine »wissenschaftliche« Vorhersage und das heißt eine historische Weissagung befunden hat. Und so finden wir in seiner Schrift über »die Oktoberrevolution und die Taktik der russischen Kommunisten« schließlich eine dritte Erklärungsweise, die vollends deutlich macht, wieviel Schweiß solche Exegese kostet und wie unentbehrlich sie doch der Herrschaft und der Führung in diesem System ist.

Hier geht Stalin einen erheblichen Schritt weiter als an jener Stelle aus den »Grundlagen des Leninismus«, die ich zuerst zitiert habe: er gibt die alte ›internationalistische‹ Erwartung – welche in letzter Instanz auf das »Kommunistische Manifest« zurückgeht – ausdrücklich und vollständig preis. »Es ist unzweifelhaft«, schreibt er hier (gegen

15 *Fragen des Leninismus*, Moskau 1947, S. 73.

Ende desselben Jahres 1924), »daß die Universaltheorie des gleichzeitigen Sieges der Revolution in den ausschlaggebenden Ländern Europas . . . sich als künstliche, lebensunfähige Theorie erwiesen hat.«[16] Auch seine Argumente sind interessant: er hält sich vergleichsweise nur kurz dabei auf, daß die Theorie eben im Widerspruch zu offenkundigen historischen Tatsachen stehe, dafür weist er um so ausführlicher nach, wie verhängnisvoll sie als »Losung« sei, da sie die Initiative nationaler Revolutions-Kader unvermeidlich hemmen müsse. Wiederum sieht man den Strategen und Heuristiker vor sich, der selbst eine so ehrwürdige ›Wahrheit‹ an der Zweckmäßigkeit mißt. Aber noch bedeutsamer als all dies erscheint die Formel, in der jener Gedanke von der neuen Phase des Imperialismus nun wiederkehrt, welche die alten »Annahmen« aus den Angeln hebe. Jetzt ist geradezu von einem »neuen Faktor« die Rede, welcher zuvor noch nicht habe bekannt sein können, ja von einem »Gesetz« – es ist wohl das wunderlichste Gesetz, das je aus der Geschichte heraus- oder in sie hineingelesen wurde: »das Gesetz der ungleichmäßigen Entwicklung der kapitalistischen Länder«.[17] Sonst hat man unter einem Gesetz wohl stets die generelle Regel verstanden, nach der sich eine so oder so bestimmte Menge individueller Vorgänge vollzieht, oder doch den generellen Begriff, worunter sich das Verschiedene, insoweit als gleichartig, ordnet. Hier aber tritt gerade die »Ungleichmäßigkeit« als Gesetz auf, und zwar eine Ungleichmäßigkeit, die gar nicht näher bestimmt werden soll, die gerade nicht in einer irgend umfassenden Weise erforscht werden kann. Der alten Weissagungsgewißheit von der universalen Revolution tritt nun die Leninsche Entdeckung der relativen Unerforschlichkeit der Entwicklung in der kuriosen Einkleidung eines neuen Gesetzes entgegen. Lenin hatte eine Art von

16 *Fragen des Leninismus*, Moskau 1947, S. 129.
17 Ebenda, S. 130.

Bescheidung gelehrt: Glaubt doch nicht, die Geschichte richte sich nach eurem Kalender! Stalin greift eine Bemerkung Lenins (vom Jahre 1915) auf und verfestigt sie im Sinne einer neuen ›historischen Inspiration‹, eines neuen Orakels, eines neuen Dogmas: Seht, es ist ein neuer Faktor in Erscheinung getreten! So paradox dieses »Gesetz« auch ist, so inhaltsarm es uns vorkommen mag – hier liegt der Grund von Stalins Macht, insofern sie gegen seinen Vorgänger ein neues Element enthält, insofern aus ihr eine eigentümliche Politik hervorgegangen ist. Denn aus diesem von Lenin gelegentlich entworfenen, nun aber in aller Form statuierten »Gesetz der ungleichmäßigen Entwicklung der kapitalistischen Länder« – und, was dasselbe ist, der ungleichmäßigen »Reifung« der Revolutionen – rechtfertigt sich eben der entschlossene Aufbau des »Sozialismus in einem Lande«, rechtfertigen sich daher auch die Stalinschen Gewaltmaßnahmen der agrarischen Kollektivierung und der forcierten Industrialisierung der Sowjetunion. Mit Hilfe dieses seines eigensten neuen Dogmas, welches er – nicht ganz ohne Grund – als authentisch leninistisch auszugeben verstand, hat er Trotzki und die – echten oder vorgeblichen – Trotzkisten aus dem Felde geschlagen, einen Teil der Säuberungen begründet und seine autokratische Sekretärs-Diktatur errichtet.

Interessant ist es auch, den allmählichen inhaltlichen Ausbau dieser spezifisch Stalinschen ›Inspiration‹ vom »Sozialismus in einem Lande« zu verfolgen. Stalin hat selbst in seiner Schrift »Zu den Fragen des Leninismus« einen Rückblick auf die Entwicklung seines Gedankens gegeben, wenn auch einen taktisch und polemisch gefärbten.[18] Sein schwerfälliger Intellekt und sein didaktischer, ja paukerhafter Vortrag machen uns die Lektüre dieser Ausführungen schwer erträglich. Gleichwohl läßt sich kaum ein reineres und zugleich folgenreicheres Beispiel

18 *Fragen des Leninismus*, vor allem S. 169 und folgende.

dafür finden, daß hier in der Tat die Exegese der geschichtlichen Offenbarung eine elementare und unumgängliche Herrschafts- und Führungsaufgabe bildet. Das Beispiel lehrt mit einer schrecklichen Genauigkeit, wie in gleichem Schritt mit der Befestigung der exegetischen Neuerung auch die faktische Herrschaft des Exegeten heranwächst, und gerade die harte und langsame Zielstrebigkeit Stalins, die sich von der heftigen geistigen Raschheit Lenins so merklich abhebt, verleiht diesem Prozeß vollends eine düstere Konsequenz.

Die jeweils herrschende Auslegung der historischen Offenbarung wird durch den herrschenden Ausleger und auslegenden Herrscher, zumal seit Stalin, im Namen der Partei und als »Parteilinie« gleichsam dogmatisiert. In diesem Stadium wird all das, was zuvor allenfalls noch als innerparteiliche Diskussion und theoretische Polemik angesehen werden konnte, zur Auseinandersetzung zwischen Orthodoxie und Häresie, schließlich zum Terror der Orthodoxie wider und über die »Abweichungen« und die »Abweichlinge«. Diese kirchengeschichtliche Vergleichssprache ist oft von den Historikern und aktuellen Beobachtern der bolschewistischen Herrschaft angewandt worden – sie drängt sich in der Tat auf. So hat zum Beispiel der englische Historiker Hugh Seton-Watson das Kapitel über die »Revolution Stalins« in seinem Buch »Von Lenin zu Malenkow« mit der Bemerkung beschlossen, die tiefgreifende Umwandlung der Sowjetunion durch die Fünfjahrespläne und die Massensäuberungen habe auch dem internationalen Kommunismus vor allem in zwei Hinsichten ein anderes Gesicht gegeben: Man habe erstens den Stalinschen Typus der ›Ketzerjagd‹ und man habe zweitens den Stalin-Kult allgemein angenommen, nämlich als den Kult des »genialen Lehrers und Führers der fortschrittlichen Menschheit, des Vaters aller Völker und des unfehlbaren Pontifex der marxistisch-leninistischen Wissenschaft«.[19] Derartige Analogien, so treffend sie sind, bleiben doch so lange in Gefahr, als Spiel eines unverbindlichen Witzes zu erscheinen – sie sind auch gelegentlich in diesem Sinne getadelt worden –, als man nicht wahrnimmt, daß diese Herrschaft sich in der Tat als Verwaltung und Fortbildung, als Trägerin und Auslegerin einer Offenbarung legitimiert. Sobald man indessen dieses Legitimitätsgrundes und dieser Legitimitäts-Art der bolschewistischen Diktatur einmal ansichtig geworden ist, gewinnen solche Vergleiche einen sehr präzisen und sehr ernsthaften Sinn. Übrigens sind es nicht allein mokante westliche Kritiker und schon gar nicht bloß Liberale gewesen, die den Kirchenvergleich aufgebracht hätten. Trotzki war gewiß einer der ersten, die diese phänotypische Ähnlichkeit bemerkt haben. Die Charakterisierung des posthumen Leninkultes, die Trotzki in seiner Selbstbiographie geliefert hat, ist freilich von Wut und Verzweiflung eingegeben: »Das Verhältnis zu Lenin als zu einem Revolutionsführer wurde ersetzt durch das Verhältnis zu ihm als zu einem Oberhaupt einer Priesterhierarchie.«[20] Wiewohl bitter polemisch, nimmt sich der Vergleich in diesem Munde fast ernster und glaubwürdiger aus als in so manchen leicht hingeworfenen Bemerkungen weniger nahe beteiligter Autoren.

Der Fall der endgültigen Stalinschen Umdeutung oder Neu-Auslegung des alten Orakels von der Weltrevolution zeigt drastischer als irgendeine andere Etappe der bolschewistischen Inspirationen und Exegesen, wie mit der Dogmatisierung auch die Definition der Ketzereien und – im Interesse der Einheit der Partei und also zur Vermeidung von schismatischen Entwicklungen – die Verfolgung der Ketzer fast unvermeidlich einsetzt. Im Ursprung ist der Ketzer vom Feinde, der Diversionist oder Fraktionist vom

19 *From Lenin to Malenkov*. 8. Auflage, New York 1957, S. 175.
20 *Mein Leben*, Berlin 1930, S. 498.

Klassengegner durchaus zu unterscheiden. An der Geschichte der russischen bolschewistischen Partei, zumal der Revolutionszeit und der ersten nachrevolutionären Jahre, läßt sich recht gut studieren, wie aus dem ›demokratischen‹ Gebot, daß man sich nach stattgehabter Diskussion loyal und diszipliniert dem Mehrheitsbeschluß zu unterwerfen habe, in fast unmerklichen Schritten das Verlangen der siegreichen Führung hervorwächst, daß die abweichende Ansicht als Irrtum erkannt und daß der Irrtum bereut werde. Dieser Prozeß führte, wie bekannt, bis zu dem Punkt, an dem die herrschende Auffassung – mit oder ohne Diskussion – zur »Parteilinie« und die Parteilinie nicht allein für verbindlich und unwidersprechlich, sondern tatsächlich für unfehlbar, sakrosankt und gewissermaßen heilig erklärt wurde. Es gibt zwar kein ausdrückliches generelles ›Infallibilitäts-Dogma‹, aber die Lehrentscheidungen des Zentralkomitees haben praktisch weithin ebendiesen Geltungs-Charakter angenommen. Das alles ist gut verständlich, sobald man sie als Akte der Offenbarungs-Exegese erkennt. Im Grunde ist das von Anfang an so gewesen, die Diskussionswut und die ›demokratische‹ Abstimmungsmethodik der Frühgeschichte der kommunistischen Parteien, zumal der russischen, erscheint uns im nachhinein nur wie eine Art Geräusch, hinter dem schon immer der heftige und durchdringend monotone Klang des orthodoxen Absolutheitsanspruches zu vernehmen war. Schon Karl Marx hat Ketzereien namhaft gemacht: Bakunin einerseits, Lassalle andererseits lassen sich als die ersten Ketzer des Kommunismus auffassen – wenn man will, als die Prototypen der linken und der rechten Abweichung. Lenin hat die Menschewiken und Sozialrevolutionäre zu Ketzern gemacht, aber auch sonst ein fast endloses Arsenal bösartiger Namen angelegt, woraus man sich auch in der Folge nach Bedarf immer wieder bedienen konnte. Da waren die »Liquidatoren« und die »Kapitulanten«, die

»Anarchisten«, »Nationalisten« und vor allem die »Opportunisten«. Stalin kreierte vor allem den »Trotzkismus«, wobei er sich freilich wiederum auf gewisse, auch öffentliche Äußerungen Lenins aus der Zeit vor der Oktoberrevolution berufen konnte – der Terminus stammt von Lenin. Später fügte er die »Sinowjewisten«, aufs neue die »nationalistischen« Abweichungen und den »Separatismus« hinzu. Noch jüngere Ketzereien, namentlich in der intellektuellen Sphäre, in Wirtschaftswissenschaft und Geschichtsschreibung, sind der »Kosmopolitismus« und der »bourgeoise Objektivismus«. Nach dem Zweiten Weltkriege wurde der »Titoismus« hoch bedeutsam. Über das eigentümliche Paar entgegengesetzter Abweichungen des »Revisionismus« und des »Dogmatismus«, jene Skylla und diese Charybdis, zwischen welchen der Rechtgläubige muß hindurchsteuern können, habe ich früher schon gesprochen: diese sind in den fünfziger Jahren von neuem gebrandmarkt worden.

Chruschtschow hat dieser (wahrscheinlich noch unvollständigen) Liste – seit dem Zwanzigsten Parteitag von 1956 – das ketzerei-ähnliche Laster des »Personenkultes« hinzugefügt. Der posthume Bannfluch, den er in jener berühmten Geheimrede gegen Stalin und seine persönliche Autokratie geschleudert hat und der wohl seit Trotzkis Ausstoßung die ärgste Zumutung und die größte Gefährdung der Kontinuität der Parteiherrschaft darstellte, wurde nachmals für eine Weile wieder abgemildert. Fünf Jahre später, auf dem Zweiundzwanzigsten Parteitag, folgte der zweite Stoß: Die Mumie verschwand aus dem Mausoleum. Höchst überraschend schien inmitten all dieser Besessenheiten ein Schimmer von bon sens aufzublinken, als man den neuen Herrn damals in der Geheimrede von 1956 sagen hörte: »Jeder kann irren, nur Stalin glaubte, daß er niemals irrte und daß er immer im Recht war.«[21] Aber

21 *Ost-Probleme* 1956, S. 884.

wenn aus diesem ebenso trivialen wie erfrischenden Diktum eine allgemeine Maxime werden würde, so müßte die bolschewistische Parteiherrschaft am Ende zusammenbrechen. Die offizielle »Geschichte der Kommunistischen Partei der Sowjetunion«, die in ihrer Darstellung des Zwanzigsten Parteitags die Thesen Chruschtschows über Stalin in stark verwässerter Form wiedergibt, zugleich aber die bedenklichen Folgen dieses sensationellen Umsturzes zu verhüten strebt, kittet die Stücke auf die Weise, daß sie die Fehlbarkeit Stalins als Individuum zwar einräumt, aber zugleich »der Partei« als einem wahren corpus mysticum die Integrität auch in der von ebendiesem Stalin beherrschten Epoche bestätigt. »Die Politik der Partei war richtig, sie brachte die Interessen des Volkes zum Ausdruck.«[22] Wie es bewerkstelligt wurde, daß die Partei auf dem rechten Wege blieb, während ihr nahezu unumschränkt herrschender Erster Sekretär sich so gründlich irrte – diese Frage kann der Hofhistoriograph nicht beantworten, und zwar deswegen nicht, weil er sie nicht gestellt hat. Es wäre eine vorwitzige Frage gewesen.

Um aber auf die Liste der Ketzereien zurückzukommen, so ist es von Bedeutung, gewisse Veränderungen festzuhalten, die im Laufe der Stalin-Ära vor sich gegangen sind. Der ›Ketzer‹ wurde nämlich unter Stalin (und seiner Geheimpolizei) nicht mehr vom ›Feinde‹ gesondert, sondern im Gegenteil willentlich und ausdrücklich mit dem Feinde in Beziehung gesetzt, ja identifiziert. Seton-Watson drückt das so aus: »Wer mit der Parteilinie nicht einverstanden war, galt von nun an nicht mehr für einen irregeleiteten Genossen, sondern für einen feindlichen Agenten.«[23] Trotzki hat in seinem Exiltagebuch für diese kombinierten Anklagen den Ausdruck »Amalgam« gebraucht. Eine charakteristische Prägung dieser Art war die

22 *Geschichte . . .*, Berlin 1960, S. 842.
23 *From Lenin to Malenkov*, S. 175.

»trotzkistisch-bucharinistisch-faschistische Sabotage und Spionage«, die aus der Zeit der großen Säuberungen und Schauprozesse, aus der Zeit der »Jeschowschtschina«, aus den Jahren 1936 bis 1938 stammt. Man muß das Résumé dieser Ereignisse nachlesen, wie es in dem stalinistischen »kurzen Lehrgang« formuliert ist, um sich die Methodik dieses Wahnes in ihrer grausigen Absurdität noch einmal zu vergegenwärtigen. Es steht dort unter der Überschrift »Die Liquidierung der bucharinschen-trotzkistischen Spione, Schädlinge und Landesverräter«. Aber die Überschrift ist noch trocken zu nennen im Vergleich mit den Wendungen des Textes, worin von der »Bande von Volksfeinden«, von »diesem Abschaum der Menschheit«, von »diesen weißgardistischen Wichten« und von »diesen nichtswürdigen Lakaien der Faschisten« die unersättliche Schimpf- und Schmährede geht. Diesen »Scheusalen« – es handelte sich, wie erinnerlich, im ersten Prozeß um die Gruppe Radek, Pjatakow und andere, im zweiten um Marschall Tuchatschewski und andere, im dritten um Bucharin, Rykow und andere – wurde schlechthin alles vorgeworfen, was sich überhaupt nur finden und erfinden ließ, von einem Komplott zur Ermordung Lenins und von der Vergiftung Maxim Gorkis bis zur Belieferung ausländischer Spionagedienste und zu dem Plan, »die kapitalistische Sklaverei in der Sowjetunion wiederherzustellen«.[24] Es sind, wie man hieraus sieht, nicht einmal nur zwei, sondern drei Kategorien von verfolgungswürdigen Handlungen oder vielmehr drei Schemata der Dämonisierung, welche miteinander verquickt und kumuliert werden: Der Ketzer wird nicht allein als Helfershelfer und geheimer Verbündeter des geborenen Feindes, daher als Klassen- und zugleich Landesverräter, sondern obendrein als gewöhnlicher Kriminalverbrecher bloßgestellt. Die Behauptung von Mordverschwörungen der phantastischsten und abstrusesten Art

24 *Kurzer Lehrgang*, Berlin 1945, S. 419/20.

hat in der Stalin-Ära eine zunehmende Rolle gespielt. Der Exeget auf dem Partei-Thron mußte aber im selben Maße die Züge eines gewöhnlichen orientalischen Despoten annehmen und an spezifischer marxistisch-historischer Rechtmäßigkeit einbüßen. Nicht allein also drang – vermöge jener terroristischen Verquickung des Ketzers mit dem geborenen Klassenfeinde (der jetzt vielfach den Namen des Faschismus angenommen hat) – die dunkle Seite des alten Orakels, nämlich der geweissagte Krieg, mehr und mehr auch in das Innere und Innerste des Sowjetsystems, der Partei, der Parteiführung, des Herrschaftszentrums selber ein. Zu gleicher Zeit zeigten sich an derselben Stelle auch Hohlräume der Macht, welche von keinem Legitimitätsbewußtsein mehr erfüllt waren, sondern nur noch von Furcht und Schrecken, nämlich von der Furcht des Despoten und dem automatisierten Terror seiner Polizei. Was Hegel (in der »Phänomenologie«) wohl mit Hinblick auf die Schreckensherrschaft der Französischen Revolution so scharf ausgedrückt hat, galt auch hier: »Verdächtig werden tritt ... an die Stelle oder hat die Bedeutung und Wirkung des Schuldigseins ...«

So bewährte sich die abgründige Zweideutigkeit des alten Orakels, daß es vor die Freiheit die Diktatur und vor den Frieden den letzten Krieg (oder Klassenkampf) und vor den Kommunismus die Periode des Übergangs gesetzt hatte. Immer tiefer verstrickte man sich in die schauerlich wahnhaften Zwangsläufigkeiten der totalen Herrschaft, immer komplizierter wurden die ›Etappen des Übergangs‹, immer undurchsichtiger jener Leninsche Kalender der Geschichte, immer ferner rückte das schöne Ziel. Seither sind, infolge der ›Reformation‹ Chruschtschows, die Methoden der Verfolgung weniger blutig und weniger auffällig; Verbannung und Lagerhaft, auch Einweisung in psychiatrische Kliniken ersetzen die Tötung. Doch bleibt es bis auf diesen Tag die Aufgabe der Herrschenden, die historische Offenbarung auszulegen, um die Macht zu rechtfertigen, und bleibt es die Aufgabe der Exegeten, Herrschaft auszuüben und auszubreiten, Widerspruch zu beseitigen, Eindeutigkeit und also Rechtgläubigkeit herzustellen (die Parteilinie zu definieren), die stets vergebliche Begierde nach Zustimmung zu befriedigen, auf dieser Basis die Diktatur zum Imperium zu erweitern, den Krieg fortzuführen, heiß oder kalt oder auch mit den strategischen Methoden, die sich aus der »friedlichen Koexistenz« ergeben. Der Grund dieser Macht ist selbst ihr Abgrund. Der Übergang findet kein Ende. Aber diese Macht wendet sich doch nicht ab von ihrem abgründigen Grunde, kehrt nicht zurück in diejenige Geschichte, die unser aller Geschick und Verantwortung ist, noch in diejenige menschliche Gesellschaft, worin Gleiche mit Gleichen handeln und verhandeln, worin Spruch und Widerspruch geduldet und berücksichtigt werden muß, wo das Gegenwärtige ernst genommen, die zukünftige Folge bedacht wird, wo man nicht aufhört, das Ungerechte durch geduldige Reform zu beheben, die Gerechtigkeit und den Frieden aber alle Tage anstrebt.

8. Kapitel
Erwartung und Vollstreckung

»Wir kennen nur eine einzige Wissenschaft, die Wissenschaft der Geschichte.«
(Karl Marx, Die deutsche Ideologie)

Auf dem Grunde apokalyptischer Legitimität ist das Regierungshandeln selber von anderer Wesensart als in der Welt der politischen Rechtmäßigkeit. Man tut dort nicht das Gute oder das Zweckmäßige, nicht einmal das Nützliche, sondern man vollstreckt das Notwendige. Die Wirksamkeit der revolutionären und nachrevolutionären »Diktatur« geht durchgängig nach den Kategorien von Erwartung und Vollstreckung vor sich, denn dies sind die Kategorien des apokalyptischen Handelns. Daher rührt zum Beispiel die auffällige Erscheinung, daß die kommunistische Parteigeschichtsschreibung dem Leser mit so unentwegter Beflissenheit und Besessenheit immer wieder versichert, die Partei habe »richtig« gehandelt, die Politik der Führung sei »richtig« gewesen, oder dergleichen. Es gibt nur einen einzigen Weg, denjenigen des geweissagten geschichtlichen Prozesses, eben den »richtigen«. Von ihm kann nur abweichen, wer der »Abweichung« verfällt: der Ketzer. Handeln ist in dieser Sphäre nur möglich als Vollzug des erwarteten Ereignisses. Selbst der heftigste persönliche Wille eines Führers – und gerade er – gibt sich und rechtfertigt sich als vollstreckender Wille, der erkannt hat – nicht, was etwa dem Gemeinwesen zuträglich oder dem Staate nützlich sei oder was den allgemeinen Frieden befördere, sondern vielmehr: was der erwartete geschichtliche Moment erzwinge. Eine beliebte bolschewistische Formel, die schon in Zeugnissen der Revolutionszeit begegnet, drückt dasselbe aus: die Partei oder die Führung tue nur, was »das Leben selbst« vorschreibe. Eine seltsam ungenaue Emphase scheint daraus hervorzuwehen; aber es handelt sich nur um ein anderes Wort für die Offenbarungsmacht, unter deren Diktat gehandelt wird. Autonome menschliche Entscheidungen sind gewiß in den apokalyptischen Handlungen enthalten oder versteckt, treten indessen als solche nicht hervor oder rechtfertigen sich, wenn sie dennoch zum Vorschein kommen, aus perspektivischen Notwendigkeiten.

Nicht alle bolschewistischen Dogmen haben nach ihrer inneren Beschaffenheit einen gleich starken und gleichartigen Anteil an der apokalyptischen Notwendigkeit. Manche lassen Raum und Spielraum für strategische Varianten der Vollstreckung. Das Leninsche Dogma vom »Klassenbündnis« der Arbeiter und Bauern – eine vollkommene Neuerung, von der sich die Klassiker nichts hatten träumen lassen, und eine seiner elementaren »Inspirationen«, ohne welche die Revolution im russischen Reich kaum einen dauernden Erfolg hätte erringen können! – deutet diesen Spielraum einer relativen strategischen Beweglichkeit schon im Wort an: ein »Bündnis« ist kein Ereignis, es muß geschlossen und es muß gepflegt werden. Voluntaristische, ja pragmatische Züge sind in den verschiedenen Phasen der Geltung und der Anwendung dieses Dogmas unverkennbar gewesen. Im Dogma von der Weltrevolution andererseits, welches ja der Sache nach im Kommunistischen Manifest begründet liegt, war es das prophetische, das Moment der Erwartung, welches – wenigstens für die längste Zeit – das strategische und exekutorische Moment bei weitem überwog.

Den Zusammenhang zwischen Weltkrieg und Weltrevolution haben Lenin und seine Gruppe für derart unwidersprechlich angesehen, daß Lenin im Vertrauen darauf im April 1917 die Parole des Übergangs zur sozialistischen

Revolution aufgestellt und die Parole des bewaffneten Aufstandes ausgegeben hat. Auf die revolutionäre »Reife« des Bauerntums hat er sich keineswegs so stetig und so sicher verlassen mögen wie auf die geweissagte Weltrevolution, zumal auch nach seinen eigenen, immer wieder von neuem aufgestellten Analysen der »Kapitalismus« nur erst partiell auf dem Lande eingedrungen war. Die Prophetie ist hier schwankend und unsicher, wechselnd in wechselnden Lagen. Und wir können auch verfolgen, wie die siegreichen Bolschewiki mit der Übernahme des Agrarprogramms der Sozialrevolutionäre gegenüber der Bauernschaft im großen und auf lange hinaus gerade nicht eine proletarisch-sozialistische Politik, sondern eine »bürgerliche« Politik betrieben haben auf Grund der sich festigenden Überzeugung von der Ungleichzeitigkeit der Reifung der revolutionären Situation in Stadt und Land, auf Grund der Lehre von der Phasenverschiebung und von der Phasenüberschneidung der bürgerlichen und der proletarischen Revolution. Mit Hilfe dieser Lehre, dieser eigentümlichen Komplikation bei der Auslegung des Geheißes der Geschichte, ist es Lenin gelungen, eine durchaus nichtsozialistische Agrarpolitik gleichwohl mit der Weissagung in Einklang zu bringen oder – anders ausgedrückt – eine offenbar auf der Einsicht in die so ganz entgegengesetzten Bedürfnisse und Interessen des Kleinbauernstandes und in die baren Notwendigkeiten der Versorgung beruhende pragmatische Strategie gleichwohl als Vollstreckung geschichtlicher Zwangsläufigkeit darzustellen. Er konnte aber die Sozialisierung des Dorfes um so eher vertagen, auf die revolutionäre Solidarität der Bauern um so eher zeitweilig verzichten, als er ja mit Gewißheit auf die Solidarität der Proletariate der entwickelten Industrienationen vertraute, auf den ungeheuren Machtzuwachs, den das internationale, insbesondere das westeuropäische Proletariat mit seiner Revolution und seinen Siegen ihm und dem Häuflein der russischen Bolschewiki alsbald werde bringen müssen: das heißt auf den Fortgang der Weltrevolution. Die Enttäuschung dieser Erwartung ist im vorigen Kapitel erörtert worden. Es bleibt aber die Frage: Wie erklärt sich die Gewißheit dieser Erwartung? Oder genauer: wie verstand Lenin – in seinem »Offenbarungswissen« – den Zusammenhang zwischen Weltkrieg und Weltrevolution? Warum mußte aus dem Weltkrieg die Weltrevolution hervorgehen? Und noch zuvor: Was war denn die Bedeutung des Weltkrieges in seinen Augen?

Der Weltkrieg war ihm nicht ein Zusammenstoß von nationalstaatlichen Interessen, nicht ein Zusammenbruch des prekären europäischen Gleichgewichts in der Konstellation der Großmächte, nicht der Ausbruch des nachbismarckschen kaiserlichen Deutschlands aus diesem Staatensystem und auch nicht der Versuch der Westmächte, ihr Bündnis zur Dämpfung und Fesselung der deutschen Hybris zu aktualisieren – ganz zu schweigen von psychologischen Motiven wie dem ehrgeizigen Übermut Wilhelms II. oder von den Zufälligkeiten der Diplomatie. Alle solchen eigentümlichen politischen Wahrnehmungen und Erklärungen sagen dem Marxisten gar nichts: das ist ihm alles nur Kostüm und Kulisse. Schon Ende August 1914 formuliert Lenin: »Der Europa und die ganze Welt erfassende Krieg trägt den klar ausgeprägten Charakter eines bürgerlichen, imperialistischen, dynastischen Krieges. Kampf um die Märkte und Raub fremder Länder, das Bestreben, die revolutionäre Bewegung des Proletariats und der Demokratie im Innern der Länder zu unterbinden, das Bestreben, die Proletarier aller Länder zu übertölpeln, zu entzweien und abzuschlachten, indem man im Interesse der Bourgeoisie die Lohnsklaven der einen Nation gegen die Lohnsklaven der anderen Nation hetzt – das ist der einzige reale Inhalt, die einzig reale Bedeutung des Krieges.«[1] Und abermals im September 1914: »Territoriale Eroberungen und Unterjochung fremder Nationen, Ruinierung der konkurrierenden Nation, Plünderung ihrer Reichtümer, Ablenkung der Aufmerksamkeit der werktätigen Massen von den inneren politischen Krisen in Rußland, Deutschland, England und anderen Ländern, Entzweiung und nationalistische Verdummung der Arbeiter und Vernichtung ihrer Vorhut, um die revolutionäre Bewegung des Proletariats zu schwächen – das ist der einzige wirkliche Inhalt und Sinn, die wahre Bedeutung des gegenwärtigen Krieges.«[2]

Dies bleibt Lenins Position den ganzen Krieg hindurch. Das bekannteste, wirksamste, knappste und präziseste Dokument ist der sogenannte Resolutionsentwurf der Zimmerwalder Linken – den Lenin Ende August 1915 verfaßt und zu der Internationalen Sozialistenkonferenz nach Zimmerwald Anfang September 1915 offenbar mitgebracht hat. Dessen erster Absatz lautet folgendermaßen: »Der gegenwärtige Krieg ist durch den Imperialismus erzeugt. Der Kapitalismus hat dieses sein höchstes Stadium schon erreicht, denn die Produktivkräfte der Gesellschaft und die Größe des Kapitals sind über den Rahmen der einzelnen Nationalstaaten hinausgewachsen. Daher das Streben der Großmächte nach Versklavung fremder Nationen und nach Raub von Kolonien als Rohstoffquellen und Kapitalanlagegebiete. Die ganze Welt wird zu einem einheitlichen Wirtschaftsorganismus. Die ganze Welt ist zwischen einer Handvoll Großmächte verteilt. Die objektiven Vorbedingungen des Sozialismus sind vollständig herangereift. Der heutige Krieg ist ein Krieg der Kapitalisten um Privilegien und Monopole, die den Zusammenbruch des Kapitalismus aufschieben sollen.«[3]

1 Lenin, *Werke*, deutsch Berlin 1960, Bd. 21, S. 1.
2 Lenin, *WW*, Bd. 21, S. 13.
3 Lenin, *WW*, Bd. 21, S. 348.

Diese Sätze machen vollkommen deutlich, daß der gegenwärtige Krieg für Lenin nicht irgendein Krieg nach vielen anderen und vor weiteren zukünftigen Kriegen war, sondern daß er einen ganz eindeutigen und einzigartigen, nämlich eschatologischen Ort in der Geschichte einnahm: es war *der* Weltkrieg. Und der Weltkrieg war eine Art von Weltgericht. Er würde den endgültigen Zusammenbruch des Kapitalismus hervorbringen, und zwar im Wege seiner Selbstzerfleischung. Dieser ökumenische Krieg würde die ökumenische Revolution produzieren. »Die objektiven Vorbedingungen des Sozialismus sind vollständig herangereift.« Die ökumenische Natur der Vorgänge ist an dem Zusammenhang der Weltwirtschaft abzulesen: »Die ganze Welt wird zu einem einheitlichen Wirtschaftsorganismus.« Diese Einheit der Welt und diese Einheitlichkeit des geschichtlichen Augenblicks ist ihm bestimmt durch den »Imperialismus«. Die Theorie des Imperialismus als der höchsten und letzten Entwicklungsstufe des Kapitalismus stellt Lenins Zutat zu Marxens Lehre von der Entwicklung der Monopole dar. Es bleibt schwer verständlich, wie Lenin die so handgreiflich politische, zudem so altertümliche Erscheinung der Kolonialreiche monokausal als eine Funktion der inneren Eigengesetzlichkeit des Kapitalismus deuten konnte. Jedenfalls mutet uns die Lehre vom Imperialismus als das seltsamste und gewaltsamste Element in der ganzen historischen Nationalökonomie des Bolschewismus an. Der Krieg also ist für Lenin ein »imperialistischer Krieg«, und das heißt Krieg der »Handvoll Großmächte« untereinander, die darin alle miteinander untergehen würden und untergehen sollen. Höchst auffälligerweise spielt bei dieser ganzen Vision des eschatologischen Ereignisses die Erwartung des gemeinen Menschenverstandes überhaupt keine Rolle – des gemeinen Verstandes, der doch nicht zweifelt, daß die einen als Sieger, die anderen als Besiegte hervorgehen würden.

Wie gleichgültig die nationalstaatlichen Fronten und die Art und Richtung der Kriegskoalitionen Lenin waren, illustriert drastisch der Schluß eines Artikels aus dem Januar 1917 (»Eine Wendung in der Weltpolitik« – geschrieben anläßlich von Gerüchten über geheime Friedensverhandlungen). Dort heißt es: »Von der Kraft der revolutionären Bewegung wird, im Falle ihres Erfolges, der Sieg des Sozialismus in Europa abhängen und die Herbeiführung nicht eines imperialistischen Waffenstillstands, der den Kampf Deutschlands gegen Rußland und England beendet und einen Krieg Rußlands und Deutschlands gegen England oder einen Krieg der Vereinigten Staaten gegen Deutschland und England usw. vorbereitet, sondern eines wirklich dauerhaften und wirklich demokratischen Friedens.« Lenin hält, wie man sieht, die Fronten und die Kriegskoalitionen nahezu für beliebig vertauschbar. Man muß schließen, daß er die tatsächliche Konstellation des Dreibundes und der Entente für einen bloßen Zufall angesehen habe. Es ist nicht die Anordnung der Nationen und Staaten, welcher irgendeine historische Notwendigkeit zugeschrieben wird, sondern einzig der wechselseitige Vernichtungskampf der sogenannten imperialistischen Mächte als solcher entspricht der Zwangsläufigkeit des historischen Heilsplanes. Wenn die jetzige Konstellation der Fronten durch einen Waffenstillstand beendigt werden sollte, so wird nach Lenin der Kampf in anderer Konstellation alsbald weitergehen, und es kann dann ebensogut eine Koalition zwischen Rußland und Deutschland gegen England wie ein Angriff der Vereinigten Staaten gegen Deutschland und England zugleich eintreten. Dies alles hielt er für möglich. In so verblendeter Weise hat er die historischen, staatlichen, nationalen, mit einem Worte: die politischen Motive des Krieges verkannt. Wir, die wir einen zweiten Weltkrieg erfahren haben, vermögen das Maß dieser Verblendung, dieser Blindheit womöglich noch besser abzuschätzen.

Jene Aufgabe aber, den »wirklich dauerhaften und wirklich demokratischen Frieden« herbeizuführen, fällt, wie sich versteht, der revolutionären Arbeiterbewegung zu. Denn – so heißt es ein wenig früher in demselben Aufsatz – »was auf der Tagesordnung steht – nicht, weil wir es wollen, nicht, weil irgend jemand das so plant, sondern dank dem objektiven Gang der Dinge –, das ist die Lösung der großen geschichtlichen Fragen durch die unmittelbare Gewalt der Massen, die ein neues Fundament errichtet, und nicht durch Abmachungen auf dem Boden des verfaulten und absterbenden Alten.«[4] Hier vernehmen wir den Ton der unbeirrbar gewissen Erwartung. Die Erwartung ruht auf dem Grunde der Erkenntnis der geschichtlichen »Tagesordnung«, also der objektiven Zwangsläufigkeiten, nicht der subjektiven Absichten. Die Erwartung übertrifft hier alle strategischen und taktischen »Losungen« bei weitem und bildet das Fundament allen möglichen Handelns. Selten hat sie sich so scharf ausgesprochen wie in diesen Sätzen, welche uns an gewisse Passagen aus Marxens Kritik des Gothaer Programms erinnern mögen. Nur wenn wir diesen Grundcharakter des Offenbarungswissens, des Eingeweihtseins in die »Tagesordnung« der Geschichte und der daraus erwachsenden, unbeirrbar gewissen Erwartung des notwendigen Ereignisses in aller Schärfe wahrgenommen haben, nur dann können wir überhaupt verstehen, wie Lenin und die ihm folgende radikal-revolutionäre Minderheit in den Sozialdemokratischen Parteien den Krieg »ideologisch« durchstehen konnten, ohne in ihrer Aktionsfähigkeit gebrochen zu werden.

Denn das Bild der baren und glatten Notwendigkeit der Umwandlung des »imperialistischen Krieges« in den proletarischen Klassenkampf und Befreiungskampf ist ja ganz beträchtlich gestört worden durch das tatsächliche Verhalten der Sozialdemokratischen Parteien Europas, zumal in

4 Lenin, *WW*, Bd. 23, S. 283 und 281.

Deutschland und Frankreich, von der britischen Labour Party ganz zu schweigen. Die Sozialdemokratische Partei Deutschlands bewilligte im Reichstag die Kriegskredite, vertagte den internationalen Klassenkampf und trat unter der Führung von Ebert und Scheidemann auf den Boden der nationalen Verteidigung, also der Solidarität des Nationalstaates – nicht mit Begeisterung zwar, vielmehr im Gefühl einer schweren verantwortlichen Entscheidung. Sie nahm es auf sich als eine Last, aber sie nahm es auf sich. Nicht anders verhielt sich die Mehrheit der Sozialisten in Frankreich und Belgien. Das neutrale Belgien war angegriffen, der Impuls des gemeinsamen nationalen Widerstandes gegen den Angreifer überwog alles andere, auch alle marxistische Ideologie. Die französischen Sozialisten reagierten als Franzosen, und ihre marxistischen Überzeugungen erwiesen sich als tauglich und nützlich, den deutschen Kriegsgegner, le Reich und le Kaiser, in allen Farben eines »imperialistischen« Eroberers auszumalen und zu bekämpfen. In England traten in der Folge Führer der noch relativ schwachen Labour Party sogar in die Kriegsregierung ein. Die sozialistische Internationale verschwand als eine aktive Kraft für Jahre aus dem Bilde der wirklichen europäischen Politik.

Wie wurde Lenin mit dieser planwidrigen Erscheinung fertig? Was für Schlußfolgerungen zog er aus diesen massiven Tatsachen? Hat er etwa die überwiegende Macht der nationalen Empfindungen und Interessen – auch in der Arbeiterschaft –, hat er die mächtig fortwirkende Kohärenz der einzelnen nationalstaatlichen Gesellschaften, der Staaten als Staaten, hingenommen? Hat er sich davor gebeugt? Hat er dies auch nur als überraschend, verwunderlich, irritierend verbucht? Hat er eine Diskussion, eine Verständigung mit diesen seinen Parteigenossen angestrebt? sie zu überzeugen versucht? Kompromisse entworfen? oder Beratungen veranstaltet mit Vertretern dieser mehrheitlichen Tendenzen? Hat er seine Überzeugung von der geschichtlichen Tagesordnung, von der objektiven Zwangsläufigkeit der Umwandlung des imperialistischen Krieges in den Bürgerkrieg und von der Berufung des internationalen Proletariats zur Vollstreckung des historischen Auftrags revidiert? – Nichts von alledem. Unverbrüchlich hat er an diesen Gewißheiten festgehalten. Alle diejenigen, die sich der akuten Notwendigkeit der jeweiligen nationalen Verteidigung verschrieben, hat er vom ersten bis zum letzten Tage als Opportunisten, Verräter, korrumpierte Subjekte, Lakaien der Bourgeoisie bekämpft und verdammt, welche das objektiv von der Geschichte selbst Gebotene verkennen. Er hat darum keinen Augenblick daran gezweifelt, daß gleichwohl – und wenn die Welt voll Teufel wär! und wenn die erdrückende Mehrheit seiner Parteigenossen in Europa auch einem anderen Kurs folgte! – daß gleichwohl die revolutionäre Situation »objektiv« vollständig herangereift sei. Von 1914 bis 1917 hat er mindestens ebensoviel Energie und Intelligenz, ebensoviel geifernde Rhetorik und erfinderischen Scharfsinn an die Verdammung und Beschimpfung der »Opportunisten« gewendet wie an die Untersuchung und Bloßstellung der »imperialistischen« Klassenfeinde selbst, wenn nicht sogar mehr.

Lenin prägte die Formel vom Zusammenbruch der Zweiten Internationale, die die deutschen Mehrheitssozialisten nicht wahrhaben wollten und konnten. Daher datiert der Gedanke einer Dritten Internationale, den die siegreichen Bolschewiki denn auch verwirklicht haben. Lenin sagte den Mehrheitssozialismus tot – aber er tat das nicht in seinem eigenen Namen, nicht im Namen seines Häufleins der Unentwegten (denn auch in Rußland selber war die Partei gespalten, und unter denen, die er im eigenen Land am heftigsten bekämpfte, war sein vormaliger Lehrmeister Plechanow), sondern er tat es im Namen der Geschichte

und ihrer unwidersprechlichen, unverbrüchlichen »Tagesordnung«.
Wie erklärte er sich den »Abfall«? Zeitweilig erklärt er ihn aus simplen ökonomischen Interessen der jeweiligen Parteiführungen. So zum Beispiel in dem Aufsatz über den »Opportunismus und den Zusammenbruch der Zweiten Internationale« vom Januar 1916, worin es heißt: »Einem kleinen Kreis der Arbeiterbürokratie, Arbeiteraristokratie und kleinbürgerlicher Mitläufer können Brocken von den großen Profiten der Bourgeoisie zufallen. Die Klassengrundlage des Sozialchauvinismus und des Opportunismus ist dieselbe: das Bündnis einer kleinen bevorrechteten Arbeiterschicht mit »ihrer« nationalen Bourgeoisie gegen die Masse der Arbeiterklasse, das Bündnis der Lakaien der Bourgeoisie mit ihr gegen die von ihr ausgebeutete Klasse.«[5] In dieser Argumentation bleibt das Vertrauen in die »Massen« integer, die ihm und den Seinigen als eine dumpfe, aber überwältigende Hilfstruppe – nein, als die eigentlichen und wahren Träger des »heranreifenden« Klassenkampfes folgen würden. Freilich, die Massen steckten überall in Soldatenröcken, sie führten den Krieg in den Schützengräben und im Trommelfeuer. Aber sie sind nur gezwungen, schlimmstenfalls irregeleitet, in jedem Falle mißbraucht: dieser Gedanke gibt Lenin Stärke. In anderen Augenblicken scheut er aber auch nicht einmal davor zurück, an der historischen Verläßlichkeit der Massen zu zweifeln. Auch solcher Zweifel ist doch nicht imstande, seinen brennenden Trotz, nämlich seine überlegene Gewißheit in bezug auf den Heilsplan der Geschichte irgend zu mindern. So zum Beispiel noch in dem Prawda-Aufsatz von Anfang April 1917 »Über die Aufgaben des Proletariats in der gegenwärtigen Revolution«, der also nach der Februarrevolution und unmittelbar vor Verkündung der April-Thesen geschrieben wurde: »Die Eigenart der ge-

5 Lenin, *WW*, Bd. 22, S. 111.

genwärtigen Lage in Rußland besteht im Übergang von der ersten Etappe der Revolution, die infolge des ungenügend entwickelten Klassenbewußtseins und der ungenügenden Organisiertheit des Proletariats der Bourgeoisie die Macht gab, zur zweiten Etappe der Revolution, die die Macht in die Hände des Proletariats und der ärmsten Schichten der Bauernschaft legen muß.«[6] Es ist gerade dieses durch nichts zu erschütternde Festhalten an der Gewißheit der historischen Prophetie, das zur Oktoberrevolution geführt und das den Sieg begründet hat. Gar nichts anderes. Die Überzeugung, daß es auf subjektive Meinungen anderer sozialistischer Theoretiker, daß es auf das praktische politische Verhalten anderer Parteien und Parteiführungen der Sozialdemokratie, ja sogar auf die Gesinnungen eines großen Teiles der Arbeiterschaft, des berufenen Proletariats selber, überhaupt nicht entscheidend ankomme. Es war die Gewißheit der Erwartung, die allein am Ende auch die erfolgreiche Vollstreckung ermöglicht hat.

Der Bolschewismus unterscheidet sich, wie mir scheint, von allen älteren millenarischen Bewegungen – einschließlich derjenigen der puritanischen Revolution des 17. Jahrhunderts, die ihm noch vergleichsweise am nächsten kommt – dadurch, daß er es über das flüchtige Revolutionsereignis hinaus zur Dauerherrschaft gebracht hat und daß er – religionssoziologisch gesprochen – aus dem Stadium der sektenhaften Bewegung in das Stadium der Kirche, der herrschenden Kirche, gelangt ist. Möglicherweise besteht zwischen Chiliasmus und Verkirchlichung ein gegenläufiges Verhältnis. Gerade indem die unmittelbare, aktuelle Heilserwartung zurücktritt und verblaßt – indem, mit Adolf Harnacks etwas schnödem Gleichnis zu reden, der eschatologische »Dampf« aus der Bewegung entweicht[7] –, kann und muß man sich, wenn man die

6 Lenin, *WW*, Bd. 24, S. 4.

7 Adolf von Harnack, *Lehrbuch der Dogmengeschichte* I, 3, 1894, S. 159.

Heilsenttäuschung oder Heilsverzögerung überhaupt übersteht, in dieser Welt einrichten und organisieren, und sei es auch nur, um die Gemeinde in der Erwartung des verzögerten Heilsereignisses festzuhalten. Die Bolschewiken haben freilich mehr getan als dies. Ihre notgedrungene Revision des Dogmas von der Weltrevolution ist einstweilen abgeschlossen worden mit dem Siege der Lehre Stalins vom »Sozialismus in einem einzigen Lande«. Es hat Opfer genug gekostet, dieses neue (wenngleich auf eine gelegentliche Erwägung Lenins sich stützende) Dogma durchzusetzen; das berühmteste Opfer ist Trotzki. Der »Trotzkismus« ist vorab, wenn auch nicht ausschließlich, deswegen als Ketzerei verdammt worden, weil Stalin durchaus einleuchtenderweise in ihm eine dauernde Gefahr für die Befestigung der bolschewistischen Herrschaft in der Sowjetunion selbst erkannte, und man kann nicht daran zweifeln, daß Stalins »ideologischer« Sieg eine entscheidende Voraussetzung des Aufstiegs der Sowjetunion zur Weltmacht geschaffen hat.

Der westliche Zeitgenosse und Beobachter der historischen Schicksale der Sowjetunion und der Wandlungen im politischen Verhalten der kommunistischen Parteiführung wird zwar einräumen, daß für Lenin und die Revolution selbst diese »apokalyptischen« Kategorien des Handelns Gültigkeit beanspruchen können; er mag aber zögern, auch in dem Pakt Stalins mit Hitler und also mit dem »Faschismus«, in seiner Kriegführung, in den osteuropäischen Eroberungen der Roten Armee, den Interventionen in Ungarn 1956 und in der Tschechoslowakei 1968, in dem Versuch Chruschtschows von 1962, eine Raketenbasis in Cuba zu errichten, wiederum in den Verhandlungen und Verträgen mit den Vereinigten Staaten – um nur einige markante Momente in Erinnerung zu rufen – etwas anderes zu erkennen als ebenso viele Stadien in der Außenpolitik einer Großmacht, die sich verteidigt, die ihre

Expansions-Chancen nützt, die Autonomiebestrebungen innerhalb ihres Imperiums unterdrückt, die einen kühnen Angriff nach dem Kontinent des Hauptgegners wagt, die sich wiederum zurückzieht und nun auch längerfristig ein Verhalten der Kriegsvermeidung pflegt. Diese Frage ist schon des öfteren gestellt worden, und sie drängt sich in der Tat immer wieder von neuem auf. Ein hervorragender deutscher Kenner der russischen Geschichte, Georg von Rauch, beantwortet sie mit Hilfe der Vorstellung von der »Doppelnatur der sowjetischen Politik«, nämlich der »engen Verzahnung von Macht- und Revolutionspolitik«.[8] Und noch jüngst hat Raymond Aron – in einer Schrift, die erst nach seinem Tod publiziert werden konnte, dieselbe Frage noch einmal formuliert: »Muß die Sowjetunion als Großmacht wie jede andere behandelt werden, die ihre Interessen verteidigt und die Vergrößerung ihrer Einflußzonen anstrebt, oder ist sie eine Großmacht, die gleichzeitig ihr revolutionäres Endziel beibehält und grenzenlos Eroberungen plant?« Aron nennt die Sowjetunion »eine vom missionarischen Geist beseelte Großmacht«, und diese Formel enthält die Antwort auf jene Zweifelsfrage.[9] Er hat sich übrigens auch die Wendung Solschenizyns von der »säkularen Religion« zu eigen gemacht, in deren Namen die bolschewistische Oligarchie ihre Herrschaft ausübe. Ich möchte dem beipflichten und zugleich an einen Gedanken Machiavellis erinnern, der uns helfen kann, das irritierende Phänomen der »Doppelnatur« oder der »missionarisch beseelten Großmacht« in seiner elementaren Einfachheit zu erkennen: Wir haben es hier mit jenen »bewaffneten Propheten« zu tun, von welchen es im »Principe« (im sechsten Kapitel) heißt, daß sie alle sieg-

8 Georg von Rauch in dem von Theodor Schieder edierten *Handbuch der europäischen Geschichte*, Bd. 7, S. 514.

9 Raymond Aron, *Die letzten Jahre des Jahrhunderts*, deutsch: Stuttgart 1986, S. 128.

reich gewesen, während die unbewaffneten zugrunde gegangen seien. (Die historische Aussage Machiavellis ist gewiß unzutreffend; dennoch behält die phänomenale Unterscheidung ihre Gültigkeit.) Die Tatsache der Bewaffnung ändert nicht das geringste an der »prophetischen« Natur dieser Macht. Oder, genauer gesagt: die »imperialistische« Handlungs- und Verhaltensweise der Sowjetunion ändert nichts an dem apokalyptischen Charakter ihrer Legitimität. Die militärische Intervention in einem sozialistischen »Bruderland«, das eigene Wege zu gehen droht, läßt sich ganz ebenso aus dem Geheiß der Geschichte rechtfertigen wie die »friedliche Koexistenz« mit dem Klassenfeind und der Vertragsschluß mit dem »Imperialismus«. Es mag Schwierigkeiten bei der ideologischen Argumentation geben, man mag auch Mühe haben, die »Richtigkeit« des jeweiligen Handelns aus den kanonischen Schriften zu belegen, doch wird sich zuletzt immer eine Formel finden, solange nur die jeweilige Führung – im Namen der Partei – das geschichtlich Notwendige auszuführen überzeugt ist.

Nur bei Einsicht in diese kategorialen Verhältnisse, nämlich in die Bestimmung des Handelns aus dem Grunde von Erwartung und Vollstreckung, kann man überhaupt verstehen, was jenes kuriose Tadelwort vom »Voluntarismus« bedeutet, welches in der neueren Dogmengeschichte des sowjetischen Kommunismus mit ihren Sprachregelungen eine so bedeutende Rolle spielt. »Voluntarismus«, wie er seit dem Sturze Chruschtschows so häufig und offenkundig gerade ihm und seinem Programm zum Aufbau des Kommunismus nachgesagt worden ist – der Begriff kehrt auch in dem neuen Parteiprogramm (von 1986) im selben Sinn und mit derselben Zielrichtung wieder –, ist dasjenige Fehlverhalten, welches vollstrecken will, ohne die »Reife« der Zeit zu erwarten, oder, anders gesagt, welches den eigenen Willen an die Stelle des geschichtlichen setzt.

Bevor noch diese denunziatorische Formel sich befestigt und eingebürgert hatte, scheint Molotow (der von Chruschtschow ausgebootet worden war) denselben Tadel in die einfachen Worte gekleidet zu haben, Chruschtschows Programm sei in innenpolitischer Hinsicht »überspannt und voreilig«.[10] So heißt es auch in der neuesten Fassung des Parteiprogramms (von 1986), alle »Versuche des Vorauseilens« seien zum Scheitern verurteilt.

Natürlich kann es keine Direktive geben, wie man es anstellen muß, den »reifen« Augenblick jederzeit wahrzunehmen und zwischen »voluntaristischer« Voreiligkeit, wie sie Chruschtschow, und bürokratischer »Stagnation«, wie sie im nachhinein dem Regiment seines Nachfolgers Breschnew vorgeworfen wird, den feinen Pfad mit Sicherheit zu verfolgen. Diese Propheten haben auch nicht die Chance, Gott im Gebet um Erleuchtung zu bitten, sie müssen durch rationale Analyse der jeweiligen Lage zum Ziel kommen. Dem einzigen Lenin glückte es, den Willen der Geschichte zu vollstrecken, obwohl er sehr ungeduldig war und durchaus nicht gewartet hat, bis die Etappe der bürgerlichen Demokratie sich etabliert und sich abgenutzt hätte: nur der Erfolg hat ihn davor bewahrt, des Voluntarismus geziehen zu werden. Seither kann keine Führung und keine einzelne Handlung davor sicher sein, posthum einem solchen Verdikt zu unterliegen; wie spektakulär die Taten seien, im Grunde tappt der Täter stets im dunkeln.

Womöglich hält die Geschichte ihre Unterlagen geheim, nicht anders als Stalin es getan hat bei jener Komintern-Sitzung von 1927, von der hier oben (im fünften Kapitel) die Rede war. Womöglich könnte es sich eines Tages gar zeigen, daß diese Herrschaft von ihrem Gott, der Geschichte, verlassen würde oder verlassen wäre, daß deren Offenbarung sich ihr verschlösse. Diese Macht hält sich

10 Boris Meissner, *Das Parteiprogramm der KPdSU 1903 bis 1961*, Köln 1962, S. 38.

immer am Abgrund auf, kehrt ihm freilich den Rücken zu. Ihr Grund entfiele in dem Augenblick, da die Geschichte, die Karl Marx zur »einzigen Wissenschaft« erhoben hat, aufhörte, eine eschatologische Aussicht und Zuversicht zu vermitteln, da sie zu einer bloßen Tatsachenwissenschaft zusammenfiele, da ihre Fortschritte sich als bloße Verwandlungen entpuppten, ihre Verheißungen sich auch als Verhängnisse zu erkennen gäben, und sich am Ende herausstellte, daß sie ein Ziel gar nicht hätte.

9. Kapitel
Heilsverzögerung

Das Programm der Kommunistischen Partei der Sowjetunion vom Jahre 1961, das Programm Chruschtschows, hatte mit dem Satze geendigt: »Die Partei verkündet feierlich: die heutige Generation der Sowjetmenschen wird im Kommunismus leben!« Das war eine echt eschatologische Verkündung, und zwar im Sinne der Nah-Erwartung des Heils, ganz nach dem Muster des Evangeliums – wo es heißt: »Wahrlich, ich sage euch: Dies Geschlecht wird nicht vergehen, bis daß dies alles geschehe« (Markus 13,30 und wörtlich ebenso bei Matthäus und Lukas). Es muß verblüffen, wie genau die Formel wiederkehrt; man könnte meinen, sie sei tatsächlich nachgeahmt.

Es ist im vorigen Kapitel schon dargestellt worden, daß dieser emphatische Verkünder seither der voluntaristischen Verfehlung beschuldigt worden ist; der Tadel bezog sich gewiß auf ebendiese »voreilige« Verkündung des nahen Endzustandes, natürlich mit Einschluß der kostspieligen Pläne und Maßnahmen, welche zu diesem Ziele führen sollten. Obgleich dieser Vorwurf sehr wahrscheinlich schon beim Sturz Chruschtschows eine Rolle gespielt hat und obwohl er inzwischen von seinen Nachfolgern verschiedentlich formuliert wurde, brauchte die Partei fünfundzwanzig Jahre, um den Weissagungsfehler in einem Dokument von gleicher Art und Verbindlichkeit zu korrigieren, und es war erst der vierte Nachfolger Chruschtschows, nämlich Gorbatschow, der diesen Akt vollzogen hat. Daß das neue Partei-Dokument in der Tat als eine Korrektur des vorigen gemeint war, drückt auf eine zugleich unmißverständliche und unauffällige Weise der Titel aus: »Programm der Kommunistischen Partei der

Sowjetunion, Neufassung. Angenommen vom XXVII. Parteitag der KPdSU«.[1] In der Einleitung, die traditionsgemäß die Folge der Verkündungen vom »Kommunistischen Manifest« von 1848 über das Parteiprogramm der »Sozialdemokratischen Arbeiterpartei Rußlands« von 1903 (das freilich hier kurzerhand der einen und selben »KPdSU« zugeschrieben wird) und das zweite, das nachrevolutionäre Programm der »Bolschewisten« von 1919 bis zu dem Programm Chruschtschows, dem dritten, von 1961, rekapituliert, wird der neue Text sogar ausdrücklich als »das dritte Programm der KPdSU in seiner jetzigen Fassung« bezeichnet: So wird Identität und Dauer fingiert, der Wandel als eine bloße Revision deklariert.

Indessen ist, was die Weissagung anlangt, der Wandel grundstürzend. Die »Etappe« oder der Äon, worin man sich nun befindet und bewegt, wird neu bestimmt. Das originale dritte Programm war – so hatte es in dessen einleitender Bestimmung geheißen – »das Programm für den Aufbau der kommunistischen Gesellschaft«. Aber die »Neufassung« von 1986 definiert es als »das Programm der planmäßigen und allseitigen Vervollkommnung des Sozialismus«, und im Rückblick werden die beiden Phasen seit der Oktober-Revolution in der Weise auseinandergehalten und auseinandergezogen, daß das Land zuerst den Sozialismus verwirklicht habe, danach, seit dem Programm von 1961, »in die Etappe des entwickelten Sozialismus« eingetreten sei. Es fällt einigermaßen schwer, zwischen dem Sozialismus als solchem, dem »entwickelten Sozialismus« und der »Vervollkommnung des Sozialismus« deutliche Grenzen oder gar Wesensunterschiede ausfindig zu machen. Einzig die Verzögerung des endzeitlichen Heilszustandes – oder soll man sagen: die Verschiebung dieses

1 Ich zitiere nach der offiziellen deutschen Version, wie sie in der Sondernummer von »Sowjetunion heute«, April 1986, veröffentlicht wurde; Herausgeber ist die sowjetische Botschaft in Bonn.

Ziels der Geschichte in eine weiter entfernte, nicht datierbare Zukunft – hat offenbar die herrschenden Exegeten genötigt, die sozialistische Epoche feiner zu unterteilen, eine neue, fortgeschrittene Phase desselben gesellschaftlichen Systems einzuschalten. Diese Neuerung war freilich schon in den siebziger Jahren, unter Breschnew, notifiziert worden, nämlich in der Sowjetverfassung von 1977; in deren wortreicher Präambel hatte es sogar geheißen, in der UdSSR sei »die entwickelte sozialistische Gesellschaft aufgebaut« worden, und auch die Formel von der »Vervollkommnung der sozialistischen Ordnung« war dort bereits enthalten, wenn auch nicht mit eindeutiger Zeitbestimmung. Schließlich war, gleichsam zur Befestigung im Ganzen des apokalyptischen Planes, die Versicherung hinzugesetzt worden, »die entwickelte sozialistische Gesellschaft« sei »eine gesetzmäßige Etappe auf dem Weg zum Kommunismus«.[2] Das Parteiprogramm von 1986 unterscheidet sich davon nur wenig. Allenfalls läßt sich noch einmal eine gewisse Rückverschiebung des gegenwärtigen Entwicklungsstadiums auf der apokalyptischen Zeittafel beobachten. Damals klang es so, als lebe man schon im »entwickelten Sozialismus«, jetzt ist nur noch die Rede von »historischen Ausgangspositionen, die die Etappe des entwickelten Sozialismus eingeleitet haben«. Die Hauptarbeit auch zu diesem vorläufigen Endziel stünde demnach noch bevor.

Nach wie vor gilt, für den »entwickelten« oder »vollen« ebenso wie für den weniger entwickelten oder den nur erst errichteten Sozialismus die Devise: »Jeder nach seinen Fähigkeiten, jedem nach seiner Leistung«[3] (während im Kommunismus dereinst die Güter »jedem nach seinen Bedürfnissen« zuteil werden sollen). Es verdient, nach-

2 *Handbuch der Sowjetverfassung*, redigiert von Martin Fincke, Berlin 1983, S. 110/111.

3 Programm I. Teil, Ziffer I gegen Ende (S. 15).

drücklich in Erinnerung gerufen zu werden, daß diese Devise weder von Lenin noch von Marx oder Engels stammt und auch nicht aus der deutschen Philosophie hergeleitet ist. Sie ist saint-simonistisch, gehört zu denjenigen Sätzen, welche die Nachfolger des Grafen Saint-Simon mittels ihrer Zeitung »Le Globe« und bei ihren Zusammenkünften unaufhörlich wiederholten: »A chacun selon sa capacité, à chaque capacité selon ses œuvres.« Das geht auf die Jahre 1830/31 zurück; Marx und die Marxisten haben ihr »utopistisches« Erbteil niemals bei seinem historischen Namen nennen mögen. Wie denn schon Lorenz von Stein seine schöne Darstellung des Saint-Simonismus mit der Wahrnehmung beschlossen hat, man finde seine Spuren wieder »in dem ganzen Gebiete aller socialen Bewegung, wenn auch mit ihrer gewöhnlichen Ungerechtigkeit die Nachwelt seinen Namen nicht genannt hat«.[4] Es ist indessen höchst bedenkenswert, daß unsere zeitgenössischen Kommunisten zu ebendieser ganz undialektischen Lehre zurückgekehrt sind, die eine zukünftige industriell geprägte und wissenschaftlich organisierte Gesellschaft auf nichts als Begabung und Arbeitsleistung zu gründen gefordert hatte. Liest man die breiten Partien des neuen Parteiprogramms, die auf die Produktion, auf den »wissenschaftlich-technischen Fortschritt«, auf die Arbeit und die Steigerung ihrer Effizienz Bezug haben, so könnte man zuweilen meinen, die sowjetischen Sozialisten seien vom Marxismus zum Saint-Simonismus übergegangen. »Travaillez, l'âge d'or est devant vous!«[5], das war Saint-Simons Botschaft, wie sie die Nachfolger gelegentlich formuliert haben. »Arbeitet, das Goldne Zeitalter liegt vor euch!« Ist das nicht die Quintessenz auch des jetzigen Programms der Kommunistischen Partei der Sowjetunion?

4 L. Stein, *Geschichte der socialen Bewegung in Frankreich*, Zweiter Band, Leipzig 1840, S. 226.

5 *Œuvres* de Saint-Simon et d'Enfantin, Paris 1965-74, Bd. 3, S. 56.

Die alte – durch Lenin kanonisierte, also leninisierte – saint-simonistische Maxime, die als das Gesetz und Merkmal des Sozialismus, auch des entwickelten, aufgefaßt wird, hat natürlich eine ganz praktische Bedeutung: für das Lohnsystem. Im zweiten Teil des Programms, bei der Erörterung der »Wirtschaftsstrategie«, finden sich recht deutliche Warnungen nicht allein vor Einkünften, »die nicht auf Arbeit beruhen«, sondern auch vor »Gleichmacherei bei der Entlohnung«, und zugleich wird dort eine strenge Kontrolle über »das Maß der Arbeit und das Maß des Verbrauchs« gefordert. A chaque capacité selon ses œuvres! Die Maxime enthüllt hier ihre unangenehme Seite. Die Polemik gegen »Gleichmacherei« – und also die Beförderung einer differenzierten Lohnskala – ist keine Neuigkeit. Man kann eine weit zurückreichende Chronik der Repetition dieses Topos aufstellen. Bisweilen ist die »Gleichmacherei« paradoxerweise sogar als eine »kleinbürgerliche« Gesinnung denunziert worden: sie sei »der ärgste Feind des Sozialismus«, die Angleichung der Löhne von gelernten und ungelernten Arbeitern sei ein kapitalistisches Phänomen und werde vom Marxismus-Leninismus bekämpft; diese Sätze stammen aus dem Jahre 1939.[6] Stalin selbst ist sogar schon 1931 gegen die »Gleichmacherei« zu Felde gezogen, er hat sie damals allerdings nicht als »kleinbürgerlich«, sondern – vermutlich treffender – als »linkslerisch« abgetan und ein Tarifsystem gefordert, das den Unterschieden der Arbeitsqualifikation angepaßt sei. Im Sozialismus bleibe es bei dem Prinzip der Leistung, erst im Kommunismus würden die Unterschiede verschwinden.[7] (Wie das Leistungsprinzip von den Saint-Simonisten, so stammt die utopische Devise der Gewinnverteilung »gemäß den Bedürfnissen« von einem anderen Vormarxi-

6 Arbeitergesetzgebung, Textbuch für Rechtsfakultäten, zitiert bei Fritz Sternberg, *Marx und die Gegenwart,* Köln 1955, S. 144.

7 Stalin, *Fragen des Leninismus,* Moskau 1947, S. 406.

sten, von Louis Blanc.) Indessen hat Chruschtschow in ebendem Parteiprogramm (von 1961), dessen »Neufassung« wir hier vor uns haben, die Geltung des differenzierten Leistungslohns auf die Dauer der nächsten zwei Jahrzehnte beschränkt, zugleich aber gefordert, »die Spanne zwischen den hohen und den verhältnismäßig niedrigen Einkommen unablässig zu verringern«. »Unablässig« hieß es im definitiven Text, der Entwurf hatte nur ein »allmählich«. Der »voreilige« Chruschtschow wollte also die Handhabung der Lohntarife aus der »sozialistischen« in die »kommunistische« Gesellschaft, aus dem alten in den neuen Äon überführen – sei es »allmählich«, was vertrauensvoll, aber auch lässig klang, oder sei es »unablässig«, was einen entschiedeneren Willen in Bewegung zu setzen versprach.[8] Hier erkennt man einen deutlichen Grund für den »Voluntarismus«-Vorwurf. Aber es zeigt sich außerdem, daß dieser Herrscher mit seinem Programm die ominöse »Gleichmacherei« von neuem zu befördern oder doch in Reichweite vor Augen zu führen bestrebt war. Darauf antwortet die »Neufassung« von 1986 mit dem erneuerten Warnruf »gegen Gleichmacherei bei der Entlohnung«.[9] Aber damit hat es nicht sein Bewenden. Vielmehr lesen wir mit Erstaunen in dem folgenden Abschnitt, welcher der »Sozialpolitik der Partei« gewidmet ist, daß »der leistungsabhangige Lohn« auch »wahrend der gesamten ersten Phase des Kommunismus« die Haupteinkommensquelle bleiben werde.[10] Das ist eine ganz neue und einigermaßen bittere Weissagung. Das revidierte Programm kassiert also nicht nur die Datierung des Heils, es prolongiert nicht nur die Verzögerung bis in eine unbestimmte Zukunft, sondern es führt obendrein – mindestens in diesem einen Punkt – Usancen des »sozialistischen« Zeitalters fort bis in das

8 Meissner, *Das Parteiprogramm*, S. 207.

9 *Sowjetunion heute*, S. 24.

10 Ebda., S. 26.

»kommunistische« hinein. Es verwischt den Unterschied der beiden Äonen, und zwar diesmal auf Kosten des neuen Äons, in dem doch alles anders werden sollte. Und es fängt vorsichtig damit an, auch die Zukunft zu periodisieren, das Heil tritt nicht mit einem Schlag in die Welt ein, vielmehr wird es auch im »Kommunismus« wiederum verschiedene Entwicklungsphasen geben, und für die erste Phase wird hier die Voraussage gemacht, daß es beim Leistungslohn bleiben werde. In einem anderen Zusammenhang wird diese »erste Phase« geradezu als »die sozialistische Phase der kommunistischen Formation« bezeichnet.[11] Derart bewährt sich die vielgebrauchte biologische oder biologistische Metapher vom »Hinüberwachsen« der »sozialistischen« Gesellschaft in die »kommunistische« auch in dem Sinne, die Grenzlinie unsichtbar werden zu lassen. (Schnöde ausgedrückt: Man soll sich nicht wundern, wenn man eines Tages im Kommunismus aufwacht und doch alles beim alten findet.)

Schließlich zeigt die »Vervollkommnung ... des Leistungssystems und der Wirtschaftsmethoden« (wie es in einer Zwischenüberschrift desselben Kapitels heißt) – den Verfassern unbewußt – eine entschiedene Tendenz, den arbeitenden Menschen zu einem Leistungs-Instrument herabzudrücken, seine Effektivität durch »die moralischen und materiellen Stimuli« anzustacheln, wobei eben die moralischen und die materiellen Reize zudem »geschickt verbunden« werden müßten. Es nimmt wunder, wie ungeniert die Führung solche Technik der kollektiven Menschenlenkung bekanntgibt. Der Abschnitt über die innerwirtschaftlichen Austauschverhältnisse beschließt eine Serie von Postulaten mit der ausdrücklichen Empfehlung, »das ganze Arsenal der ökonomischen Hebel und Stimuli vollständiger und effektiver anzuwenden«.[12] Es ist

11 Ebda., S. 27.
12 S. 24.

schwer zu begreifen, wie sich die Nutz- und Reflexwesen, die hier vorausgesetzt und auch erzeugt werden, zugleich als »harmonisch entwickelte . . . Persönlichkeiten« darstellen lassen, »die in sich geistigen Reichtum, moralische Sauberkeit und physische Vollkommenheit vereinen«.[13] (Das Zitat entstammt dem Abschnitt V des zweiten Teils, der sich mit Erziehung und Bildung befaßt; es ist übrigens wörtlich identisch mit dem entsprechenden Passus in dem originalen Text von 1961.[14]) Augenscheinlich steht die Bildung einfach auf einem anderen Blatt als die Arbeit, eine Beziehung zwischen der Arbeitsorganisation und dem Persönlichkeits-Ideal ist nicht zu erkennen, jedenfalls in diesem Text nicht hergestellt. Karl Marx seinerseits, auf den sich die Theoretiker auch in dieser Sache zu berufen scheinen, hat die »Verkrüppelung« des »Teilarbeiters« wie auch das »allseitig entwickelte Individuum« streng aus den Gesetzen der Arbeitsorganisation dort der Manufaktur, hier der technischen Industrie abgeleitet (im Vierten Abschnitt des Ersten Buches des »Kapitals«); selbst dort, wo er einen der seltenen Blicke in die positive Utopie tut, erwächst seine Vorstellung von der »Persönlichkeit« aus dem – wie auch immer abstrakt-konstruktiven – Begriff einer Arbeit ohne Arbeitsteilung: » . . . in der kommunistischen Gesellschaft, wo jeder nicht einen ausschließlichen Kreis der Tätigkeit hat, sondern sich in jedem beliebigen Zweige ausbilden kann, die Gesellschaft die allgemeine Produktion regelt und mir eben dadurch möglich macht, heute dies, morgen jenes zu tun« (das steht in einer Frühschrift, der »Deutschen Ideologie« von 1845/6). Es ist hier nicht zu erörtern, ob eine solche Arbeitsorganisation möglich und tunlich sei; es kommt einzig auf die Wahrnehmung an, daß bei Marx die Bildung im Bösen wie im Guten aus der Arbeit hervorgeht, während das bolschewistische

13 S. 30.
14 Meissner, a.a.O., S. 228.

Programm von 1986 – das in dieser Hinsicht übrigens auf Kundmachungen fußt, die zehn Jahre zuvor veröffentlicht wurden[15] – jenes Bildungsziel weder aus der tatsächlichen Arbeitsorganisation herleitet noch gar eine Arbeitsorganisation entwirft, die der »harmonisch entwickelten Persönlichkeit« des Arbeiters Rechnung trüge. Die »Erziehung zur Arbeit«, die das Programm postuliert, zielt nicht auf solche Harmonisierung oder Humanisierung, sondern auf Leistungssteigerung. Die Formel von der »harmonischen Persönlichkeit« könnte freilich auch – ohne originären Zusammenhang mit Marx und seiner kommunistischen Utopie – ein etwas ranziges Residuum deutsch-bürgerlicher Schul-Ideale sein. Indessen kann sie auf die Herkunft aus der klassisch-humanistischen Sphäre schon darum keinen Anspruch erheben, weil dem sowjetischen Leitbild das Moment der Freizügigkeit mangelt. Wilhelm Meister war immer unterwegs, nicht allein in den Wander-, auch schon in den Lehrjahren. In der Sowjetunion indessen gibt es, auch im Stadium des »entwickelten Sozialismus«, kein Recht der Person (oder der »Persönlichkeit«) auf freie Bewegung, nicht einmal nach der Verfassung von 1977, obwohl sie ein eigenes Kapitel über »Grundrechte, Grundfreiheiten und Grundpflichten der Bürger der UdSSR« mit nicht weniger als dreißig Artikeln enthält. Vielleicht muß die Sowjetgesellschaft dieses elementare persönliche Freiheitsrecht so lange entbehren, als sie, gemäß der historischen Eschatologie, im Reich der Freiheit noch nicht angelangt ist, als sie, mit Augustinus zu reden, wie ein anderer »Gottesstaat« noch auf der Pilgerschaft inmitten der argen Welt sich befindet; da soll die Herde fest- und beieinandergehalten werden.

Was aber die »moralische Sauberkeit« betrifft, so wird man

15 »Manifest des entwickelten Sozialismus« in der Zeitschrift *Kommunist* 1976/7, angeführt von Helmut Dahm in *Der gescheiterte Ausbruch*, Baden-Baden 1982, S. 527.

durch das lange Register der Laster (oder, in der authentischen Sprache, der »negativen Erscheinungen«) genugsam darüber unterrichtet, mit welchen allzu menschlichen Hemmnissen die Partei und die Industrie im Interesse der Arbeitsdisziplin zu kämpfen hat: es reicht vom Diebstahl bis zur Liebedienerei, und auch die Trunksucht ist nicht zu vergessen.[16]

Überhaupt führt das jetzige Programm im Vergleich zu dem Chruschtschowschen Original eine eher nüchterne, dabei jedoch heftig antreibende Sprache. Der Kern ist der Appell, den wissenschaftlich-technischen Fortschritt »zu beschleunigen«. Indem die Nah-Erwartung des kommunistischen Endzustands revidiert, die Fern-Erwartung relativiert wird, rückt deutlicher als je zuvor eine Sprache der Steigerung, der Komparation und auch – buchstäblich – der Komparative an die Stelle der dialektischen. Schon in seiner Einleitung wird das Programm definiert als »das Programm der planmäßigen und allseitigen Vervollkommnung des Sozialismus, des *weiteren* Voranschreitens der sowjetischen Gesellschaft zum Kommunismus auf der Grundlage der Beschleunigung der sozialökonomischen Entwicklung des Landes«. Vervollkommnung, Voranschreiten, Beschleunigung, Verbesserung, Erweiterung, Vertiefung, Erhöhung, Festigung, Wachstum, Mehrung, Vergrößerung, Intensivierung, Steigerung der Arbeitsproduktivität: es wimmelt von diesen und ähnlichen Vokabeln. Es gab sie auch schon früher, zu Chruschtschows und auch zu Breschnews Zeiten, aber ich vermute, wollte man die Methode der Auszählung anwenden, so würde das neue Programm einen absoluten Rekord davontragen. Gewiß werden im einschlägigen Zusammenhang auch

16 *Sowjetunion heute,* S. 31. Ähnliche Register waren schon in früheren Verlautbarungen enthalten; maßgeblich scheint der Erlaß des Zentralkomitees »zur ideologischen Aufrüstung der Sowjetbürger« von 1979 (Osteuropa-Archiv 1979/Nov.).

spezifische Neuerungen beim Namen genannt; besonders wird die Automatisierung der Produktion, die Ausstattung mit Computern und Robotern angekündigt. Doch sind das nur kleine Einzelnoten in dem durchgängigen und fortwährenden Rauschen der komparativistischen Sprache des Fortschritts.

Zwar hat auch das »neugefaßte« Programm einigen Eifer daran gewendet, diesem Pathos des »immer weiter«, »immer besser«, »immer höher«, »immer schneller« eine Perspektive auf das »Endziel« zu weisen, den »Aufbau des Kommunismus in unserem Land«, es hat zugleich damit den technischen Modernisierungsprozeß eschatologisch verankert. Die Formel lautet, es werde »die materiell-technische Basis des Kommunismus« geschaffen. (Auch sie ist übrigens schon seit einigen Jahrzehnten im Gebrauch.) Dem vollendeten Heilszustand selbst wird – in der Einleitung zum Zweiten Teil des Programms – ausdrücklich »die Anwendung hocheffektiver technischer Mittel und Technologien« zugeschrieben; sie werde »die harmonische Wechselwirkung von Mensch und Natur« gewährleisten, am Ende auch jene »sozial homogene Gesellschaft« ermöglichen, welche das alte Orakel – unter dem Namen der »klassenlosen Gesellschaft« – von Anfang an geweissagt hat. Gleichwohl könnte man zweifeln, ob sich hier nicht der industrielle Fortschritt zu verselbständigen, ob er sich nicht am Ende von der eschatologischen Zielvorstellung und also von der apokalyptischen Legitimation zu emanzipieren beginne oder schon begonnen habe. Es könnte in der Tat die erneute – und sich wiederholende – Heilsverzögerung dahin führen, daß das letzte Ziel der Geschichte wenn nicht in Vergessenheit geriete, so doch zu einem bloßen »Märchen« verdämmerte, zu einem »sehr guten, sehr schönen Märchen« – ganz in demselben Sinn, wie Lenin es auf dem Siebten Parteitag (1918) von der Weltrevolution gesagt hat. Schon in Reden von Breschnew las man nicht ohne Verwunderung die recht bourgeoise Wendung von den »kommunistischen Idealen«[17], da doch Marx dergleichen ausdrücklich perhorrorziert hat – »Der Kommunismus ist für uns nicht ... ein Ideal, wonach die Wirklichkeit sich zu richten habe«, sondern »die wirkliche Bewegung, welche den jetzigen Zustand aufhebt«.[18]

Es könnte sich die apokalyptische Enttäuschung, die Lenin erfuhr, als die erwartete Weltrevolution ausblieb, noch einmal ereignen, wenn der »Kommunismus« ebenfalls ausbliebe – dann würde die Sowjetunion, im günstigsten Fall, nur ein anderes Japan, und dann könnte sich eines Tages die Frage erheben, wozu dann noch das Regiment der Partei, des Zentralkomitees und des Politbüros nötig sei. Zum wenigsten wäre dann die spezifische Legitimität der bolschewistischen Herrschaft in höchster Gefahr, in weit größerer Gefahr, als sie bisher je gewesen ist, denn weder die Fehler und Irrtümer fast aller bisherigen Führer, den apotheosierten Lenin ausgenommen, noch die militärischen Interventionen in »Bruderländern« und anderwärts haben die eigentümliche Legitimität dieser Parteiherrschaft ernsthaft zu schädigen vermocht.

Aber es wäre sehr schwer, das Ausbleiben des Kommunismus zu konstatieren. Die neueren Exegeten haben die Heilsverzögerung zwar erträglicher gemacht durch die Einschiebung der Etappe des »entwickelten Sozialismus«, sie haben aber zugleich die Aussicht in die Wolke der »Allmählichkeit« gehüllt, und die altvertraute Metapher vom »Hinüberwachsen« tut ein übriges, die Erkenntnis der Zeichen zu erschweren. Abermals und immer noch macht sich die »historische Unsicherheitsrelation« geltend, jene geheimnisvolle Natur des apokalyptischen Kalenders –

17 Rechenschaftsbericht des Zentralkomitees an den XXIV. Parteitag, 30. 3. 1971, Moskau 1971, z. B. S. 122.

18 *Die deutsche Ideologie*, Frühschriften, 1955, S. 361.

eines Kalenders ohne Daten –, die wiederum das Evangelium kenntlich macht mit den Worten: »Von dem Tage aber und der Stunde weiß niemand, auch nicht die Engel im Himmel, und der Sohn nicht, sondern allein der Vater« (Markus 13,32). Es scheint eine sinnreiche Koinzidenz zu sein, daß diese Leugnung der chronologischen Erkennbarkeit in einer und derselben Rede zusammengeraten ist mit dem Hoffnungswort, das ich zuvor in Erinnerung gerufen habe: »Dies Geschlecht wird nicht vergehen, bis daß dies alles geschehe« (Markus 13,30). Diese Zusicherung wird zwar durch jene Lektion der Unwissenheit logisch aufgehoben, aber gleichwohl hängen beide Aussprüche auch miteinander zusammen, indem der Prophet gerade diejenigen beunruhigt und in Erwartung versetzt, die hier und jetzt vor ihm stehen, die Zeitgenossen. Chruschtschows Programm war nach dem Muster von Vers 30, Gorbatschows Neufassung ist nach dem von Vers 32 gemodelt; hier hat man es mit zwei verschiedenen Propheten zu tun, nicht mit einem einzigen wie im Evangelium. Die Prophetie selbst hält sich durch.

Inzwischen kann, was die technisch-wissenschaftliche Entwicklung betrifft, der Bolschewismus auf Leistungen verweisen, die bereits erbracht wurden und die daher gleichsam eine Bürgschaft dafür darstellen, daß man hiermit auf dem richtigen Wege sei und daß dieser Weg auch ans Ziel führe. »In der Sowjetunion wurden das erste Atomkraftwerk und der erste Atomeisbrecher gebaut, der erste künstliche Sputnik auf eine Erdumlaufbahn gebracht und das erste bemannte Raumschiff gestartet«[19] heißt es im Ersten Kapitel des Ersten Teils des neuen Programms, und das gewiß mit gutem Recht, wenn dergleichen Erfolgsmeldungen auch zugleich unter die Symptome derjenigen strukurellen Ruhmredigkeit gehören, die in dieser oder jener Ausprägung von je den Systemen absoluter Herr-

19 *Sowjetunion heute*, S. 15.

schaft eigen ist. Seither hat sich in ebenderselben Sowjetunion allerdings auch der schwerste Atom-Unfall ereignet (26. April 1986), den es in der bisherigen Geschichte dieser Technologie gegeben hat, und der Schrecken in der weiten Welt wurde nur noch vermehrt durch den höchst unrühmlichen Versuch Moskaus, das Unglück zu verheimlichen. Aus der Ferne betrachtet, konnte das Ereignis sich ausnehmen wie eine Antwort – nicht der Geschichte, wohl aber der Natur auf die hemmungslose Fortschrittsparole und als eine Warnung vor den Folgen der »Beschleunigungs«-Kampagne, die soeben mit Macht eröffnet worden war. Es ist nicht wahrscheinlich, daß Tschernobyl in der Sowjetunion den Fortschrittsglauben in der Weise erschüttern werde, wie er im Westen seit geraumer Zeit erschüttert ist. Das ginge an die Wurzel der bolschewistischen Legitimität, da ja der technisch-industrielle Fortschritt seinerseits ein Element des Fortschritts der Geschichte selber bildet. Der äußerste Effekt, der denkbar ist, wäre die Feststellung eines künftigen Parteiprogramms, daß Gorbatschow den Fehler des Progressismus begangen habe. Während das jetzige Programm der früheren Führung – es ist wohl namentlich an Breschnew gedacht, aber es wird kein Name genannt – »ungünstige Tendenzen« nachsagt, die »die Vorwärtsbewegung hemmten«, könnte ein späteres Verdikt vielleicht lauten, daß die jetzige Führung die Vorwärtsbewegung überstürzt habe. Die Partei wird auch dies überstehen, falls es eintreten sollte.

Es hat in der westlichen wissenschaftlichen und politischen Literatur über Jahre hinweg eine Kontroverse darüber gegeben, ob die »Ideologien« ausgespielt hätten oder ob wir im Gegenteil mit ihrer Wiederbelebung rechnen müßten. Diese Erörterungen waren, wie mir scheint, wesentlich von den jeweils in Westeuropa und in Nordamerika verspürten Wellenbewegungen des Geistes, zumal der Jugend, bestimmt. Für die kommunistische Welt gilt das knappe Urteil, das Raymond Aron in seiner letzten Publikation ausgesprochen hat: »... die ideologische Wahrheit besteht fort und wird von der Polizei vor Anwürfen geschützt«.[20] Ein hervorragender deutscher Beobachter, Karl Dietrich Bracher, hat ein ähnliches Votum abgegeben: »Die Glaubensgehalte mochten schwinden, zur bloßen Dogmenlehre mit Lenin- und Marxkult verkommen, doch Stellung und Funktion der Ideologie im Rahmen der ... Einparteidiktatur blieben ungebrochen.«[21]

Ich habe meinerseits in diesen Kapiteln, die den Bolschewismus betreffen, das Wort »Ideologie« nach Möglichkeit vermieden. Das Wort verführt den auf »Wertfreiheit« bedachten wissenschaftlichen Analytiker leicht dazu, von dieser Sache wie von etwas Verfügbarem zu reden, das einer haben oder nicht haben, gebrauchen oder fahrenlassen kann. Gewiß kommt dem der Umstand entgegen, daß die Ideologen selbst vom »Marxismus-Leninismus« als von einer lehrbaren und lernbaren Masse von Sätzen und in diesem Sinn von ihrer »Ideologie« reden. Doch liegt der Grund ihrer Macht nicht in dem ideologischen Dogmensystem als solchen, er wird in der »Ideologie« nur artikuliert, gelehrt und tradiert, ganz ebenso wie die Theologie die »Wahrheit der Religion« (mit Pascals Ausdruck zu reden) nicht erzeugt, sondern voraussetzt. Die marxistische Wissenschaft ist Offenbarungswissenschaft wie die Theologie, mit dem Unterschied freilich, daß ihr diese ihre eigene Natur verborgen ist – oder daß sie sich ihre eigene Natur selbst verbirgt, ja sie mit Gewalt unterdrückt. Von »Ideologie« können wir – jedenfalls im Zusammenhang der Legitimitätsfrage – nur dann ernsthaft sprechen, wenn wir uns jeden Augenblick darüber im klaren sind, daß diese

20 *Die letzten Jahre des Jahrhunderts*, französisch 1984, deutsch 1986, S. 129.

21 *Zeit der Ideologien*, 1982, S. 283.

Ideologie im Grunde eine Religion ist; ich meine nicht eine Ersatzreligion oder eine Pseudoreligion, sondern eine Religion. Diese Einsicht ist schwierig. Immerhin ist sie auch von bedeutenden Theologen ausgesprochen worden. Eine Religion ist kein Gebrauchsgegenstand und keine bloße soziale Funktion, und sie läßt sich auch als Herrschaftsinstrument nicht wirklich begreifen. Diese »Ideologie« ist als eine Religion gerade daran zu erkennen, daß sie der Herrschaft der Kommunistischen Partei nicht als Mittel dient, sondern daß sie der Grund dieser Herrschaft ist. Ohnehin hat das Wort »Ideologie« im Leninschen und leninistischen Gebrauch seine Marxsche und marxistische Erkenntnisschärfe gänzlich eingebüßt. Ehedem diente es, zur Bloßlegung von Interessen aufzufordern, welche am Grunde von Gesinnungen und Theorien wirken mochten. In Karl Mannheims berühmtem Buchtitel »Ideologie und Utopie« wurde dem (ideologischen) Selbstbetrug der (utopische) Wahrtraum entgegengesetzt. Lenin und seine Nachfolger haben indessen ihre eigene Utopie zur »Ideologie« erklärt und die Verdächtigung aus dem Begriff herausgenommen: unter allen Ideologien sollte es nun eine einzige geben, die durchaus unverdächtig war, da sie im proletarischen Klasseninteresse das Menschheits-Interesse ausdrückte, und das war absolut legitim, diese »Ideologie« daher schlechterdings wahr. Die westliche Sozialwissenschaft hat seither eigentlich den leninistischen, den ins Harmlose verkehrten Ideologiebegriff in Gebrauch genommen, natürlich in »pluralistischer« Fassung: Überall sind »Ideologien«, und keine ist wahr. Manche Autoren scheinen alle »Ideologien« zu verurteilen und auf eine von diesen Imprägnierungen gereinigte schiere »Politik« zu zielen; zu Ende geführt, landet solche »Ideologiekritik« im Machiavellismus. Die Verwirrung ist mehr als ein halbes Jahrhundert alt. Indem wir in der bolschewistischen »Ideologie« die Natur der Religion erkennen, sind wir in den

Stand gesetzt, insoweit die Begriffsverwirrung zu beenden. Es herrscht da nicht eine »Politik«, die »ideologisiert« wäre (und der man, vergeblich, die »Entideologisierung« predigen müßte), sondern es herrschen die Verwalter einer Religion.

Wer aber nach allem, was ich bisher an Zeichen und Kategorien apokalyptischer Legitimität zu beschreiben versucht habe, noch an dem Religions-Charakter der bolschewistischen »Ideologie« zweifelt, dem mögen religionswissenschaftliche Definitionen eine zusätzliche Gewähr geben. Es handelt sich hier in der Tat um eine Religion ohne Gott, ohne Transzendenz überhaupt. Ob auch das vielberufene Schleiermachersche Kriterium, das Gefühl der »schlechthinnigen Abhängigkeit«, in diesem apokalyptischen Geschichts- und Fortschrittsglauben fehle, kann offenbleiben: der Abhängigkeit der jeweiligen Gesellschaft von dem vorbestimmten »objektiven Gesetz der Geschichte«, auf welches die herrschende Partei sich beruft, scheint der »subjektive« Faktor des politisch-sozialen Handelns, wenn er, bei treffender Einsicht in die »Reife der Zeit«, in den Prozeß dialektisch einzugreifen unternimmt, scheint also die menschliche Macht die Waage zu halten. Doch hat ein neuerer christlicher Theologe, Gerardus van der Leeuw, die Bestimmung Schleiermachers im Grade der Abstraktion und Allgemeingültigkeit noch einmal überboten mit der Formel vom »Verhältnis zu einer Überlegenheit«: In einer so weiten und umsichtigen Definition hat denn auch der gott-lose, diesseitige Geschichtsglaube Platz mitsamt der dialektischen Beteiligung des handelnden Menschen.[22] Und was dieses »Verhältnis« zwischen Gesetz und Tätigkeit anbetrifft, so kann sogar eine so moderne, existentialistisch eingefärbte Charakterisierung der Religion, wie sie in der neuesten Ausgabe des

22 *Die Religion in Geschichte und Gegenwart,* Ausgabe von 1930, Bd. IV, Sp. 1861.

Handbuchs »Religion in Geschichte und Gegenwart« zu finden ist, als eine typologisch durchaus treffende Deutung angesehen werden: der religiöse Akt sei das »Urmodell aller schöpferischen Subjekt-Objekt-Einigung überhaupt«.[23] Wie van der Leeuw, so hat auch Richter, der Autor des zuletzt angeführten Artikels, ausschließlich Religionen im Sinne der traditionellen Religionswissenschaft vor Augen; keiner von beiden scheint im mindesten an so etwas wie die »marxistisch-leninistische Ideologie« gedacht zu haben.

Schwieriger scheint es zu sein, im Bolschewismus das Heilige aufzufinden, welches doch, nach Rudolf Otto und, neuerdings, nach Mircea Eliade das eigentliche Merkmal aller Religion sei. Aber auch dieser große Kenner, Eliade, hat gleich zu Anfang seines Werkes über »die Religionen und das Heilige« die Schwierigkeit namhaft gemacht, die sich zeige, »wenn die Sphäre des Begriffs ›heilig‹ abgegrenzt werden soll«[24], obgleich auch er es doch ausschließlich mit denjenigen Phänomenen zu tun hat, die im traditionellen wissenschaftlichen Sinn als ›Religionen‹ anerkannt sind, seien es ›primitive‹ oder auch hochspirituelle Bildungen. Ein Wort wie ›heilig‹ fehlt allerdings im Bolschewismus. Jedoch ist der Bezirk des Heiligen in den schriftlichen Zeugnissen – wie zum Beispiel in den Parteiprogrammen – an gewissen anderen Vokabeln durchaus zu erkennen. »Die welthistorische Wende der Menschheit vom Kapitalismus zum Sozialismus, die mit der Oktoberrevolution begonnen hat, ist ein gesetzmäßiges Ergebnis der Entwicklung der Gesellschaft. Der Marxismus-Leninismus hat die objektiven gesellschaftlichen Entwicklungsgesetze entdeckt . . .«: So beginnt das erste Kapitel des Programms von 1961, das in seiner Überschrift nichts

23 Ebda., Ausgabe von 1961, Bd. V, Sp. 969.

24 Mircea Eliade, *Die Religionen und das Heilige*. Elemente der Religionsgeschichte. Frankfurt 1986, S. 21.

Geringeres zu traktieren verspricht als den »Entwicklungsweg der Menschheit«.[25] Darin erkennen wir unsererseits mit einem einzigen Blick – wenn die biblische Analogie erlaubt ist – das Gesetz und die Propheten. Das gesellschaftliche Gesetz der Geschichte zusamt seinen Entdekkern, den ›Klassikern‹, deren Bilder von allen Transparenten, von den Stirnwänden aller Versammlungssäle blicken, und schließlich »die KPdSU, die führende Kraft der sowjetischen Gesellschaft«, »der Inspirator und Organisator des historischen Schöpfertums der Massen«[26] – das sind die Elemente der sakralen Sphäre dieser Religion. Die liturgisch wiederholten, mit obligater Emphase ausgestatteten Vokabeln der »objektiven Gesetzmäßigkeit«, der »wissenschaftlichen Weltanschauung«, der »Mission des revolutionären Umgestalters der alten und des Schöpfers der neuen Gesellschaft«, welche nämlich »die Geschichte der Arbeiterklasse übertragen« habe[27], der Größe der Partei und auch des Sowjetvolkes – das sind die Kennworte, welche den heiligen Bezirk anzeigen. Endlich muß an das Lenin-Mausoleum auf dem Roten Platz in Moskau erinnert werden, an die Prozessionen, die zu der einbalsamierten Leiche pilgern: der Reliquienkult braucht in Hinsicht auf Frequenz und Dauer keinen Vergleich aus dem traditionellen religiösen Bereich zu scheuen.

»Was ist nun der Plan der Vorsehung in der Weltgeschichte? Ist die Zeit gekommen, ihn einzusehen?« Das sind die kühnen, ja tollkühnen Fragen, welche Hegel am Beginn seiner »Vorlesungen über die Philosophie der Geschichte« gestellt hat.[28] Er hat die Möglichkeit der Einsicht in den Plan bejaht, und es ist vor allem anderen

25 Meissner, *Parteiprogramm*, S. 146.

26 Programm von 1986, *Sowjetunion heute*, Sondernummer, S. 38/39.

27 Ebda., S. 14.

28 G. F. W. Hegel, *Vorlesungen über die Philosophie der Geschichte*, Ed. Lasson, I, S. 22.

das Zutrauen in diese Erkenntnis, was Marx von ihm geerbt hat, mag er auch das Subjekt umdefiniert, an die Stelle des Geistes die Materie gesetzt haben. Man braucht nur eine gewisse Übersetzung vorzunehmen, um Hegels Gewißheit in der marxistischen und bolschewistischen wiederzuerkennen. »Die Christen« – so hieß es dort – »sind also in die Mysterien Gottes eingeweiht, und so ist uns auch der Schlüssel zur Weltgeschichte gegeben. Hier gibt es eine bestimmte Erkenntnis der Vorsehung und ihres Plans«.[29] Marx hat die Planmäßigkeit der Geschichte und ihre Erkennbarkeit beibehalten, er hat den Plan nur gleichsam noch einmal versenkt in die Tiefe der ›gesellschaftlichen‹ Entwicklung. Und im Bolschewismus ist es die ›Leninsche‹ Partei, welche, in die Mysterien eingeweiht, den Schlüssel zur Weltgeschichte in Händen zu halten den Anspruch erhebt. Hegels Geschichtsphilosophie trägt den theologischen, den religiösen Ursprung noch deutlich an der Stirn, diese Zeichen sind in dem ›materialistisch‹ eingefärbten Erbgang getilgt worden, aber die Heiligung des Geschichtswesens als solche hat sich unverwischt erhalten.

Das kommunistische Heil hat sich von neuem verzögert. Die Naherwartung ist gestrichen, und wie es mit der Fernerwartung steht, bleibt undeutlich. Selbst wenn die Erwartung sich erschöpfte, bliebe wohl die Vollstreckung weiter tätig. Die christliche Religion hat zwei niederschmetternde Enttäuschungen erfahren, die Hinrichtung ihres Propheten und das Ausbleiben seiner Wiederkehr. Sie hat beides überlebt. Der Apostel Paulus hat den Christen in dieser Lage, für diese lange Prüfungszeit zwischen dem Unheil des Kreuzes und dem erwarteten, immer zu erwartenden Heil des Gottesreiches, die große Möglichkeit der Bewährung eröffnet, die unendliche ethische Aufgabe gewiesen, die Herzenstätigkeit der Nächstenliebe. »Nun

29 Ebda., S. 22/23.

aber bleiben Glaube, Hoffnung, Liebe, diese drei, aber die Liebe ist die größte unter ihnen.« Wenn die Analogisierung erlaubt ist, so könnte ein bolschewistischer Apostel in der heutigen Lage – nach den apokalyptischen Enttäuschungen, die diese Gemeinde erfahren hat, daß nämlich die Weltrevolution ausgeblieben ist und daß der Anbruch des Reichs der klassenlosen Gesellschaft sich vertagt – auch seinerseits an den Glauben erinnern und zur Hoffnung ermuntern, drittens aber würde er zur Arbeit antreiben. Nichts anderes tut das Parteiprogramm von 1986. Es repetiert den Glauben an die »objektiven Gesetze der Geschichte«, es lenkt im selben Atemzug den Hoffnungsblick in das künftige Reich der Freiheit, und es fordert sehr ausführlich und sehr dringlich die höchste Arbeitsanstrengung von jedermann. »Aber die Arbeit ist die größte unter ihnen.« Mit der Analogie wird auch die ungeheure Differenz deutlich. Das Christentum wird die Religion der Liebe geheißen. Der Bolschewismus – in seiner heutigen sowjetrussischen Verfassung – läßt sich als eine Religion der Arbeit beschreiben.

10. Kapitel
Der Zweifel an der Zuständigkeit der Wähler

»Repräsentation gründet sich auf Zutrauen ...«
(Hegel, Rechtsphilosophie)

Die Wissenschaft ist nicht zur Neutralität verurteilt. Die kritische Untersuchung der Legitimitäts-Arten, der Gründe der Regierungsmacht, soll nicht bei vergleichenden Beschreibungen stehenbleiben, sie braucht sich damit nicht zu begnügen. Sie braucht sich auch nicht damit zu bescheiden, eine Entscheidung bloß vorzubereiten, sie soll und kann zu einem begründeten Urteil vordringen. Die gegenwärtigen Erörterungen sollen nicht jener Selbstentmannung der Wissenschaft Vorschub leisten, die es bei der timiden Parole der Objektivität bewenden läßt. Sie wollen vielmehr dazu beitragen, Wahrheit zu gewinnen, und Wahrheit reicht weiter als bloße Objektivität. Dazu aber ist es nötig, auch das Fundament, auf welchem die Rechtmäßigkeit westlicher verfassungsmäßiger Regierungen ruht, das Prinzip der freien Wahlen als die gegenwärtig vorherrschende Ausdrucksform oder Verwirklichung bürgerlicher, politischer Legitimität, auf seine Gültigkeit und Festigkeit kritisch zu prüfen. Es gibt eine Reihe charakteristischer Zweifel, die auf mögliche oder tatsächliche Mängel dieser Legitimitätsart oder auf Unsicherheiten dieser Legitimitätsgründe hindeuten. Es ist der Welt der freien Verfassungen eigentümlich, daß solche Zweifel in ihrem eigenen Inneren aufkommen. Sie braucht selbst den Widerspruch nicht zu unterdrücken, denn sie hat keine Offenbarung zu hüten, auf deren eindeutige Auslegung und konsequente Befolgung sie bedacht sein müßte. Mit einigen dieser Zweifel müssen wir uns beschäftigen, und wir können hoffen, bei diesen Erwägungen unter der Hand das

Wesen bürgerlicher Rechtmäßigkeit genauer zu verstehen als bisher.

Der erste ausdrückliche Zweifel an der Rechtmäßigkeit frei gewählter Regierungen und an der Zulänglichkeit der Wahl auf Grund allgemeinen und gleichen Wahlrechts tritt nicht selten in der Gestalt auf, daß man die Wählerschaft des allgemeinen Wahlrechts für gründlich inkompetent, uninformiert und darum für urteilsunfähig erklärt. Dieser Einwand betrifft das Fundament, auf welchem die ›westlichen‹ Regierungen ruhen. Er zieht das Subjekt der Wahl, nämlich die Wählerschaft, in Zweifel, er streitet dem allgemeinen Wahlrecht den vernünftigen Sinn und daher auch die legitimierende Kraft schlechthin ab. Er geht an die Wurzeln der Demokratie.

Man belegt das Argument der Uninformiertheit der Wähler oder doch der Wählermehrheit gerne mit Ergebnissen der sogenannten Meinungsforschung, also der Tätigkeit jener – bei uns meist privatwirtschaftlich betriebenen – Institute, die nach dem Muster des amerikanischen Gallup-Unternehmens und auf der Grundlage der stichprobenartigen Befragung eines ›repräsentativen‹ Querschnitts der jeweils gegebenen Bevölkerung die durchschnittlichen Neigungen, Wünsche, Meinungen, Kenntnisse und Reaktionen dieser Bevölkerung zu ermitteln beschäftigt sind. Solche Untersuchungen konnten einzig in einer entschieden demokratischen oder, wenn man dieses Wort vorzieht, in einer prinzipiell egalitären Gesellschaft aufkommen und entwickelt werden: nur hier kommt es überhaupt darauf an, was die Leute meinen, wollen und wünschen, und nur hier war der Gedanke möglich, daß man mit einer solchen »Stichprobe« – worin nämlich die nötige Mischung der bevölkerungsstatistischen Kategorien des Geschlechts, der Altersstufen, der Einkommensklassen, des Familienstands, des Berufes und dergleichen enthalten ist oder sein soll – eine Auswahl in die Hand bekomme, die tatsächlich für die gesamte Gesellschaft ›repräsentativ‹ sei. In einer nach dauerhaften Ständen oder Klassen gestuften Gesellschaft müßte dieser methodische Gedanke entweder als lächerlich erscheinen oder aber umstürzlerisch wirken, und es kann wohl sein, daß ein gewisser Teil der spöttischen Verachtung, die unsere Gebildeten diesem Gewerbe und dieser Methodik bisweilen noch entgegenbringen, aus fortwirkenden feudalen Denkgewohnheiten herrührt. Wer in dem Bewußtsein lebt, sich ein eigenes Urteil erworben und gebildet zu haben, der wird es zudem nur schwer ertragen, von einer Ansammlung von zweitausend zufälligen Individuen (denen die Fragen vorgelegt werden) mit»repräsentiert« zu sein. Es bedurfte und bedarf also der Gleichheit, damit eine solche Methode auch nur ausgedacht werden konnte; es bedurfte und bedarf zudem der garantierten Meinungsfreiheit, damit die Befragten überhaupt Antworten geben. Vielleicht sollte man – im Hinblick auf diejenigen Umfrage-Arten, die sich auf politische Meinungen und politisches Verhalten beziehen – noch hinzufügen, daß es auch des allgemeinen Wahlrechtes bedurfte und bedarf, damit dergleichen Fragen mitsamt ihrer durchschnittlichen Beantwortung überhaupt Interesse erweckten und relevant wurden.

Wenn beinahe drei Viertel derer, die von einem deutschen demoskopischen Institut in der Bundesrepublik zu der Zeit befragt wurden, als die internationale und die parlamentarische Diskussion über die Europäische Verteidigungsgemeinschaft auf ihrem Höhepunkte stand, mit dem Begriff »EVG« nichts anzufangen wußten – um nur eines von vielen Beispielen anzuführen, und gewiß ein schockierendes –, so scheint die Politik bei dergleichen Mehrheiten wohl in den falschen Händen zu sein. Jedenfalls ließ sich mit solchen Erhebungen das Argument von der Unzuständigkeit der allgemeinen Wählerschaft recht eindrucksvoll stützen und illustrieren. Man braucht nicht erst nach

Ländern wie Indien oder dem Sudan zu blicken, wo die Mehrheit der Bevölkerung nicht lesen und nicht schreiben kann und wo man eine sinnreiche politische Bildersprache erfinden mußte, um gleichwohl eine artikulierte Wahlentscheidung aus ihr herauszuholen – auch die zivilisierte Welt scheint enttäuschende Erkenntnisse bereitzuhalten. Ebendieselben Leute, die bei jenen Befragungen eine so mangelhafte Vertrautheit mit einem so vordringlichen und so ausgiebig öffentlich erörterten Thema wie demjenigen der militärischen Integration Westeuropas offenbarten, haben gleichwohl zuvor (im Jahre 1951) an Landtagswahlen und hernach (im Herbst 1953) an einer Bundestagswahl mitgewirkt, an Wahlen also, bei welchen die Frage der Wiederbewaffnung im Rahmen einer europäischen Verteidigungs-Organisation im Vordergrunde stand, ja in einem gewissen Maße auch tatsächlich entschieden wurde. Ein deutscher politischer Autor jener Jahre, der den Einwand der Inkompetenz der Wählerschaft nachdrücklich verfochten und ausführlich begründet hat, formulierte die Schlußfolgerung mit dem Satz: »Es ist klar, daß die überwältigende Mehrheit der Wähler weder ein politisches Urteil noch ein politisches Interesse hat.«[1]

Trifft dies aber wirklich die Legitimitätsgrundlage der Wahl als solcher? Ein spezifisches politisches Urteil und ein spezifisches politisches Interesse werden gewiß in dem Falle erfordert, da man eine politische Situation zu analysieren, ihre Faktoren abzuschätzen und demgemäß eine politische Entscheidung zu treffen hat: eine Sach-Entscheidung also, beispielsweise die Entscheidung über Annahme, Ablehnung oder auch Abwandlung der europäischen Verteidigungs-Organisation oder auch eine Entscheidung über diese oder jene Methode des Lastenausgleichs, über diese oder jene Reform des Steuersystems oder gar die Entscheidung über die Tagesordnung einer ›Gipfelkonferenz‹ und

1 Winfried Martini, *Das Ende aller Sicherheit*, Stuttgart 1954, S. 131/32.

all dergleichen. Eine Parlamentswahl ist offenbar etwas anderes als eine derartige Sachentscheidung. Zweifellos ist zwar in jeder Wahl eine Reihe von Sachentscheidungen fundamentaler oder auch aktueller Art mit eingeschlossen; so haben gewiß diejenigen Wähler, die 1953 in der Bundesrepublik die Kandidaten der Christlich-Demokratischen Union mit Dr. Adenauer an der Spitze gewählt haben, im gleichen Zuge für das Prinzip der Marktwirtschaft, für die Errichtung der Bundeswehr und für die Teilnahme Deutschlands an einer westlichen Bündnis-Organisation votiert – diese drei »Richtlinien der Politik« waren mitgegeben. Aber sie waren nicht Gegenstand der Wahl. Die Kandidaten der Partei, welche diese Politik zu ihrer Sache gemacht hatte, mögen sich angestrengt haben, sie deutlich bekanntzugeben, zu erklären und zu rechtfertigen; die Wähler mögen es, zu einem Teil jedenfalls, auch aufgefaßt und wenigstens in dem Sinne zur Kenntnis genommen haben, daß sie diese Absichten, wenn sie ihnen auch nicht durchaus und mit reiflicher Erwägung zustimmten, doch immerhin duldeten – daß sie zum Beispiel die wirtschaftliche Blüte und den hohen Grad der Beschäftigung wahrnahmen und genossen, daher die Wirtschaftspolitik zu billigen geneigt waren, während sie die Bewaffnung nur eben in Kauf nahmen, vielleicht ohne die zwingenden Motive dieses Teils der angekündigten Regierungspolitik einzusehen und ihre Kosten abschätzen zu können. Da es sich aber eben nicht um eine sachgebundene und der Sache nach abgegrenzte Abstimmung, sondern vielmehr um eine Wahl handelte, so muß man durchaus nicht verlangen, daß jedermann oder daß auch nur eine Mehrheit von Wählern sich über die Umstände und die Tragweite der einzelnen Programm-Elemente im klaren seien.

Die Wahl ist und bleibt zuerst und überwiegend eine Kundgebung des Vertrauens gegenüber Personen, Personengruppen, Parteien, potentiellen Regierungsmannschaften, ein Ausdruck wohl auch des Zugehörigkeitsgefühls zu gewissen Denkrichtungen und geistigen Milieus, ein Ausdruck schließlich auch von Interessen – wenngleich dies nicht notwendig und nicht einmal vorwiegend »politische« Interessen zu sein brauchen. Das Interesse am Wohlbefinden, das Interesse am Frieden, das Interesse am Glück, das Interesse an Sicherheit – sind das nun »politische« Interessen? Es sind offenbar mächtige gesellschaftliche, elementare menschliche Interessen, welchen zu genügen eine Aufgabe der wirklichen Politik von Regierungen bildet. Es wäre ein moralischer mehr noch als ein logischer Fehler, wenn man das »politische Interesse« auf das Interesse an der Politik, nämlich am politischen Geschäft, an der politischen Kunst, an den Problemen einer speziellen Situation und an den Methoden, ihr gerecht zu werden, einschränken wollte und darüber das Ziel und den Gegenstand des politischen Geschäftes aus den Augen verlöre. Das Ziel und der Gegenstand der Politik aber ist in der Tat derselbe, den auch jene uninformierten, unwissenden Wähler in der Regel in ihrer Mehrheit anstreben: der Friede, der wohlverstandene Friede. Aber das ist ein größeres, weitläufigeres Thema, das hier nicht zu erörtern ist.[2] Es genügt, wenn die Unterscheidung kenntlich wird zwischen dem Interesse an der Politik, nämlich an ihren Spezialitäten, und dem politischen Interesse schlechthin als einem fundamental und universal menschlich-gesellschaftlichen Merkmal.

Eine Wahl also muß in erster und letzter Linie als eine Entscheidung darüber verstanden werden, wer für die vorbestimmte Zeit mit der Autorität der Gesetzgebung und der Regierung ausgestattet werden soll. Eine Wahl ist ein Akt des Zutrauens und des Anvertrauens. Darin liegt

2 Ich habe es in der Schrift *Die Politik und der Friede* behandelt, Frankfurt a. M. 1986.

aber, daß die Wählenden, wie gering auch immer ihre eigene Kenntnis von den Spezialitäten des politischen Geschäfts sein mag, mit und in ihrer Wahlhandlung Zutrauen aussprechen, daß diejenigen Personen, welche sie zu wählen sich entschlossen haben, eben jene Kenntnis, Informiertheit, Kunst und Wohlberatenheit bewähren werden, an der es ihnen selber fehlen mag. Die Wahl begründet und verleiht Autorität, weil sie auf einem Autoritätsverhältnis beruht. Oder, was genau dasselbe ist: sie vertraut denjenigen das Amt an, denen die Wähler am ehesten zutrauen, daß sie es zu führen verstehen.

Des ferneren aber gilt von dem Argument der Inkompetenz des Wählers, daß es die Grundlagen der demokratischen Legitimität nur dann zu erschüttern vermag, wenn man diese mit der radikalen Doktrin gleichsetzt, wonach der allgemeine Wille (volonté générale) und sein Ausdruck oder sein Ersatz, der Mehrheitswille, stets die Wahrheit, das Rechte und Gute an den Tag bringe. Es ist niemals ein Kunststück, historisch-empirische Tatsachen wider ein theologisches oder quasi-theologisches Dogma ins Feld zu führen. Die Lehre Jean-Jacques Rousseaus vom allgemeinen Willen ist aber nichts anderes als ein quasi-theologisches Dogma, sein corps politique ist ein versetztes corpus mysticum, sein »Volk« eine weltliche Gestalt der Gemeinde der Heiligen. Die Legitimität einer konkreten historischen politischen Ordnung aber und insbesondere die legitimierende Kraft der Wahl beruht gar nicht auf einer solchen Doktrin. Sie geht vielmehr aus der wirklichen lebenden Verfassung hervor – oder besser: es ist diese wirkliche, lebende Verfassung, welche auf ihre Rechtmäßigkeit zu prüfen ist, und zu dieser Prüfung bedarf es nicht des Dogmas von der Offenbarungswahrheit des allgemeinen Willens. Die lebende Verfassung ist nicht ein Gebilde, das aus einem einzigen Prinzip konstruiert wäre, sie ist überhaupt nicht so sehr ein Erzeugnis philosophischer (oder auch juristischer) Ableitungen als vielmehr des Kampfes geschichtlicher, gesellschaftlicher Kräfte, und sie bildet ein System von Normen und Spielregeln, welches aus dem Friedensschluß dieser gesellschaftlichen Kräfte hervorgegangen ist.

Was insbesondere das in Europa vorherrschende System der parlamentarischen Demokratie anlangt – für welche das Verfahren der Bestellung der leitenden, sowohl beratenden als entscheidenden, Körperschaften durch allgemeine Parlaments-Wahlen charakteristisch ist –, so stellt sie ein höchst seltsames, logisch aus keinem einzelnen Prinzip herzuleitendes Produkt vitaler geschichtlicher Entwicklungen dar, bewegt, gefährdet, ja zerrissen zuweilen und doch auch immer wieder zur höchsten, freiesten Integration vorangetrieben gerade durch den ihr innewohnenden lebendigen Widerspruch, durch die ursprüngliche und fortwirkende Spannung nämlich zwischen Parlaments-Souveränität und Volks-Souveränität oder zwischen Repräsentation und Demokratie. Vom Gesichtspunkt der radikalen demokratischen Doktrin ist der Name »parlamentarische Demokratie« soviel wie ein hölzernes Eisen, denn Parlamentsherrschaft kann in ihren Augen niemals demokratisch, Demokratie andererseits niemals parlamentarisch sein. Rousseau hat, wie bekannt, die englische Parlamentsherrschaft für nichts als eine Form der Unfreiheit des Volkes, die »repräsentative« Regierung für eine stetige Bevormundung gehalten. Und doch hat ebendieses englische Parlament, ehedem eine Versammlung von ständischen Delegierten, nachmals sich aus eigener Kraft und Entschließung demokratisiert, indem es auf eine bewunderungswürdige Weise seine Autorität wie seine Legitimität im Wege der großen Wahlreformen allmählich auf eine ganz andere Grundlage stellte, auf die Grundlage des allgemeinen und gleichen Wahlrechts aller erwachsenen Bürger des Landes. Das Parlament ist an der Demokratie nicht zugrunde gegangen, und die Demokratie hat sich mit dem »repräsentativen Prinzip« zu vertragen gelernt. Die reine Doktrin ist von der vitalen Verfassungsgeschichte überholt, ja Lügen gestraft worden. Seitdem dieser bedeutende Vorgang historisch einigermaßen abgeschlossen vor unseren Augen steht und seitdem dieses englische Verfahren, den Widerspruch lebendig aufzulösen, oder dieser englische Glücksfall der Versöhnung einer aristokratischen Führungs-Institution mit einer durchaus demokratischen Bestellungsweise obendrein weit herum in der Welt als Muster aufgenommen, verstanden und mißverstanden, nachgeahmt und in andere gesellschaftliche Verhältnisse übertragen worden ist, seitdem scheint es nicht mehr erlaubt, an ein derartiges Verfassungsgebilde den Maßstab der radikalen demokratischen Doktrin anzulegen.

Die demokratische Wählerschaft des allgemeinen und gleichen, des freien Wahlrechts ist nicht die Rousseausche Nation, ist nicht diese versetzte Ekklesia und Gemeinschaft der Heiligen, deren allgemeiner Wille unwidersprechliche Wahrheit offenbarte. Es wird von ihr dergleichen nicht verlangt, und sie erhebt selber keinen solchen Anspruch. Sie macht keine Gesetze, sie erläßt keine Verordnungen, sie verhandelt nicht mit auswärtigen Mächten, sie schließt keine Bündnisse und sie erklärt – oder eröffnet – keinen Krieg. Sie wählt, nichts sonst. Sie artikuliert und formiert sich einzig zu dem wiederkehrenden Akt der Wahl, und zwar der Wahl eines Parlaments, welche unter gewissen Umständen im gleichen Zuge auch die Wahl einer Regierung (und einer Opposition) in sich schließen kann. Freilich tritt das demokratische Element einer solchen »gemischten Verfassung« – um einen antiken Ausdruck zu gebrauchen[3] – wie es gewiß die englische, wie es aber auch diejenige der Bundesrepublik Deutschland und wie es im Grunde jede Verfassung vom Typus der

3 Näher wird diese Figur erörtert im 14. Kapitel.

parlamentarischen Demokratie ist, nicht allein in dem periodisch wiederkehrenden Augenblick der Wahl hervor. Auch als Wählerschaft bleibt die Gesamtheit der Bürger stets präsent, vielleicht nicht so deutlich in der fordernden Gestalt derer, die bei der letztvergangenen Wahl ihre Entscheidung auf Grund gewisser Erwartungen, womöglich gewisser Zusagen getroffen haben, aber gewiß in der schiedsrichterlichen oder doch antwortenden Gestalt derer, die bei der jeweils bevorstehenden Wahl ihr Urteil sprechen werden. Diese potentielle Macht der Wähler ist nicht von geringerer Bedeutung als die aktuelle. Sie mag zuzeiten schlummern, aber sie bleibt gegenwärtig, und ihre Gegenwart läßt sich, wenn an nichts anderem, so jedenfalls an den Werbungen, Appellen, auch Schmeicheleien, auch Bestechungen, schließlich an den zynischen wie an den ernsthaften und zuweilen tief eingreifenden Popularitäts-Bestrebungen erkennen, welche die um die Regierung wetteifernden Männer, Gruppen und Parteien ihr, der Wählermacht, widmen. Auf Volkstümlichkeit darf, ja muß eine Regierungs-, eine Oppositions-, eine Parlamentspartei überhaupt bedacht sein, wie hoch auch der verantwortlich mitdenkende Bürger es unter Umständen einer Regierung anrechnen mag, daß sie zu »unpopulären Maßnahmen« den Mut gehabt habe. Nur die scheinhafte und kurzfristige Popularität und Popularitäts-Sucht widerstreitet der Verantwortlichkeit. In einem wohlverstandenen Sinne ist Volkstümlichkeit nur die andere Seite der Autorität. Es läßt sich kaum eine Ankündigung denken, die härter, weniger schmeichelhaft und in diesem platten Sinne auch weniger volkstümlich wäre als diejenige, die Winston Churchill machte, als er im Mai 1940 die Leitung der britischen Regierung übernahm: die Worte »Blut, Schweiß, Mühe und Tränen« sind berühmt geworden wie nur ein Ausspruch des Perikles oder des Cäsar. Sie sind volkstümlich geworden. Sie waren es in dem Augenblick, da sie ausgesprochen wurden.

Auch der Zweifel an der Fähigkeit demokratischer Regierungen zu rücksichtslos sachgemäßen Entscheidungen und die Kritik an der Verführbarkeit der Parlamente zumal in Wahlzeiten gehörten in die Reihe der wiederkehrenden Legitimitätsbedenken, welche einem solchen politischen System nahezu unvermeidlich innewohnen. Man vernimmt dieses Bedenken besonders häufig aus dem Munde von wissenschaftlichen Fachleuten – etwa des Finanzwesens, der Währung, der Wirtschaftspolitik, auch des Militärs –, und es entspringt einer Denkungsweise, die an der reinen Zweckmäßigkeit und an der eigenen Natur der jeweiligen Sache orientiert ist, während ihr die tägliche politische Aufgabe der Einigung der Staatsgesellschaft nicht ebenso dringlich vor Augen steht. Ihr gegenüber muß der Maßstab der Volkstümlichkeit mit Nachdruck aufgerichtet bleiben, wenngleich die Spannung zwischen Popularität und Sachgemäßheit nicht geleugnet und nicht verwischt werden darf. Doch betrifft dieser Einwand die legitimierende Kraft der Wahl nur mittelbar.
Das Argument von der Inkompetenz des Wählers verkennt die Natur der Wahl und die Natur der Wählerschaft innerhalb einer konkreten Verfassung, mag dies nun eine parlamentarisch-demokratische Verfassung von der Art der englischen oder eine Verfassung mit geteilten legislativen und exekutiven Gewalten von der Art der amerikanischen sein. Wo immer das »demokratische Element« sich ausschließlich oder vorwiegend in Wahlhandlungen auf Grund des allgemeinen und gleichen Wahlrechts ausdrückt, wo immer die Bürgerschaft wesentlich als (aktuelle und potentielle) Wählerschaft hervortritt, kann und muß solche Wahl ihrer Natur nach nicht als eine Sachentscheidung, auch nicht als eine verhüllte Sachentscheidung, auch nicht als ein Bündel von Sachentscheidungen, sondern vielmehr als eine Bekundung des Zutrauens und als ein Akt der Anvertrauung verstanden werden. Es sind die Regierten, welche die

Regierenden in die Regierungsämter berufen, um sich auf Zeit von ihnen regieren zu lassen, und das heißt, damit diese die Sachentscheidungen treffen, welche, teils erwartet, vorhergesehen und geplant, teils unerwartet, unvorhergesehen und aus der Not oder Chance der Situation neu erwachsend, dem gemeinen Besten der Staatsgesellschaft dienen mögen, und welche sie selbst zu treffen nicht in der Lage sind. Die Wählerschaft ist es, die bestimmten Personen, Gruppen und Parteien hierzu die Autorität verleiht. Zur Wahlentscheidung werden daher andere Qualitäten erfordert als zur Sachentscheidung: mehr vernünftiger Instinkt als spezifische Kenntnis, mehr Interesse für den politischen Zweck als Interesse an den politischen Mitteln und mehr synthetischer Wille als fachliches Urteil.

Schließlich gehört zu diesem Fazit auch die Einsicht, daß die Wählerschaft einer konkreten lebenden Verfassung nicht am Maßstabe der reinen demokratischen Lehre gemessen werden darf und auch gar nicht gemessen zu werden braucht, wenn deren Rechtmäßigkeit in Frage steht. Der dürre Schreibtischbegriff der »repräsentativen Demokratie«, der uns vorspiegelt, ein solches Verfassungsgebilde lasse sich deduzieren und konstruieren, und auch das heutige parlamentarische System sei doch eine logische Unter-Art von »Demokratie«, die einzige zudem, die sich in großen Staatsgesellschaften verwirklichen lasse – diese terminologische Redeweise mag es allerdings nahelegen, das wirkliche Verfassungsleben mit der demokratischen, also mit der Rousseauschen Doktrin in Vergleich zu setzen. Aber ein solcher Terminus verbirgt mehr von der geschichtlichen Natur dieser Verfassungen, als er enthüllt und bezeichnet, und er bügelt Widersprüche aus, die gerade das Salz, die Spannung, die Chance und das Leben dieser Verfassungen bilden. Eine »repräsentative Demokratie« – das ist in Wahrheit ein System der Parlamentsregierung oder der parlamentarischen Parteiregierung, das sich

›demokratisiert‹ hat, welchem nämlich durch wiederkehrende allgemeine Volkswahlen eine neue, wiederum entschieden bürgerliche Grundlage seiner Rechtmäßigkeit zugewachsen ist. Die Entscheidung der Wählerschaft gilt unumstößlich – das ist die Grundnorm im Ensemble der Spielregeln –, aber ihr Wille ist darum nicht heilig und gewiß nicht unfehlbar. Er mag fehlbar sein und in die Irre gehen, so bleibt er doch der bürgerliche Wille.
Wie aber, wenn dieser Wille der Wählermehrheit so gründlich in die Irre geht, daß falsche Führer berufen werden, welche, kaum erwählt, alle Grundnormen der Verfassung mitsamt dem bürgerlichen Willen selber außer Kraft setzen? Ist eine solche Regierung durch Wahl und Mehrheitswillen legitimiert? Werden ihre Handlungen auf Grund des erklärten Zutrauens und der vollzogenen Anvertrauung, auf Grund der Autorisierung durch Wahl zu rechtmäßigen Handlungen? Und weiter – noch bedenklicher, noch unwegsamer mutet diese Frage an: Ist ein derart irrender Mehrheitswille, welcher auf deutliche oder auf undeutliche Weise darauf ausgeht, eine unbedingte und unbeschränkte Herrschaft zu errichten, sich selber also aller verfassungsmäßigen Rechte zu entäußern, überhaupt als ein bürgerlicher Wille aufzufassen? Wie, wenn die Wahl selber und als solche zur Abdankung des bürgerlichen Willens entartet?

11. Kapitel
Exkurs über Hitler

War Adolf Hitler ein »frei gewählter« Kanzler des Deutschen Reiches? Hat die Wählerschaft des Deutschen Reichstages – auf welchem verfassungsrechtlichen Weg oder Umweg auch immer – dem Führer der nationalsozialistischen ›Bewegung‹ ihr Zutrauen ausgedrückt und das Amt der Leitung der Regierungsgeschäfte anvertraut? Oder hat diese Wählerschaft – wenn sie auch nicht geradezu mit Mehrheit nach diesem Führer verlangte – immerhin dem legalen Usurpator die Bahn dadurch eröffnet, daß sie durch starrsinniges Beharren auf untereinander unversöhnlichen Parteibekenntnissen die Bildung verfassungstreuer parlamentarischer Regierungen unmöglich gemacht hat? Ist es also entweder in jenem direkten oder in diesem indirekten Sinne die ›Schuld‹ der Wählermehrheit, daß Hitler »die Macht ergriff«? War diese Mehrheit unsinnig? Handelte die Wählerschaft als ganze unsinnig, indem sie zu einem Teil die Lähmung des Parlaments besorgte und zum andern Teil in der Tat hemmungslos und bedingungslos den Gewalttäter als Retter und Heiland auf den Schild erhob, ohne sich daran zu kehren, was künftig aus ihren eigenen Rechten würde und ob sie das Mandat je wieder zurückerhalten werde? Und wenn es denn sich so verhielte: War Hitlers Regierungsmacht, war Hitlers Herrschaft darum legitim, daß sie in irgendeinem einfachen oder auch umständlicheren Sinn aus freier Wahl hervorgegangen ist? Die Frage plagt uns seit langem und sie wird uns so bald nicht loslassen. Sie ist auch keine Sache bloß der deutschen Geschichtsschreibung und Selbstbesinnung, sie greift weiter, denn sie vermag die Grundlagen des allgemeinen westlichen Legitimitätsbewußtseins zu erschüttern. Wir können, so scheint es, nur schließen, daß entweder Hitlers Macht die demokratische Rechtmäßigkeit zuerkannt werden muß oder daß freie Wahl, da sie so gräßlich in die Irre führen kann, eine rechtmäßige Regierung nicht oder doch nicht notwendig und nicht immer zu begründen vermag.

Es wäre kein Einwand wider die legitimierende Kraft der freien Wahl, wenn man alle Dummköpfe, Faulpelze, zweifelhaften, ja korrupten Charaktere zusammenzählte, die je in Ländern mit allgemeinem Wahlrecht und mit einem Einfluß dieser Wahlgewalt auf die Bestellung der Regierung zu zeitweiliger Herrschaft gelangt sein mögen. Und es wäre noch kein Einwand wider die legitimierende Kraft solcher Wahlen, wenn selbst nachgewiesen werden könnte, daß da und dort und womöglich nicht einmal selten Betrüger und Verbrecher auf diese Weise zur Regierung gelangt wären. Wenn dergleichen erwiesen werden könnte, so wäre vielleicht die Zweckmäßigkeit einer solchen Bestellungsweise in Frage gestellt, aber nichts weiter. Man müßte folgern, daß auch die Berufung auf Grund von allgemeinen Wahlen keine Gewähr gegen schlechte Auslese, mindestens keine Gewähr für die Auslese der Besten böte – welche sie auch in der Tat nicht zu bieten imstande ist; aber mit diesem Nachweis würde die Bestellungsweise und die Legitimitätsquelle der freien Wahl nur dasselbe Schicksal treffen, das die physische Erbfolge bei dynastischer Regierung in bezug auf ihre Zweckmäßigkeit erleiden kann, und zwar in bezug auf ihre Eignung, fähige und tüchtige und integre Regenten zu beschaffen. Beobachtungen dieser Art können die Tauglichkeit eines Prinzips in Frage stellen, auch das Ansehen einer Regierungsweise gefährden, nicht indessen ihre Rechtmäßigkeit. Das ist nicht das Problem. Und das ist auch keine zulängliche Beschreibung des Phänomens Hitler. Sondern daß Hitlers Regierung eine unrechtmäßige, eine illegitime Regierung tatsächlich war, obwohl sie in irgendeiner Weise aus freien Wahlen hervorgegangen ist: das ist das beunruhigende Phänomen, und das ist das Problem, das uns durch dieses Phänomen aufgegeben ist. Wie geht es zu, daß eine unrechtmäßige Regierung aus freien Wahlen hervorgeht, da doch ebendieses Prinzip der freien Wahlen, wie wir überzeugt sind, gerade die Quelle der Rechtmäßigkeit bildet? Und woher rührt die Erkenntnis der Unrechtmäßigkeit der Regierung Hitlers, wenn nicht aus der Untersuchung des Vorgangs ihrer Bestellung? Wenn es nur diese eine und einzige Ausnahme von jener Regel gäbe, wonach aus freien Wahlen rechtmäßige Regierungen hervorgehen oder wonach solche Regierungen, die aus freien Wahlen hervorgehen, ebendeswegen auch legitime Regierungen sind – es genügte wahrlich, die Regel selber umzustoßen. Dieses eine historische Beispiel würde Hunderte der entgegengesetzten Art aufwiegen, und wir müßten an der demokratischen Legitimität schlechthin verzweifeln. Oder wir müßten uns jenen Geschichtsbetrachtern zugesellen, die da auf der Bank der Spötter sitzen und mit ungerührter Kälte registrieren, wie doch alle erdenklichen Verfahrens- und Begründungsweisen zum Argen ausschlagen können und wie der höhnische Zufall einer augenblicklichen Erregung und Verblendung, die ein Volk ergreifen könne wie ein Individuum, auch die stolzen Einbildungen der Staatsphilosophen und Verfassungsschwärmer zum Einsturz bringe.

In welchem Sinne und in welcher Weise ist Hitlers Herrschaft ›aus freien Wahlen hervorgegangen‹? Jedermann weiß, daß es – gemäß den Vorschriften der Weimarer Reichsverfassung – der Reichspräsident war und sein mußte, der den Kanzler berief. Eine rasche Antwort wird daher lauten, daß es nicht die deutsche Wählerschaft, sondern eben der Reichspräsident, Paul von Hindenburg, gewesen sei, der Hitler am 30. Januar 1933 mit der

Kanzlerschaft betraut habe. Es wäre eine zutreffende, aber doch eine flüchtige Antwort. Sie führte aus unserer Schwierigkeit nicht heraus. Alle Reichskanzler der Weimarer Republik sind auf ebendiese Art berufen worden, und es kann ihnen ja nicht darum an Rechtmäßigkeit gemangelt haben, weil sie nach Recht und Gesetz, nämlich nach der Vorschrift der Verfassung, zum Amt gelangt sind. Allenfalls ließe sich im Hinblick auf diese besondere verfassungsrechtliche Vorkehrung die simple Formel vom Postulat der freien Wahl – insofern sie nämlich besagt, daß die ›Regierung‹ vom Volke frei gewählt werden solle oder daß nur eine frei gewählte ›Regierung‹ eine rechtmäßige Regierung sei – einer Korrektur unterwerfen. Es mag wohl sein, daß diese Formel die Spur ihrer Herkunft aus dem amerikanischen Verfassungsleben an sich trägt: In den Vereinigten Staaten und in denjenigen Ländern, wo nach ihrem Vorbild ein Präsident als eine Art von periodischem Wahlkönig und als Leiter der ›Exekutive‹ selber vom Volke gewählt wird, rechtfertigt sich die Redeweise von der »frei gewählten Regierung« im buchstäblichen Sinne. Auch im buchstäblichen Sinne des deutschen Sprachgebrauches, welcher nur die ›Exekutive‹ (oder das, was nach der klassischen Staatsrechtslehre als ›Exekutive‹ angesehen und bezeichnet wird) mit dem Namen der ›Regierung‹ belegt, die Organe der Gesetzgebung und der Gerichtsbarkeit hingegen gemeinhin von diesem Begriff absondert und unterscheidet. Allenfalls also könnte uns die Erinnerung an das Weimarer Verfahren der Kanzler-Bestellung – das ja überdies in der Welt der liberalen Verfassungen keineswegs vereinzelt dasteht, vielmehr nur eine republikanische Abwandlung der Berufung durch den Monarchen darstellt, wie sie ringsum in den parlamentarisch-konstitutionellen Monarchien gehandhabt wird – dazu veranlassen, die großzügige Ungenauigkeit jener allgemeinen Formel ein wenig zu revidieren. Im Grunde habe ich hier schon seither häufig eine solche revidierte Version angewandt, indem ich nicht von einer ›frei gewählten‹, sondern von einer solchen Regierung gesprochen habe, ›die aus freien Wahlen hervorgegangen‹ ist. Eine solche Revision ist nützlich, ja nötig, aber doch kaum von erstrangiger Bedeutung. Was die Weimarer Verhältnisse und den Vorgang vom 30. Januar 1933 anlangt, so besaß zwar nicht der Leiter der Reichsregierung, wohl aber der Reichspräsident die unmittelbare Legitimation der allgemeinen Volkswahl, und die Idee war augenscheinlich, daß er von dieser seinem Amt innewohnenden Kraft der Rechtmäßigkeit im Weg der Berufung wie durch einen Segen gleichsam etwas übertrug auf den Mann, den er zum Kanzler machte.

Nicht das Volk habe Hitler gewählt, sondern der Reichspräsident habe ihn berufen – so sagte die rasche Antwort. Immerhin, so hat er doch Anteil an der Legitimität des Reichspräsidenten, der seinerseits vom Volke frei gewählt worden war – das Jahr zuvor erst, und zum zweiten Male zudem. Wenn aber dieser Berufungs-Akt die ganze Quelle seiner, Hitlers, eigenen Amtsgewalt ausmachte, so könnten wir des weiteren allenfalls den Schluß ziehen, daß solch ein Umweg oder solch eine Kette der Legitimitäts-Übertragung eine recht unglückliche Vorkehrung darstelle in einem Regierungs-System, das doch auf keinem anderen Fundament errichtet ist als demjenigen der bürgerlichen Zustimmung. Wohin sollte man blicken, wenn die ›Regierung‹ zur Rede steht – auf den gewählten Präsidenten oder auf den bloß mittelbar berufenen, daher auch bloß mittelbar legitimierten Kanzler? Der eine hatte die Fülle der Rechtmäßigkeit, aber nur eine teils einleitende, teils aushelfende, teils bekräftigende Art von Regierungsgewalt; der andere, so scheint es nun, hatte, einmal berufen, im Prinzip die Fülle der Regierungsgewalt und doch nur eine abgeleitete Art von Legitimität. Der eine also hatte das allgemeine Vertrauen, der andere aber die Arbeit und dazu die vorwiegende Verantwortung.

In der Tat liegt in dieser Konstellation der beiden führenden Ämter eine fundamentale Zweideutigkeit der Weimarer Verfassungskonstruktion. Zwar war der Reichspräsident gehalten, bei der Berufung des Kanzlers darauf zu achten, daß dieser das Vertrauen des Reichstages oder einer Reichstagsmehrheit oder einer mehrheitlichen Parteienkoalition besaß oder erhielt. Aber zugleich war der Reichspräsident selber gerade mit so viel potentieller Macht – und überdies eben mit der überlegenen Kraft der unmittelbaren Volkswahl – ausgerüstet, daß sein Vertrauen einem etwaigen Mißtrauen des Parlaments die Stirne zu bieten und es im Konfliktsfalle auch aus dem Felde zu schlagen vermochte. Die aus der klassischen Gewaltenteilungslehre herrührende Vorstellung, wonach der Monarch das Haupt der ›Exekutive‹ sei, hatte sich auf diesen Wahlkönig oder ›Kaiserschatten‹ übertragen, und so hatte man eigentlich zwei Regierungs-Chefs geschaffen, von welchen der eine von dem unzweifelhaften Vertrauen der allgemeinen Wählerschaft getragen war, während der andere, der Kanzler, an sich selbst nur das zweifelhafte und brüchige Vertrauen des Reichstages mitbrachte oder vielmehr mitbringen sollte. Zur Not konnte man sogar auf diese parlamentarische Grundlage verzichten – wie es denn seit dem Juli 1930, als Heinrich Brüning mit seinem Sanierungsprogramm im Reichstag unterlag und den Weg der präsidialen Notverordnung beschritt, in der Tat auch gehandhabt worden ist. Diese Art von ›autoritärer‹ Regierung – wie diese zweite Phase des Weimarer Regierungssystems in nicht eben glücklicher, ja eigentlich irreführender Weise bezeichnet worden ist – war in dem eher monströsen als idealen, eher unentschiedenen als großartigen Gebilde der Weimarer Reichsverfassung durchaus angelegt gewesen. Diese Verfassung wollte präsidiale und parlamentarische Autorität zugleich – sie wollte, was hier nur beiläufig erwähnt sei, zudem auch parlamentarische Gesetzgebung und Volksgesetzgebung zugleich – und so scheiterte sie am Ende mit beiden. Denn es ist sehr wahrscheinlich, daß gerade die Existenz eines so starken, mit der Legitimitätsfülle der Volkswahl ausgestatteten Präsidentenamtes, die Existenz einer so sichtbaren und fühlbaren Regierungs-Reserve oder Reserve-Regierung es gewesen ist, die – nach einem natürlichen Gesetz der Ökonomie der verfassungspolitischen Kräfte – den Reichstag von dem Zwang entlastete, sich zu disziplinieren und auf diese oder jene Weise konstruktive Mehrheiten hervorzubringen.

Ich rede hier nicht von irgendeiner Schuld, überhaupt nicht von subjektiven Motiven, die sich im Bewußtsein agierender Personen oder Gruppen oder Parteien nachweisen ließen. Ich rede von Zusammenhängen, die sich objektiv in diesem ungefügen, der eindeutigen Funktionen und vor allem der eindeutigen Lenkungsfunktionen ermangelnden Verfassungskörper erkennen lassen, von einem Gesetz des Kräftehaushalts, gleichsam von der Biologie des Verfassungslebens. Die Konzentration der Legitimität an dem einen Pol, nämlich in der Figur des Präsidenten, hat ohne Frage die Erscheinungen der Zersetzung oder des Zerlaufens am andern Pol, nämlich demjenigen des Parlaments, gefördert. Oder, wenn dies als zu schroff erscheint, sie hat zum wenigsten den Druck hinweggenommen, der allein den Reichstag und seine Parteien dazu hätte antreiben können, sich zusammenzuraffen und aus eigener Kraft Regierungen hervorzubringen. Ohnehin litt der Weimarer Parlamentarismus an der Erbschaft der konstitutionellen Tradition des neunzehnten Jahrhunderts; so lange hatten die Parlamente nach Herzenslust diskutieren und kritisieren und allenfalls – hypothetisch – eine königliche Beamtenregierung stürzen können, ohne daß sie im geringsten verpflichtet oder auch bestrebt gewesen wären, bestrebt hätten sein müssen, selber zu regieren, das heißt, Regierungen aus dem eigenen Schoße zu gebären. Ohnehin wirkten zumal die Gewohnheiten des kaiserlichen Reichstages nach, welcher zwar das Volk zu repräsentieren und womöglich in allen seinen Meinungen und Willensrichtungen widerzuspiegeln, aber um keinen Preis die Regierungsmacht anzutasten, gar selber zu erobern bestimmt und gestimmt gewesen war. Nun kehrte dieses Schema der Gewalten- und Funktionsverteilung in einer unklaren, zweideutigen Abwandlung wieder. Und so entwickelte der Weimarer Staat zwar eine Menge Parlamentarismus, aber keine eigentliche und eindeutige parlamentarische Regierung.

Man hat den Untergang der ersten deutschen Republik auf den simplen und freilich fatalen Umstand zurückgeführt, daß sie die meiste Zeit eine Republik mit einer antirepublikanischen und eine Demokratie mit einer antidemokratischen Mehrheit gewesen sei. Nicht minder wahr indessen ist der Satz, daß sie als eine parlamentarische Demokratie ins Leben trat, ohne sich doch zur parlamentarischen Regierung entschließen zu können. Ihre Verfassung läßt sich am Ende noch eher als ein spätes Erzeugnis des liberalen Konstitutionalismus des neunzehnten Jahrhunderts verstehen denn als ein Anfang auf der Bahn der parlamentarischen Regierungsweise oder auch nur ein entschiedener Schritt in dieser Richtung. Der vordergründige Streit um die Staatsform verdeckt nur diese tiefere historische Unzulänglichkeit. Es mag wohl sein, daß es den wohlmeinenden Vätern dieser Verfassung an reeller politischer Vorstellungskraft, nämlich an dem unentbehrlichen Ahnungsvermögen für die lebendigen Folgen gemangelt hat, die aus ihrem Konzept hervorwachsen würden; verhängnisvoller war, daß es ihnen augenscheinlich an dem Willen gebrach, aus der ›Volksvertretung‹ auch die Führung zu entwickeln. Daher rührt es, daß die Regierungen, eingeklemmt zwischen dem Präsidenten, der sie berief, und dem Reichstag, der sie stürzte, zumeist ein schwaches, blasses und fragiles Dasein führten. Eine Republik ohne Republikaner und eine Demokratie ohne Demokraten – vielleicht war sie das. Aber, wie auch immer es mit den Gesinnungen sich verhalten haben mag, vor allem war sie eine parlamentarische Demokratie ohne wahrhaft und entschieden parlamentarische Regierung. Die Vernachlässigung der Regierungsfunktion, der Mangel an Führungswille war es erst, was das Auseinandertreten der Gesinnungen so gefährlich werden ließ. Zu den ›autoritären‹ Gegenbestrebungen und zu der Entartung autoritärer Herrschaft ist es gewiß auch deswegen gekommen, weil der Platz, an dem legitime Autorität sich hätte bilden müssen, in dem Verfassungskonzept und in dem Verfassungsleben der Republik im Grunde leer geblieben war. Nicht erst der allmähliche ›Machtverlust‹, sondern schon eine anfängliche Autoritäts-Scheu hat die autoritäre Perversion auf den Plan gerufen. Das ist keine Rechtfertigung, wohl aber ein Beitrag zur Erklärung des Unheils. Erklären heißt nicht billigen, und verstehen heißt nicht verzeihen.

Die zweideutige und zweigleisige Anlage der Weimarer Verfassung spiegelt sich noch einmal und ein letztes Mal auf die drastischste Weise in Hitlers Methodik der ›legalen‹ Machtergreifung. Joseph Goebbels hat in seinen Tagebuchaufzeichnungen – »Vom Kaiserhof zur Reichskanzlei« – ein geradezu unvergeßliches Dokument dafür geliefert, wie der nach der Regierung lüsterne Parteiführer während des Jahres 1932 immer auf zwei gründlich verschiedenen Schauplätzen zugleich operierte und operieren mußte, nämlich einerseits auf dem ›demokratischen‹ der allgemeinen Wahlen aller Art, andererseits auf dem sozusagen ›höfischen‹ des Reichspräsidentenpalais. An allen fünf großen Wahlvorgängen dieses hektischen Jahres, den beiden Wahlgängen der Reichspräsidentenwahl vom März und April, der preußischen Landtagswahl von Ende April und den beiden Reichstagswahlen vom Juni und vom

November beteiligten sich die Nationalsozialisten mit eigenen Kandidaten und mit einem bis dahin kaum erhörten propagandistischen Aufwand – im Grunde und in der Hauptsache doch zu dem Zweck, in immer erneutem Ansturm die Anwartschaft ihres ›Führers‹ auf die Regierungsmacht zu erweisen, zu erhärten, womöglich zu verstärken. Niemals errangen sie eine absolute Mehrheit der Stimmen, aber jedesmal in den vier ersten ›Feldzügen‹ konnten sie doch ihren Anteil beträchtlich vermehren, daher auch den Druck, mit welchem der Regierungsanspruch geltend gemacht wurde. Beim ersten Wahlgang der Reichspräsidentenwahl steigerten sie ihren Anhang auf 30 Prozent, beim zweiten auf annähernd 37 Prozent der Stimmen im Reiche. Infolge der Preußenwahl vom 24. April wuchs ihre Landtagsfraktion mit einem gewaltigen Sprung von 9 auf 162 Sitze an und drückte die sozialdemokratische an die zweite Stelle nach der Größenordnung. Ihre Stimmenzahl bei der Reichstagswahl vom Juni übertraf noch einmal diejenige vom zweiten Präsidentenwahlgang um einiges und brachte ihnen auch im Reichstag die Stellung der stärksten Fraktion ein (sie zählten nun 230 von 608 Mitgliedern dieses Parlaments).

Und doch nutzte das alles nichts, wenn es an die Berufungsfrage ging. »Das Jahr 1932 war eine ewige Pechsträhne«, resümierte Doktor Goebbels am 23. Dezember in seinem Tagebuch, und wenn man dabei gewiß auch die Depression in Rechnung stellen muß, die sich der ›Bewegung‹ nach der Novemberwahl und angesichts des drohenden Zerfalls ihrer Organisation bemächtigt hat, so bleibt die Feststellung doch bemerkenswert auf dem Hintergrunde der geradezu phantastischen Wahlerfolge, die vorhergegangen waren. Die Siege in den Wahlfeldzügen wurden aufgewogen durch die schweren Wunden, die dem Fordernden auf dem andern, stilleren und heimlicheren Operationsgebiet, im Reichspräsidentenpalais, geschlagen worden waren: »Der 13. August darf nicht wiederholt werden. Alles andere, nur das nicht.« (Eintragung vom 18. November, in Erwartung einer neuen Verhandlung Hitlers mit dem Präsidenten.) Was war das für ein traumatisches Datum? Am 13. August hatte Hindenburg die Forderung Hitlers nach der Kanzlerschaft abgelehnt. »Ich will eine Woche nichts von Politik hören« – notierte Goebbels den Tag danach, am 14. August, und er erholte sich eigentlich erst wieder von diesem Gefühl der Vergeblichkeit und der Ohnmacht, als am 12. September der Reichstag aufgelöst war und also ein neuer Wahlkampf lockte: »Nun hat das Parlamentieren ein Ende, es geht wieder ins Gefecht«, heißt es jetzt – im Stil eines friderizianischen Haudegens, der es zwischenhinein einmal mit der Diplomatie versucht hat. Zum ersten Male bezog er dann freilich auch auf diesem seinem eigensten Felde, dem der Massenwerbung und Gefühlsmanipulation, eine Schlappe: am 6. November ging der nationalsozialistische Stimmenanteil von 37,2 auf 33,1 Prozent zurück; der Anteil blieb beträchtlich genug, aber es zeigte sich an, daß die ›Woge‹ abzulaufen begann. Da auch der neue Reichstag zu keiner konstruktiven Mehrheit fähig war, kam es dann zu jener zweiten Einladung Hitlers beim Reichspräsidenten (am 21. November) und zu einem zweiten Fehlschlag in der Sphäre des ›Hofes‹. In diesem Zusammenhang formuliert der Tagebuchschreiber jene Notiz, welche mit so viel unfreiwilliger Komik das innerste Wesen der ›legalen‹ Strategie Hitlers zu verraten scheint: »Die Revolution steht wieder vor verschlossenen Türen.« Viel ist über die Unfähigkeit der Deutschen zur Revolution gespottet worden – über den Geist von Untertanen, die nur mit behördlicher Erlaubnis die gesetzten Schranken überschreiten. Alle Schlägereien des permanenten Saalschlacht-Bürgerkrieges nehmen sich aus der Perspektive dieser Bemerkung als das aus, was sie im Grunde wirklich waren: kalkulierte Mittel der Anheizung und der Erpressung. Ein Aufruhr kennt keine verschlossenen Türen, und wer vor einer solchen verschlossenen Tür umkehrt, ist kein Revolutionär. Gut zwei Monate später hat sich dann allerdings, wie wir wissen, die Tür dennoch geöffnet – nicht infolge irgendeines neuen ›revolutionären‹ Aktes, auch nicht infolge erneuerter Wahlerfolge, die dem Anspruch des zweimal abgewiesenen Kanzlerkandidaten unwiderstehliche Dringlichkeit verliehen hätten, sondern vielmehr infolge einer typischen Hof-Intrige. Und nun begann die fürchterliche Rache des Mannes, der – von der demütigenden Erinnerung an den kläglichen Putschversuch von 1923 geplagt – sieben Jahre lang den Weg der ›Legalität‹ eingehalten hatte. Nun, nachdem der Reichspräsident die Tür geöffnet und die Erlaubnis erteilt hatte, nun begann die ›Revolution‹. Jene wütende, alles ergreifende, alles eigne Leben vernichtende Revolution, die nicht enden sollte, bevor nicht der letzte Flecken des Reichsgebiets von den alliierten Armeen besetzt war und der letzte Soldat der Wehrmacht sich ergeben hatte. Das ist die Kehrseite jenes Untertanensinnes, der zuvor seine Empörung und Enttäuschung in sich hineinfraß und vor dem verschlossenen Verfassungs-Schalter kehrtmachte. Wehe, wehe uns, wenn es ihm – durch welche Zufälle und Machenschaften auch immer – einmal gelingt, selber auf den Platz hinter dem Schalter zu gelangen!

»Es ist fast wie ein Traum« – »Alles mutet an, als wäre es ein Märchen« – »Die Nacht des großen Wunders«: das sind die Wendungen, mit denen – durchaus glaubwürdigerweise – Doktor Goebbels den Vorgang vom 30. Januar 1933 in seinen Notizen quittiert, einen Vorgang, der doch zu gleicher Zeit mit dem so gar nicht träumerischen, märchenhaften und wunderbaren Namen der »Machtergreifung« belegt worden ist. Es scheint, man hatte – trotz aller Einfädelungen des Herrn von Papen – selber gar nicht mehr so recht daran geglaubt, daß es diesmal gelingen werde. Die Schwelle der Wilhelmstraße war ja reichlich mit bösen Zeichen bedeckt. »Alles mutet an, als wäre es ein Märchen«: spricht so der Chronist und Helfer eines rechtmäßigen Prätendenten? Eher sind es die Worte und Empfindungen eines Mannes, dem unversehens die Schlüssel zu dem Hause in die Hand gedrückt werden, in das er einzubrechen nicht gewagt hatte. Eigentümlicherweise war aber die nationalsozialistische Führung mit diesem »wunderbaren« Ausgang der endlich erreichten verfassungsmäßigen Berufung noch gar nicht zufrieden; es genügte ihr nicht, auf der Grundlage ihrer bisherigen Erfolge auf dem demokratischen Operationsgebiet der ›freien Wahlen‹ in den Besitz des förmlichen Regierungsauftrags gelangt zu sein. Hitlers Plan, den Reichstag von neuem aufzulösen und eine Neuwahl zu veranstalten, die den Stimmenrückgang vom vergangenen November mehr als wettmachen, ja alle früheren Ergebnisse in den Schatten stellen sollte – dieser Plan, den er schon am Morgen des 30. Januar im Vorzimmer Hindenburgs seinen präsumptiven Kabinettsgenossen bekanntgab und der den gewitzten Führer der Deutschnationalen, Alfred Hugenberg, mit Recht so stutzig gemacht hat, ist aus der arglistigen taktischen Absicht, auf diesem Wege die unerwünschten Koalitionspartner abzuschütteln, kaum vollständig und kaum ganz zulänglich zu erklären. Ohnehin bestand diese eigenartige ›Koalition‹ ja nicht ausschließlich und nicht einmal überwiegend aus Exponenten politischer Parteien. Neben Hitler hatte einzig eben Hugenberg eine Partei und eine Reichstagsfraktion hinter sich, und so ist es eigentlich auch gar nicht verwunderlich, daß gerade er und nur er dem Neuwahl-Projekt widerstrebte: er war der einzige, der unmittelbar davon etwas zu fürchten hatte, der einzige, der vital daran interessiert sein mußte, wenigstens seine gegenwärtige parlamentarische Stärke zu behalten, um nämlich in der

Koalition und im Kabinett überhaupt eine Position einzunehmen. Herr von Papen war nichts als ein einzelner, der sich – in blinder Verkennung und leichtsinniger Verachtung des Massendrucks – von seinem Vertrauensverhältnis zum Reichspräsidenten und von den Sonderrechten, die er sich als Vizekanzler ausbedungen hatte, einen dauerhaften Einfluß versprach, der sich sogar für den eigentlichen Lenker der Reichsgeschicke hielt. Unter den übrigen Kabinettsmitgliedern befanden sich nur zweie, die als Exponenten von Organisationen aufgefaßt werden mußten – und das war doch das einzige, was wohl in Hitlers Augen zählte, entweder im Sinne des Bündnisses oder im Sinne der Konkurrenz und daher der Gefahr: das waren Seldte, der Führer des ›Stahlhelm‹, und Freiherr von Blomberg, der die weitaus wichtigste und weitaus gefährlichste ›Organisation‹ repräsentierte, mit der hier zu rechnen war, die Reichswehr. Den einen würde man über kurz oder lang verschlucken, mit dem andern (dessen Betrauung mit dem Reichswehrministerium ja schon ausgesprochen worden war, ehe noch der neue Kanzler berufen wurde) würde man sich irgendwie arrangieren müssen. Jedenfalls konnte allen diesen Kräften und Faktoren gegenüber ein neuer Wahlerfolg, und wenn er noch so triumphal ausfiel, kaum eine wesentliche und gewiß keine entscheidende Stellungsverbesserung einbringen.
Zudem hatte man jetzt ganz andere Machtmittel. »Jetzt sind wir die Herren des Landes«, notiert wiederum Goebbels (am 23. Februar) bei Gelegenheit eines Besuches in Hannover, wo – wie fast überall in Preußen unter Görings Ägide – ein bewährter Sturmabteilungs-Mann in das Polizeipräsidium eingezogen war. Und man machte von diesem Arsenal der am Ende doch eher ›konventionellen‹ Herrschaftsmittel zumal des Polizei-Apparates auch gründlich genug Gebrauch, namentlich im Zusammenhang mit dem Reichstagsbrand. Ob die Nationalsozialisten den

Brand selber gestiftet haben oder nicht, bleibt für den gegenwärtigen Zusammenhang einigermaßen belanglos: im einen Falle hätten sie die Gelegenheit selber geschaffen, den eben frisch eingerichteten Polizei-Terror auf volle Touren zu bringen, im andern Falle wäre ihnen diese Chance unversehens in den Schoß gefallen. Man muß einräumen, daß der ersten Annahme das größere Maß an Wahrscheinlichkeit zukommt. Zudem war irgendein derartiges Ereignis eindeutig im Kalkül vorgesehen. Das ist durch eine Notiz von Doktor Goebbels belegt, die bereits vom 31. Januar stammt und auf eine Besprechung »mit dem Führer« über »Richtlinien im Kampf gegen den roten Terror« Bezug nimmt. Dort heißt es: »Der bolschewistische Revolutionsversuch muß zuerst einmal aufflammen. Im geeigneten Moment werden wir dann zuschlagen.« Die Metapher, die der Autor gebraucht, mutet zum wenigsten ahnungsvoll an.

In jedem Fall aber diente der symbolkräftige Vorgang dazu, von Preußens und von Reiches wegen einmal alle neu erworbenen Mittel des Polizei-Regimes spielen zu lassen. Natürlich brachten Schläge dieser Art, sofern sie wider die Kommunisten und Sozialdemokraten ausgeteilt wurden, die beiseitestehende Reichswehr kaum in Wallung; von ihr brauchten Hitler und die Seinen so lange nichts Ernstliches zu fürchten, als sie sich auf dieser Linie hielten. Entsprechende Maßnahmen nach ›rechts‹, in der Richtung der vormaligen Bündnispartner von der »Harzburger Front«, in der Richtung auf diejenigen Kräfte, die Goebbels mit einem geborgten Schlagwort und Sammelnamen als die »Reaktion« bezeichnete, wären wohl eher auf Bedenken gestoßen. Der deutschnationalen Bürde also hätte man sich nicht ebenso leicht durch terroristische Mittel entledigen können. Gleichwohl reicht dieses Motiv zum Verständnis des Aufwandes der Reichstagsneuwahl nicht aus – vor allem deswegen nicht, weil die Deutschnationale Volkspartei mit ihrer Reichstagsfraktion ja bei weitem nicht das Kernstück der sogenannten ›Reaktion‹ ausmachte, vielmehr eher zu vernachlässigen war. Ihr Kernstück war die Reichswehr selbst. Deren geschlossener Machtkörper war es recht eigentlich, der von Anfang an dem Streben nach alleiniger, umfassender Herrschaft entgegenstand. In aktiven Restbeständen ist das alte und sich doch noch immer verjüngende Offizierkorps, wie wir wissen, bis zum allerletzten Tage der ›Totalität‹ im Wege gewesen; die Verschwörung vom 20. Juli 1944 bezeugt es. Der Reichswehr aber konnte ein bedeutender Wahlsieg im Frühjahr 1933 allenfalls imponieren – wie ihr eine Schauveranstaltung von der Art des »Tages von Potsdam« schmeicheln mochte; zu gewinnen, gar zu erobern oder einzuverleiben war sie auf diesen Wegen gewiß nicht. In der Tat hat Hitler dann ein Jahr später ein ganz anderes und weit kostspieligeres Verfahren angewandt, um sich die Reichswehr zu verpflichten: er hat die SA geopfert. Er hat (am 30. Juni 1934) mit einer abenteuerlichen Schwenkung und mit einem gräßlich verlogenen Hintertreppen-Coup seine Privatarmee – fürs erste jedenfalls – preisgegeben, ja um die Ecke gebracht, um die Staatsarmee dagegen einzutauschen. Zu einem geringern Preise war sie offenbar nicht zu haben. Es bleibt denkwürdig genug, daß sie einen so abscheulichen Preis überhaupt angenommen hat.

Trotz alldem also wissen wir aus Dr. Goebbels' Tagebuchnotizen, daß zum wenigsten er selber den Märzwahlen als einem Vorgang von höchster Wichtigkeit entgegenblickte. »Der große, entscheidende Wahlkampf wird vorbereitet«, schreibt er bereits am 31. Januar, dem Tag, nachdem – wie man denken sollte – das eigentlich »große« und »entscheidende« Faktum bereits eingetreten war. Und wiederum heißt es, am 25. Februar, von diesem Wahlkampf: »Wenn wir *den* gewinnen, dann geht alles andere wie von selbst.« Und wenn auch aus diesen und ähnlichen Eintragungen

das anschwellende Selbstbewußtsein des Propaganda-Technikers hervorklingt, der hier seinen eigensten Beitrag und seine eigenste Fachkompetenz hervorkehrt, so kann doch kein Zweifel daran herrschen, daß alle Beteiligten tatsächlich das Äußerste darangesetzt haben, einen einzigartigen Triumph gerade auf diesem ›demokratischen‹ Operationsgebiet herbeizuführen. »Die Nation wird uns fast kampflos zufallen«, notiert der Agitator, nun im bewußten Besitz aller erdenklichen Hilfsmittel einschließlich der Erwartung unbeschränkter Geldmittel, am 10. Februar. Für den Samstag, der dem Wahlsonntag voraufging, wurde unter dem Titel des »Tages der erwachenden Nation« eine jener Monstre-Inszenierungen mit »Freiheitsfeuern« und Niederländischem Dankgebet, Aufmärschen und öffentlicher Lautsprecher-Übertragung vorbereitet, welche späterhin so zahllose Wiederholungen gefunden haben. Am Sonntagmorgen »genügte der Führer seiner Wahlpflicht« – es war in Königsberg, dem heutigen Kaliningrad.
Und dann findet man, unter dem 5. März selber, nach der üblichen Mitteilung vom Besuch einer Wagner-Oper, als Résumé der Wahlergebnisse, die man in der Reichskanzlei angehört hatte, diese überraschende Eintragung: »Aber was bedeuten jetzt noch Zahlen?« – Wie auch immer dieses Tagebuch für die Veröffentlichung – welche doch selber als zusätzliches Agitationsmittel dienen sollte – redigiert worden sein mag: hier, in diesem krassen Kontrast zwischen den Vorbereitungen, Erwartungen, siegessicheren Voraussagen einerseits und dieser seltsam klanglosen, den Wahlaufwand und Wahlerfolg gleichsam wegwischenden, das ganze Wahlthema abrupt abschließenden Bemerkung meint man einen durchaus authentischen Sinneswandel zu vernehmen. Zwischen den Zeilen scheint die unterdrückte Enttäuschung über den Ausgang stumm hervorzuschreien. Die Wählerschaft hatte Hitler noch immer keine Mehrheit gegeben, auch diesem Hitler nicht, der schon Reichskanz-

ler war und zudem über die preußische Landesregierung verfügte. »Was bedeuten jetzt noch Zahlen?« Wir würden uns nicht im geringsten verwundern, hätten wir diesen Satz in diesem Tagebuch unter dem Datum des 30. oder des 31. Januar gelesen, aber dort lasen wir ganz im Gegenteil, daß jetzt gerade alles auf die Neuwahl ankomme. Es gibt keinen Zweifel: Diese Zahlen vom 5. März hatten sehr viel, hatten in der Tat beinahe alles bedeuten sollen. Und so »phantastisch und unglaubhaft« (mit den Worten von Goebbels' glatter Begeisterungsroutine) die Siege vom 5. März auch auf dem Hintergrunde früherer Ergebnisse, zumal derjenigen vom November 1932, anmuten mochten und mögen – diese Zahlen genügten in Wahrheit nicht, denn sie erbrachten nicht, was sie offenkundig hatten erbringen sollen: die absolute Mehrheit. Die absolute Mehrheit nämlich als die unwidersprechliche Ermächtigung Hitlers, die Regierungsgewalt ausschließlich und unumschränkt auszuüben.
Eine solche unmittelbare Ermächtigung durch das Votum der Wählerschaft des allgemeinen und gleichen Wahlrechtes hatte ihm längst als Krönung seiner »Kampfzeit« mit allen ihren Zahlen- und Massenräuschen vorgeschwebt. Wir haben auch dafür ein authentisches Zeugnis, wie denn überhaupt kein Motiv, keine noch so untergründige Absicht, keine Wunschphantasie und fast keine Niedertracht des Mannes unausgesprochen geblieben ist; man findet alles in den Dokumenten, und sogar beizeiten, wenn man sie nur zu lesen versteht. Ich meine jenen offenen Brief Hitlers an den Reichskanzler Brüning vom 13. Dezember 1931, worin er den Traum vom Plebiszit, den Traum von einem unmittelbaren und unwidersprechlichen ›demokratischen‹ Mandat, welches alle Dämme und Schranken der Verfassung überschwemmen und alle konstitutionelle Berufung mit ihrer abgeleiteten Legitimität übertreffen würde, ganz unmißverständlich bekanntgegeben hat. Frei-

lich ist ein Beisatz von Sophismus nicht zu überhören, wenn er sich auf ebendie Staatsgewalt des Volkes beruft, von welcher gerade das verhaßte »System« seine Einrichtungen herleitete. Gleichwohl wird es deutlich, daß er ebendieses überwältigende Mandat erstrebte, um das »System« mit seinen vermeintlich eigenen Waffen zu schlagen, um es aus den Angeln zu heben. Hitler schrieb an Brüning: »Sie weigern sich, als ›Staatsmann‹ zuzugeben, daß, wenn wir auf legalem Wege zur Macht kommen, wir dann mit der Legalität brechen können. Herr Reichskanzler, die grundlegende These der Demokratie lautet: ›Alle Macht kommt vom Volke.‹ Die Verfassung bestimmt, auf welche Weise eine Konzeption, eine Idee, und darum eine Organisation die Berechtigung für die Verwirklichung ihrer Ziele vom Volke erhalten muß. Aber letzten Endes ist es das Volk, das über die Verfassung bestimmt. Herr Reichskanzler, wenn das deutsche Volk einmal die nationalsozialistische Bewegung ermächtigen wird, eine Verfassung einzuführen, die anders ist als die, die wir heute haben, dann können Sie das nicht verhindern . . .«[1]

Ich habe keinen Zweifel daran, daß es genau dieser Traum von der plebiszitären »Ermächtigung« gewesen ist, dessen Erfüllung die Neuwahl vom 5. März 1933 endlich hätte bringen sollen. In einem gewissen Sinne kann man annehmen, daß sogar die sogenannte »Machtergreifung« selber für Adolf Hitler – bei all ihrer »Märchenhaftigkeit« – nur ein Durchgangsstadium bedeutet hat, daß ihm das Reichskanzleramt vorab als eine neue und mächtigere Ausgangsstellung wichtig war, von der aus er endlich die Gewähr hätte zu bewerkstelligen, was ihm in allen Jahren der »Kampfzeit« nicht hatte gelingen wollen: die Mehrheit zu gewinnen, den Volksauftrag, die überwältigende direkte ›Ermächtigung‹. Anders ist die Entschiedenheit nicht zu verstehen, mit welcher er die Forderung der Reichstagsauf-

1 Zitiert nach Alan Bullock, Hitler, Düsseldorf 1953, S. 187.

lösung – »eine unserer Hauptbedingungen«, wie Dr. Goebbels am Tage vorher, am 29. Januar, in großmäuligem Tone niederschrieb – sofort im Augenblick der Regierungsbildung erhoben, nachher auch gegen wiederkehrende Opposition im Kabinett durchgesetzt hat. Hätte der 5. März den Nationalsozialisten die erstrebte Mehrheit gebracht, so wäre vollends auch die doppelte Scharte ausgewetzt, die doppelte Wunde geheilt gewesen, die die Hindenburgwahlen von 1932 dem unterlegenen Präsidentschafts-Kandidaten Hitler eingetragen hatten. Er hätte alle diese fatalen Erinnerungen abschütteln, alle diese Schmerzen verwinden können. Er hätte sich – mit anderen und wohl zutreffenderen Worten – an dem alten Herrn gerächt gehabt, der in den einzigen Wahlvorgängen der Weimarer Epoche, die eine eindeutige Mehrheitsentscheidung ermöglichten und erzwangen, nicht allein den Sieg über ihn davongetragen hatte, sondern dem er zudem, nach zweimaliger Abweisung, die Berufung ins Kanzleramt verdanken mußte. Für einen Menschen – oder Unmenschen – wie Hitler waren das samt und sonders Demütigungen und also ebenso viele neue Antriebe zu irgendeiner Art von Rache. Wie aber der Wahltag tatsächlich ausging, blieb es dabei, daß Hindenburg der einzige war, der die Legitimation der Volkswahl besaß. Und weil die direkte ›Ermächtigung‹ ausgeblieben war, so mußte denn nachmals der Weg des parlamentarischen »Ermächtigungsgesetzes« mit List und Gewalt eingeschlagen werden.

»Was bedeuten jetzt noch Zahlen?« Mit einer Handbewegung wischt dieser Satz die Anstrengungen, das Gebrüll, den Zirkus und die Gewalttaten hinweg, welche auf ebendiese Zahlen hin angelegt gewesen waren. Und der Autor und Akteur scheint sich selber zu trösten, indem er fortfährt: »Wir sind die Herren im Reich und in Preußen.« Es ist, als raffte er sich auf mit diesen – gewiß zutreffenden – Worten: ob mit oder ohne Mehrheit und Volksmandat, die Herren sind wir jedenfalls. Es klingt wie ein Entschluß zur Usurpation oder vielmehr zum Usurpations-Bewußtsein. Die Regierungsgewalt ist auf ›legalem‹ Wege errungen. Das Plebiszit, das die Verfassung hätte außer Kraft setzen, zur alten Legalität eine neue Legitimität hätte fügen können, ist mißglückt. An der Herrschaft aber soll das nichts mindern und nichts ändern.

Natürlich hatten die nationalsozialistischen Stimmen sich wieder beträchtlich vermehrt, aber sie waren doch nur auf einen Anteil von 43,1 Prozent angewachsen. Die Flut brach sich an den festen Dämmen der parteitreuen Anhängerschaften der Sozialdemokratie und des Zentrums, auch der Kommunisten, die trotz starker Verluste noch mehr als zwölf Prozent der Wähler hatten festhalten können. Unter diesen Umständen mußte Hitler sich wieder auf die parlamentarische Kombinatorik verlegen, das Bündnis mit den Deutschnationalen von neuem in Rechnung stellen oder die kommunistischen Abgeordneten endgültig ausschalten oder dies beides zugleich tun, um seine Reichstagsmehrheit zu sichern. Aber diese Geschichte ist in dem gegenwärtigen Zusammenhang ohne Interesse.

Alan Bullock, der englische Historiker, dem wir die erste umfassende gelehrte Monographie über Hitler verdanken, hat mit besonderem Nachdruck die »bemerkenswerte Tatsache« hervorgehoben, daß trotz all jenem Aufwand an Lockungen und Drohungen, an Propaganda und Terror »das deutsche Volk Hitler immer noch nicht die Mehrheit gab, die er angestrebt hatte«. (So auf Seite 263 der deutschen Ausgabe seines Buches.) Er mag recht haben. Es ist eine Frage der Abwägung, ob man sich mehr der Genugtuung überlassen möchte, die diese Zahlen uns verschaffen können, insofern sie unter der Fünfzig-Prozent-Marke bleiben, oder ob man dem bitteren Gram nachgeben will, den dieselben Zahlen in uns hervorrufen, insofern sie für mehr als zwei Fünftel und nicht so sehr viel weniger als die Hälfte der lebendigen deutschen Wähler stehen. Es ist am Ende eine Frage der persönlichen Entscheidung, auch der Art und des Grades der persönlichen Beteiligtheit, ob man sich mehr verwundern will oder mehr betrüben muß. Ob man jenen Strich auf der Skala, der mit der Ziffer ›50%‹ bezeichnet ist, als ein entscheidendes Kriterium oder als eine willkürliche Zeichensetzung anzusehen vorzieht. Für Hitler freilich war es ein Bedürfnis und ein Ehrgeiz, die Wasser der ›Bewegung‹, der Stimmen-Bewegung noch einmal derart anzuheizen und aufzupeitschen, daß sie überkochen und diese Marke überspülen würden; aber das muß uns nicht irreführen. Seine Phantasie von einem plebiszitären, mehrheitlichen Vertrauensvotum des Volkes hat sich nicht verwirklicht – jedenfalls so lange nicht, als überhaupt noch Wahlkonkurrenten vorhanden waren, und so lange nicht, als das Wahlgeheimnis noch einigermaßen gewährleistet war. Aber was wäre anders, wenn die Reichstagswahl vom 5. März 1933 den Nationalsozialisten nicht dreiundvierzig, sondern dreiundfünfzig oder meinetwegen dreiundsechzig Prozent der Stimmen verschafft hätte? Es wären wahrscheinlich einige Vorgänge unterblieben, die dieser Wahl tatsächlich gefolgt sind, und es wären einige Ereignisse eingetreten, die tatsächlich unterblieben sind. Das ist hier nicht der springende Punkt. Was wäre anders hinsichtlich der Rechtmäßigkeit von Hitlers Herrschaft? Er selber würde möglicherweise – im Sinne jenes Offenen Briefes an Brüning vom Dezember 1931 – einen solchen Wahlausgang zur unmittelbaren Grundlage seiner Regierungsgewalt, zur endlich eröffneten Quelle seiner neuen Legitimität umgedeutet haben. Ein solches Ergebnis würde ihn daher auch in den Stand gesetzt haben, sich bequem über den Reichstag und den Reichspräsidenten hinwegzusetzen. Er würde vermutlich aus der Majorität der Stimmen im Handumdrehen die Totalität der Machtausübung gerechtfertigt haben.

Das ist alles recht wahrscheinlich. Aber in Wahrheit würde – dessen meint unsere Empfindung gewiß zu sein – auch eine absolute Stimmenmehrheit nichts an der objektiven Unrechtmäßigkeit von Hitlers Regiment haben ändern können. Und dabei wollen wir uns gar nicht auf die Unterscheidung kaprizieren, daß eine Wahl (von Reichstagskandidaten) ihrer Natur nach kein Plebiszit sein könne oder dürfe, daß – mit anderen Worten – am 5. März 1933 nicht die Frage einer Verfassungsänderung, sondern eben die Besetzung von Parlamentssitzen zur Entscheidung gestanden habe. Implicite stand natürlich eine Verfassungsänderung, stand die Kassierung der geltenden Verfassungsordnung in der Tat zur Debatte, und diese Frage trat nur in der Verkleidung einer Reichstagswahl vor die Wählerschaft; so darf man ihr auch zugute halten, daß nicht jedermann die Frage in ihrer Verkleidung zu erkennen vermochte. Doch nicht aus solchen feineren Gründen ziehe ich die legitimierende Wirkung auch eines Mehrheitsvotums in Zweifel, gesetzt den Fall, die Wählerschaft hätte es zugunsten der Nationalsozialisten abgegeben – nicht aus solchen feineren Gründen, mag man an ihnen im übrigen mehr die rechtliche oder die logische oder aber die wichtigste, nämlich die moralische Seite hervorkehren. Ob mit vierzig, mit fünfzig oder mit sechzig Prozent der Stimmen, ob auf Grund einer Mehrheit oder einer (freilich stattlichen) Minderheit: Hitler konnte seinen »kombinierten Staatsstreich« – wie Rauschning das Verfahren bezeichnet hat – oder seine legal getarnte Usurpation mit Stimmenzahlen niemals legitimieren. Deswegen nicht, weil selbst die absolute Mehrheit der Zustimmenden nicht imstande gewesen wäre, den fundamentalen Mangel zu übertönen, welcher diesem Akt der Zustimmung anhaftete: ein Zutrauen mochte er wohl ausdrücken, aber als eine Anvertrauung würde er niemals ausgelegt werden können.

Eine freie Wahl, wenn ihr rechtfertigende Kraft innewohnen soll, kann nicht nur Zustimmung, kann nicht einmal nur Zutrauen, sie muß auch Anvertrauung darstellen, als Anvertrauung erwartet und gewährt werden. Anvertrauung ist nicht ›Ermächtigung‹ zu allem und jedem, was dem Kandidaten oder auch dem Regenten in den Sinn kommen mag. Der Akt der Anvertrauung setzt die Identität des Amtes voraus, welches dem Gewählten anvertraut wird. Und – was noch wichtiger ist – der Akt der Anvertrauung, wenn er den Regenten soll legitimieren können, setzt voraus, daß das Mandat nach gewisser Frist zurückgefordert werden kann. Anvertrauung ist nicht Entäußerung. Das Legitimitätsprinzip der freien Wahl kann auch nicht mit dem religiösen Prinzip des unbedingten Glaubens verwechselt oder vermischt werden – mit jenem »Werfet eure Sorgen auf Ihn, Er wirds recht machen«. Soferne nicht eine Gewähr vorhanden ist, daß die Gewalt zu denen zurückkehrt, welche sie in und mit ihrer Wahlhandlung nach ihrer freien Entschließung einem Regierungsbewerber anvertraut haben, kann die Wahl seiner Amtsführung auch nicht die Rechtmäßigkeit verleihen. Die Identität des Amtes und der Charakter der Anvertrauung oder Vollmacht, diese beiden Wesenszüge sind der »freien Wahl« eigentümlich, wenn und insofern sie nicht bloß irgendeine Bestellungs-Technik, sondern ein wirkender Grund der Rechtfertigung und der Rechtmäßigkeit sein soll. Das ist evident und offenkundig, das wird mitgedacht, wenn und wo immer freie Wahl als Legitimitätsgrund aufrichtig gefordert, aufrichtig in Anspruch genommen wird. In diesen beiden Elementen des Wahlaktes haben wir sozusagen das Minimum an Verfassungsgehalt vor Augen, das ihm sinnvollerweise innewohnt. Wo sie fehlen, bleibt die Legitimität aus, wie sorgsam man im übrigen auch die Verfahrensvorschriften eines bestimmten, jeweils gegebenen Verfassungssystems befolgen mag.

Hitler hat weder eine Gewähr dafür gegeben, das Kanzleramt in seinen Grenzen und Befugnissen zu erhalten, noch die Aussicht eröffnet, daß er sein Mandat nach gebotener Frist zurückgeben werde. Er hat im Gegenteil kaum einen Zweifel daran gelassen, daß er sein Amt im ›autoritären‹ Sinne erweitern und daß er die ›Macht‹, wenn er sie erst besäße, auch behalten werde. Sein Kampf wider das »System« war durchaus auf diesen Ton gestimmt. Insofern hat er das deutsche Volk – oder die erhebliche Schar seiner Anhänger und seiner Wähler – gewiß nicht betrogen. Die ihm folgten und zufielen, waren entweder von dem Willen besessen, ihm eine unbefristete Herrschaft einzuräumen (und selber an ihr teilzuhaben), oder sie kehrten sich nicht daran, ob die ›Ermächtigung‹ je an die Ermächtigenden, ob die Vollmacht je an diejenigen zurückgelangen werde, die sie erteilten. Ob sehenden oder blinden Auges – alle, die ihm und seiner Partei die Stimme gaben, opferten eigentlich ihr Wahlrecht im selben Augenblick auf, in dem sie es ausübten. Hitlers Wähler verwarfen, eben indem sie ihn wählten, nicht allein den Text und Sinn der Weimarer Reichsverfassung – das wäre noch nicht das schlimmste –, sie gaben ihre eigene Qualität als Bürger auf, sie verwarfen sich selbst, nämlich als politische Subjekte. Ihre Stimmabgabe war nicht dazu bestimmt, Hitler ein Führungsamt anzuvertrauen, sondern ihm den Staat auszuliefern. Sie agierten nur wie Wähler, aber sie waren es nicht.

Man entzieht Hitler gar nichts von seiner vermeinten Rechtmäßigkeit, wenn man bestreitet, daß er von einer »Volksbewegung« getragen worden sei. Man mindert weder die Legitimität Hitlers noch die geschichtliche Verantwortlichkeit der deutschen Wählerschaft, wenn man darauf beharrt, er sei nur durch eine Intrige, durch einen »ganz kleinen Kreis geschäftiger Anwälte« ins Amt und zur Herrschaft gekommen.[2] Selbstverständlich war Hitler von einer ›Volksbewegung‹ getragen. Selbstverständlich be-

2 Die Wendung stammt von dem ehemaligen Reichsminister Treviranus;

ruhte sein Anspruch, die Regierungsgeschäfte zu übernehmen, eben hierauf. Und selbstverständlich war er für jene ›geschäftigen Anwälte‹ nur deswegen interessant, weil er eine Massenorganisation, einen Wähler-Anhang und eine Reichstagsfraktion (noch dazu die stärkste von allen) hinter sich hatte. Es ist sinnlos und überflüssig, an der Vorgeschichte der Berufung Hitlers zum Reichskanzler herumzutasten, als wäre hier der Makel zu entdecken: Hindenburg ist wahrlich nicht der einzige verfassungsmäßige Präsident oder Wahlkönig der neueren Geschichte, der sich von »unverantwortlichen, außerverfassungsmäßigen« Figuren irgendwelcher Art hat beraten lassen.[3] Hitler ist vom Reichspräsidenten berufen worden – wie jeder andere Kanzler zuvor, wenn auch gewiß unter unvergleichbar einzigartigen Umständen –, und er wäre gewiß nicht berufen worden, wäre er nicht der Führer einer starken, ja der parlamentarisch stärksten Partei gewesen. Dem ist nicht auszuweichen. Er ist nicht von einer Mehrheit gewählt, nicht einmal von einer Mehrheit bestätigt worden, aber dergleichen war auch kaum zu erwarten, da das Weimarer Parteiensystem die Entstehung einer Mehrheitspartei bei Parlamentswahlen nahezu völlig unmöglich machte. Die starke Minderheit jedoch, die ihn emportrug, die monströse Minderheit, die ihm (am 5. März 1933) ihre Zustimmung gab – diese Menschenwoge der Verzweifelten oder Begeisterten, der Berauschten und der Hastigen ist es, die ihm wie sich selber die Rechtmäßigkeit vorenthalten hat. Oder besser: sie konnte ihm keine Rechtmäßigkeit geben, weil sie dem Anspruch der Wählerschaft und der Qualifikation als Wählerschaft entsagte, indem sie Hitler wählte. Natürlich ist das ein Zirkelschluß

Karl Dietrich Bracher zitiert sie beifällig auf S. 730 seines Buches über die Auflösung der Weimarer Republik (Stuttgart 1955).

3 Dies spielt auf die Darstellung von Bracher in dem zuvor genannten Werk an (S. 731).

und eine Tautologie. Auf andere Art läßt sich indessen das Verhängnis nicht kennzeichnen.

Hitler war ein Usurpator und blieb es. Er war ein Usurpator, der es vorzog, sich vom Volke wählen und vom Präsidenten berufen zu lassen. Beide Umstände ändern nichts an dem Grundtatbestand der Usurpation. Rein technisch ist Hitlers Herrschaft unbestreitbar ›aus freien Wahlen hervorgegangen‹. Aber die Wähler, die ihm vertrauten, waren im Irrtum befangen, sie irrten sich nicht so sehr in ihm als in sich selber. Ob sie ein Bewußtsein davon hatten, daß sie sich selbst verrieten und das Wesen der freien Wahl – die Anvertrauung – zunichte machten, oder ob sie kein Bewußtsein davon hatten, bleibt hier ohne Belang. Wähler, die auf die Wahl als Institution zu verzichten entschlossen oder zu verzichten auch nur bereit sind, verhelfen dem Machthaber nicht zur Rechtmäßigkeit, sondern nehmen selber an der Usurpation tätigen Anteil. Ihr Irrtum beruht wohl auch nicht so sehr auf einem Mangel an Kenntnis und Einsicht als auf einem Mangel an Willen. Hitlers Wähler verfehlten ihr eignes Amt. Sie wurden der Institution der freien Wahl untreu in demselben Augenblick, in dem sie von ihr Gebrauch machten.

Vielleicht ist dies alles nur eine neue Version der alten Frage, ob in einer Demokratie durch Mehrheitsbeschluß die Demokratie abgeschafft werden könne. Hans Kelsen, ein bedeutender Jurist der Weimarer Epoche (wenngleich Österreicher), hat diese selbstmörderische Frage bejaht. Die Vorgänge der Jahre 1932/33, von denen das gegenwärtige Kapitel handelt, stellen in gewisser Weise die Probe auf dieses Exempel dar. Sie haben uns eine unvergeßliche Lektion gegeben. Sie zeigen – wenn auch mit all den Unreinigkeiten, welche stets die wirkliche Geschichte von dem Experiment des Denkens unterscheiden –, daß eine solche Abschaffung der Demokratie auf demokratischem Wege, eine solche Vernichtung der Verfassung mit verfassungsmäßigen Mitteln, eine solche Kassierung der freien Wahl mit dem Instrument der freien Wahl in der Tat möglich ist. Aber sie führen uns zugleich vor Augen – – nein, sie haben uns die Lehre in die Seele eingebrannt, daß die demokratische Rechtmäßigkeit im gleichen Atemzuge verschwindet. Widerstand ist dann geboten, Widerstand selbst gegen die irrende, die unsinnige Mehrheit – im Namen der Mehrheit. Das Recht, auch das Recht der Wahl, auch das Recht der Mehrheitsentscheidung, wird zur leeren Hülse, sobald der Kern der Legitimität herausfällt.

12. Kapitel
Das Argument vom Unrecht der Parteiregierung

»These professors, finding their extreme principles not applicable to cases which call only for a qualified, or, as I may say, civil and legal resistance, in such cases employ no resistance at all. It is with them a war or a revolution, or it is nothing.«
(Edmund Burke, Reflections on the French Revolution)

Legitim sei nur die gewählte, die ›frei‹ gewählte Regierung – das war der Kern der westlich-liberalen Position im großen Streit um die Rechtmäßigkeit. Dieser Satz ist nach vielen Seiten hin dem Zweifel ausgesetzt. Im zehnten Kapitel ist derjenige Zweifel erörtert worden, der sich auf die Zuständigkeit der Wählenden bezieht. Schärfer greift der Zweifel am rechten Ziel der Wahl ein. Wen oder was wählen wir? Wählen wir etwa die Regierung? Sofern wir die Verfassung der Bundesrepublik Deutschland zugrunde legen, müssen wir nach Recht und Gesetz antworten: Nein, wir wählen ein Parlament. Aber wählen wir wirklich ein Parlament? fragt der Zweifler weiter. Und er wird sich antworten: Nein, wir wählen Parteien. Gewiß, wir wählen auch Abgeordnete, aber wir wählen sie überwiegend im Licht und unter dem Namen ihrer Parteizugehörigkeit. Und gewiß hat die Wählerschaft der Bundesrepublik Deutschland einige Male – jedenfalls bei den »Adenauerwahlen« von 1953 und von 1957, dann wieder nach dem ›Machtwechsel‹, in den siebziger Jahren, in anderer Weise auch 1983, nach der sogenannten ›Wende‹ – in einem Zuge mit der Wahl von Abgeordneten und ihren Parteien auch darüber entschieden, wer die nächste Regierung, das nächste Kabinett bilden solle, aber auch dies war unvermeidlich die mehrheitliche Entscheidung für einen Parteiführer und für eine Parteiregierung. Ist aber das Ergebnis der Wahl – einer Wahl oder Auswahl zwischen parteilich formierten und parteilich artikulierten Alternativen – eine Parteiregierung, ein parteilich gegliedertes Parlament, insbesondere eine Mehrheit parteizugehöriger Abgeordneter, – ist dann nicht der Zweck der Wahl im Innersten verdorben? Worauf war es denn eigentlich abgesehen, und was für eine Art von Organen sollte denn aus diesen Wahlen eigentlich hervorgehen? So fragt der Zweifler weiter, und so fragen wir mit ihm. Auf Anvertrauung war es abgesehen. Darauf war es abgesehen, eine Regierung zu bestellen, die das gemeine Beste besorge, und ein Parlament, das in unbefangener Beratung das jeweilige gemeine Beste auffinden könne. Das ist die Art von Organen, die aus Wahlen hervorgehen sollten. Und das ist gewiß nur ein anderer Ausdruck dafür, daß es bürgerliche Organe, Organe aus bürgerlicher Rechtmäßigkeit sein sollten. Wie aber sollen Parteien mit ihrem vorausgebildeten Willen eine unbefangene Beratung mit- oder widereinander führen, wie kann eine parteilich formierte, ja präformierte Mehrheit im Parlament die Gewähr bieten, daß die Beratung das gemeine Beste auffinde? Wie soll ein Kabinett der ganzen Staatsgesellschaft zum Besten dienen können, welches im vorhinein auf Grundsätze und Interessen von Parteien oder einer einzigen Partei festgelegt und vereinigt ist? Und wiederum: Wird ein Parlament, das aus Parteien zusammengesetzt ist, überhaupt eine Beratung pflegen können, werden sie sich nicht viel eher aufs Verhandeln oder allenfalls aufs Streiten verlegen als aufs Beraten? Wird nicht unter solchen Umständen die Wahl als ein Vehikel bürgerlicher Rechtmäßigkeit um ihr Ziel betrogen? Kann es sein, daß die legitimierende Kraft allgemeiner Wahlen verschwendet würde und fehlginge, da sich dieses verderbliche Element der Parteiung und Parteilichkeit einmischt und alles von neuem in Frage stellt? Genügt es also doch nicht – damit eine Regierung rechtmäßig regiere –, daß sie aus allgemeinen freien Wahlen hervorgehe?

Daß die politische Entscheidung einer Menge – einer Wählerschaft oder auch einer Ratsversammlung – durch Parteibildung verzerrt, verdorben und vor allem um ihre Rechtmäßigkeit gebracht werde oder doch gebracht werden könne, ist ein sehr alter, in gewisser Weise ehrwürdiger Einwand wider den Legitimitäts-Anspruch demokratischer oder irgend kollegialer Körperschaften, insofern in ihrem Schoße eben nicht allein Beratungen gepflogen, sondern wirkliche Entscheidungen getroffen werden, welche ein ganzes Gemeinwesen binden. Ein eindrucksvolles Beispiel dieses eingreifenden Bedenkens, dieses Legitimitäts-Zweifels findet sich bei dem großen englischen Satiriker und politischen Publizisten Dr. Jonathan Swift, dem Verfasser von »Gullivers Reisen«, und zwar in einer verfassungspolitischen Abhandlung, die er im Jahre 1701 niedergeschrieben hat und die den Titel führt »Versuch über die Zwiste und Mißhelligkeiten der Adeligen und der Gemeinen zu Athen und zu Rom, und was für Folgen dieselben in diesen beiden Staaten nach sich gezogen.«[1] In Wahrheit ist darin in satirischer Verkleidung natürlich vom britischen Parlament die Rede, von einer Körperschaft also, die zu damaliger Zeit noch durchaus den Charakter einer Ständeversammlung hatte. Es ist nicht unnütz, sich deutlich zu machen, daß die Überzeugung von der legitimitätszerstörenden Wirkung der Parteibildung – wenn auch gewiß noch nicht der Partei-Regierung – weit älter ist als Demokratie und allgemeines Wahlrecht. Dieser Einwand betrifft körperschaftliche Entscheidungen über-

1 Ich zitiere nach einer alten deutschen Übersetzung: *Satyrische und ernsthafte Schriften von Dr. Jonathan Swift*, 2. Auflage, Hamburg und Leipzig 1760/61, Sechster Band, S. 313ff.

haupt, nicht bloß demokratische und nicht bloß Wahlentscheidungen.
Unter einer ›Partei‹ versteht Jonathan Swift offenkundig eine Horde oder Clique von Haus aus unselbständiger, teils planmäßig korrumpierter, teils einfach opportunistischer Leute, die von einem einzigen demagogischen »Privatgehirn« (wie unser Übersetzer den Swiftschen Ausdruck wörtlich wiedergibt) angestiftet, angeführt, inspiriert und kommandiert wird. Wahrscheinlich ließe sich übrigens nachweisen, daß dieser Begriff von Partei bis zum heutigen Tage noch eine beträchtliche populäre Verbreitung genießt. Swift freilich gibt darum, daß er in den »Ratsversammlungen« dergleichen verderbliche Erscheinungen wahrnimmt und geißelt, den Areopag, den Senat, das Parlament nicht etwa mit Haut und Haaren verloren. Er entwickelt vielmehr eine Therapie. Sie besteht in dem Ratschlag, man müsse nur den Parteiführern – das heißt: den Demagogen – wehren, die Parteibildung verhüten oder ihr, wenn sie schon nicht verhütet wurde, hernach entgegenwirken, so werde man auch dem »kühlen Kopfe« zur Vorherrschaft verhelfen. Denn es könne doch nicht anders sein, oder – soviel müsse man doch »zum Behufe des menschlichen Geschlechts sagen, daß allgemeiner natürlicher Verstand und gesunde Vernunft, solange die Menschen von vorgefaßten Meinungen frei sind, auch stets einen gewissen allgemeinen Einfluß auf sie haben werden«. Solange die Menschen von vorgefaßten Meinungen frei sind! Das ist freilich eine ungeheuerliche Bedingung – doppelt überraschend im Munde eines so scharfsichtigen Beobachters und unnachsichtigen Menschenkenners, wie Swift es war. Wie läßt sich das erklären?
An eine solche beratende Körperschaft, einen Senat, ein Parlament knüpft sich hier unverkennbar die elementare Erwartung, daß sie als ein Ganzes mehr Vernunft enthalte oder doch entwickle als irgendein einzelner Mensch, und

zwar vermöge des Vorgangs der Beratung selbst, vermöge der Diskussion, vermöge der Debatte. Swift ist tief überzeugt davon, daß aller fanatische oder doktrinäre Wahn, wie er Parteibildungen zugrunde liege, in einem gewissen Sinne von einzelnen und von ihrer Beschränktheit herrühre und daß er von Rechts wegen »nach ein paar Minuten« (wie er sagt) in sich zusammensinken müsse, sobald nur dem Gange der Diskussion und der Beratung freie Bahn gelassen werde. Parteibildung erscheint ihm deswegen so bedenklich, weil sie eigentliche freie Diskussion (eben durch »vorgefaßte Ansichten«) zu blockieren, daher den offenen Austausch der Ansichten, die wechselseitige Kritik und Kontrolle zu beendigen, den Geist der Parlamentsversammlung zu pervertieren und endlich die Vernünftigkeit ihrer Beschlüsse zu mindern oder gar zu hindern drohe. Aus dem Geist und Sinn des Parlamentes selber könne die Parteibildung nicht wohl herrühren, da in ihm nicht Wahn, sondern gesunde Vernunft notwendig regieren müsse. Der Fremdkörper der Parteibildung muß also von einzelnen herstammen, welche den Keim der Krankheit mitbringen – einer Krankheit, die dann freilich die ganze Versammlung mitsamt ihrer gesunden Vernunft ergreifen kann. Parteibildung erscheint derart als die große Sünde wider den Parlamentsgeist, als Unrecht gegen das Wesen und die Chancen der Ratsversammlungen oder – wenn wir es allgemeiner auslegen – der beschließenden und entscheidenden Körperschaften überhaupt.

Auch eine Wählerschaft zeigt übrigens Züge einer beschließenden und entscheidenden Körperschaft. Eine konkrete Wählerschaft, wie sie sich unter den Voraussetzungen des allgemeinen und gleichen Wahlrechts zu einem bestimmten Wahlakt formiert, stellt sich durchaus nicht nur als jene statistische Menge voneinander isolierter Subjekte dar, als welche sie dem flüchtigen Betrachter von Zahlenkolonnen erscheinen mag und als welche gewisse soziologische

Gemeinschaftsschwärmer sie verachten zu können gemeint haben. Jede ernsthafte und aufmerksame empirische Beschreibung eines bestimmten historischen Wahlvorganges kann gar nicht umhin, den körperschaftlichen Zusammenhang solch eines ›electorate‹ zum Vorschein zu bringen, der sich in traditionellen Neigungen und Abneigungen, in Treue und Streit, dazu in der durch den Wahlkampf artikulierten und akzentuierten öffentlichen Diskussion immer wieder neu herausbildet und schließlich in dem Wahlresultat selbst wie in einer Art von Beschluß niederschlägt. Eine solche Wahl, wenn sie auf der Grundlage eines gemeinsamen oder doch eines verbreiteten Bewußtseins von der Rechtmäßigkeit des Verfahrens und von der Würde seines Zweckes sich vollzieht, ist jedesmal ein integrierender Akt, in welchem das ›Elektorat‹ als tätige Bürgerschaft zu einer gemeinsamen Handlung hervortritt, wie viel Widerspruch, Gegensatz, Kampf und scharfer Wettstreit im übrigen auch darin vorkommen mag. Insofern also läßt sich eine Wählerschaft einer beratenden und beschließenden Körperschaft vergleichen, und insoweit sind die Argumente Jonathan Swifts – zum wenigsten per analogiam – im Hinblick auf den Hauptgegenstand unserer Erörterung nicht nur von mittelbarem, sondern auch von unmittelbarem Interesse.

Swifts Tadel besagt also, daß die Partei oder die »Faktion« als ein zusammenhängender, sei es durch Doktrin oder durch Interesse, durch Bestechung oder durch Patronage oder durch ein Gemisch von alledem zusammengehaltener, geschlossen operierender, gleichsam von einem einzigen vorgeprägten Willen, von einer durchgängigen »vorgefaßten Meinung« bewegter Block den Geist der Versammlung verderbe. Er leugnet nicht, daß auch jedes einzelne Mitglied einer parlamentarischen Körperschaft mit einer »vorgefaßten« Ansicht, ja einem vorgeprägten Willen und leitenden Interesse in die Beratung eintreten könne. Aber darin scheint ihm so lange keine Gefahr enthalten, als die Gewähr einer freien Erörterung gegeben ist: dann wird sich dies alles wechselseitig korrigieren und abschleifen, das Vernünftige wird sich herstellen. Bildet sich aber – durch Verführung und arglistige Machenschaft – ein Kollektiv, welches sozusagen nicht mehr mit sich reden läßt – und das ist es, was hier unter einer Partei verstanden wird –, so wird das Kollegium mitsamt seiner offenen Diskussion und mitsamt der Vernünftigkeit seiner Beschlüsse davon bedroht. Vom Kollektiv werde das Kollegium, von der Partei die parlamentarische Körperschaft, vom organisierten Willen der Geist der Beratung gefährdet. Mit anderen Worten:

»Das Parlament ist nur so lange ›wahr‹, als die öffentliche Diskussion ernstgenommen und durchgeführt wird.« So erscheint derselbe Sachverhalt in der Formulierung eines modernen deutschen Kritikers des parlamentarischen Parteiwesens. Es ist Carl Schmitt, der hier spricht, dieser scharfsinnige Staats- und Völkerrechtslehrer der Weimarer Epoche und leider auch des ›Dritten Reiches‹, und er bestimmt im weiteren die Bedingungen solcher Diskussion mit Worten, welche wie ein Résumé der Grundsätze Jonathan Swifts anmuten: »Zur Diskussion gehören gemeinsame Überzeugungen als Prämissen, Bereitwilligkeit, sich überzeugen zu lassen, Unabhängigkeit von parteimäßiger Bindung, Unbefangenheit von egoistischem Interesse.« Dies sind Sätze aus der berühmten Schrift »Zur geistesgeschichtlichen Lage des heutigen Parlamentarismus.«[2] Zum echten und rechten Parlamentarismus – so lautet Schmitts These – gehöre das Prinzip der Diskussion und gehöre das Prinzip der Öffentlichkeit.

Das Motiv der Öffentlichkeit können wir hier einigermaßen vernachlässigen. Schmitt befindet sich in einem ›gei-

2 Ich zitiere nach der zweiten Auflage vom Jahre 1926; die erste ist 1923 erschienen.

stesgeschichtlichen‹ Irrtum, wenn er die Öffentlichkeit der Verhandlung für ein originäres Wesenselement des Parlamentarismus hält. Zu Zeiten Swifts jedenfalls waren die Parlamentsberatungen in England noch ziemlich geheim – so wie es heutzutage noch die Kabinettsberatungen und freilich auch die Fraktionsberatungen sind –, öffentliche Bekanntgabe von Äußerungen, die im ›Hause‹ getan waren, konnte als Verletzung der Privilegien geahndet werden, die Veröffentlichung von Debatten (zunächst im Wege der Indiskretion) kam erst im weiteren Verlaufe des achtzehnten Jahrhunderts auf, und die ausdrückliche, theoretisch begründete Forderung der Öffentlichkeit der Verhandlungen hat erst Jeremy Bentham am Ausgange dieses selben Jahrhunderts erhoben. Bentham fand ein begeistertes Echo auf dem europäischen Kontinent in einem Augenblick, als sein Postulat in seinem eigenen Heimatlande noch keineswegs akzeptiert war. Nein, Publizität ist kein Wesenszug des Parlamentarismus, ist ihm jedenfalls historisch lange genug fremd gewesen, und zwar gerade in dem Lande, das den ›Parlamentarismus‹ recht eigentlich hervorgebracht hat. Publizität hat sich dort erst mühsam durchgesetzt, ist sogar bis zum heutigen Tage in einem gewissen Maß und Sinn verdächtig, wie man daran sehen kann, daß den Photographen und den Fernseh-Reportern der Zutritt im Unterhaus noch verwehrt ist. Mit den ersten Triumphen der Wochenblatt-Journalisten des achtzehnten Jahrhunderts über die Vertraulichkeit der Parlamentsverhandlungen endigt – wie leicht zu verstehen ist – die unbedingte Souveränität und Exklusivität der parlamentarischen Führung des Landes, die Presse tritt auf den Plan und beginnt ihrerseits an der Debatte teilzunehmen, indem sie sie draußen, in der allgemeinen Öffentlichkeit, fortsetzt mit und vor einem Publikum, das bis dahin fast nur eine duldende und unwissende Rolle in der Staatsgesellschaft gespielt hatte. Der Einbruch der Publizität bildet – längst vor den großen Wahlreformen – wenn nicht den Beginn, so doch das gewisse Vorzeichen der Demokratisierung des Parlaments wie des Parlamentarismus. Carl Schmitts verwunderlicher Irrtum, die beiden Grundsätze der Diskussion und der Öffentlichkeit einander »geistesgeschichtlich« zuzuordnen, läßt sich wohl nur aus dem Umstande erklären, daß sein Interesse weit überwiegend der kontinental-europäischen politischen Geistesgeschichte, sehr viel weniger der wirklichen englischen Parlamentsgeschichte galt. Natürlich ist jene nicht ohne diese zu denken. Die moderne kontinentale Verfassungstheorie (seit Montesquieu) besteht zu einem guten Teil aus produktiven Mißverständnissen der englischen Verfassungspraxis. Auch jenes Benthamsche Publizitäts-Prinzip ist davon ein Beispiel.

Das Prinzip der Diskussion ist unstreitig älter als dasjenige der Öffentlichkeit. Auch die Ansichten Swifts bezeugen das. Wie dieser also erblickt Schmitt in den »parteimäßigen Bindungen« ein Hindernis der Diskussion. Die Beobachtung scheint dieselbe, doch die Gesinnung, in der sie angestellt wird, und die Absicht, die daraus hervorwächst, sind von gründlich anderem Schlage. Da man nämlich heute, folgert Schmitt – und es sind die ersten Jahre der Weimarer Republik in Deutschland, welche ihm den Stoff und Anreiz gaben –, solche Parteien vor Augen habe, die »als soziale oder wirtschaftliche Machtgruppen« einander gegenüberträten und »auf dieser Grundlage Kompromisse und Koalitionen« miteinander schlössen, so sei die Diskussion ihrer eigentlichen Möglichkeit beraubt, ja gänzlich untergegangen. Dies eben ist einer der Aspekte der »Krise« des Parlamentarismus, welche dieser Autor diagnostiziert hat. Man kann ihm den Vorwurf eines gewissen deutschen Provinzialismus kaum ersparen, denn er hat zwar durchgängig das unselige Vielparteiensystem der Reichstage der Weimarer Epoche und das Koalitionssystem der Weimarer

Reichsregierungen im Sinn, redet aber gleichwohl von der Krise ›des‹ Parlamentarismus schlechthin und tut an keiner Stelle seiner Schrift des Umstandes Erwähnung, daß es das zeitgenössische deutsche Parlament und die zeitgenössischen deutschen Parteien sind, welche er dort analysiert. Da er aber in geistesgeschichtlicher Hinsicht sowohl französische und englische wie deutsche Autoren anführt – Benjamin Constant und Jeremy Bentham etwa neben Robert von Mohl –, so erweckt seine Diagnose den Eindruck, als beträfe sie zum wenigsten einen gesamteuropäischen Zustand. Wir haben hier ein hervorragendes Exempel für die fatale Neigung so mancher deutscher Autoren, ihre eigenen nationalen Krisen für das Elend der Welt zu halten oder auszugeben, noch dazu für ein notwendiges, irreversibles und eigentlich unheilbares Übel. Bedeutsamer indessen muß für uns die Erkenntnis sein, daß auch diese »Krise des Parlamentarismus«, welche sich als Gefährdung des Parlamentsgeistes durch den Parteiwillen und der Diskussion durch die Faktion darstellt, nichts weniger als eine Neuigkeit und insbesondere keine spezifische Folge der »Entwicklung der modernen Massendemokratie« bildet, wie Carl Schmitt meint. Alles Wesentliche in dieser Art stand ja zum Beispiel auch schon bei Jonathan Swift in einer Schrift, die gut zweihundert Jahre älter ist als Schmitts Untersuchung.

Doch welch ein Unterschied der Gesinnung und der Absicht! Es ist gewiß der Unterschied zwischen dem Engländer und dem Deutschen, auch der Unterschied zwischen dem Aufklärer und dem Romantiker oder Historisten, schließlich vielleicht der Unterschied zwischen dem erklärten Pragmatiker und dem geheimen Utopisten. Jonathan Swift müßte nicht der große Satiriker sein, der er doch war, wenn er sich über eine solche Erscheinung wie die Entartung des Parlamentarismus unter dem Einfluß des Parteigeistes groß verwunderte und beklagte. Seine Betrachtung beratender Versammlungen des Altertums (und der Neuzeit) führt ihn nur zu der ebenso spitzen wie gelassenen Bemerkung, solche Körperschaften unterlägen vielfach doch denselben Versuchungen und Lastern wie der einzelne Mensch. Natürlich gilt ihm das für eine betrübliche Wahrnehmung, indem er ja gerade von der Erwartung beseelt gewesen war, diskutierende Kollegien dieser Art könnten leichter über die Vorherrschaft der Triebe, der Interessen und der Vorurteile hinauskommen, könnten also – grob gesprochen – vernünftiger sein als der einzelne Mensch, insbesondere der einzelne Herrscher, der Autokrat. Da aber solche Erwartungen bei näherem Zusehen enttäuscht werden, so muß man – das ist seine Gesinnung – dieser Versuchung oder (auf deutsch:) dieser »Krise« ins Auge sehen und ihrer Herr zu werden suchen, indem man das Prinzip der Diskussion und die Chance der Diskussion in jeder Weise stärkt. Swift zeigt zugleich ein rechtes englisches Maß an Skepsis und ein rechtes englisches Maß an tätiger Zuversicht. Dahingegen unser deutscher Gelehrter die Diskussion als solche mit dem »Glauben an die Diskussion« geistesgeschichtlich für abgetan erklärt und mitsamt der Leiche des »Liberalismus« einsargt und begräbt. Da aber der moderne Parlamentarismus, wie ihm scheint, von dieser konstitutiven Idee abgefallen sei, da er von gar keinem ›Glauben‹ mehr belebt und getragen werde, sondern nur von den Machtansprüchen der Parteien, so kann es auch für ihn keine Rettung und keine Aussicht auf Heilung geben. Der romantische Zug zeigt sich in der Vorstellung, der Parlamentarismus sei irgendwann einmal in der Vergangenheit »wahr« gewesen – wenngleich dies, nach seiner sonderbaren Zuordnung, die Vergangenheit des Liberalismus ist, mit welcher er wiederum im Ernste gar keine sehnsüchtigen Empfindungen verbindet. Der utopische Zug äußert sich negativ in der (hier freilich noch verhüllten) Konsequenz, man müsse dieses »unwahr« gewordene Wesen, eben den Parlamentarismus, darum vollends aufgeben und zum alten Eisen werfen. (Eines Tages wird man sich einer fundamental anderen Art von Staatsverfassung zuwenden oder in die Arme werfen, die dann ihrerseits wieder eine unbedingte Wahrheit, eine neue Wahrheit auf die Erde bringen wird!)

Swift war Beobachter und Akteur in ein und derselben Person. Wiewohl Satiriker, verzweifelte er nicht an der Möglichkeit, zu ändern und zu bessern. Oder vielmehr: Auch die Satire war ihm ein Appell zur Umkehr, ein Werkzeug der Reform. Das liegt dem deutschen Verfassungskritiker und Geschichtsphilosophen nicht. Reformen erscheinen ihm trivial. Lieber schüttet er das Parlament mit den Parteien aus und läßt das Abendland untergehen. Carl Schmitts Schrift ist in einem Zeitpunkt veröffentlicht worden, als der ›Parlamentarismus‹ im Deutschen Reiche gerade erst drei oder vier Jahre alt war. O diese fürchterliche historische Ungeduld!

Wie steht es aber wirklich mit dem Alter und den Aussichten der Diskussion in beratenden und beschließenden Körperschaften, und wie steht es mit ihrer Gefährdung durch Parteibildung?

Diskussion als Form der Beratung und als Weg zur Entscheidung oder zur »Dezision« ist unvergleichlich viel älter als der »Liberalismus« oder irgendeine andere Art moderner ›Weltanschauung‹. Bei Homer kann man nachlesen, wie die griechischen Heerführer im Kriegsrat diskutierten, während sie Troja belagerten. Zweifellos hat der römische Senat diskutiert. Zweifellos haben die großen Konzilien des Mittelalters diskutiert. Ohne Frage ist in den Ratsversammlungen der deutschen oder der italienischen Städte zu jeder Zeit ebenso diskutiert worden wie in den englischen Parlamenten etwa des sechzehnten und siebzehnten Jahrhunderts. Es handelt sich hier um ein so ursprüngliches, jeglicher Beratung zugehöriges Phänomen, daß man ihm unvermeidlich zum wenigsten überall dort begegnet, wo Beratung in förmlich hierzu gebildeten Körperschaften gepflogen wurde, mag es sich dabei um zeitweilige oder um dauerhafte Institutionen handeln, und mögen solche Kollegien aus einem autonomen Zusammenschlusse gleicher Standes- und Staatsgenossen zum Zwecke der Regierung hervorgegangen sein oder mögen sie einem Bündnis etwa zur gemeinsamen Kriegführung Wirksamkeit verleihen oder mögen sie auch durch einen Herrscher einberufen werden, der sich der Teilnahme und Hilfeleistung seiner ›Stände‹ zu versichern strebt. Oder mögen sie schließlich aus allgemeinen Wahlen hervorgehen und die Bürgerschaft eines ganzen Volkes repräsentieren. Räte, Konzilien, Parlamente sind von je die Stätten, an welchen Diskussion möglich wird. Phänomene sind wichtiger als Ideen, lebendige Verfassungsgebilde für die politische Erkenntnis bedeutsamer als Doktrinen, die sich geistesgeschichtlich anordnen lassen. Diskussion wird in solchen Kollegien möglich, aber freilich nur jeweils in dem Grade, in welchem sie ein selbständiges Leben gewinnen, in welchem nämlich ihre Mitglieder sich von den Bindungen zu emanzipieren imstande sind, die die jeweils entsendenden Körper ihnen auferlegen. Solche Bindungen können von unausdrücklicher oder aber von förmlicher Art sein. Sie können – im ersteren Falle – mächtig fortwirkende Interessen oder sie können – im letzteren Falle – formulierte Mandate, »Aufträge und Weisungen« sein. In dem Maße, als sich eine Versammlung dieser Art aus dem Geflecht der vielfältigen Bindungen ihrer Mitglieder erst loszureißen vermag, in dem Maße eröffnet sich die Chance der Diskussion. Sofern sie indessen in diesem Geflecht der partikularen Interessen und Mandate befangen bleibt, wird in ihrem Schoße nicht eigentlich Diskussion, sondern allenfalls Verhandlung stattfinden. Noch hoch im achtzehnten Jahrhundert hat der einzige Edmund Burke Anlaß gefunden, mit starkem Tone den Unterschied zwischen einem Parlament wie dem House of Commons und einer Zusammenkunft von Botschaftern kenntlich zu machen; das war in jener berühmten Rede an die Wähler von Bristol vom Jahre 1774, seine eigenen Wähler, worin er das Prinzip der Mandatsunabhängigkeit oder die Emanzipation des Abgeordneten von den Aufträgen, ja von den Erwartungen seiner Wähler klassisch formuliert hat: »Euer Repräsentant«, sagte er mit einem bewundernswerten Euphemismus, »schuldet euch nicht allein seinen Fleiß, sondern auch seinen Verstand«, und das hieß, er werde und solle nicht nach ihren Wünschen und Willen, sondern nach seinem eigenen Wissen und Gewissen denken, raten, reden und entscheiden dort im Parlament, und ebenhierin liege das eigentliche Wesen der ›Repräsentation‹ – im Unterschiede nämlich zur bloßen Delegation. Burke hat es denn freilich nachmals in Kauf nehmen müssen, von diesen Wählern nicht wiedergewählt zu werden, er war ihnen zu unabhängig, zu sehr Repräsentant und zu wenig Mandatar, zu wenig Botschafter ihrer partikularen Interessen. Nichtsdestoweniger sind diese seine Erklärungen gleichsam zur Verfassungsnorm des englischen ›Parlamentarismus‹ geworden, und es ist dies fast ebendieselbe Norm, die im deutschen Verfassungsrecht die freilich etwas weniger konziliante Gestalt angenommen hat, daß der Abgeordnete Vertreter des ganzen Volkes, an Aufträge und Weisungen nicht gebunden und nur seinem Gewissen unterworfen sei. Der definitorische Charakter dieser Formel hat seither und bis in die jüngste Zeit zu bitteren Sarkasmen herausgefordert, wann immer die Beobachtung der ›Verfassungswirklichkeit‹ die tatsächlichen Bindungen von Abgeordneten an Parteibeschlüsse oder Standes- und Verbandsinteressen oder beides an den Tag brachte. Indessen verbirgt sich in dieser normativen Definition (wie sie auch im gegenwärtig geltenden Grundgesetz, im Artikel 38, wiederkehrt) im Grunde nichts anderes als der unausbleibliche Trieb einer regierenden Körperschaft, sich von all jenen groben und feinen Fäden loszureißen, mit welchen sie vermöge ihrer Entstehung und Bestellung an gesellschaftliche Kräfte – wie Stände, Klassen, Verbände und Parteien – geknüpft ist, der Trieb, souverän zu werden. Zu keiner Zeit und an keinem Ort ist solche Unabhängigkeit und Unbefangenheit, solche Souveränität absolut vorgegeben und gewährleistet; zu jeder Zeit und an jedem Ort will sie erst gewonnen werden und befindet sich der körperschaftliche Souveränitätstrieb im stetigen, wenn auch zumeist verdeckten Kampfe mit den jeweils vorherrschenden gesellschaftlichen Mächten und Bindungen. Zu jeder Zeit und an jedem Ort ist ebendeswegen auch die Chance der Diskussion, nämlich der unvoreingenommenen Beratung, in der Gefahr zu versinken und von vorgeprägten Willenskomplexen blockiert zu werden. Niemals ist Diskussion schlechthin gewährleistet, immer vielmehr bedarf es einer Anstrengung, wenn ihre Möglichkeit ergriffen werden soll. Man geht aber wohl nicht fehl, wenn man aus mannigfachen historischen Wahrnehmungen wie auch aus der vitalen Logik der Sache den Schluß zieht, daß die Eigenständigkeit und Souveränität einer beratenden, insbesondere einer parlamentarischen Körperschaft, daß also auch die Chance eigentlicher Diskussion (im Unterschiede zur bloßen Verhandlung) in dem Maße wachsen kann, als diese Körperschaft die Führung einer ganzen Staatsgesellschaft an sich zieht, von der Beratung zur Entscheidung fortschreitet und daher eine Verantwortlichkeit zu übernehmen bestrebt und bereit ist, welche alle jene partikularen Bedürfnisse, Weisungen und Nötigungen übersteigt. Andererseits scheint die Chance eigentlicher, nämlich unabhängiger und unbefangener, Diskussion abzunehmen, wenn das fragliche Kollegium aus diesen oder jenen

Gründen keinen entschiedenen Führungswillen entwickelt, wenn ihm konkurrierende Instanzen im Wege stehen oder wenn es von auseinanderstrebenden Klassen- und Interessenparteien zerrissen wird, die in seinem eigenen Schoße großgeworden sein mögen.
Hier mag eine allgemeinere Bemerkung angebracht sein über den Unterschied der »geistesgeschichtlichen« Betrachtungsweise, wie sie Carl Schmitt übt, und einer phänomenologischen, wie sie mit den gegenwärtigen Erörterungen versucht wird. Es ist erstaunlich, wie sich der Horizont der vergleichbaren und der ähnlichen Erscheinungen weitet, sobald man einmal die Fixierung an bloße Geistesgeschichte, die Versessenheit auf Doktrinen und Theoreme, die Scheuklappen des Dogmen-Gezänks abgelegt hat und sich eben den lebendigen Phänomenen der Weltgeschichte zuwendet. Das Bild der politischen Formen gewinnt an Umfang und Farbigkeit, zugleich rückt Ferneres, ja Entlegenes in die Nähe, und der ganze Vorrat an Einrichtungen, den die menschliche Geschichte erzeugt hat, tritt in einen großen Zusammenhang. Demgegenüber nimmt sich das verbissene Herumdeklinieren an spezifisch geistesgeschichtlichen Einzelzügen kleinlich aus. Vitale Gründe sind an der Ausbildung von Regierungsformen – wie etwa der parlamentarischen – wenigstens ebensosehr beteiligt wie geistige Gründe; Triebe und Ideen, Interessen und Prinzipien sind stets miteinander verknüpft oder ineinander verknäult, ohne daß wir am Ende imstande wären, nach marxistischer Weise einen Unterbau und einen Überbau zu unterscheiden. Aber die geistesgeschichtliche Betrachtung fälscht das Bild nicht weniger als die interessengeschichtliche oder ›materialistische‹. Schließlich und vor allem können wir bei einer phänomenologischen Ansicht und Vergleichung auch entdecken, daß politische Lebensformen, Verfassungen, Institutionen vielfach gerade dann in ihre beste Zeit eintreten, wenn die Hitze der

schaffenden Ideen, wenn der Eifer der revolutionären oder sonstwie stiftenden Impulse sich abgekühlt hat, wenn der Fanatismus, der Chiliasmus, der Utopismus gewichen ist oder sich doch herabgestimmt hat und wenn die Einrichtungen, die solchen Impulsen entstammen – wie etwa die modernen Parlamente des europäischen Kontinents, die aus Revolutionen hervorgegangen sind –, sich eingelebt, gar sich eingefleischt oder, mit einem Wort, wenn sie Tradition gewonnen haben. Tradition tritt allmählich an die Stelle des anfänglichen Glaubens der Neuerer, und Tradition legitimiert eine politische Einrichtung in nicht geringerem Grade als Glaube. Mit einer nur wenig überspitzten Wendung können wir deswegen im Hinblick auf Carl Schmitts Beerdigung des Parlamentarismus den Satz aufstellen, Diskussion habe ihr Leben und ihr Recht und ihre Legitimität auch ohne den Glauben an Diskussion (von welchem jener Kritiker ja beinahe ausschließlich geredet hat), und Parlamente hätten ihr Leben, ihr Recht und ihre Rechtmäßigkeit auch ohne den Eifer des Glaubens an den ›Parlamentarismus‹. Es ist in der Tat ein böser Geist der Ungeduld, der wegwirft, was noch keine Frist gehabt hat, erprobt und auch verbessert zu werden.

Noch immer ist aber das alte und ernste Bedenken unbehoben geblieben, daß innere Parteibildung die Diskussion einer beratenden Körperschaft ersticke, daß Parteien daher die Legitimität auch gewählter Parlamente gefährdeten. Denn vom Parlament – zumal wenn es Aufgaben der Regierung an sich gezogen hat – muß offenbar gelten, daß es die legitimierende Kraft der Wahl gleichsam verspielen kann, wenn es seinem eigenen eingeborenen Zweck untreu wird, das allgemeine Beste zu finden und danach zu entscheiden; es muß aber wirklich diesen Zweck verfehlen, wenn es seine Souveränität als beratende und also diskutierende Körperschaft an solche Kollektivgebilde verliert, welche ihm ihren unerhellten

Willen aufprägen, mag es sich dabei um die Verschwörung einer einzigen zusammenhängenden Clique handeln – wie sie offenbar Jonathan Swift vor Augen gestanden hat – oder auch um eine Mehrzahl von Willenskollektiven, die miteinander nur noch verhandeln, um durch Verträge zu herrschen – wie es Carl Schmitt an den Weimarer Reichstagen und ihren Koalitionsregierungen getadelt hat. Unter solchen Umständen bleibt Diskussion gehindert auch dann, wenn die äußeren gesellschaftlichen ›Aufträge und Weisungen‹, Bindungen und Mandate mit Erfolg zurückgedrängt oder ferngehalten sind. Darin nämlich müssen wir Swift zustimmen, daß aus einer diskutierenden und debattierenden Körperschaft eher eine Entscheidung erwachsen kann, die dem Gemeinwohl zuträglich ist, als aus dem launenhaften Kopfe eines einzelnen Führers oder aus dem Willen und Wahn eines verschworenen Kollektivs. Die diskutierende Körperschaft ist freilich nicht darum überlegen, weil hier das Wunder geschähe und die Vernunft über die Triebe siegte, sondern vielmehr darum, weil sich in ihrem Schoße wirklich die widerstreitenden Interessen und ›Vorurteile‹ wechselseitig zu paralysieren vermögen – vorausgesetzt nur, daß die Beteiligten, Einzelne wie Gruppen, der gemeinsamen Körperschaft mitsamt ihren gemeinsamen Spielregeln treu bleiben. Und in dieser Hinsicht müssen moralische Erinnerungen so lange fruchtlos bleiben, als nicht die faktische Autorität der regierenden Körperschaft die Absichten und Ansprüche ihrer Mitglieder übertrifft und in den Schatten stellt.

Es leidet keinen Zweifel, daß die Chance der Diskussion durch die Verfestigung von Parteiblöcken gemindert, ja gehindert werden kann. Ist der Wille anderwärts, nämlich im Fraktionszimmer, gar im Parteivorstand, schon gebildet worden, so braucht man offenbar hernach im Plenum des Parlaments nur noch diesen fertigen Willen zu erklären. Was Debatte genannt wird, kann dann wohl zu einer bloßen Abfolge solcher Willenserklärungen entarten. Auf die Länge genügt das denn freilich doch nicht. Derselbe Prozeß der Demokratisierung, der die heutigen konsolidierten und dauerhaften, über das Parlament hinaus- und in die Wählerschaft hineinragenden Parteiorganisationen hervorgebracht hat – weil mit der Ausbreitung des Wahlrechts, wie Ostrogorski um die letzte Jahrhundertwende in seinem großen Werk[3] ausführlich geschildert hat, zugleich das Bedürfnis der parlamentarischen Gruppen wuchs, Wählerstimmen stetig an sich zu ketten, um derart sich selber über die einzelne Wahlperiode hinaus am Leben zu erhalten –, derselbe Prozeß der Demokratisierung hat doch auch das Heilmittel gegen diese Krise entwickelt. Da man, in einem System konkurrierender Parteien, nicht alle Wähler auf Dauer in Kolonnen organisieren noch dergleichen eigentlich wollen kann, so müssen sich die Parlamentsparteien fortwährend auch denjenigen potentiellen Wählern hörbar und fühlbar machen, die jeweils erst zu gewinnen sind. Sie müssen sich – als Parteien – öffentlich explizieren, sie müssen einander mit Argumenten auszustechen streben, sie müssen miteinander diskutieren. Die Chance solcher Diskussion zwischen den Parteien wächst mit der Klarheit der Sonderung in Regierungs- und Oppositionsparteien, sie wird gemindert, zuweilen erstickt in dem Falle, daß alle Gruppen sich in einem umfassenden Koalitionsvertrag verbündet haben, gemeinsam zu herrschen. Diese Diskussion zwischen den Parteien ist freilich von anderem Schlage als die beratende Erörterung, die Swift im Sinn hatte und die auch das Modell darstellen mag, an welchem Carl Schmitt die Erscheinungen seiner Gegenwart maß. Die Parteien diskutieren miteinander nicht so sehr, um den jeweiligen Gegner oder auch nur die Schwankenden im Hause zu überzeugen, sie diskutieren

3 *La démocratie et l'organisation des partis politiques*, 2 Bände, 2. Auflage 1901.

vielmehr in erster Linie zu dem Ende, die Schwankenden oder Indifferenten draußen im Lande zu gewinnen. Die Diskussion hat die Adresse gewechselt, wie es unter den Bedingungen der Demokratie, und das heißt der Öffentlichkeit und des allgemeinen Wahlrechts, kaum anders sein kann. Sie ist aber darum doch nicht weniger Diskussion. Hat man die beratende, die ›deliberierende‹ Diskussion als die eigentlich parlamentarische allein im Sinn, so muß man urteilen, daß die Möglichkeit solcher Diskussion von dem ›Prinzip‹ oder, besser, dem Bedürfnis der Öffentlichkeit und nach Öffentlichkeit in der Tat gefährdet wird. Die beiden Motive der Diskussion und der Öffentlichkeit, die Carl Schmitt als konstitutive Prinzipien des wahren Parlamentarismus aufgeführt hat, sind in Wirklichkeit so wenig auf einem Holze gewachsen, daß sie zueinander vielmehr in einem gegenläufigen, einem antinomischen Verhältnis stehen. Beratung scheut die Öffentlichkeit. Öffentlichkeit gefährdet die Beratung.

Die öffentliche, auch auf öffentliche Wirkung wesentlich angelegte Diskussion der Parteien im Parlament kann in der Regel zur Beratung nicht viel beitragen, ist auch wohl nur ausnahmsweise darauf gerichtet, ein gemeinsames Ergebnis zu erzielen (wie es das Wesen der Beratung ausmacht), sie hat weit eher den Charakter des Disputs als der ›Deliberation‹. Immerhin zwingt solcher Wettstreit die Gegner, das Äußerste an Überzeugungskraft aufzubieten, er vermag nicht nur die derberen und feineren rhetorischen Künste, er vermag auch die Argumente zu mobilisieren. Dieselbe (demokratische) Öffentlichkeit, welche die Beratung gefährdet, fördert doch zugleich den Disput.

Ein Legitimitätsmangel wäre demnach dem Parteienparlament nicht sowohl deswegen anzukreiden, weil es Diskussion, als vielmehr, weil es Beratung oder Deliberation weithin vermissen lasse. Und es ist sicher wahr: der intime Beratungscharakter der Parlamentsverhandlung ist durch den Sieg des demokratischen Öffentlichkeits-Prinzips verscheucht worden, jedenfalls aus den Plenarsälen. Diese ›Kammern‹ sind keine Kammern mehr, sie sind öffentliche Plätze. Das hat nicht der ›Parlamentarismus‹ und das haben auch nicht eigentlich die Parteien, sondern das hat die Demokratie getan. Wer diesen Legitimitäts-Tadel aufrechterhalten will, der muß am Ende die Demokratisierung selber für den Verderb des Parlamentarismus verantwortlich machen. Einen anderen Ausweg sehe ich nicht.

Indessen ist das Plenum nicht das ganze Parlament. Und wie man die Natur nicht mit der Gabel vertreiben kann, ohne daß sie von einer anderen Seite zurückkehrt, so hat sich auch das Element der beratenden Diskussion oder der ›Deliberation‹, indem es aus den Plenarsälen verscheucht wurde, alsbald neue ›Kammern‹ geschaffen: das sind einerseits die Ausschüsse, andererseits und vor allem die Fraktionssitzungen. Auch der Parteiwille muß sich erst bilden, bevor er im Plenum auch nur kundgemacht werden kann. Er fällt nicht vom Himmel. Er ist auch in aller Regel das Resultat nicht einer Verschwörung, sondern einer Diskussion. In der Fraktionsberatung finden wir die Deliberation wieder, die aus dem Plenum des Parlaments weithin verschwunden ist. Die Fraktionen beraten in intimer, vertraulicher Sitzung ohne Zeugen, ohne Presse. Erst nach beendigter Sitzung pflegt man der Öffentlichkeit mitzuteilen, was man ihr mitteilen möchte. Die heutige Fraktionsberatung ist ganz ebensowenig öffentlich, wie es die Parlamentsberatung in England bis ins achtzehnte Jahrhundert gewesen ist. Der Parteiwille, der im Parlament vielfach als eine feste vorgeprägte Größe in Erscheinung tritt, der dort seine Position wohl disputierend verteidigen, nur selten aber deliberierend verändern wird, ist doch selber das Ergebnis von Beratung und Beschluß. In der Öffentlichkeit der Plenardebatte tritt die parlamentarische Partei – wenn sie gut vorbereitet ist – mit gemeinsamer

Ansichten und Absichten hervor, die sie mit Eifer erläutert und verteidigt. Aber dieser Kollektivwille ist jeweils aus einem Beschluß erwachsen, und dem Beschluß mögen ausgiebige und oftmals durchaus nicht einhellige Erwägungen vorausgegangen sein. »The body is eager, the atoms are cool« – so beschrieb Walter Bagehot die Beschaffenheit der englischen Parlamentsparteien vor mehr als hundert Jahren[4], und diese Charakterisierung behält ihre Gültigkeit. Oder, mit Swifts Begriffen zu reden: Ehe die parteiliche Hitze (öffentlich) bezeugt werden kann, müssen die kühlen Köpfe (im geheimen) ihr Werk getan haben. Freilich pflegen wir aus dieser vertraulichen Sphäre nicht viel einzelnes zu erfahren. Erführen wir indessen mehr, und gelänge es der rechtmäßigen Neugier der Öffentlichkeit, vollends auszuspähen und auszuhorchen, was hinter diesen Türen vorgeht, so müßte auch aus diesen Kollegien in gleichem Maße wieder die Disposition zur Erwägung und Beratung verschwinden. Man kann nicht beides zugleich haben: intime Diskussion und Publizität. Man kann aber auch nicht zu gleicher Zeit das parlamentarische Plenum wegen seiner demokratischen Publizität und die abgeschlossene Fraktionssitzung wegen ihrer Vertraulichkeit einer mangelhaften Legitimität zeihen. Man muß vielmehr erkennen, daß der gegenwärtige ›Parlamentarismus‹ sich einer Mehrzahl von Schauplätzen zugleich bedient. Die Fraktionsstuben sind seine ›Kammern‹, das Plenum ist sein ›Markt‹. Dort wird vorwiegend die vertrauliche Erwägung gepflogen, hier der öffentliche Disput. Diskussion aber ist allerorten im Gange.

Aber damit sind wir erst den halben Weg gegangen. Von Parlamentsparteien war die Rede, nicht aber noch von der Parteiregierung. Ein Zweifel an der Legitimität der Parteiregierung war schon in jener selben Schrift von Carl

4 *The English Constitution*, zuerst 1867, seit 1928 mehrmals aufgelegt in der Sammlung »The World's Classics« der Oxford University Press.

Schmitt ausgesprochen, wenn auch erst in verhüllter Form: »Die Beteiligung der Volksvertretung an der Regierung« – so hieß es da –, »die parlamentarische Regierung, hat sich gerade als das wichtigste Mittel erwiesen, die Teilung der Gewalten und mit ihr die alte Idee des Parlamentarismus aufzuheben.« Von der parlamentarischen Regierung ging also hier die Rede, noch nicht ausdrücklich von der Parteiregierung oder auch der Parteienregierung. Seltsamerweise erscheint die parlamentarische Regierung hier als das Mittel der Aufhebung des Parlamentarismus, jedenfalls nach seiner »alten Idee«. Dieser »alte« und vermutlich echte Parlamentarismus fuße auf der Teilung der Gewalten, das Parlament bescheide sich also mit der legislativen Tätigkeit und halte sich von exekutiver Tätigkeit fern, wohingegen parlamentarische Regierung, wie schon der Name anzeigt, gerade die Kräfte des Parlaments zur Leitung der Exekutive bestimmt, daher die Teilung der Gewalten beseitigt, die Gewalten der Gesetzgebung und der ›Vollziehung‹ in Wahrheit miteinander vereinigt. Es fließt wohl auch der Gedanke mit ein, daß Diskussion notwendig zurückgedrängt werden müsse, sobald exekutive Aufgaben mit ihrem Zwang zum Befehl von dieser diskutierenden Körperschaft übernommen würden. Wenn man es grob resümieren darf, so liegt in dieser Analyse auch die Überzeugung versteckt, daß das ›Parlamentieren‹ aufhöre, wenn regiert werden müsse. Wie zuvor im Falle der ›Prinzipien‹ der Diskussion und der Öffentlichkeit, so gilt auch hier, daß dieser Autor sich für das Modell – die klassische Lehre der Gewaltenteilung – ganz ebensowenig erwärmt wie für die Verfassungswirklichkeit, die er zu jenem in Beziehung setzt. Er bleibt in der Rolle eines geistesgeschichtlichen Prosektors, der sein anatomisches Besteck aus den eignen Taschen der Leiche hervorgezogen zu haben scheint, die er zu zerlegen beschäftigt ist.
Die Weimarer Republik mag wirklich auch an jenem

inneren Widerspruch zugrunde gegangen sein, den Carl Schmitt in teilnahmslosem Wohlgefallen kenntlich gemacht hat, an dem Widerspruch von Gewaltenteilung und parlamentarischer Regierung. Nicht aber ist die parlamentarische Regierungsweise selber und schlechthin zugrunde gegangen. Auch die Verfassung der Bundesrepublik nahm sie wieder auf, eindeutiger und entschiedener als je eine deutsche Verfassung. Gleichwohl erhebt sich derselbe Einwand von neuem. Er findet sich deutlich ausgedrückt bei einem Staatsrechtslehrer der Nachkriegsjahre, einem Fortsetzer Carl Schmitts übrigens: Werner Weber nannte nun auch die Parteien ausdrücklich bei ihrem Namen und machte ebendiese (und nicht eigentlich das Parlament als solches) verantwortlich dafür, daß die Gewaltenteilung aufgehoben oder zu einem bloßen Schein herabgesunken sei: »Denn hinter der Legislative stehen als bewegende Kräfte die politischen Parteien; hinter der aus dem Parlament geborenen Leitung der Exekutive stehen sie ebenfalls. Bei dieser Gewaltenvereinigung im Hintergrund bedeutet es nichts politisch Entscheidendes, wenn Parlament und Regierung im Vordergrund des Geschehens durch einige verfassungstechnische Konstruktionen in ein Polaritätsverhältnis gebracht sind«.[5] Diese Beschreibung ist durchaus zutreffend, wenn es auch ein wenig wundernimmt, daß der parteiliche Zusammenhang zwischen Legislative und Exekutive wie eine verborgene Hintergrunds-Erscheinung erst aufgedeckt wird, da er doch vielmehr ganz offen am Tage liegt, ja sogar seine verfassungsrechtliche Stütze findet in der Vorschrift, nach welcher der Kanzler vom Bundestag zu wählen sei. Die Mehrheit, die dazu erfordert wird, ist tatsächlich eine parteilich organisierte oder aus einem Agglomerat von Parteien gebildete Mehrheit. Diese Mehrheitsparteien sind nicht hinter der Legislative (und der

5 *Spannungen und Kräfte im westdeutschen Verfassungssystem*, Stuttgart 1951.

Exekutive) versteckt, sondern sie sind die Mehrheitsparteien des Parlaments, welches bei ausgereifter parlamentarischer Regierungsweise selber und zumeist auch aus sich selber die Regierung bildet und bilden soll. Das Parteienparlament ist die lebendige ›Legislative‹, und die Parteiregierung ist die lebendige ›Exekutive‹, und dies beides nicht bloß hintergründig, sondern durchaus vordergründig, offenkundig und leibhaftig.

Diese Entdeckung ist in Deutschland jung; in dem Lande aber, das die parlamentarische Regierungsweise ausgebildet hat, in England, ist sie gut hundert Jahre früher, zuerst im Jahre 1867, formuliert worden, eben von Walter Bagehot in seinen Essays über die Englische Verfassung. Dort liest man ganz ähnlich: »The efficient secret of the English Constitution may be described as the close union, the nearly complete fusion, of the executive and legislative powers.« Man könnte fast meinen, Werner Weber habe seine Formel aus dem Englischen Bagehots übersetzt, und doch scheint sie ohne Kenntnis dieses bedeutenden Vorgängers entworfen worden zu sein. Wiederum freilich sind Absicht und Gesinnung in beiden Texten grundverschieden. Bagehot preist das »wirksame Geheimnis«, das lebendige Phänomen, und verspottet leise das, »was in den Büchern steht«; der deutsche Autor hängt an der Doktrin und weist mit spitzem Finger auf die Verfassungswirklichkeit, welche dem klassischen Bilde zuwiderlaufe. Zwischen seinen Zeilen vernimmt man das Verdikt, den Zweifel an der Legitimität derjenigen Formen, die da politisch aufgewuchert sind und das ehrwürdige Axiom der Gewaltenteilung zu desavouieren scheinen.

Doch bleibt das alles noch im Bereich dogmatischer Förmlichkeiten und Vorgefechte. Der eigentliche Einwand betrifft nicht den Verrat an der Lehre Montesquieus. In letzter Instanz gilt die Parteiregierung dem Zweifler nicht darum als mangelhaft, weil sie die gebotene Sonderung von

Legislative und Exekutive durchbräche, welche ja im übrigen eine historische und gesellschaftliche Realität gewesen war, bevor sie den Charakter einer unverletzlichen Doktrin angenommen hat – und selbst Montesquieu hatte (in dem berühmten Kapitel De l'Angleterre) noch mehr zu beschreiben gemeint als vorzuschreiben geplant. Im letzten Grunde gilt die Parteiregierung hier darum als unrecht, weil sie Partei-Regierung ist und ebendarum zur Staatsregierung nicht tauge. Weil auf diese Weise – mit Werner Webers Worten – »die unverzichtbare überwölbende Einheit der staatlichen Herrschaftsordnung . . . verfehlt« werde. Hier liegt der Kern aller Argumente zutage, welche die Rechtmäßigkeit des Zweckes der ›freien Wahlen‹ in Zweifel ziehen. Auch die frei gewählte Regierung, heißt das, kann gleichwohl der Legitimität ermangeln, wenn und insoweit sie von einer parteilichen Formation gebildet, ja präsentiert werde. Eine solche Teil-Kraft, heißt das, könne niemals rechtmäßigerweise das Ganze des Staates darstellen noch lenken. Und wenn wir es noch schroffer herauspräparieren, so könnten wir das letzte Argument auch in die Worte fassen, es sei dem Wesen nach nichts anderes als Usurpation, wenn eine Partei die Regierung des Staats ergreife. Parlamentarische Parteiregierung laufe daher im Grunde auf eine permanente und gleichsam methodische Usurpation hinaus.

Dabei bildet jene »unverzichtbare überwölbende Einheit der staatlichen Herrschaftsordnung«, welche durch jede Art von Parteiregierung unvermeidlich verfehlt werde, eine verhältnismäßig abstrakte, auch geheimnisvolle Gegenvorstellung. Das einzige konkrete und das eigentlich politische Element in dieser Wendung bildet der Begriff der Herrschaft. Staatliche Ordnung ist als Herrschaftsordnung verstanden, nur aus Herrschaft könne Einheit hervorgehen. Monarchie und monarchisch geleitete Beamtenverwaltung scheinen durch das Raster dieser Begriffe hindurchzuschimmern. Solche Herrschaft kann ihre Ordnung freilich einer Staatsgesellschaft aufzwingen, oder sie kann von deren duldender Zustimmung getragen sein: das ist hier nicht erörtert. Auf welche Weise die »Einheit« erzeugt werde, die solche Herrschaftsordnung gewährleiste, ist nicht gefragt. Von welcher Art die Legitimität sei, worin solche Herrschaft wurzele, ist nicht zu ersehen. Herrschaft, Ordnung und Einheit stehen hier wie irreduzible Werte oder wie ein einziger Wert an sich. Die Metapher vom Gewölbe weist in das Gebiet der Baukunst, auch der Statik oder des Statischen. Das Staatliche verschmilzt in solcher Vorstellung unversehens mit dem Statischen, Zuständlichen, Gleichmäßig-Dauernden. Die Partikularität einer Partei oder Parteiengruppe, der eventuelle Wechsel parteilicher Kräfte von der Opposition zur Regierung und umgekehrt, Bildung und Auflösung von Parteienkoalitionen – das alles erscheint vor solchem Hintergrund wie eine wirre Flucht und ein unziemliches Gedränge falscher Prätendenten, die ihr Glück probieren, vielleicht auch zeitweiligen Erfolg erringen, die aber niemals in die rechtmäßige Herrschaft einrücken werden.

In der Tat bleibt bei parlamentarischer Parteiregierung der Platz der Herrschaft leer. Das ist wahr. Er wird aber weder ausgefüllt noch usurpiert. Ihre Rechtmäßigkeit ist von fundamental anderer Art als diejenige einer Herrschaft und einer Herrschaftsordnung, mag diese im übrigen auf Zwang oder auf Zustimmung beruhen. Ihre Rechtmäßigkeit ist von bürgerlicher Art. Der Staat ist hier kein Gewölbe, kein Bauwerk und kein statisches Gebilde. Der Staat ist ein Prozeß. Seine Einheit beruht nicht auf Herrschaft, sondern auf bürgerlicher Verabredung, auf bürgerlichem Übereinkommen. Die Mehrheit der Parteien, der mögliche Wechsel der Träger der Verantwortung, die möglichen Veränderungen der Gruppierung, welche jeweils die Aufgaben des Regierens (als Legislative und

Exekutive) übernimmt oder ihre Lösung stützt, das alles erscheint als »Pluralismus« – und für manche, vielleicht für viele, ist dieses Modewort ziemlich synonym mit Zerfall und Anarchie – nur dem momentanen und das heißt dem ungeduldigen Blick. Die Einheit des Staates aber ist darum nicht preisgegeben. Sie enthüllt sich dem geduldigen Beobachter und vor allem dem verantwortlich teilnehmenden, selber an der Legitimität mitwirkenden Bürger im Fortgang der Zeit und im Wechsel der Rollen, Funktionen oder Ämter. Diese Einheit bleibt bei parlamentarischer Parteiregierung gerade so lange gewährleistet oder sie stellt sich gerade so lange immer wieder her, als die jeweils regierende Partei oder Parteiengruppe sich rechtlich und redlich der Grundregel der Wahl und der Entscheidung der Wählerschaft unterwirft, als sie nämlich der bürgerlichen Vereinbarung treu bleibt, welche das Wesen einer Verfassung ausmacht, und das anvertraute Amt gerade nicht zur Herrschaft nutzt und ausbaut, sondern vielmehr der Wahlentscheidung gemäß versieht und der Wahlentscheidung gemäß auch abzugeben imstande ist. Man könnte auch ganz einfach sagen, die parlamentarische Parteiregierung sei so lange rechtmäßig, als sie diene, anstatt zu herrschen. Oder man könnte sagen, die Einheit des Staates, die sich derart im Wechsel der Kräfte seiner Leitung und im Wechsel der Rollen, in der Folge der Perioden bewähre, sei dem Teilnehmenden und Mithandelnden doch auch in jedem Augenblick gegenwärtig als die Regel dieses Spiels, als das stille Bewußtsein des Einvernehmens darüber, daß Regierung – als Gesetzgebung wie als ›Vollziehung‹ – ein anvertrautes Amt sei und gerade nicht Herrschaft.

Die Rechtmäßigkeit der parlamentarischen Parteiregierung fußt also in der Tat in gewissem Sinne auf der wiederkehrenden freien Wahl, nämlich darauf, daß sie sich in Abständen dem Votum der aktiven Bürgerschaft unterwirft, und darauf, daß die Staatsgesellschaft stetig dessen gewiß sein kann. Wer will, mag auch dies – für einen Augenblick und sozusagen der Paradoxie zuliebe – eine »Herrschaftsordnung« nennen: es ist die Ordnung, die auf der unbedingten Herrschaft der Spielregel beruht. Dieser Art von Herrschaft – der Herrschaft der »standing rule«, um John Lockes Ausdruck zu gebrauchen – ist auch in unseren Tagen Gehorsam geleistet worden in einem Maße, das jedermann verwundern, das aber demjenigen als unglaublich erscheinen muß, der sich entweder aus alter Gewohnheit oder aus Trotz auf den »Willen zur Macht« als das oberste Gesetz der Politik versteift. Winston Churchill hat ihr gehorcht, als er, der Retter Englands, nach den Sommerwahlen von 1945 zurücktrat. Die Hälfte der Wählerschaft, die sich an der amerikanischen Präsidentenwahl von 1960 beteiligte, hat ihr gehorcht, als sie widerspruchslos den demokratischen Kandidaten, John F. Kennedy, als Präsidenten anerkannte, obwohl ihm keine absolute Mehrheit der Stimmen und nur ein recht geringfügiger Vorsprung vor seinem republikanischen Mitbewerber zuteil geworden war. Die Sozialdemokratische Partei Deutschlands hat dieser Herrschaft der Spielregel, der bürgerlichen Abmachung gehorcht, indem sie siebzehn Jahre lang im Bundestag das harte Brot der Opposition aß, ohne den Umsturz oder auch nur den Boykott zu wählen, und wiederum haben auch die Unionsparteien, nach und trotz langer Regierungsgewöhnung, die Probe bestanden und (von 1969 an) zwölf Jahre lang die Gegenposition eingenommen.

13. Kapitel
Das Unbehagen in der Menge

»Allein wäre es nicht lächerlich, wenn man behaupten wollte, daß derjenige, der durch seine Stimme den Entschließungen des Staats Kraft giebt, nicht an der Staatsregierung Antheil hätte?«
(Aristoteles, Politik III, 1)

Vielleicht der ernsteste Zweifel, der überhaupt gegen die Rechtmäßigkeit der ›frei gewählten Regierungen‹ in der zeitgenössischen Welt erhoben werden kann, ist derjenige, der von dem Gefühl des tiefen Unbehagens an und in der Menge der gleichberechtigten Staatsbürger und Wähler eines europäischen, amerikanischen oder auch asiatischen Staatswesens eingegeben wird und der sich häufig in dem Worte von der ›Massengesellschaft‹ Ausdruck gibt. Genaugenommen trifft dieser Zweifel nicht so sehr irgendeine einzelne Verfassungsform, auch nicht so sehr einen bestimmten Faktor tatsächlicher lebender Verfassungssysteme, und nicht einmal so sehr den Wert der Wahl-Prozedur als solchen. Genaugenommen trifft er die typische moderne Staatsgesellschaft selbst und unmittelbar. Man zweifelt daran, ob eine solche moderne Staatsgesellschaft mit ihrer Millionenbevölkerung und mit ihrer ebenfalls nach vielen Millionen zählenden Menge von Wahlberechtigten überhaupt eine Gesellschaft von Bürgern sei und sogar sein könne. Manche mögen daran nicht einmal bloß zweifeln, sie mögen es rundweg abstreiten. Dieser Einwand geht an das Mark der Legitimität solcher verfassungsmäßiger Regierungen, insbesondere wenn sie nach ihrem Wesen als ›bürgerliche‹ Legitimität aufgefaßt, interpretiert und zugeordnet wird. Ebendies haben wir hier vom ersten Augenblick an getan. Es ist bisher in diesem Buche als ganz selbstverständlich angenommen worden, daß eine Art von bürgerlicher Legitimität überall auch heute dort vorliege, wo immer Regierungen in irgendeiner Weise aus freien Wahlen hervorgehen oder durch Wahlvorgänge bestätigt werden. Ein großer Zusammenhang abendländischer Überlieferung ist hier, wenigstens in Andeutungen, gelegentlich beschworen worden, worin nicht allein John Lockes Lehre von der bürgerlichen Regierung, seine revolutionäre Neubegründung der königlichen Macht auf den Grund der Zustimmung des Volkes (anstatt auf die Gnade Gottes) einen festen Pfeiler bildet, sondern welcher zuletzt bis zu dem griechischen Staat der Polis und zu seiner Darstellung in der »Politik« des Aristoteles zurückreicht. Darum eben habe ich gleich zu Anfang auch vorgeschlagen, die Ausdrücke ›bürgerlich‹ und ›politisch‹ und ›humanistisch‹ im Verein oder wechselweise zu gebrauchen, wenn es sich darum handelt, die Legitimitäts-Art solcher Gebilde zu bezeichnen, welche offenbar auf einer Verständigung oder doch einem Einverständnis der Staatsgenossen beruhen, daher auch aktive Teilnahme und Mitwirkung dieser ›Bürger‹ an der Regierung erlauben oder gar voraussetzen, und welche insoweit sich von allen Systemen der Herrschaft merklich unterscheiden. Man muß keineswegs die Konstruktion eines urzeitlichen »Gesellschaftsvertrages« annehmen – wie buchstäblich historisch auch (zum Beispiel) Locke diesen Vorgang angesehen wissen wollte –, um dennoch den Gegensatz zwischen einer Herleitung des Staates aus der Gesellschaft und derjenigen aus Herrschaft, und nicht nur dies: sondern auch den wirklichen phänomenalen Unterschied zwischen gesellschaftlichen und herrschaftlichen Staaten wahrzunehmen.

Ebendiese Zuordnung aber bedarf in der Tat der Prüfung. Ebendiese Bestimmung der Rechtmäßigkeit moderner Verfassungsstaaten als einer bürgerlichen oder humanistischen wird durch die Beobachtung der ›Massengesellschaft‹ auf eine harte Probe gestellt. Freilich ist das Wort ›Massengesellschaft‹ seit geraumer Weile zu einem Gemeinplatz geworden. Wer originale Erkenntnis zu gewinnen strebt, empfindet leicht eine Abneigung gegen solche Gemeinplätze. Ich will versuchen, dieser Empfindung zu widerstehen, die Realien herauszuheben, die der Gemeinplatz allenfalls bezeichnen mag. Drei Elemente scheinen hier von Bedeutung zu sein: die Zahl oder Menge als solche, die Konformität oder der Herden-Charakter, schließlich die Disposition zur Führung anstatt zur Vereinbarung. Wenn man es vorzieht, dieselben Realien mit Hilfe wissenschaftlicher Namen zu kennzeichnen, so kann man auch von einem statistischen, einem soziologischen oder sozialpsychologischen und einem eigentlich politischen Element reden, welche sämtlich in dem Ausdruck von der Massengesellschaft enthalten sind, mag man diesen Erscheinungen gegenüber resignieren oder aber die Zuversicht hegen, daß man ihnen aktiv zu Leibe gehen könne.

»Schon eure Zahl ist Frevel«, statuierte der Dichter Stefan George, indem er sich durch diesen seltsam impraktikablen Bannfluch gleichsam mit einem einzigen Ruck von dem Unbehagen in und an der Menge zu befreien suchte. Keine Frage: die Dimensionen der Bürgerschaft einer griechischen Polis oder auch des altrömischen Gemeinwesens nicht bloß der Königszeit, sondern auch noch der frühen Republik, und die Dimensionen der Wählerschaften moderner Verfassungsstaaten – das sind ganz und gar inkommensurable Größen. Professor Kitto aus Bristol, dem wir ein ausgezeichnetes kleines Buch über »Die Griechen« verdanken, zitiert Platon, der fünftausend, und einen anderen antiken Autor, der zehntausend Bürger als die optimale Zahl für die Polis bezeichnet hat, und er gibt an, daß nur drei Stadtstaaten mehr als zwanzigtausend Bürger gezählt hätten, unter ihnen war Athen. Er schätzt im übrigen, daß im großen und ganzen die Bürgerschaft etwa den zehnten Teil der Bevölkerung ausgemacht habe, indem er nämlich jedem Bürger eine Frau und vier Kinder und etliche Sklaven und Metöken zuschlägt. Professor Kitto hat sich auch eine hübsche Anekdote ausgedacht, um die Inkommensurabilität der antiken und der modernen Dimensionen zu illustrieren. Er läßt einen modernen Londoner gegenüber einem antiken Griechen auftreten und die hochnäsige Bemerkung machen, daß die Griechen recht wenig politischen Verstand gezeigt hätten – indem sie nämlich bei diesen winzigen Gebilden geblieben seien, anstatt sich miteinander zu einem Einheitsstaat zu vereinigen. Der Grieche: »Wieviel Klubs gibt es in London?« – »Ungefähr fünfhundert.« – »Wenn sie sich zusammentäten, was für ein großartiges Klubhaus könnten sie dann bauen!« – »Aber das wäre doch kein Klub mehr«, sagt der Engländer. Und wiederum der Grieche: »Ganz recht, und eine Polis so groß wie eure ist auch keine Polis mehr.«[1] Aristoteles fand, eine Polis von hunderttausend Bürgern sei absurd, weil sie sich nicht mehr regieren könne. Einen Staat mit fünfzig Millionen Wahlberechtigten hätte er für eine phantastische Ungeheuerlichkeit halten müssen.

Nun spielt hier freilich ein anderes Moment der Unvergleichbarkeit hinein. Eine moderne Wählerschaft und eine solche antike Bürgerschaft sind offenbar in Hinsicht auf die Art und Weise ihrer »Teilnahme an der Regierung« zwei recht verschiedene Dinge. Die Bürger bilden eine Bürgerversammlung, welche selber und unmittelbar zu beratschlagen imstande ist. Von einer modernen Wählerschaft läßt sich allenfalls in einem übertragenen Sinne sagen, daß sie eine Körperschaft darstelle, eine Versammlung bildet sie gewiß nicht. Eine Körperschaft bildet sie zudem nur in Hinsicht auf eine einzige Aufgabe, ebendie-

1 *Die Griechen*, Frankfurt a. M. 1960, S. 51. Die vorigen Angaben S. 46.

jenige, die sie zur Wählerschaft macht, nämlich in Hinsicht auf die Anvertrauung gewisser Ämter durch Wahl. Sie bestellt insbesondere Repräsentanten, Deputierte, Abgeordnete, Parlamentsmitglieder, sie beruft eine ›repräsentative‹ Versammlung, die in einem gewissen Maße an ihrer Statt die Beratungen pflegt und die Entscheidungen trifft, welche die Bürgerschaft der Polis selber traf. Mit einem gewissen Recht haben Kenner der Alten Welt immer wieder darauf hingewiesen, daß dieser Gedanke der Repräsentation den Alten gänzlich unbekannt geblieben sei; und umgekehrt haben manche Kenner der neuzeitlichen Verfassungsgeschichte daraus den energischen Schluß gezogen, diese habe mit der antiken ›Demokratie‹ nicht das mindeste zu tun. Die dürre systematische Unterscheidung zwischen ›direkter‹ und ›indirekter‹ oder repräsentativer Demokratie, wie sie in der juristischen Staatslehre lange üblich war, gibt von diesem Gegensatze tatsächlich nur eine recht unvollkommene Vorstellung. Sie legt die Annahme nahe, die repräsentative Regierung sei erfunden worden, weil jene überdimensionalen Bevölkerungen zur unmittelbaren Selbstregierung nicht imstande seien. Oder, um es nicht ganz so naiv auszudrücken: man wird durch diese konventionellen, schulmäßigen Formulierungen leicht dazu verführt, den Unterschied zwischen einer Polis-Verfassung und einer Parlaments-Verfassung eben aus den inkommensurablen Zahlen-Dimensionen herzuleiten oder ihn doch mit diesen Mengenverhältnissen in Beziehung zu setzen. Natürlich ist das gänzlich abwegig. Die repräsentativen Versammlungen rühren aus der ständischen Gesellschaft her. Die Geschichte des englischen Parlaments zeigt die nahezu bruchlose Verwandlung von Ständekammern in eine moderne ›Volksvertretung‹. Im House of Lords haben wir ein malerisches Denkmal dieses Ursprungs noch heute vor Augen. Aber auch im Unterhaus sind letzte Spuren des ständischen Charakters erst in diesem unserem Jahrhundert, ja erst nach dem Zweiten Weltkriege getilgt worden, indem zum Beispiel die traditionellen Universitäts-Sitze durch das Reformgesetz von 1948 beseitigt wurden. In einem gewissen Sinne könnte man sogar sagen, daß die ›constituency‹, der Wahlkreis – welchem der einzelne Parlamentssitz jeweils zugeordnet ist – auch heute noch immer eine verblaßte Spur der ständischen Herkunft darstelle: der Wahlkreis ist nichts anderes als der generalisierte und normalisierte Nachfahr des ›borough‹ und der ›county‹, der beiden Arten von Gebietsständen der ›Gemeinen‹, welche im alten House of Commons repräsentiert waren. Wahlen waren ja ehedem nur das Hilfsmittel dieser Gebietsstände, Personen zu beschaffen, durch welche sie sich selber im Hause geltend machen könnten, und sie waren ein Notbehelf ausschließlich der ›Gemeinen‹; die ›Herren‹ saßen von Geburts oder Amts wegen im Parlament, nämlich im Oberhaus, wie die patrizischen Familien im römischen Senat, und dazu brauchte es keine Wahlen. Man kann sich aber durchaus darauf beschränken, die englische Entwicklung in Erinnerung zu rufen, wenn man nach dem Ursprung der repräsentativen Regierung und Verfassung fragt, denn der überwiegende Teil des Parlamentarismus der gegenwärtigen Verfassungswelt kommt auf geradem oder krummem Wege, durch Nachahmung oder Umpflanzung, auch durch Umdeutung und produktives Mißverständnis, in Europa gewiß vielfach auch durch Aufpfropfung auf autochthone Einrichtungen (wie etwa die französischen Etats Généraux) vom englischen her.

Offenkundig hat also der Gegensatz zwischen der Polis-Bürgerschaft und der repräsentativen Versammlung und Regierung durchaus keinen irgend ursächlichen Zusammenhang mit jenem inkommensurablen Verhältnis der jeweils beteiligten Menschenmengen. Wenn man sich aber den fundamentalen Unterschied der beiden Erscheinungen genügend deutlich vor Augen geführt hat – wovon ich hier nur eine knappe Andeutung habe geben können –, so muß man sich am Ende doch auch wiederum fragen, ob sie denn wirklich so ganz und gar nichts miteinander zu tun haben, wie manche Gelehrte behaupten. Auch einander historisch fremde Bildungen zeigen mitunter überraschende Ähnlichkeiten, sobald man sie unter einem strukturellen Gesichtspunkt und mit genügendem Augenabstande betrachtet. Eine gewisse strukturelle Ähnlichkeit zwischen dem englischen Oberhaus und dem altrömischen Senat ist schon beiläufig erwähnt worden, sie ließe sich bis in Einzelzüge noch näher aufdecken. Aber auch die Bürgerschaft der griechischen Polis – ist sie nicht die Versammlung der Hausväter und Hausherren, deren jeder ein autonomer Gebieter seiner Familie, seiner Knechte und Mägde und sonstigen Anhangs war? Ich bin mir der Gewagtheit der umgekehrten Frage sehr wohl bewußt, aber ich möchte sie gleichwohl nicht unterdrücken: Ließe sich nicht in einem gewissen Sinne das alte ständische Parlament als eine wenn auch seltsam verzerrte Wiederkehr der Polis in anderem gesellschaftlichem Medium verstehen? Waren nicht – zum wenigsten – die Großen des Reiches, welche das nachreformatorische Oberhaus bildeten in den Zeiten, als es noch mächtig war, die versammelten ›Bürger‹ des Königreiches, so wie die Bürger von Athen die versammelten ›Lords‹ der Stadt? Nicht ganz zufällig heißen die Vollbürger der alten Stadt die ›Homoioi‹, das ist die untereinander Gleichen, ganz wie die Mitglieder des Oberhauses ›Peers‹ (oder ›Pairs‹) genannt werden: es sind – in beiden Fällen – diejenigen, die nach Rang und Recht einander gleichgestellt sind, keine Über- und Unterordnung untereinander dulden und anerkennen, daher auch nur von ihresgleichen beurteilt und gerichtet werden können, ebenhierdurch aber vor allen anderen Einwohnern ausgezeichnet sind, dort nämlich vor den abhängigen Insassen von Haus und Hof, hier vor den Gefolgsleuten, Leibeigenen, fron- und steuerpflichtigen, der herrschaftlichen Gerichtsbarkeit unterworfenen Untertanen aller Art.

Ich spreche nicht von den Funktionen, wohl aber von der gesellschaftlichen Natur dieser Körperschaften, von ihrer Natur als einer Gesellschaft oder Genossenschaft und von ihrer sozialen Position. Wenn man sie in Hinsicht auf ihre Ähnlichkeit unter einen soziologischen Oberbegriff subsumieren will, so mag man sie beide als spezifisch aristokratische Bildungen bezeichnen – aber freilich geht mit einer solchen Subsumption die Würze des Vergleichs zum guten Teil verloren. Jener erfundene Engländer aus der Anekdote von Professor Kitto hätte seinem altgriechischen Gesprächspartner noch eine ganz andere Antwort auf seine beziehungsreiche Frage nach den Clubs geben können. Er hätte sagen können, daß es in London außer den fünfhundert Clubs von Privatleuten einen einzigartigen Sonder- oder Über-Club gebe, der sich den öffentlichen Angelegenheiten widme, nämlich das Parlament. Und er wäre dabei durchaus in der Tradition des charakteristischen und bedeutungsvollen englischen Scherzwortes geblieben, welches das Unterhaus als den ›feinsten Club von London‹ bezeichnet. Zwischen der Stadt London und der antiken Stadt Athen gibt es allerdings sehr wenig Ähnlichkeiten, vielleicht gar keine. Aber es gibt eine Ähnlichkeit zwischen dem englischen Parlament und der athenischen Bürgerversammlung. Und wer sich scheuen oder weigern sollte, hier eine phänomenale ›Ähnlichkeit‹ zu erkennen, der muß doch einräumen, daß dies die beiden Erscheinungen sind, die einander entsprechen. Natürlich ist es irreführend, die Stadt mit der Stadt zu vergleichen und in Beziehung zu setzen. Mit der antiken Polis korrespondiert nicht die neuzeitliche europäische Stadt, sondern der neuzeitliche abendländische Staat, insoweit nämlich und allerdings nur insoweit, als er in letzter Instanz von einem ›Club‹, einer Versammlung, einem Rate von hervorgehobenen ›Glei-

chen‹ geleitet wird. Der neuzeitliche Staat korrespondiert mit der griechischen Stadt insoweit, als das Parlament der antiken Bürgerschaft korrespondiert, und diese Ähnlichkeit besteht ebendeswegen, weil das Parlament in gewisser Weise der antiken Bürgerversammlung korrespondiert.
Am meisten ähnelt der Bürgerschaft das englische Parlament derjenigen historischen Periode, in der der Klerus durch die Reformation im Oberhaus zugunsten der erblichen Lords zurückgedrängt war, in der viele Sitze auch im Unterhaus teils durch grundherrliche Patronage oder Kauf, teils aus den anerkannten städtischen Honoratiorengruppen besetzt wurden und in der schließlich noch keine zentrale Verwaltungsbeamtenschaft, keine Bürokratie entstanden war. Am ehesten könnte man also an die Zeit vom sechzehnten bis zum achtzehnten Jahrhundert denken. Dieselbe Epoche ist freilich zugleich durch den auf und ab wogenden Kampf zwischen der parlamentarischen und der königlichen Gewalt charakterisiert, wie er im zeitweiligen Absolutismus der Stuarts und in der Großen Revolution Cromwells kulminiert und wie er mit der unblutigen Glorreichen Revolution (von 1688) zu einem Frieden gebracht wird, der seitdem nicht mehr ernstlich gefährdet worden ist. Ebendiesem Frieden hat ja John Locke die legitimierende Formel gegeben, indem er die Regierung auf die Zustimmung der Regierten gründete und derart das königliche Regiment mit einer entschieden bürgerlichen Rechtmäßigkeit ausstattete, das ›regnum‹ mit der ›Polis‹ verschmolz und versöhnte. Wenn es erlaubt ist, so weit auseinander liegende Erscheinungen nicht allein miteinander zu vergleichen, sondern obendrein miteinander in eine geschichtliche Beziehung zu setzen, so kann man urteilen, daß in diesem bedeutenden Augenblick gegen Ende des siebzehnten Jahrhunderts und daß erst in diesem Augenblick gelang und geleistet worden ist, was dem griechischen wie dem römischen Altertum versagt geblieben war. Ari-

stoteles hatte nur entweder bürgerliche Stadtregierung oder aber herrschaftliches Reichsregiment gekannt, und dieses war ihm nur als eine barbarische, eigentlich orientalische Monstrosität vor Augen. Es bleibt denkwürdig, daß in seiner ganzen »Politik« eine so umwälzende Erscheinung wie die Reichsgründung seines makedonischen Zöglings Alexander, deren Macht auch in seine eigene Lebensgeschichte so nachhaltig eingegriffen hat, mit keinem einzigen Wort erwähnt wird. Rom andererseits ist zum Prinzipat und zum Gottkaisertum gedrängt worden, als die Stadt selber mit ihrer hergebrachten ingeniösen Selbstregierung, als der »Senatus Populusque Romanus« auch mit allen Hilfskonstruktionen der Provinzverwaltung nicht mehr imstande war, das Weltreich zu leiten. Die Antike kannte nur die bürgerliche Stadt oder das ganz anders legitimierte herrschaftliche Reich. Die Neuzeit erst hat den bürgerlichen Staat geschaffen.

Wir sind aber von der Frage abgekommen, die den Ausgang dieser Erwägungen bildete. Es war die Frage nach der Zahl. Professor Michael Oakeshott in London hat – in seiner originalen konservativen Gesinnung – einen zwar radikalen, aber in sich selbst durchaus einleuchtenden Schluß gezogen. Er hat die Einführung des allgemeinen Wahlrechts als »die erste große Aktion« desjenigen Wesens oder Unwesens bezeichnet, das er den »Massenmenschen« nennt, und zwar als eine Aktion, welche dazu bestimmt sei, die »Volksregierung« an die Stelle der parlamentarischen Regierung zu setzen, oder doch die parlamentarische Regierung so umzubilden, daß sie sich den Bestrebungen dieses »Massenmenschen« füge.[2] Oakeshotts Gedankengang läuft auf die These hinaus, daß das allgemeine Wahlrecht von der parlamentarischen Regierung durchaus we-

2 Professor Oakeshotts Vortrag über »Die Massen in der repräsentativen Demokratie« ist in dem Sammelband *Masse und Demokratie* enthalten, den Albert Hunold 1957 in Zürich herausgegeben hat.

sensverschieden sei und daß es diese überlieferte Regierungsform eigentlich nur verderben könne oder schon verdorben habe. Unter den verschiedenen Deformationen, die Oakeshott in diesem Zusammenhang meint registrieren zu sollen, wollen wir hier nur die eine herausgreifen, die auf den gegenwärtigen Gegenstand Bezug hat: Der ›Massenmensch‹ habe auf diese Weise die »Autorität der bloßen Zahl« errichtet, welche der Praxis der parlamentarischen Regierung von Hause aus fremd sei. Die These Oakeshotts hat den Vorzug der Entschiedenheit. Wenn wir sie in die Ausdrucksweise übertragen, die wir uns hier angewöhnt haben, so besagt sie nichts anderes, als daß die Einführung des allgemeinen Wahlrechts die Rechtmäßigkeit der parlamentarischen Regierung, und zwar gerade als eine ›bürgerliche‹ Rechtmäßigkeit, in Frage gestellt, vielleicht sogar zersetzt habe. Daß gerade die Beteiligung der Massen den ›bürgerlichen‹ Charakter der Legitimität dieser Regierungsweise zu zerstören drohe. Freilich ist dieser Autor auch wiederum maßvoll genug geblieben, zuzugeben, daß die parlamentarische Regierung durch das allgemeine Wahlrecht de facto doch nicht verdrängt, sondern eben nur umgeformt worden sei. Was aber umgeformt werden konnte, ist in der verwandelten Gestalt doch auch wiederum erhalten worden. Auch die »Autorität der bloßen Zahl« hat es offenbar nicht vermocht, die Autorität der Parlamentsversammlung, die Autorität ihrer Beratung wie ihrer Entscheidung gänzlich aus dem Felde zu schlagen.

Ein englischer Gelehrter ist in diesem Punkte historisch in einer anderen Lage als ein kontinentaler. Es ist in England noch nicht gar so lange her, daß annähernde Allgemeinheit des Wahlrechts sich durchgesetzt hat: dieses Stadium datiert erst seit den Reformgesetzen von 1918 und 1928, welche eine fast hundertjährige Entwicklung zu einem gewissen Abschluß gebracht haben. Gerade in England hat also jener legendäre ›Massenmensch‹ seine große Aktion keineswegs mit einem Schlage ins Werk gesetzt, sondern vielmehr in kleinen und allmählichen Schritten, und er hat es zudem gerade durch die Hand und den Mund des Parlaments, speziell des Unterhauses und seiner Parteien getan. Dennoch leidet es natürlich nicht den mindesten Zweifel, daß mit der Folge der Wahlreformen von 1832 bis 1918 nicht bloß die Zahl der überhaupt Wahlberechtigten von ein paar Hunderttausend auf über zwanzig Millionen angewachsen ist, daß nicht bloß das Gewicht des Unterhauses als des gewählten Körpers gegenüber dem Oberhaus als dem auf Geburt, Amt und Ernennung beruhenden ständig zugenommen hat, sondern daß in und mit diesen Veränderungen das gesamte gesellschaftliche Fundament des Parlaments und der parlamentarischen Regierung sich ruckweise verschoben hat. Die historische Vergleichung von Wählerschaften nach ihrer Zahl oder auch nach ihrem jeweiligen relativen Verhältnis zu der gesamten Bevölkerung würde für sich allein ein irreführendes Bild ergeben. Vor hundertfünfzig Jahren waren es nicht bloß bedeutend weniger Personen, die an der Bestellung des Unterhauses teilnehmen konnten, und es war auch nicht bloß ein bedeutend geringerer Prozentsatz der gesamten Bevölkerung, der dieses Recht und diese Macht hatte. Es waren andere gesellschaftliche Subjekte. Die ›Nation‹ setzte sich noch aus Ständen zusammen, nicht eigentlich aus Personen. Und das Verfahren der Wahl stand – auch ganz abgesehen von der Bedeutung der Lords – noch in Konkurrenz mit Patronage, Kauf, auch faktischer Vererbung von Parlamentssitzen. Die Streichung einer beträchtlichen Zahl von ›verfallenen Flekken‹ aus dem Verzeichnis derjenigen ständischen Einheiten, die in Parlamentssitzen repräsentiert waren, machte den für unsere Augen unscheinbaren, in Wahrheit indessen entscheidenden Anfang dieser Umgruppierung der Elemente, dieser molekularen Veränderung im gesellschaftlichen Substrat der parlamentarischen Repräsentation.

Von da an wuchs die Bedeutung der Wahl von Reform zu Reform, von Schub zu Schub. Und sie wuchs deswegen, weil immer deutlicher und entschiedener die individuellen Wähler, die zählbaren ›Leute‹ aus den ständischen Verpuppungen hervortraten, worin sie so lange eingeschlossen gewesen waren. In dem Maße erst, in welchem das fundierende gesellschaftliche Element sich derart veränderte, in welchem nämlich Scharen von Personen (wenn auch noch lange definiert nach ihrem Eigentum oder Einkommen) in Erscheinung traten – und zwar gleichmäßig im ganzen Lande –, in diesem Maße konnten Beschränkungen fühlbar werden, mußten schließlich Mängel der Allgemeinheit und Gleichheit des Wahlrechtes auffallen und zunehmend behoben werden. Indem Oakeshott die parlamentarische Regierung gleichsam vor dem allgemeinen Wahlrecht in Schutz nimmt, wiederholt er im Grunde nur die klassische Argumentation von Edmund Burke, der das bestehende Parlament und die geltende Bestellungsweise mitsamt allen ihren Wunderlichkeiten, mitsamt Patronage und Korruption gerechtfertigt hat gegen den Anspruch der damaligen Reformer, das Parlament zu einer ›Volksvertretung‹ zu machen und es durchgängig auf Wahlen zu gründen. Burke hat sogar ausdrücklich und generell bestritten, daß Wahlen zur Legitimität der Regierung nötig seien, und dies, obwohl er der Lehre Lockes vom Gesellschaftsvertrag und von der ›Zustimmung‹ zu gleicher Zeit durchaus treu blieb.[3] In demselben Zeitpunkt jedoch, als Burke seine berühmte Schrift veröffentlichte – es war im Jahre 1790 –, hatte sich jenseits des Atlantischen Ozeans bereits ein unabhängiges republikanisches Gemeinwesen konstituiert, welches zum ersten Mal in der Weltgeschichte seine staatlichen Organe – sein Unterhaus, sein Oberhaus und seinen Vierjahres-König – samt und sonders auf Wahlen gründete.

3 *Reflections on the French Revolution*, Everyman's Library Nr. 460, besonders S. 53 und 54.

Indessen bildet diese fortschreitende Emanzipation der menschlichen Person von der ständischen Einhegung oder diese zunehmende Auswanderung der Individuen aus den Grenzen der Stände – des Adels, der Geistlichkeit, der Städte, Grafschaften und Universitäten – als der vormaligen Bauelemente des Gemeinwesens, welche vermöge ihrer jeweiligen besonderen Privilegien so lange die eigentlichen und alleinigen Träger politischer Rechte gewesen waren, doch eher eine Folge als eine Ursache der Entstehung der sogenannten Massengesellschaft. Der Zusammenhang zwischen der explosiven europäischen Bevölkerungsvermehrung des neunzehnten Jahrhunderts, der Ausbreitung der technischen Industrie, der Fabrik und des Großbetriebes, und der fast triumphalen Vertreibung der alten Seuchen, Kindbett- und Säuglingskrankheiten durch die europäische Medizin und Hygiene – dieser so auffällige Zusammenhang stellt wahrscheinlich mehr als eine historische Koinzidenz dar. Es kann hier aber ganz dahingestellt bleiben, ob sich die Industrie auf das Bevölkerungswachstum und ob sich das Bevölkerungswachstum auf die Fortschritte der Medizin zurückführen läßt. Jedenfalls hat es die Beschreibung und die Analyse dieser drei Prozesse sozialer Umwälzung nicht vermocht, das Eigentümliche und Unvergleichliche gerade der modernen ›Massengesellschaft‹ verständlich zu machen. Weder ist der Bevölkerungsschub des neunzehnten Jahrhunderts der erste seiner Art in der Geschichte des Menschengeschlechts gewesen, noch fehlt es in altertümlicheren Kulturen an Wirtschaftsformen, die große Mengen menschlicher Arbeitskräfte unter zentraler Lenkung nach durchgängigem Plan und vorgeschriebener Methodik in Bewegung gesetzt haben, oder an Zusammenballungen bedeutender Menschenmengen in Großstädten. Dennoch würde man gewiß zögern, im Anblick Alexandrias, des kaiserlichen Rom oder des justinianischen Byzanz von einer ›Massengesellschaft‹ im spezifisch modernen Sinne zu sprechen, und noch weniger könnten uns die zentrale Bauwirtschaft der ägyptischen Pyramidenzeit oder auch die Plantagenwirtschaft der spanischen und portugiesischen Kolonisatoren in Südamerika, der englischen im südlichen Nordamerika auf den Gedanken bringen, hier Analogien zu unserer eigenen gesellschaftlichen Erfahrung aufzustellen. Am wenigsten freilich kann es unser kritisches Gewissen überzeugen oder auch nur betäuben, wenn wir hören, daß alles, was uns in dieser Hinsicht heute beunruhigt, zuletzt dem unvermuteten und unerklärlichen Auftritt einer neuen Abart des Homo sapiens zuzuschreiben sei, nämlich eben jenes legendären »Massenmenschen« oder »Anti-Individuums« mit seinem Herdentrieb, seinem protzenden Zahlenwahn und seiner schrecklichen Fähigkeit, durch Unterwerfung zu herrschen.

Was man die moderne Massengesellschaft nennt, ist in Wahrheit aus der Entdeckung des Menschen entstanden, aus der Entdeckung der Gleichheit aller Menschen und aus der Verkündung ihrer Konsequenz, des allgemeinen Menschenrechts. Dies ist die unverwechselbare Neuerung, die das abendländische Zeitalter der Humanität auszeichnet, und darum wird das achtzehnte und neunzehnte Jahrhundert zu Recht das Zeitalter der Humanität genannt. Jedermann weiß, daß die Philosophie Lockes, Rousseaus, Kants nicht vom Himmel gefallen ist, und ich brauche mich hier nicht in die Untersuchung ihrer barocken Vorgänger mit ihrer produktiven Vorliebe für die Exoten, ihren Chinoiserien und Turquerien, ihrem toleranten Kosmopolitismus zu vertiefen. Ebensowenig wird man in dem gegenwärtigen Zusammenhang eine Erörterung darüber erwarten, welche Grundzüge der christlichen Überlieferung und der neutestamentlichen Religion zur Entdeckung der Menschengleichheit beigetragen haben, oder inwiefern die existentiellen Paradoxien der Bergpredigt, diese sanfte

Revolution des gesellschaftlichen Privilegiensystems, die den Armen, den Verfolgten, den Leidtragenden, den Mühseligen und Beladenen ihre großen Verheißungen zugewendet hat, inwiefern ihr durch Jahrhunderte bald an-, bald abschwellendes stetiges Werk der Kritik und freilich auch der Tröstung den ehrwürdigen Unter- oder Hintergrund zu diesem elementaren Ereignis der ›Moderne‹ bilde. Wohl aber scheint es am Platze, die Folgen zu skizzieren, die dieser eine große Gedanke gezeitigt hat, indem er Völker und Kontinente in Bewegung setzte und eine Reihe von mächtigen kollektiven Befreiungen und Emanzipationen hervorrief, die bis heute noch nicht an ihr Ende gelangt sind.

Seit dem Ersten, noch deutlicher seit dem Zweiten Weltkriege wurde und wird die Welt von der mächtigen Emanzipationsbewegung der farbigen Völker in Atem gehalten, welche teils in der Gestalt von Unabhängigkeitskriegen, teils aber auch in der Weise der »creative abdication« der vormaligen kolonialen Oberherren oder Vormünder vonstatten geht. Dieser weltumspannende Vorgang stellt indessen nur die einstweilen letzte Etappe eines langen Weges dar, eines Weges, den der europäische, humanistische Sinn und Geist selbst eröffnet und betreten hat. Blicken wir auf diesen Weg zurück, so zeigt sich, daß die neuzeitliche Geschichte der abendländischen Gesellschaft insgesamt zwar ihre imperialistische und kolonialistische Seite hat, daß sie sich zuletzt aber am tiefsten als eine Geschichte gesellschaftlicher Befreiungen und Emanzipationen verstehen läßt, von welchen einige geglückt, einige noch auf halbem Wege geblieben, einige freilich auch schrecklich mißraten sind und zur Verkehrung der gemeinten Freiheit geführt haben. In diesem Prozeß aber ist das entstanden, was die moderne Massengesellschaft heißt. Sie stellt ein neues Phänomen deswegen dar, weil sie eine Gesellschaft von potentiell Gleichen ist, nicht aber aus

Gründen der Menge und der Zahl. Vielleicht sollte man sie ebendeswegen nur mit Vorsicht und allenfalls gelegentlich überhaupt eine Massengesellschaft nennen. In historischer und vergleichender Perspektive zeigt sie sich vor allem als eine Menschengesellschaft – im Unterschiede zu einer Ständegesellschaft, zu einer »Überlagerungs«-Gesellschaft (mit Alexander Rüstows Ausdruck), auch zu einer Klassengesellschaft. Nicht die Massengesellschaft ist das spezifisch Moderne, sondern die Menschengesellschaft. Die menschliche Gesellschaft im strengsten Sinne des Wortes.

Wie die Übertragung der orientalischen Sklaverei ins Abendland, zumal nach Amerika, bis zu Hitlers Judenverfolgung als die größte Schande des weißen Westens gelten konnte, so bildet die Geschichte der Sklavenbefreiung wohl die bedeutendste Frucht des Zeitalters der Humanität. Sie beginnt mit Wilberforce und dem jüngeren Pitt, die im englischen Unterhaus in demselben Jahr für das Verbot des Sklavenhandels im Namen »der Vernunft und der Pflicht« wirkten, in dem der Pariser Revolutionspöbel den Sturm auf die Tuilerien unternahm. Und ihr Heldenzeitalter fand seinen Ausgang mit dem Sieg Abraham Lincolns über die »Sklavenhalter«-Staaten des Südens im amerikanischen Sezessionskrieg oder – wenn man diese dramatische Pointe einbegreifen will – mit dem nachträglichen Märtyrertod dieses großen Präsidenten am Abend des 14. April 1864. Erst am Ende dieses selben Jahres ist der nordamerikanischen Verfassung jener Dreizehnte Artikel angefügt worden, welcher bestimmt, daß »weder Sklaverei noch unfreiwillige Knechtschaft . . . innerhalb der Vereinigten Staaten noch irgendeines anderen, ihrer Rechtshoheit unterliegenden Gebietes existieren soll«. (Noch einmal fünf Jahre mehr hat es gebraucht, bis mit dem Fünfzehnten Artikel auch ein Verbot der Wahlrechtsbeschränkung auf Grund von »Rasse, Hautfarbe oder vormaliger Knechtschaft« in die Verfassung aufgenommen worden ist; doch kämpfte Amerika, wie bekannt, bis in die jüngste Zeit mit verhüllten Restbeständen gesellschaftlicher Diskriminierung der Nachfahren seiner freigelassenen Negersklaven.) Daß die Beendigung der agrarischen Sklaverei zugleich einen beträchtlichen Beitrag zur Produktion von industriellem Proletariat geleistet hat, steht auf einem anderen Blatt. Diese Kehrseite des großen Werkes kann uns den Blick nicht dafür trüben, daß wir hier einen der grundlegenden Akte zur Bildung der modernen ›menschlichen Gesellschaft‹ vor Augen haben.

Der zweite große Schub in dieser Richtung wird durch die Aufhebung der Leibeigenschaft und die Entlassung der hörigen Bauern zumal in Mittel- und Osteuropa gekennzeichnet. Im Unterschiede zur kolonialen und amerikanischen Sklavenhaltung, die ja erst in neuerer Zeit im Zusammenhang mit der Plantagenwirtschaft aufgekommen war und nur durch den Import schwarzer Menschen-Ware aus Afrika sich hatte ausbreiten können, handelt es sich bei dem gesellschaftlichen Institut der Leibeigenschaft um eine bodenständige, aus alten Wurzeln erwachsene Form der Knechtschaft. Für die gegenwärtige Skizze erscheint die Frage einigermaßen unerheblich, ob die neuzeitliche russische oder ostelbische agrarische Leibeigenschaft sich von ihren mittelalterlichen Vorformen hinsichtlich des Grades der Rechtsbeschränkung und hinsichtlich der Schärfe der Unterdrückung wesentlich oder aber nur unwesentlich unterscheide. Georg Friedrich Knapp, der bedeutende liberale deutsche Nationalökonom, meinte, man tue dem Mittelalter schweres Unrecht, wenn man diese Leibeigenschaft ›mittelalterlich‹ nenne.[4] Das mag wohl sein, und insbesondere mag der Handel mit »Seelen« – ja sogar mit »toten Seelen«, wie Gogols Satire wollte – eine neuere, womöglich vom Vorbild des Negersklaven-Handels ange-

4 *Ausgewählte Werke* I, München 1925, S. 76.

regte Erscheinung darstellen. Indessen kommt es hier nicht darauf an zu unterscheiden und zu beurteilen, wie erträglich oder wie unerträglich diese und jene Form der Knechtschaft in dieser und jener Epoche und in dieser und jener Weltgegend sich ausgenommen habe – wir haben ja auch recht wohlwollende Schilderungen amerikanischer Haussklaverei –, sondern einzig darauf, zu erkennen, woher die modernen Massen kommen, nämlich die Massen von Gleichen, die Massen von Menschen.

Solange es sich noch um Massen von Sklaven und solange es sich noch um Massen von Leibeigenen, Hörigen, Halbpächtern, Kätnern, Instleuten und all dergleichen handelte, hat sich wohl kaum ein Schriftsteller gefunden, der über Vermassung, Kulturkrise und Gesellschaftszerfall geklagt hätte. Dieses charakteristische Unbehagen setzt vielmehr erst in dem historischen Augenblick ein, in welchem diese Schichten im Zeichen des allgemeinen Menschenrechtes freigelassen werden, aus dem Dunkel oder Halbdunkel ihrer Unterwerfung und Unterwürfigkeit herauftauchen und den Herrschenden, den Privilegierten und ihren intellektuellen Begleitern von gleich zu gleich auf den Leib rücken und auf die Nerven gehen. Mit einer gewissen Zuspitzung könnte man geradezu sagen, das Unbehagen an der Menge habe das böse Gewissen gegenüber der gesellschaftlichen Unterwerfung abgelöst.

Um aber auf die Aufhebung der Leibeigenschaft oder, wie man sie in Deutschland zu nennen sich gewöhnt hat, auf die Bauernbefreiung zurückzukommen, so sind hier diejenigen stilleren Entwicklungen, die bereits im Ausgang des Mittelalters in Regionen ausgeprägter Geldwirtschaft, wie in Flandern und Italien, oder unter dem Einfluß der Umstellung vom Ackerbau auf Weidewirtschaft, wie in England, eine weitgehende Auflösung der Hörigkeitsverhältnisse nach sich gezogen haben, allenfalls insoweit von Interesse, als sie die geographische Ausbreitung dieser

Befreiungsbewegung zu erklären beitragen, nämlich ihre vorwiegende Beschränkung auf Frankreich, Deutschland, Österreich und Rußland. Jene spätmittelalterlichen Vorgänge sind nicht von der Dynamik des Menschenrechts, sondern offenbar von wirtschaftlichen Motiven in Gang gebracht worden. Daher aber scheint es zu rühren, daß – ganz anders als im Falle der Sklavenbefreiung – englische Namen bei der Bauernbefreiung keine Rolle spielen. Entscheidend wurden vielmehr die Gesetzgebungsakte der Assemblée Nationale von 1789, und ihre Wirkungen strahlten im Gefolge der napoleonischen Siege nachmals auch nach Deutschland aus. In Preußen knüpft sich die Bauernbefreiung an die Namen der großen Reformer, Stein und Hardenberg, aber man muß sich vergegenwärtigen, daß die einschlägigen Edikte (von 1807 und 1811) eben in die Epoche nach der Niederlage, in die Zeit der »Erniedrigung« fallen. Rußland folgt erst ein halbes Jahrhundert später – unter Zar Alexander dem Zweiten – und auch nur mit halben Maßnahmen. Da das System kurzfristiger Verpachtung und Unterverpachtung, die weitverbreitete Bewirtschaftung der Güter durch kleine ›Anteils‹-Bauern und der dörfliche Gemeinbesitz aufrechterhalten wurden, blieb die rechtliche Freiheit der vormaligen grundherrlichen Leibeigenen weithin einigermaßen abstrakt, und ebendies ist wohl die Ursache dafür, daß erst die Oktoberrevolution von 1917 auf ihre Weise nachholte, was in Frankreich 1789 bereits entschieden worden war. Die russische Bauernklasse ist freilich so gut wie überhaupt nie zum Genuß ihrer Freiheit gelangt; kaum war der Druck des Ablieferungszwanges im Gefolge der »Neuen Ökonomischen Politik« Lenins gelockert, so setzte auch alsbald die gewaltsame Stalinsche Kollektivierung ein, die – durchaus nach dem Konzept des Kommunistischen Manifests – den Unterschied von Stadt und Land aufzuheben und ein einziges großbetriebliches Proletariat zu kreieren bestimmt

war. Die intendierte Befreiung schlug hier sogleich in ihr Gegenteil um. Das Zeitalter der Humanität ist im russischen Bauerntum eigentlich niemals aufgegangen.
Es ist hier nicht möglich, die übrigen älteren und jüngeren Schübe der großen Emanzipationsbewegungen der abendländischen Gesellschaft auch nur in Umrissen zu schildern. Ohne Zweifel gehört die Emanzipation der Juden in dieses Bild, die Öffnung der Ghettos, ein Werk zugleich des aufgeklärten Absolutismus und breiterer bürgerlicher Bestrebungen. Wir können diesen Vorgang nicht bedenken, ohne daß uns sogleich auch der fürchterliche Rück- und Gegenschlag vor die Seele träte, der in unserem Jahrhundert und in unserem Lande gefolgt ist, und zwar gerade im Zeichen einer Herrschaft, die unter dem Titel der »Volksgemeinschaft« die ihr Unterworfenen mit dem Privileg entschädigte, an ihren Gewaltsamkeiten als Masse teilzunehmen. Die Kennzeichnung und Brandmarkung der Juden als einer ›Rasse‹, ihre Verweisung ins Untermenschliche – das heißt: die ausdrückliche und willentliche Zurücknahme jener elementaren Entdeckung der Moderne, der Entdeckung des Menschen und der Menschengleichheit –, die künstliche Schaffung neuer Ghettos, die Isolierung, Vertreibung, Deportation und schließlich massenhafte Vernichtung machten Emanzipation und ›Assimilation‹ zunichte – und dies sogar bis zu dem Grade, daß Emanzipation und Assimilation als gesellschaftliche Ziele schlechthin tödlich desavouiert worden sind. Die Reste des europäischen Judentums haben sich, auf ihre Sonderart zurückgeworfen, von ihren ehemals vorherrschenden humanistischen Gesinnungen und Erwartungen weitgehend abgekehrt und der Ausbildung eines erneuerten jüdischen Volksbewußtseins zugewandt. Die jüdische Emanzipation in Europa scheint zerschlagen – es sei denn, man wolle gerade im Aufbau des Staates Israel eine andere, gleichsam umgebogene Wirkung der Emanzipation erblicken. Die

jüdische Bevölkerung der Vereinigten Staaten ist von dieser katastrophalen, schuldhaften Wendung auf dem Wege der Ausbildung einer ›menschlichen Gesellschaft‹ wohl nur am Rande lädiert worden: hier ist die Emanzipation in gerader Linie fortgeschritten – was freilich nicht heißen soll, daß eine vollständige, konfliktlose soziale Integration stattgefunden hätte. Die Rassengesellschaft oder -›gemeinschaft‹, die der Nationalsozialismus an die Stelle der Klassengesellschaft zu setzen unternommen hat, stellt sich in unserem Zusammenhang als ein wahnhafter, in seiner Ungeheuerlichkeit wohl niemals ganz zu begreifender Versuch dar, aus der werdenden menschlichen Gesellschaft der Gleichen auszureißen, mit Willkür neue Privilegien und neue Diskriminierungen zu etablieren und den organisierten Mob zur Elite zu erklären. Indem er aber die künstlich ausgesonderte »Untermenschen«-Schicht der physischen Vernichtung auslieferte, zertrümmerte er zugleich das Fundament der eigenen Selbsterhöhung oder Selbstbestätigung, und so blieb am Ende auch von der »Gemeinschaft« nichts als die Komplizenschaft eines unbegreiflichen Verbrechens übrig.

Wir haben in der totalitären Herrschaft des Nationalsozialismus aber zugleich am eigenen Leibe das Exempel einer wirklichen ›Massengesellschaft‹ erfahren, und es sollte uns lehren zu erkennen, einerseits, daß es wesentlich der Einsturz der politischen Institutionen ist, der den zugleich unterwürfigen und gewalttätigen Menschenbrei recht eigentlich erzeugt – der Einsturz der ›bürgerlichen‹ Verfassung und nicht etwa die Industrie oder die Verstädterung oder irgend etwas Derartiges –, und andererseits, daß eben aus diesem Grunde die Gesellschaft der Gleichen allerdings immer in einer prekären Lage zu sein scheint, indem sie bei schwindender institutioneller Autorität gleichsam über Nacht zu einem monströsen Klumpen zusammenfallen kann, der dann keiner anderen als einer quasi-militärischen

Disziplinierung und Gliederung zugänglich ist. Diese gefährliche Ambivalenz müssen wir fest ins Auge fassen. Und in diesem Sinne gewinnt die Rede von der »Massengesellschaft« wieder einen genauen Gehalt.

Einen sehr bedeutenden Beitrag zur Ausbildung einer ›menschlichen Gesellschaft‹ hat die ausdrücklich so benannte Emanzipation der Frauen geliefert. Diese Bewegung, die in der großen Französischen und in der Zeit der Juli-Revolution nur mehr oder minder ephemere Vorspiele hatte, ernstlich und auf breiter Front hingegen erst in der zweiten Hälfte des neunzehnten Jahrhunderts einsetzte, ist deswegen von besonderem Interesse, weil sie es von Anfang an vornehmlich auf die politischen Rechte und zumal auf das Wahlrecht abgesehen hat. Daher hießen ihre Vorkämpferinnen in England auch die »Suffragetten«. Sie ist durchweg friedlich verlaufen und im ganzen erfolgreich gewesen. Das Frauenstimmrecht ist uns heute so selbstverständlich, daß wir uns gemeinhin kaum noch dessen bewußt sind, wie jung es ist. In Europa hat es sich mit dem Ende des Ersten Weltkrieges ausgebreitet, aber auch die Vereinigten Staaten haben es im gesamtnationalen Maßstabe erst mit einem Verfassungsartikel eingeführt, der im Jahre 1920 Gesetzeskraft erlangte. Frankreich hat sich gar bis zum Ende des Zweiten Weltkrieges gesperrt. Am längsten hielt die Schweizer Eidgenossenschaft am Vorrecht der Männer fest. Die Eidgenossenschaft stellte bis zum Jahr 1971 die letzte noch verbliebene altertümliche Bürgerschaft von Hausvätern dar.

Es bleibt merkwürdig, daß von allen Arten abhängiger Hausinsassen und Grundherrschafts-Untertanen – einschließlich der Knechte, Hörigen und Sklaven – die Frauen zuallerletzt aus dem privaten und eigentlich politisch verborgenen Bezirk des Oikos oder der familia ins Öffentliche herausgetreten sind. Vielleicht löst sich das Rätsel, wenn man in genauere Erwägung zieht, welch einzigartige

Position die Gattin und Mutter innerhalb des christlich-monogamen Ehe- und Familienverbandes einnimmt und welche nicht-politischen gesellschaftlichen Verbindungen und Tätigkeiten sich ihr auf diesem Grunde beizeiten eröffnet hatten.

Ein letzter weltbewegender Vorgang muß in die Erinnerung gerufen werden, der in den helleren oder dunkleren Schichten des allgemeinen Bewußtseins noch am ehesten von allen mit dem Bilde der Massengesellschaft verknüpft wird: die Emanzipation des industriellen Proletariats. Es handelt sich hier weder um die Entdeckung der menschlichen Person in der Verhüllung einer sächlichen Ware – wie im Falle der Sklavenbefreiung – noch um das endliche Hervortreten privater Hausinsassen ins öffentliche Licht – wie im Falle der Frauen-Emanzipation – noch um die Auflösung gutsherrlicher Gesinde- und grundherrlicher Untertänigkeitsverhältnisse – wie im Falle der Bauernbefreiung – noch endlich auch um die Öffnung der Tore, hinter welchen eine diskriminierte religiöse Gruppe in ihrer Sonderheit gleichsam unter Verschluß gehalten war – wie im Falle der Juden-Emanzipation. Es handelt sich um die Selbstbefreiung einer Klasse. Karl Marx und andere haben zwar von der Analogie mit der Sklaverei reichlichen Gebrauch gemacht, aber ich möchte die einschlägigen Wendungen vom »Warencharakter der Arbeit« und zumal von der »Lohnsklaverei« insoweit doch eher zur Metaphorik des Kampfes rechnen, wenngleich eben dieser rhetorische Sprachgebrauch doch auch wieder den lebendigen geschichtlichen Zusammenhang der Emanzipationsbestrebungen und das subjektive Gefühl dieses Zusammenhanges illustriert, worin die ›Arbeiterbewegung‹ sich mit der Sache der Sklavenbefreiung sah. Die Scharen der ›entwurzelten‹ oder freigesetzten Handwerksgesellen und Bauernkinder, welche die Fabriken und Heimwerkstätten des frühindustriellen Zeitalters anfüllten, fassen wir deswegen als eine

Klasse auf, weil hier in der Tat, wie das Kommunistische Manifest sagte, das Familienverhältnis durch ein Geldverhältnis ersetzt worden ist oder weil die Herrschaft des Fabrikherren (des »Kapitalisten«, des »Eigentümers der Produktionsmittel«) nur noch eine blasse Ähnlichkeit mit derjenigen der Haus-, Guts- und Grundherren altertümlich-agrarischen Zuschnittes aufweist, sich vielmehr ausschließlich oder doch überwiegend auf die bloße Festsetzung des Lohnes und der übrigen Arbeitsbedingungen beschränkte. Zwar war auch die Fabrikherrschaft eine Art von Herrschaft, aber sie erstreckte sich auf die Menschen nur noch insoweit, als sie eben in der Fabrik arbeiteten. Sie war vom Grund und Boden losgelöst, des ständischen oder des Patronats-Charakters entkleidet. Sie war eine Herrschaft über prinzipiell Freie; deren Menschenwert und Menschenrecht stand nicht in Frage. Was wir heute als Hauptergebnisse dieser Klassen-Emanzipation vor Augen haben, das ist einerseits die ausgebildete Partnerschaft von Arbeitgebern und Arbeitnehmern, wie sie sich im kollektiven Arbeitsvertrag und Tarifsystem ausdrückt, und das ist andrerseits die bolschewistische Parteidiktatur mit ihrer zentralen und universalen Staatswirtschaft, die im Namen des emanzipierten Proletariats von einer politisch, gesellschaftlich und wirtschaftlich herrschenden Oligarchie geplant und gelenkt wird. Dort ist eine leibhaftige ›Massengesellschaft‹ entstanden, wiederum aber nicht der Industrialisierung, sondern der totalen Herrschaft wegen. Hier, im Westen, hat das lang erkämpfte, endlich erreichte System der unmittelbaren, auch weitgehend staatsunabhängigen Partnerschaft den Klassen-Antagonismus nahezu völlig aufgehoben. Freilich ist in demselben Zuge ein Element kollektiver Organisation in die große Gesellschaft der Gleichen eingeschossen, das die Kritik der Individualisten herausfordert. Doch ist die Gefahr, daß der entdeckte Mensch in diesen Kollektiven wiederum verschwinde, so lange nur gering, als nicht die Personen, sondern ihre gleichlaufenden Interessen den Grund und Zweck dieser Organisation bilden. So lange wird weder die Menschlichkeit der Gesellschaft noch die Gesellschaftlichkeit der gleichen Menschen ernstlich davon betroffen.

Das Epos von der Entdeckung des Menschen und vom Postulat des allgemeinen Menschenrechtes, das alle hergebrachten gesellschaftlichen Verhältnisse so unwiderstehlich auf- und umgepflügt hat, das Epos von der Entstehung einer menschlichen Gesellschaft und freilich auch von ihrer Gefährdung, ja von ihren Verkehrungen ins unmenschlich Massenhafte, in neue Kollektive, totalitäre Unterwürfigkeit, Unterwerfung und Vernichtung bis zur Auslöschung der Persönlichkeit – dieses Epos ist noch nicht geschrieben worden. Was ich geben konnte, mag im besten Fall als ein Croquis dazu dienen. Hier ging es nur darum, von der wahren Geschichte und von der wahren Bedeutung der ›Massengesellschaft‹ einen gewissen Begriff zu vermitteln. Am Ende stellt das Resultat aller Befreiungen und Emanzipationen gar nichts anderes dar als jenes »Gewimmel«, welches der alte Faust in Goethes großem Gedicht in seiner letzten, so heiteren Vision vor seinen verdunkelnden Augen sah:

»Solch ein Gewimmel möcht' ich sehn,
Auf freiem Grund mit freiem Volke stehn!«

Wir sehen es. Es kann uns bangen, aber wir sollten uns nicht unbehaglich darin fühlen.

Von der Veränderung des Staates, die aus diesem großen Prozeß hervorging, ist aber nur erst am Rande die Rede gewesen. In welcher Weise seine ›bürgerliche‹ Natur und Rechtmäßigkeit erhalten oder in Frage gestellt worden ist, ob sie überhaupt unter diesen Umständen fortgilt, ist noch undeutlich geblieben. Das Menschenrecht hat nicht allein die Kraft bewiesen, Stände aufzulösen, herrschaftliche und vormundschaftliche Bindungen aller Art zu sprengen, es hat auch eine staatsfremde, ja staatsfeindliche Seite. Man muß sich nicht den Ideen und Taten der Anarchisten zuwenden, um dies einzusehen. Man muß sich auch nicht die in historische Prophetie eingepackte anarchistische Komponente des Kommunismus ins Gedächtnis rufen, die Lehre vom Absterben des Staates. Es genügt vollauf, sich klarzumachen, daß die kodifizierten Menschen- oder Grundrechte vieler unserer freien Verfassungen als Statuierungen eines vorstaatlichen Naturrechts auftreten oder aufgefaßt werden, welchem der Staat Rechnung zu tragen, welches er zu achten und zu schützen habe. Vielfach weisen diese Grundrechtskataloge, zumal wenn sie ausdrückliche Diskriminierungs- und Privilegierungs-Verbote enthalten, gewissermaßen die Narben der Emanzipationskämpfe vor. So fügt der Dritte Artikel des geltenden deutschen Grundgesetzes dem positiven allgemeinen Satze von der Gleichheit aller Menschen vor dem Gesetz und der besonderen Deklaration der Gleichberechtigung von Männern und Frauen noch die Verbotsbestimmung hinzu, wonach niemand wegen seines Geschlechts, seiner Abstammung, Rasse, Sprache, Heimat und Herkunft, seines Glaubens und seiner religiösen oder politischen Überzeugung benachteiligt oder bevorzugt werden darf. All dies bezieht sich auf die Menschen schlechthin und noch keineswegs auf die Bürger – wenn es auch wunderlich anmutet, daß diesen puren, vorstaatlichen Menschen auch schon politische Überzeugungen zugeschrieben werden. Deutlich hebt sich davon das Fünfzehnte Amendment der nordamerikanischen Verfassung ab (eben jene Einfügung vom Jahre 1870, die oben schon erwähnt worden ist). Auch sie stellt ein Diskriminierungsverbot dar, allerdings ein ganz spezielles, und auch sie bewahrt eben darin nicht einmal nur die Narbe, sondern die Wunde der Emanzipationskämpfe auf: »The right of citizens of the United States to vote shall not be denied or abridged by the United States or by any State on account of race, color, or previous condition of servitude.« Wie man sieht, ist hier nicht von Menschen, sondern gerade ausdrücklich von »Bürgern der Vereinigten Staaten« die Rede, und auch nicht von irgendeinem vorstaatlichen Naturrecht, sondern gerade ausschließlich von dem vorzüglichsten politischen Bürgerrecht, nämlich vom Wahlrecht.

Wie auch immer man die schwierige Dialektik der menschlichen und der bürgerlichen Rechte in der systematischen Rechtslehre auflösen mag, und wie auch immer man die Frage beantworten mag, worin ›der Staat‹ eigentlich seine Existenz habe, wenn die Staatsgesellschaft aus lauter Menschen bestehen soll, die mit natürlichen Rechten ausgestattet sind – die bürgerlichen Verfassungen jedenfalls haben das »Gewimmel« weithin de facto eingeholt und aufgefangen, das ihnen zu entlaufen drohte: sie haben die ›Menschen‹ zu Wählern gemacht. Das englische Parlament hat das Meisterstück geliefert, in einer Serie von Reformschritten und also ohne Revolution das ständische Fundament seiner repräsentativen Einrichtungen eigenhändig abzutragen und es durch die wachsende Zulassung der neu andrängenden Menge der ›Menschen‹ zum persönlichen Wahlrecht zu ersetzen. Die allmähliche Ausbreitung des persönlichen Wahlrechts bis zur Allgemeinheit und Gleicheit hat das freigelassene »Gewimmel« integriert. Die nordamerikanische Entwicklung ist der englischen nicht unähnlich. Und wenn auch auf dem europäischen Kontinent dasselbe Ergebnis zumeist nur auf dem Wege revolutionärer Erschütterungen und gewaltsamer Staatsveränderungen erzielt werden konnte, daher auch eine bedeutend geringere Festigkeit und Dauer bewährt hat, so ist doch auch hier zum wenigsten ein Gerüst von Institutionen als Modell erhalten geblieben, zu dem man immer wieder zurückkehrt und zurückkehren muß, wenn die bonapartistischen, autoritären oder totalitären Versuche scheitern.

Frankreich, Italien und Deutschland haben die Beweise geliefert. Das Kernstück dieses Modells ist die ›repräsentative‹ Bürgerversammlung, das Parlament.
Der bedeutendste Heidelberger Staatsrechtslehrer der neueren Zeit, Georg Jellinek, hat in seiner scharfsinnigen Begriffssprache, die doch ein ungewöhnliches Maß politischer Anschauung in sich aufzunehmen fähig war, die Spur dieses großen politischen Integrationsvorganges sehr treffend nachgezogen, wenn er am Wahlrecht den individuellen Anspruch der Persönlichkeit von ihrer Tätigkeit als Element eines Staatsorgans sondert. »Auch das Wählen selbst ist Tätigkeit für den Staat, also Organhandlung, so daß der individuelle Anspruch nur auf die Zulassung zum Wahlakte geht.«[5] Indessen müssen wir unsererseits doch noch zögern, seine weitere These anzunehmen, daß der Vollzug solcher Zulassung oder daß dieses staatliche Anerkenntnis den Wahlberechtigten auch schon ein »gesteigertes Bürgerrecht« verleihe. Noch bleibt uns zu klären übrig, ob diese Menge der Wahlberechtigten, ob diese potentiellen Wählerschaften an der ›bürgerlichen‹ Verfassung wirklich teilhaben, ob die bürgerliche Rechtmäßigkeit, die den Grund der Macht repräsentativer Körperschaften bildet, durch das Hinzutreten des ›Volkes‹ in seiner politischen Qualität als Wählerschaft erhalten oder aber gemindert, umgestoßen, am Ende gar zersetzt werde. Sind die Wähler wirklich Bürger?
Den merklichsten Stoß hat die ›Demokratie‹ (wenn ich diesen schillernden Ausdruck für einen Augenblick verwenden darf) gegen das Regiment der Parlamente und gegen den gesellschaftlichen Vorrang ihrer Mitglieder eigentlich nicht mit dem Postulat des allgemeinen und vielleicht nicht einmal mit demjenigen des gleichen Wahlrechts geführt, sondern mit dem seiner Unmittelbarkeit. Ehe das Wahlrecht dieses dritte Attribut erhielt, ehe es zum

5 *Allgemeine Staatslehre*, 1914, Neudruck Berlin 1920, S. 421/22.

»direkten« wurde, war – für eine mehr oder minder ephemere Übergangsperiode – die ›politische Klasse‹ der regierenden Bürger von der Menge der Wähler vielfach durch das Filter des Instituts der Wahlmänner oder Elektoren gesondert. Schattenhaft ist diese Einrichtung noch heute bei den nordamerikanischen Präsidentenwahlen gegenwärtig. Das Volk sollte nur Elektoren bestellen, die als Weise oder doch als bedächtigere Staatsfreunde vorgestellt wurden, und diese erst den Präsidenten oder (im preußischen Falle) die Mitglieder des Abgeordnetenhauses. England ist allerdings auf die Errichtung solcher Brustwehren nie verfallen; vermutlich vertraute man dort mehr auf das Ansehen und auch auf den Reichtum der traditionell führenden Schichten und Familien und darauf, daß sie von selbst imstande wären, ihre Position auch im Angesicht der neuen Massenwählerschaft zu halten. Dieses gesellschaftliche Selbstvertrauen und jene Konstruktionen indirekter Wahlsysteme sind längst zusammengebrochen, kein juristischer Kompromiß zwischen den aktiven Honoratioren-Bürgern und der emanzipierten Menge des Wählervolkes hat sich halten können. In Preußen war die Einteilung der Wähler nach dem versteuerten Einkommen in drei Klassen – die sich übrigens in gewisser Weise auf das Muster der altrömischen Republik berufen konnte – ohnehin ein weit stärkeres Sicherungsmittel als das Institut der Wahlmänner. Gegen jene richtete sich jahrzehntelang der Ansturm zumal der organisierten Arbeiter, und es bedurfte einer neuen Umwälzung (derjenigen von 1918), bis beides fiel. In den Vereinigten Staaten sind die Elektoren längst zu bloßen Rechenfiguren verblaßt, ihre Fortexistenz ändert nichts daran, daß man im Lande in dem Bewußtsein lebt, der Präsident werde vom Volke gewählt, also ›unmittelbar‹.

Der unmittelbare Zudrang und Zutritt des Wählervolks zur Bestellung von Parlaments- und Regierungspersonal geht aber noch weiter. Noch Walter Bagehot hat das Unterhaus als eine »electoral chamber« gekennzeichnet, indem es nämlich die Hauptaufgabe dieser Körperschaft sei, eine Regierung, ein Kabinett zu ›wählen‹, und das war damals eine fast schockierende Enthüllung, da alle Welt daran festhielt, es sei die Königin, die den Premierminister berufe. Heute ist das Unterhaus kaum noch als eine Wahl-, sondern allenfalls nur noch als eine Vorschlagskörperschaft anzusehen. Wer Premierminister wird, das entscheidet in der Regel das Wählervolk am Wahltage. Auch hier ist gleichsam eine Hürde umgestoßen, eine verfassungspolitische ›Mittelinstanz‹ weitgehend beseitigt worden. Die Wähler sind in das Allerheiligste des Systems der Institutionen eingedrungen. Ein ähnlicher Prozeß hat sich in der Bundesrepublik Deutschland in dem kurzen Zeitraum von zwölf Jahren angezeigt. Im Jahre 1961 kämpften zwei Männer um die Kanzlerschaft, und es war nicht der Bundestag, sondern die allgemeine Wählerschaft, an deren Entscheidung sie appellierten. Auch hier hat die Menge die alte Absperrung durchbrochen, die sie von dem ›unmittelbaren‹ Eingriff in die Sphäre der höheren staatlichen Entscheidungen zurückhielt. Professor Oakeshott hat also ganz recht, wenn er von einer bemerkenswerten Umformung der parlamentarischen Regierung spricht. Es ist wahr, die Wähler haben begonnen, ein Vorrecht des Parlaments an sich zu reißen, wie dieses zuvor ein Vorrecht der Krone an sich gebracht hat. Aber das Parlament ist daran nicht zugrunde gegangen, und das ist der entscheidende Sachverhalt. Die Wählerschaften der Verfassungsstaaten haben das Kunststück fertiggebracht, diese überlieferten ›bürgerlichen‹ Institutionen zu konservieren, indem sie zur gleichen Zeit ihre eigenen politischen ›Vollbürger‹ hervorbrachten, um sie auf die leeren Stühle der alten Honoratioren zu setzen. Und sie haben sich dazu eines neuen Mittels bedient, welches in gleichem Zuge mit der

Emanzipation und der Ausbreitung des Wahlrechts herangewachsen ist, nämlich der politischen Parteien. Genaugenommen sind auch diese Formationen des Verfassungslebens nicht gar so neu, wie manche Juristen im Überschwang ihrer Entdeckung gemeint haben. Genaugenommen sind die Parteien selber im Innern der parlamentarischen ›Bürgerversammlungen‹ entstanden. Nicht jede konkrete Partei entstammt zwar dem Parlament, die kontinentalen sozialistischen Parteien sind im Gegenteil als revolutionäre Organisationen aufgewachsen, haben sich erst später an und in das Parlament gewöhnt, aber die Parteiensysteme als solche sind im Innern des Parlaments entstanden. Die Neuerung besteht nur darin, daß sie aus diesen Mauern herausgedrungen sind und sich in die Menge des Wählervolkes hinein verlängert und erweitert haben, um sie zu binden, auch um sich von ihr erhalten zu lassen.

Wähler sind nicht notwendig und durchweg aktive Bürger. Aber sie haben jeden Tag die Chance, sich in solche zu verwandeln. Der Übergang ist flüssig. Die Grade der Teilnahme sind unterschiedlich. An seinen Rändern verschwimmt der Umriß eines modernen Staatsvolkes, die Integration ist unvollkommen, stets noch im Werden. Der Satz Rousseaus, daß ein Staat verloren sei, sobald ein Bürger sage »que m'importe«, kann auf diese Staatsgesellschaften kaum angewendet werden. Man hat im Gegenteil bemerkt, es sei geradezu bedenklich, wenn alle potentiellen Wähler zu aktuellen würden und wenn der politische Indifferentismus ganz verschwände. Doch ist es eine irrige Beobachtung oder auch eine Selbsttäuschung, wenn es heißt, die Teilnahme der Stimmberechtigten sei auf den einen Tag der Stimmabgabe beschränkt. Es ist die beständige Diskussion, Unterrichtung, Beratschlagung der öffentlichen Meinung, welche den Raum der bürgerlichen Regierung in ehedem unerhörtem Maße erweitert, die

Chancen der Teilnahme perpetuiert. Davon konnte Rousseau noch nichts wissen, als er meinte, die Engländer seien nur am Wahltag frei, sonst aber Knechte, und darum tauge das repräsentative System nichts. Die öffentliche Meinung ist wohl das stärkste Mittel, das demokratische mit dem repräsentativen Regierungs-Element zu versöhnen, ja zu verschmelzen. Sie gehört zu den wichtigsten Verfassungsgewalten des modernen bürgerlichen Staates. Sie hilft, die Menge zum Staatsvolk zu bilden, die Masse zu gliedern, den Einsturz der Institutionen zu verhüten. Sie ist selber eine Institution, so schwer es uns auch fällt, sie als Ganzes zu greifen und zu beschreiben.

Das alles sind freilich keine verläßlichen Gewißheiten, aber es sind präsente Möglichkeiten. Es ist Bürgerpflicht, sie zu nutzen. Daran hängt die prekäre und kostbare bürgerliche Rechtmäßigkeit.

14. Kapitel
Demokratie und Oligarchie. – Das deutsche Exempel

Es war zuvor von zwei Elementen oder Faktoren der Regierung im Verfassungsstaat die Rede, dem demokratischen und dem repräsentativen, und von der stetigen Aufgabe, dem täglichen Prozeß ihrer Versöhnung. Der Begriff aus der Staatslehre, der sie mit der Naivität des Definierens schon als fest verbunden voraussetzt, der Begriff der »repräsentativen Demokratie«, verleimt nur den Gegensatz und legt zudem den bedenklichen Irrglauben nahe, es handle sich um eine (moderne) Unterart von Demokratie, oder die Repräsentation sei nur das neue Mittel zum alten demokratischen Zweck. Dieser logische Anschein wird von der Geschichte widerlegt: Zuerst war die Repräsentation, die »Demokratie« kam erst langsam hinzu. Es war die überlieferte Repräsentation der ständischen Reichsversammlungen, welche sich seit den großen Revolutionen des achtzehnten und den nicht minder großen Reformen des neunzehnten Jahrhunderts – in Schüben, auch mit Intervallen – zunehmend demokratisiert hat. Im Zuge der Ausdehnung des persönlichen Wahlrechts und im Zuge der sozialen Befreiungen und Emanzipationen, von der Sklavenbefreiung bis zur Frauen- und Jugend-Emanzipation und zur amerikanischen Bürgerrechtsbewegung in unserem eigenen Jahrhundert, welche allesamt wiederum die potentiellen Wählerschaften vermehrt haben bis zu annähernder oder vollständiger Allgemeinheit und Gleichheit der politischen Teilnahme-Rechte aller Erwachsenen beiderlei Geschlechts – in diesem selben Prozeß der Entstehung von Massen-Bürgerschaften, wie er im vorigen Kapitel skizziert wurde, haben sich auch die modernen politischen Parteien gebildet. Daher ist der Titel desjenigen klassischen Werkes, worin ebendiese Entwicklung und ebendieser Zusammenhang wie ein Epos – am englischen Exempel – dargestellt ist, vollkommen sachgemäß und treffend: »Democracy and the organization of political parties« von Ostrogorski.[1] Man kann sagen, daß dieser gewaltige politische, sozialhistorische und verfassungsgeschichtliche Vorgang in der Tat die beiden konstitutiven Elemente der modernen Verfassungsstaaten in ein und demselben Zug und Stoß und Drang zugleich hervorgebracht hat, die neue »Demokratie« der allgemeinen Wählerschaften und die neue »Oligarchie« der politischen Parteien.

Ostrogorski hat, wie schon früher bemerkt, die vitale Logik dieses Zusammenhangs vollkommen einsichtig gemacht. Die Parlamentsparteien, die es längst gab, zumal bei sich konsolidierender parlamentarischer Regierungsweise, entwickelten im Angesicht wachsender Wählerschaften ein zwingendes Interesse, sich in dieser unübersichtlichen Menge einigermaßen verläßliche und dauerhafte Zellen des Anhangs zu verschaffen: das ist der Ursprung der außerparlamentarischen Parteiorganisationen.

»L'apparition des comités électoraux dans le pays est directement liée à l'extension du suffrage populaire qui rend nécessaire l'encadrement de nouveaux électeurs«: Maurice Duverger hat in diesem knappen Satz das historische Fazit gezogen. Er hat allerdings neben diesem Motiv auf der Seite der Parlamentarier und ihrer Gruppierungen ein zweites kenntlich gemacht, das mehr aus der Mitte der neuen Wählerschaften heraus gewirkt haben mag: das erstarkende Gleichheitsgefühl, welches nämlich einen Willen erzeugt habe, die traditionellen gesellschaftlichen Eliten auszuschalten – oder, setze ich hinzu, wenn nicht geradezu

1 M. Ostrogorski, *Democracy and the organization of political parties*, 2 Bde., London 1902, Neudruck 1922.

auszuschalten, so doch zurückzudrängen.[2] Die Bemerkung weist präzis auf denjenigen Wandel hin, der Carl Schmitt die These vom Niedergang der Repräsentation zugunsten der Demokratie eingegeben hat. Und auch Gerhard Leibholz' phänomenologisch eingeschiente Vorstellung von einem »Strukturwandel der modernen Demokratie« ist hier nicht fern, die übrigens, was die Analyse anlangt, recht genau in der Spur Carl Schmitts weiterfährt, nur mit verändertem Richtungsbewußtsein und Wertgefühl. Es ist der Irrtum der dogmatischen Parteienstaatslehre, daß sie gerade dasjenige Phänomen, welches die neue Oligarchie darstellt, eben die politischen Parteien, zur neuen Demokratie umgedeutet hat, offenbar aus dem fortwirkenden inneren Zwang, à tout prix eine »ungemischte« Verfassung und eine »einfache« Regierungsform zu erkennen oder zu konstruieren.

Unter allen Versuchen, die Aufgabe und das Wesen dieser merkwürdigen, rechtlich so schwer bestimmbaren Formationen, der politischen Parteien, in eine Art von Definition zu fassen, scheint mir nach wie vor die Formulierung von Denis W. Brogan den Nagel auf den Kopf zu treffen: sie sind »Organisationen zur Beschaffung von Regierungspersonal«. Diese Wirksamkeit ist in der Tat allen sonst so unterschiedlichen Typen politischer Parteien im Westen gemeinsam, die Bestimmung gilt gleichermaßen von Honoratioren-Parteien wie Massenparteien, von Volksparteien wie Klassenparteien, von Weltanschauungsparteien wie Interessenparteien, von dauerhaft tätigen wie von zeitweilig zu begrenztem Ziel gegründeten, von fest oder von locker organisierten, von lokalen, regionalen oder nationalen Parteien: alle Arten von Parteien kommen in dem einen Punkt überein, daß sie Kandidaten für öffentliche Ämter benennen, für diese werben, sie im Amt unterstützen können. Das ist es, wodurch sie – mit

2 Maurice Duverger, *Les partis politiques*, Paris 1951, S. 5.

unserem Grundgesetz zu reden – an der Willensbildung des Volkes mitwirken. Ihre Tätigkeit ist, wie immer es mit ihrer inneren Struktur stehen mag, zuerst und zuletzt an die Adresse der allgemeinen Wählerschaft gerichtet. Wähler für ihre jeweiligen Kandidaten mitsamt ihren Programmen zu gewinnen und möglichst auch zu behalten, ist ihr Lebenszweck. Woraus deutlich erhellt, daß hier ein Verhältnis nicht der Identität, sondern der Differenz, und zwar eine Art Gegenspiel zwischen der Gesamtheit der untereinander konkurrierenden, auch widereinander streitenden, auch miteinander kooperierenden Parteien auf der einen und der gesamten potentiellen Wählerschaft auf der anderen Seite vorliegt. Im Wahlvorgang selbst spitzt sich das Gegenspiel auf die Prozeduren von Vorschlag und Entscheidung zu. Diese beiden Teile des Wahlakts treten scharf auseinander und greifen eng ineinander. Die Rollen der beiden Partner des Gegenspiels sind gleichsam von Natur streng unterschieden: die Parteien fungieren als Vorschlagskörperschaften, die Wähler vollziehen Entscheidungen, indem sie den einen Vorschlägen folgen, die anderen verwerfen, das heißt: ihre jeweilige Wahl treffen. Daß Parteimitglieder und Parteikandidaten selbst zugleich Wähler sind, ändert nichts an dieser Differenz der beiden Rollen und der beiden Spieler des Gegenspiels. In einer Staatsgesellschaft und Massenburgerschaft von heutigen Dimensionen sind es mit Notwendigkeit die verhältnismäßig wenigen, welche vorschlagen, und die verhältnismäßig vielen, welche entscheiden. Immer ist unter solchen Bedingungen die Wahlgewalt geteilt.[3]

Wir haben hier eine gleichsam natürliche, ungewollte »Gewaltenteilung« vor uns, wie denn auch die klassische Teilung der Staatsgewalt in Legislative, Exekutive und

3 Vgl. hierzu Dolf Sternberger, *Vorschlag und Wahl, Umriß einer allgemeinen Theorie* (ursprünglich 1961, jetzt in: *Herrschaft und Vereinbarung*, Frankfurt 1980, S. 367-420).

Judikative im Ursprung eine »natürliche« Erscheinung und Entwicklung war, der Theorie ging die Beobachtung und die Beschreibung voraus, und die moderne Verfassungsnorm wiederum erwuchs aus dieser empirischen Theorie. Als Teilung einer einzigen Gewalt erschien, was von Haus aus Zusammensetzung, Komposition oder »Mischung« mehrerer unterschiedener Gewalten war – von King, Lords und Commons. Und so stellt sich nun umgekehrt die Teilung der Wahlgewalt zwischen vorschlagenden Parteien und entscheidender Wählerschaft als eine Zusammensetzung oder »Mischung« eines neuen oligarchischen und eines neuen demokratischen Verfassungsfaktors dar.

Es ist bei alledem noch ohne Belang, ob die Parteien Kandidaten aus den eigenen Reihen präsentieren oder Externe nominieren, mit denen sie deswegen eine Absprache getroffen haben, ob sie also das fragliche Amtspersonal stellen oder nur bestellen. Die derart zweigliedrige Struktur und Prozedur ist überall wiederzufinden, mag es sich um die Besetzung von städtischen oder staatlichen Ämtern, um die Wahl von Stadtverordneten oder City-Councillors oder von Landtags-, Bundestags-, Unterhaus- oder Congreß-Abgeordneten, von Bürgermeistern, Gouverneuren oder Regierungs- und Staatsoberhäuptern handeln, jedenfalls dann, wenn ihre Berufung der allgemeinen Wählerschaft – dem »Volk« – anheimgegeben ist. Diejenigen Vorschlagsgremien und Wahlkampf-Organisationen, welche nicht Parteien heißen, wie zum Beispiel lokale »Wählergemeinschaften« in süddeutschen Gemeinden, fungieren und arbeiten gleichwohl in ganz derselben Weise; das gilt auch von Komitees, die sich ad hoc zusammentun, um einen persönlichen parteilosen Kandidaten etwa für das Amt des Oberbürgermeisters einer Stadt zu unterstützen. Dies scheint eine altertümlichere Form zu sein, und sie wird vielleicht im Kern sogar das uralte Institut der Selbstbewerbung enthalten, die immer mit einer gewissen vorgängigen gesellschaftlichen Sicherung verbunden ist: dergleichen ist nicht abgetan und mag in bequem übersehbaren Verhältnissen auch künftig vorkommen. Auch gehört zu jeder Nominierung, selbst wenn sie von mächtigen Dauer-Organisationen besorgt wird, eine Person, die selbst kandidieren und nicht einmal nur kandidieren, sondern auch das Amt oder Mandat wirklich gewinnen will; ein Funke von Selbstbewerbung ist auch bei monopolisierter Vorschlagsgewalt stets im Spiel und ist unentbehrlich. Gewiß braucht in aller Regel der Kandidat die Partei, aber die Partei braucht auch den Kandidaten, er ist keine Puppe. Überall dort, wo Kandidaten für öffentliche Wahlämter aus dem eigenen Schoß der Partei geboren werden, werden ja diese Kandidaten, zumal bei Erfolg, als Amts- und Mandatsinhaber, selber der politischen Klasse zugehören, ja das Leben ihrer Partei prägen. In Ländern mit parlamentarischer Regierung, so auch in der Bundesrepublik Deutschland, gilt im großen und ganzen der Satz, daß das Verhältnis zwischen Parteigremien und Parlamentsfraktionen »eher durch eine dominierende Position der Fraktion als der Partei gekennzeichnet«[4] ist, daß also, mit anderen Worten, die erfolgreichen Kandidaten, einmal gewählt, selber in die Führung der Körperschaft einrücken, die sie vorgeschlagen hat. Das ist auch einer der Gründe, welche die fortdauernde Geltung des Repräsentationsverhältnisses stützen; Abgeordnete bleiben, auch unter den Bedingungen der inner- wie außerparlamentarisch wirksamen Partei-Solidarität, im Prinzip durchaus weisungsungebunden, wenn auch die Parteifraktion, an deren Entschließungen sie selbst aktiv teilgenommen haben oder teilnehmen konnten, bei parlamentarischer Regierungsweise möglichst geschlossen auftreten muß.

Derselbe Autor, den ich soeben zitiert habe und der zu den

4 Peter Haungs, »Die Bundesrepublik – ein Parteienstaat?«, in: *Zeitschrift für Parlamentsfragen*, Jg. 4, H. 4, 1973, S. 511.

besten Kennern des Parteiwesens, zumal des deutschen, gehört, der Trierer Politologe Peter Haungs, hat als Summe eigner und fremder Erforschung der Kandidatenaufstellung auch die Beobachtung formuliert, daß »Gremien auf der lokalen Ebene über die weitaus meisten Kandidaturen entscheiden«, die für Parlamentswahlen bestimmt sind, wenngleich sie andererseits in aller Regel an den politischen Entscheidungen, welche die Gewählten treffen, »keinen substantiellen Anteil haben«.[5] Das bedeutet, daß die politischen Parteien in ihrer gesamten sozialen Beschaffenheit von oben bis unten und von unten bis oben, die Schichten der Führung, der Parteitagsdelegierten und auch der einfachen Mitglieder, zusammengesehen und in eins begriffen, potentiell in der Tat auf die Seite der spezifischen Oligarchie gerechnet werden müssen. Freilich sind nicht alle Schichten im Aufbau der Parteien, geschweige alle ihnen zugehörenden Personen, in gleichem Grade der »politischen Klasse« zuzurechnen. Es gibt Abstufungen nach der Intensität der Mitwirkung, nach der Dauer der akuten Beteiligung, nach Geltung und Einfluß. Einige zeigen sich mit ganzer Figur, andere nur mit halber, manche nur beiläufig und zeitweilig. Zudem stehen Eingänge und Ausgänge zumeist ziemlich offen, die »politische Klasse« ist keine geschlossene Klasse. Niemals jedoch haben Wählerschaften den Parteien die Vorschlagsgewalt entreißen können; auch die amerikanischen Primaries, die zu ebendiesem Zweck eingerichtet wurden, haben es nur zu einer Beteiligung der jeweiligen Parteiwählerschaft an der Auswahl zwischen mehreren Kandidaten gebracht und bringen können, die ihr von der Partei selbst präsentiert werden.

Man hat gemeint, im Zeitalter der Gleichheit könne – oder

5 Peter Haungs, »Legitimitätsprobleme der Parteiendemokratie in der Bundesrepublik«, *Civitas. Jahrbuch für Sozialwissenschaften*, 13. Bd. Mainz 1974, S. 23.

dürfe – es eine Oligarchie nicht geben, daher auch keine Mischverfassung. Das griechische Altertum kannte zwar keine Menschengleichheit, wohl aber Bürgergleichheit, und auf sie allein kommt es in Fragen der Staatsverfassung an. Für die »Politik« des Aristoteles ist die Gleichheit der freien Bürger das schlechthin unerschütterliche Fundament der »staatlichen Gemeinschaft«, und doch hat er die Mischung von Oligarchie und Demokratie – unter dem Namen der »Politie« – als die beste der menschenmöglichen Ordnungen bezeichnet. Denn es gilt in der Polis des Aristoteles die paradoxe Wahrheit, daß innerhalb dieser Gleichheit der Bürgerqualität und ihrer unerachtet doch der Staat auch wiederum, wie es wörtlich heißt, »aus ungleichen Elementen besteht . . ., wie ein Lebewesen aus Seele und Leib und die Seele aus Vernunft und Begierde und die Familie aus Mann und Weib« und so fort, und daß darum »nicht die Tugend aller Bürger ein und dieselbe sein kann, wie auch im Chor die des Chorführers und die des Statisten« (1277a 5-12). Und im nächstfolgenden Kapitel ist die harte verfassungspolitische Konsequenz ausgesprochen: »daß es mehrere Arten von Bürgern gibt«, nämlich »daß man im eigentlichen Sinn Bürger den nennt, welcher an allen Ehrenämtern Anteil hat« (1278a 35 f.), während die übrigen – und es ist die Mehrheit –, weil durch Erwerbsnotwendigkeit im Hause festgehalten, sich allenfalls mit der Teilnahme an der Volksversammlung und an den Gerichtssitzungen begnügen muß. Gerade mit dem Blick auf diesen gleichsam äußeren Kreis der reinen Stimmbürger hatte Aristoteles zuvor jenes entschiedene Urteil abgegeben, das hier schon früher zitiert worden ist: daß sie, die doch die wichtigsten Entscheidungen träfen, selbstverständlich als Regierungsteilhaber anzusehen seien (1275a 28). Er unterscheidet also eine Amts-Aristokratie oder -Oligarchie und die Menge der Ekklesiasten und Dikasten innerhalb eines und desselben Standes der gleichen Freien.

Ganz ebenso nehmen wir in der neuen Politie des modernen Verfassungsstaats die Differenz der »politischen Klasse« der Amts- und Mandatsinhaber (oder -Kandidaten) und der allgemeinen Wählerschaft wahr, auf deren Entscheidungen jene angewiesen sind.[6] Daß diese zwei Arten von Bürgern in dem Staat des Aristoteles auch zwei ökonomische Klassen darstellen, daß die Regierungsämter nur von denen wahrgenommen werden konnten, die »Muße« hatten, also nicht persönlich einem Erwerb nachgehen mußten, diesen Zusammenhang von sozialer Position und politischer Funktion müssen wir bei der Vergleichung der alten mit der neuen Politie ausklammern. Die heutige Gesellschaft hat, vermöge der Gehälter und Diäten aus den Staatshaushalten wie auch vermöge der kollektiven Organisationen, der Verbände und der Parteien selbst, Mittel und Wege eröffnet, die ökonomische Unabhängigkeit der alten Oligarchien durch öffentliche oder korporative Finanzierung zu ersetzen.

Eine dreigliedrige Verfassungsmischung ist in ihrer originalen Gestalt in England erhalten, wobei denn das monarchische und das aristokratische Element, wie schon Walter Bagehot vor über hundert Jahren erkannt hat, mehr als »dignified« denn als »efficient parts of the constitution« aufgefaßt werden müssen, während das »dritte«, vordem als »demokratisch« gedeutete Glied, das Unterhaus mitsamt dem Kabinett, nun ganz von der Oligarchie der Parteien geprägt und belebt, mit der neuen Demokratie der allgemeinen Wählerschaft zusammen die wirkende Zweigestalt der neuen Politie darstellt. Anderwärts, in den Vereinigten Staaten, in dem Frankreich der Fünften Republik, hat sich der Schematismus eines quasi-monarchischen Regierungshaupts und zweier Kammern als institutionelles

6 Näheres bei Sternberger, *Vorschlag und Wahl*, a.a.O., S. 401 ff. Meine Darstellung fußt zur Hauptsache auf Sait's *American Parties and Elections*, ed. H. R. Penniman, New York und London 1948.

Gerippe gleichfalls erhalten; hier aber sind alle Teile dieses Ämtersystems unter dem Gesetz der bürgerlichen Gleichheit von den neuen Kräften der politischen Parteien erfüllt oder besetzt, und ihnen korrespondieren in je verschiedener Weise überall Wählerschaften als demokratische Faktoren. Bei einem System wie dem der Bundesrepublik Deutschland kann man zweifeln, ob nicht das Königs-Nachbild des Staatsoberhaupts von der Figur des Bundeskanzlers als einem neueren quasi-monarchischen Element – diesmal von »effizienter« Art – gleichsam in den Schatten versetzt wird, in einer Art Umkehr der Verhältnisse zwischen dem Staats- und dem Ministerpräsidenten in Frankreich, die freilich beide exekutive Funktionen ausüben. In jedem Fall haben wir es auch hier, auch bei so eigentümlicher Verdoppelung der institutionellen monarchischen Figur, überall mit Partei-Exponenten, also mit oligarchischen Kräften zu tun, welchen die – demokratischen – Wählerschaften unmittelbar oder mittelbar jeweils befristete Position und Legitimation verschaffen.

Die beiden Hauptfaktoren der neuen Politie sind von Haus aus, dank dem Institut der Wahl, so eng und fest miteinander verknüpft, daß es insoweit keiner besonderen prozeduralen Maßnahmen zu bedürfen scheint, ihrer Verbindung Bestand und Dauer zu verleihen. Dennoch bleibt die Frage übrig, ob solche »Mischung« auch in jedem Fall gut und zureichend geglückt sei. Es ist hier, auch für die neue Politie, der Satz des Aristoteles maßgeblich, der im Vierten Buch der »Politik«, eben bei Erörterung des Ausgleichs zwischen Qualität und Quantität in der Staatsverfassung, zu finden ist: »Je besser nun aber die Politie gemischt ist, desto dauerhafter ist sie« (1297a 7). Er gibt selber keine speziellen Kriterien dafür an, welches Mischungsverhältnis gut, welches besser als das andere sei. Aber im Fortgang der Argumentation erweist er sich an dieser Stelle als ein Kritiker der Aristokraten und Oligarchen und als ein

Fürsprecher des Regierungs-Anteils des Volkes. »Denn es kann nicht fehlen, daß mit der Zeit aus den falschen Gütern ein richtiges Übel hervorgeht.« Noch also haben wir zu prüfen, ob im modernen Verfassungsstaat die oligarchische und die demokratische Seite hinsichtlich ihres Anteils an Verfassung und Regierung in einem ausgewogenen Verhältnis zueinander stehen. Freilich müssen hier Andeutungen und Hinweise genügen; sie werden in der Hauptsache unsere deutschen Zustände betreffen.

Handgreiflich ist jedenfalls, daß das Verhältnis zwischen dem oligarchischen und dem demokratischen Faktor in den verschiedenen großen Verfassungsstaaten des Westens sich recht unterschiedlich ausnimmt. Die Parlamentswahl entscheidet im englischen Fall für gewöhnlich nicht nur über die parteiliche und personelle Zusammensetzung des Unterhauses, sondern im selben Zuge zugleich über die Führung der künftigen Regierung, indem die Wahl Klarheit über Mehrheit und Minderheit zu schaffen, die Führung der Mehrheitspartei den Regierungsauftrag zu erhalten pflegt. Das zeigt offenbar eine Kraft des demokratischen Faktors an, welche die Wählerschaft der Bundesrepublik Deutschland in aller Regel nicht im gleichen Maß auszuüben imstande ist – deswegen, weil das Parteiensystem kaum primäre Mehrheitsbildung erlaubt, die Regierungsbildung daher fast immer ein Parteienbündnis voraussetzt. Auch kommt die Vorschlagsgewalt der Parteien gemäß dem – zudem schwer verständlichen – Bundeswahlgesetz wegen der Aufstellung von Landeslisten in bezug auf das parlamentarische Personal einer Vorgriffsgewalt nahe. »Der Wähler«, urteilt ein wissenschaftlicher Kenner des deutschen Parteiwesens, »hat mit der Führungsauslese in der Bundesrepublik nahezu nichts zu tun«.[7] Zudem hat

7 Heino Kaack, *Geschichte und Struktur des deutschen Parteiensystems*, Opladen 1971, S. 685. Kaack trifft diese Feststellung gewiß in wissenschaftlich detachierter Weise, doch ist sein kompendiöses Werk zugleich

es die Wählerschaft bei uns sehr schwer, einen Wechsel der regierenden (und der opponierenden) Partei oder Parteien herbeizuführen: leichter fällt dies allenfalls jenen dritten Parteien, die zur Mehrheitsbildung gebraucht werden. In den Vereinigten Staaten wird der Chef der Regierung, der Präsident, geradezu und ausdrücklich von der Bürgerschaft gewählt (wenn auch nominell auf dem Umweg über die Wahlmänner), und diese Entscheidung hat eine so überwältigende Bedeutung für das gesamte Verfassungsleben, daß man hier die Macht des demokratischen Faktors noch höher veranschlagen muß als im englischen Fall. Der französische liegt ähnlich, seitdem de Gaulle die Volkswahl des Präsidenten eingeführt hat; jedoch spielt andererseits das oligarchische Element bei der Vorbereitung der Wahlvorschläge deswegen eine eigentümliche Rolle, weil vielfach Absprachen zwischen benachbarten Parteien getroffen werden. Das Institut des Referendums muß gleichfalls auf die demokratische Seite geschlagen werden. Ich lege diesem flüchtigen Vergleich nur die jeweiligen gesamtnationalen Modalitäten zugrunde; er fiele vielleicht etwas anders aus, wenn auch kommunale und regionale Verhältnisse einbezogen und wenn zudem die Erscheinungen der parteipolitischen Patronage bei Behörden und Körperschaften berücksichtigt würden, also bei Ämtern und Funktionen, die nicht durch Wahlen bestellt werden.

Jedenfalls nimmt sich die deutsche »Mischung« insofern weniger »gut« (im aristotelischen Sinn) aus, als das oligarchische Element vergleichsweise offenbar ein Übergewicht besitzt. In welchem Maß die gleichsam atmosphärische Bedeutung der öffentlichen Meinung, welche der Staatsrechtslehrer Konrad Hesse sogar als »Element unmittelba-

von der Gesinnung temperiert, es solle die innerparteiliche Oligarchie durch stärkere Mitwirkung der Mitglieder, also durch »innerparteiliche Demokratie« aufgewogen werden.

rer Demokratie« gewürdigt wissen möchte[8], die Gewichte verändert, ist schwer zu sagen; sie ist im übrigen bei allen westlichen Systemen prinzipiell in gleichem Sinn zu veranschlagen, kann daher beim abwägenden Vergleich vernachlässigt werden. In der Hauptsache kommt es am Ende auf die institutionellen Bahnen an, in welchen jeweils oligarchische und demokratische Kräfte sich bewegen.

An diesem Punkt berührt sich die Frage des Mischungsverhältnisses mit der Frage der Legitimität. Nicht daß die »gute Mischung« schlechthin die Legitimität des ganzen Systems gewährleistete, eine weniger gute sie gefährdete: einen so eindeutigen Maßstab kennen wir nicht und können wir auch nicht erfinden. Zudem sind jeder Verfassung, in ihrer lebendigen Realität, auch spezifische Proportionen und spezifische Disproportionen eigentümlich, und so wäre es leichtfertig, ja waghalsig, aus solchen Vergleichungen, wie ich sie zuvor angedeutet habe, Schlüsse auf die Legitimität oder Illegitimität, auf eine intakte oder eine geminderte Rechtmäßigkeit des jeweiligen Staatswesens zu ziehen. Doch lassen sich im Inneren eines bestimmten historischen Verfassungslebens – wie zum Beispiel in demjenigen der Bundesrepublik Deutschland, und nur von ihr soll jetzt die Rede sein – durchaus Kriterien erkennen, die auch Mängel und Schäden der Legitimität zu diagnostizieren erlauben. Die bürgerliche oder politische Legitimität ruht auf der Wahl, das war der einfache Ausgangspunkt bei unserer Untersuchung. Die Wahl ist die Prozedur, das demokratische mit dem oligarchischen Element zu verknüpfen. Die Legitimität der Regierung ist indessen nicht schon dadurch erwiesen, daß sie durch eine Wahl bestellt wurde. Vielmehr kommt es offenbar in hohem Grade auf das Verfahren an, dem man dabei gefolgt ist, also auf das Wahlgesetz. Wie schon Montesquieu mit

8 Konrad Hesse, *Grundzüge des Verfassungsrechts der Bundesrepublik Deutschland*, Karlsruhe 1967, S. 59/60.

hoher Klarheit bemerkt hat, sind »die Gesetze, welche das Stimmrecht regeln«, grundlegend für die demokratische Republik: es sei hier ebenso wichtig, schrieb er (im »Esprit des lois«, im zweiten Kapitel des zweiten Buches), festzulegen, »wie, von wem, an wen und worüber die Stimmen abgegeben werden, wie man in einer Monarchie wissen muß, welches der Monarch sei und auf welche Art er regieren solle«. Die Gesetze, die sich auf den Wahlvorgang beziehen, zeichnen offenbar jene institutionellen Bahnen vor, in welchen die demokratischen Kräfte mit den oligarchischen, die Wählerschaften mit den politischen Parteien kommunizieren.

Wer sind aber die Parteien? Einerseits stehen sie als Vorschlagskörperschaften den Wählern gegenüber, stellen sie alle insgesamt geradezu »die Oligarchie« selber dar. Andererseits sind sie als Wählervereinigungen auch wiederum demokratische Gebilde. Sie enthalten die Spannung in sich selbst. Daher kommt es, daß Mitgliedschaften – heute in Deutschland unter dem Namen der »Basis« – vielfach »Aufträge und Weisungen« zu erteilen versuchen und dasjenige »imperative Mandat« beanspruchen, welches ehedem die jeweiligen Wählerschaften geltend zu machen drohten und gegen welches die klassischen Formeln zur Sicherung der Unabhängigkeit der Parlaments-Abgeordneten die Vorkehrung trafen. So bedroht die »Parteitagsdemokratie« in immer erneuten Anläufen, je nach dem Charakter und der Gesinnung der Mitgliedschaft, mehr oder weniger dringlich die unabhängige Entscheidung der parteilichen Abgeordneten und ihrer jeweiligen Fraktion, während der Konkurrenzdruck der Parteien untereinander zur parteilichen Einigkeit nötigt und in der Regel der Führung die Entscheidung zurückgibt. Jedenfalls gilt dieses innerparteiliche Widerspiel des oligarchischen und des demokratischen Elements unter den Bedingungen parlamentarischer Regierung und eben wegen des Drangs zur

Regierung, man kann auch sagen: wegen der magnetischen Anziehung der Regierungsämter.
So gibt es eine doppelte Polarität. Einmal steht die Parteimitgliedschaft der Gruppe der parteizugehörigen Amtsinhaber, zugleich steht den Parteien insgesamt die Wählerschaft gegenüber. Als Mitgliedschaften bilden die Parteien ohne Zweifel einen Teil der Wählerschaft und Bürgerschaft, aber sie sind die Aktivisten, auch die möglichen Nutznießer und eventuellen Patronage-Anwärter, insofern zählen sie auch zur Oligarchie, gleichsam als ihr Anhang oder Vorhof. Zuletzt hängen auch die Mitgliedschaften konkurrierender Parteien in ihrem wechselseitigen Verhältnis nach Zahl und Bedeutung natürlich vom Urteil der allgemeinen Wählerschaft ab. In jedem Fall verlangt bürgerliche Legitimität, daß der Zugang aus der Wählerschaft zur Parteimitgliedschaft frei und nur der eignen Entschließung unterworfen sei, was auch immer für Motive dabei im Spiel sein mögen. Sie verlangt ebendeswegen, daß auch die Bildung von Parteien aus der Bürgerschaft frei sei, also keiner qualitativen oder quantitativen Beschränkung unterliege, auch keiner Beschränkung derjenigen Wirksamkeit, die den Lebenszweck der Parteien ausmacht, der Beteiligung an Wahlen mit Aussicht auf Mandatsgewinn. (Ich spreche nur von verfassungsfreundlichen Parteien; die Probleme der Ausschließung von Parteien auf Grund verfassungsgerichtlicher Entscheidung bleiben hier außer Betracht.) Das Erfordernis der freien sozialen Kommunikation zwischen dem demokratischen und dem oligarchischen Element wird durch die Sperrklauseln unserer deutschen Wahlgesetze verletzt. Die Vorschrift des geltenden Bundeswahlgesetzes (§ 6, 4), wonach bei der Verteilung der Sitze nur Parteien berücksichtigt werden, »die mindestens fünf vom Hundert der im Wahlgebiet abgegebenen gültigen Zweitstimmen erhalten oder in mindestens drei Wahlkreisen einen Sitz errungen haben«, diese

gesetzlich eingebaute Schranke widerstreitet jenem Erfordernis. Das mindert die Legitimität des Regierungssystems als solchen. Der Einwand ist gewiß nicht neu, er ist häufig erhoben worden sowohl von gelehrten Beurteilern wie auch von Politikern, und ich habe selbst mehrfach öffentlich solche Kritik geübt zu einer Zeit, als die Sache noch einigermaßen flüssig war oder zu sein schien.[9] Karl Jaspers hat die Sperrklausel als ein Instrument der Parteien-Oligarchie zur Sicherung ihrer Macht verurteilt. Er hat zudem die Parteienoligarchie insgesamt als die »autoritäre Regierung« einer Minderheit über die Masse der Bürger beschrieben; das war ganz abwegig, und sein anti-oligarchisches Argument trifft gewiß nicht den Kern der Sache.[10] Gleichwohl bleibt manches einzelne seiner Bedenken gültig, so auch das gegen die Sperrklausel. Wie bekannt, hat das Bundesverfassungsgericht die Sperrklausel gebilligt: »In der Regel können Wahlgesetze nicht verworfen werden, wenn sie das Quorum nicht über 5 % ansetzen.« Die Gründe sind ernst, die künstliche Schranke oder Hürde soll helfen, Splitterparteien zu verhüten, daherrührende Erschwernisse bei der Regierungsbildung aus dem Weg zu räumen. Das sind gute pragmatische Gründe, aber pragmatische Gründe sind nicht Legitimitätsgründe. Es zwingt sich die Einsicht auf, daß der Staat mit diesem Legitimitätsmangel leben muß wie mit einem angeborenen Makel am Körper der Verfassung. Seine operative Entfernung würde, ohne große Reform, nur neuen Schaden bringen, und für die große Reform ist es zu spät.

Dasselbe gilt von einigen anderen Eigenarten desselben

9 Dolf Sternberger, *Die große Wahlreform*, Köln 1964. Neuerdings ist die Geschichte der Wahlrechtsdiskussion eingehend dargestellt, wenn auch zuweilen etwas vorwitzig beurteilt worden von Eckhard Jesse in: *Wahlrecht zwischen Kontinuität und Reform*, Düsseldorf 1985.

10 Karl Jaspers, *Wohin treibt die Bundesrepublik?*, München 1966, besonders S. 134 und 139.

Wahlgesetzes, zum Beispiel von dem Umstand, daß der Wähler mit seiner zweiten Stimme sich für eine ganze Partei-Liste zu entscheiden gezwungen ist und daß diese Liste auch als Reservoir möglicher Nachfolger eines gewählten Abgeordneten dient, der durch den Tod oder andere Gründe ausgeschieden ist. Dieses »Nachrücken« vollzieht sich ohne Beteiligung der Wähler, es ist darüber potentiell vorentschieden worden bei der Aufstellung der jeweiligen Liste, also rein oligarchisch. Der Vorgang zeigt nur besonders kraß, daß die listenmäßigen Vorschläge tatsächlich Vorgriffe darstellen, also Eingriffe in den »demokratischen« Teil der Wahlgewalt. Das »Nachrücken« ist gerade keine Nachwahl, vielmehr ihr Ersatz durch eine bloße Aktualisierung des Parteivorschlags. Es muß erschrecken, daß bei der jüngsten Erörterung der Kriterien, die man bei der Beurteilung von Wahlverfahren in Rechnung stellen kann oder soll, zwar zu Recht die Verständlichkeit und Einfachheit, die sinnvolle Zuordnung von Stimmen und Mandaten, auch die Ermöglichung von Regierungswechseln und anderes geprüft wurde, daß der kenntnisreiche Verfasser indessen keinen Gedanken für die persönliche Beziehung zwischen Wählern und Gewählten übrig hatte.[11] Dieses Kriterium kommt in seiner Tafel nicht vor, obwohl am Ursprung des Repräsentationsverhältnisses doch die persönliche Anvertrauung steht. Die Wörter lassen es noch erkennen: wir sprechen vom »Abgeordneten«, vom »Mandat«, vom »Sitz« im Parlament, das ist alles auf Personen gemünzt, nicht auf Kollektive. Natürlich können auch ohne Intervention der Wähler vorzügliche Leute zum Zuge kommen. Edmund Burke, einer der größten Parlamentarier der englischen Geschichte, dem zudem die klassische Definition des Abgeordneten verdankt wird, hatte, wie bekannt, seinen Sitz in Westminster die längste Zeit einem Patron, dem Marquis von Rocking-

11 Eckhard Jesse, *Wahlrecht* . . ., 1985, S. 45 ff.

ham, zu verdanken, und Wähler hatten dabei nicht mitzureden. Aber das war vor der Demokratisierung des Parlaments, lange vor der Ausdehnung des persönlichen Wahlrechts, und so mutet es widersinnig an, daß auch und von neuem im Zeichen der Demokratie Parlamentsmandate ohne aktuelle Beteiligung der Wähler vergeben werden können. Das Listenverfahren tut der bürgerlichen Legitimität Abtrag. Aber hier gilt wie zuvor, wie bei den meisten Problemen des Wahlgesetzes: es ist zu spät zur Reform, man wird mit diesen Schäden leben müssen. Das ist ein Schluß aus Resignation, aber diese verfassungspolitische Resignation wird immerhin aufgewogen – oder, wenn nicht aufgewogen, so doch getröstet und gemildert – durch das Moment der langen Geltungsdauer des Gesetzes. Ein Wahlgesetz stellt seinem Wesen nach eine Art von Vertrag zwischen den gesetzgebenden Kräften und der Wählerschaft dar, und wenn es in der Entstehung auch von den Interessen der beteiligten Parteien, im deutschen Fall von einem Interessenkompromiß, geprägt war, so hat es zum wenigsten durch die lange Zeit des Gebrauchs, den die Bürger davon machten, den Charakter eines Bürgervertrags angenommen. Eine Änderung in der Substanz würde daher einem Vertragsbruch gleichkommen. So mag das Alter des Gesetzes und die Tradition seiner Handhabung der Legitimität aufhelfen, die durch einige seiner Bestimmungen beschädigt war.

Die französische Republik hat jüngst von neuem ein bedenkliches Beispiel davon geliefert, wie das Interesse der jeweiligen Parteienmehrheit mit dem Mittel einschneidender Änderungen des Wahlgesetzes die Wählerschaft zu manipulieren vermag. Mitterrands Sozialisten führten kurz vor der Neubestellung der Nationalversammlung das Verhältniswahlsystem ein (das schon in der Vierten Republik gegolten hatte, aber von de Gaulle abgeschafft worden war), um eine schwere Niederlage ihrer Partei abzuwenden. Als dann gleichwohl eine konservative Mehrheit im Palais Bourbon eingezogen war und der Präsident den Gaullistenführer Chirac als Premier hatte berufen müssen, wurde das Wahlgesetz alsbald von neuem radikal geändert, man kehrte zu dem System der Mehrheitswahl mit zwei Wahlgängen zurück, welches die Macht der jetzt vorherrschenden Parteien zu begünstigen verspricht. In Frankreich ist das freilich keine Neuigkeit. Schon in den siebzig Jahren der Dritten Republik hat es, wenn ich recht gezählt habe, sieben substantielle Gesetzesänderungen gegeben, wobei ich die Wechsel in der Wahlkreiseinteilung nicht einmal mitberücksichtige. Ein guter Kenner, Dieter Nohlen, urteilt mit Gelassenheit, man habe dort »frühzeitig die Auswirkungen verschiedener Wahlsysteme auf das Parteiensystem erkannt«, und infolgedessen hätten die jeweiligen Parlamentsmehrheiten »unter taktisch-politischen Gesichtspunkten . . . häufig am Ende einer Wahlperiode« die Vorschriften geändert. Auch damals ist übrigens die Rechnung nicht immer nach Wunsch aufgegangen.[12] Es fällt schwer, das spöttische Paradox zu unterdrücken, die Franzosen hätten sich in nahezu anderthalb Jahrhunderten (seit der Februar-Revolution) an dieses Spiel ihrer Parteien- und Parlaments-Oligarchien so sehr gewöhnt, daß sie Beständigkeit als Bruch der Legitimität empfinden müßten. Vielleicht trägt die relative Aufrichtigkeit in der Offenlegung der Motive dazu bei, die Unsitte erträglicher zu machen. Auch nehmen die jeweiligen Partei-Anhängerschaften lebhaft an diesen Wendungen teil, die Rechte und die Linke sind nicht nur oligarchische, sondern zugleich demokratische Paniere.

Es ist schwer, einen interesselosen Gesetzgeber zu finden, schwerer noch, seinem Ratschlag zur Durchsetzung zu

12 *Die Wahl der Parlamente und anderer Staatsorgane*. Ein Handbuch, herausgegeben von Dolf Sternberger und Bernhard Vogel, Redaktion von Dieter Nohlen, Berlin 1969, Bd. I, 1, S. 469.

verhelfen. Der Nomothetes der antiken Philosophie, der Législateur Rousseaus ist eine Idealfigur, war es vielleicht immer. Moderne gesetzgebende Körperschaften sind aus oligarchischen Interessenten zusammengesetzt, man erkennt ihre Motive grell in Augenblicken der wahlrechtlichen »Reform« und empfindet den Übermut der Oligarchen mit Zorn womöglich selbst dann, wenn die Reform ein besseres Gesetz hervorbringt. Die eigennützigen Motive waren selbstverständlich bei Abfassung des alten, langher geltenden Wahlgesetzes nicht minder wirksam. Das alte Recht ist in dieser Sache – und im deutschen Falle – gewiß nicht auch das gute, doch sind infolge der Dauer seiner Geltung die Male seines Ursprungs gleichsam abgegriffen, und die Mängel der Rechtmäßigkeit seiner einzelnen Vorkehrungen kann die lange und loyale Gewöhnung bedecken.

Es gibt keine Demokratie ohne Oligarchie. Alles kommt – ich wiederhole es – darauf an, das freie Zusammenspiel und Widerspiel der beiden Grundkräfte des verfassungsstaatlichen Lebensprozesses zu ermöglichen, diese Möglichkeit zu erhalten und dort, wo sie versperrt ist, auf Mittel des Ausgleichs zu sinnen. Eine Wählerschaft, die an die Zwänge des Verhältnis- oder Proporzwahlverfahrens gebunden ist, daher – trotz der künstlichen Beihilfe der Sperrklausel – nur ausnahmsweise primäre parlamentarische Mehrheiten schafft, muß aus eben diesem Grunde auch von ihrem Anteil an der Wahlgewalt, der »demokratischen« Entscheidungsmacht, noch eine Portion an die »oligarchische« Seite abgeben. In aller Regel nämlich wird derjenige Vorgang, der allein ein System von Regierung und Opposition auf beiden Seiten auf die Dauer lebenstüchtig macht, nämlich der Wechsel der Parteien oder Parteigruppen in diesen Funktionen, der Übergang der Opposition in die Regierung und der Regierung in die Opposition, unter solchen Bedingungen nicht von der

Wählerschaft bewirkt, sondern von einer Parlamentspartei, die ihrerseits die Bündnisse auszutauschen vermag. Dieser »Mehrheitsbeschaffer« (wie der schnöde Ausdruck lautet) übernimmt dann die Funktion, welche bei einfacher Mehrheitswahl in der Regel die Wähler ausüben. Man kann auch sagen, ein solcher Regierungswechsel sei, genaugenommen, ein inner-oligarchischer Coup, gleichsam eine Palastrevolution in parlamentarischem Kostüm. »Die beiden einzigen ›echten‹ Regierungswechsel (1969 und 1982)«, sagt ein politologischer Beobachter, »sind durch die FDP, die jeweils eine Richtungsänderung vollzogen hat, ermöglicht worden.«[13] Daß nach einem solchen Umschwung der Koalitionen, wie 1983 in der Bundesrepublik Deutschland geschehen, das Bedürfnis laut wird, eine Neuwahl des Bundestags auszuschreiben, läßt den Instinkt erkennen, daß zu dem oligarchischen Vollzug wenigstens im nachhinein eine demokratische Bestätigung gehöre. Mit der Bundestagswahl von 1983 ist in diesem Sinn ein stiller Verfassungswandel vor sich gegangen, das Mischungsverhältnis ist verbessert worden. (Unglücklicherweise wird dieser Eindruck wiederum getrübt durch die unwürdige und unaufrichtige Prozedur des artifiziellen Mißtrauensvotums, die allein es erlaubte, das Parlament aufzulösen.) Jene Unbehilflichkeit der Proporz-Wählerschaft, einen Regierungswechsel selbst herbeizuführen, muß zwar als eine Minderung der »demokratischen« Wirkungs-Chancen, kann aber doch nicht als eine Beschädigung der Legitimität angesehen werden. Noch weniger Recht vermag ich freilich denjenigen juristischen Dogmatikern des reinen Repräsentationsprinzips zuzugestehen, die über »plebiszitäre« oder »populistische« Entartung jammern, wenn sich der Wunsch geltend macht, den demokratischen Verfassungsfaktor zu stärken.[14] Der Verfassungsstaat ist

13 Eckhard Jesse, *Wahlrecht* ..., S. 47.

14 So etwa Ernst Wolfgang Böckenförde, »Mittelbare/repräsentative

gewiß keine schiere Demokratie, aber er ist auch kein schieres Repräsentativsystem.

Ein erheblicher Schaden ist der Legitimität des deutschen Verfassungsstaates aber zugefügt worden durch die Art, wie die politischen Parteien ihren Finanzbedarf stillen. Ich spreche nicht von den »Spendenaffären«, die in der jüngsten Zeit zu parlamentarischen Untersuchungen, staatsanwaltlichen Ermittlungen und zu Strafprozessen geführt haben: die langjährige Übung, Vorschriften des Parteiengesetzes und der Steuergesetze zu umgehen, woran Parteivorstände, große Spender aus der Wirtschaft und – nicht zu vergessen – die Finanzbehörden selbst über zwanzig Jahre hin wie in einem verschwiegenen Komplott zusammenwirkten, hat gewiß die Legalität empfindlich verletzt; vor hundert Jahren hätte man bei solchen Enthüllungen gewiß von »osmanischen« oder »balkanischen« Zuständen gesprochen. Daß ein neues Gesetz (von 1983) ähnliche Peinlichkeiten für die Zukunft einfach dadurch zu verhüten unternimmt, daß es die Parteien in ihrer Rolle als Spendenempfänger in die Nachbarschaft mildtätiger Gesellschaften rückt, welchen steuerbegünstigte Zuwendungen gemacht werden können, ist abermals unaufrichtig und zudem lächerlich. Indessen ist durch all dergleichen Affären die Legitimität des Staates nicht geschädigt worden. Weit ernster ist die Finanzierung der Parteihaushalte aus öffentlichen Mitteln zu nehmen. Das publizistisch vorwiegende Thema dieser Jahre ist die tatsächliche oder vermutete »Korruption« der Spendenhandhabung, Spendenumleitung und Spendenverschweigung, es sind private Ungesetzlichkeiten. Die Finanzierung von Parteien aus den allgemeinen Staatshaushalten hingegen bedeutet eine Korruption des Verfassungslebens. Diese Mittelzuwendungen sind zwar sämtlich legal, nämlich durch Gesetze gedeckt,

Demokratie als eigentliche Form der Demokratie«, in: *Festschrift für Kurt Eichenberger*, Basel 1982.

aber sie sind in der Tat illegitim, indem sie das Verhältnis zwischen der Bürgerschaft und den Parteien und zwischen den Parteien und den Staatsorganen verfälschen.

»In keinem anderen Land der Welt erhalten Parteien und Politiker für ihre Tätigkeit so hohe staatliche Zuwendungen wie in der Bundesrepublik«: zu diesem Ergebnis kam ein wissenschaftlicher Beobachter, Professor Lösche in Göttingen, bei seiner Analyse der verschiedenen Finanzquellen und Finanzierungsmethoden der deutschen politischen Parteien.[15] Diese Mittel setzen sich zusammen aus der gesetzlichen »Wahlkampfkostenerstattung«, die stetig in Abschlägen gezahlt wird, aus den »Globalzuschüssen« für die parteieigenen Stiftungen, aus den Haushaltsbeiträgen für die Parlamentsfraktionen, dem üblichen »Zehnten«, den Abgeordnete von ihren Diäten abzweigen, und aus dem Steuerverzicht des Fiskus bei Parteispenden (und Mitgliedsbeiträgen), der nun durch das Gesetz von 1983 vollends legalisiert ist. Die Untersuchung von Lösche kam zu dem Resultat, daß die Wahlkampfkostenerstattung allein etwa ein Drittel der Einnahmen der deutschen Parteien ausmacht, daß aber bei Berücksichtigung all jener Zuflüsse, die ich soeben angab, der staatliche Anteil an den Parteieinnahmen wahrscheinlich die Grenze von fünfzig Prozent überschreitet, die doch vom Bundesverfassungsgericht festgesetzt worden ist. Diese Festsetzung war einem Satze zu entnehmen, der in dem hier einschlägigen Urteil vom 19. Juli 1966 enthalten ist: danach sei »eine völlige oder auch nur überwiegende Deckung« des Bedarfs »nach allgemeiner Ansicht« nicht zu rechtfertigen. Im nächstfolgenden Satz wurde freilich »eine teilweise (sic!) Staatsfinanzierung der Parteien durch jährliche oder monatliche Zahlungen« (wie sie nämlich damals im Bundeshaushalt

15 Peter Lösche, *Wovon leben die Parteien?*, Frankfurt 1984, S. 80. Einen internationalen Vergleich findet man bei Klaus von Beyme, Parteien in westlichen Demokratien, München 1982, zumal S. 253.

vorgesehen gewesen waren) ebenfalls verworfen, weswegen auch jene Vorkehrungen im Haushalt rundheraus für verfassungswidrig erklärt wurden – aber da war eine Hintertür: eine solche Teilfinanzierung durch jährliche oder monatliche Zahlungen »für ihre gesamte politische Tätigkeit« sollte nicht statthaben, eine bestimmte einzelne Tätigkeit blieb also möglicherweise doch von dem Verdikt verschont. Das war, wie sich am Ende herausstellte, ihre »große Bedeutung ... für die Wahl«, daher es denn gerechtfertigt erscheine, »ihnen die notwendigen Kosten eines angemessenen Wahlkampfes von Staats wegen zu ersetzen«, denn damit erfüllten die Parteien ja eine öffentliche Aufgabe. Dieser Einfall machte es dem Gericht schließlich möglich, den Parteien doch noch beizuspringen, obwohl es ihnen im allgemeinen mit geradezu klassischen Formulierungen ihre bürgerliche Natur auf das entschiedenste attestiert hat, am klarsten dort, wo es denen entgegentrat, die »an der Fähigkeit und Bereitschaft der Bürger« zweifelten, »selbst die Organisation zu schaffen und lebensfähig zu halten, ohne die das Volk sich heute nicht artikuliert äußern kann«. Unaufgelöst blieb freilich bei alledem der fundamentale Widerspruch, daß diese bürgerlichen Gebilde und Instrumente, die das Gericht selbst (schon in einer älteren Entscheidung) »vor allem« als »Wahlvorbereitungsorganisationen« definiert hat, für diese ihre wesentlichste bürgerliche Wirksamkeit eine Kostenerstattung von Staats wegen sollte beanspruchen können.[16]

Der Staatshaushalt wird aus den Steuereinkünften finanziert, das heißt aus den Leistungen aller steuerzahlenden Bürger, ob sie selber Parteien angehören oder nicht, ob sie regelmäßig oder gelegentlich zur Wahl gehen oder gar nicht und welcher Partei sie allenfalls auch zuneigen mögen, wenn sie es tun: es kann nicht im Sinn der freiheitlichen

16 BVG-Entscheidungen Bd. 20, S. 102/103; die ausdrückliche Bezugnahme auf die Definition von 1958: S. 96.

Verfassung liegen, daß ihnen allen gleichermaßen zugemutet wird, für alle Parteien gleichermaßen einen Beitrag zu entrichten. Es ist, wie wenn der Staat von allen Bürgern ohne Rücksicht auf Bekenntnis und Zugehörigkeit eine Kirchensteuer erhöbe, die unter alle Religionsgemeinschaften gemäß einem gewissen Schlüssel verteilt würde. Aber nicht nur nach der Natur der Staatsfinanzen, auch nach der Natur der politischen Parteien sind dergleichen Versorgungen aus öffentlichen Mitteln widersinnig. Indem die etablierten Parteien vermittels der parlamentarischen Fraktionen und ihrer legislativen Möglichkeiten sich als Kartell zur Ausbeutung des Staatshaushaltes betätigen, machen sie insoweit den pluralen Charakter des Parteiengefüges zunichte, sie handeln in der Tat als eine einzige und einheitliche oligarchische Klasse. Der Charakter der Parteien als bürgerliche Vereinigungen, die miteinander um die Zustimmung der Wähler wetteifern, auch widereinander streiten, insbesondere in der parlamentarischen Polarisierung von Regierung und Opposition einander entgegentreten, scheint, sofern jenes Kartell-Interesse ins Auge gefaßt wird, zu einer Spiegelfechterei herabgedrückt zu werden. Die Gesamtheit der Steuerzahler soll für alle Mannschaften, Programme und Gesinnungen zugleich aufkommen, als Steuerzahler werden die politischen Bürger gleichsam farbenblind gehalten, den Unterschied der schwarzen, roten, blauen und grünen Farbe sollen sie nicht wahrnehmen. Alle Parteien sind Interessenten, die etablierten und die halbetablierten und die nicht-etablierten. Wenn man an die Fleischtöpfe gelangt, hört man sogar auf, Vegetarier zu sein. (Den höchsten Staats-Anteil weist der Parteihaushalt der Grünen auf.) Mit der Staatsfinanzierung wird die bürgerliche Natur der Parteien korrumpiert, der demokratische Verfassungsfaktor oligarchisch überwältigt, die bürgerliche Legitimität insgesamt und im Grunde beschädigt.

Diese meine »institutionelle Sorge« wird nicht von allen

gelehrten Beobachtern geteilt, von den Politikern selber zu schweigen. Mancher will gerade mit der Hilfe der staatlichen Finanzierung die Versuchungen verhüten, die mit den Spenden aus der Wirtschaft verbunden sind oder sein können, und auch bei der wohlwollenden Behandlung der anteiligen staatlichen Parteifinanzierung durch das Bundesverfassungsgericht hat ebendieses Motiv eine Rolle gespielt. Wenn nicht die Wissenschaft, so hat doch immerhin die Mehrzahl der Bürgerschaft, wie es scheint, die Illegitimität der parteilichen Geldbeschaffung aus dem allgemeinen Haushalt durchaus erkannt. Aus den Untersuchungen von Peter Haungs ist zu entnehmen, daß »die staatliche Subventionierung diejenige Finanzierungsart ist, die von der Öffentlichkeit am wenigsten gebilligt wird«.[17] Er führt Umfrage-Ergebnisse an, die das deutlich belegen. Er meint, diese verbreitete kritische Einstellung sei »ein bedenklicher Sachverhalt«, und sucht nach deutschen Motiven. Es gibt eine klassische Antwort auf die Frage. »Die Hauptsache aber ist in jeder Verfassung, daß durch die Gesetze und die ganze übrige Staatseinrichtung die Verhältnisse so geordnet sind, daß man sich an den Staatsämtern nicht bereichern kann. Namentlich aber hat man in den Oligarchien hierauf zu achten. Denn die große Masse empfindet es nicht so schmerzlich, von der Teilnahme an der Staatsregierung ausgeschlossen zu sein, ist vielmehr sogar ganz zufrieden damit, wenn man sie ruhig bei ihren Privatgeschäften läßt; wenn sie aber glaubt, daß die Regierenden sich am öffentlichen Gut vergreifen, dann schmerzt sie beides: von den Ehrenämtern ausgeschlossen zu sein und vom Gewinn.« Das ist Aristoteles.[18] Wir haben zwar keine Oligarchie, aber die heutige demoskopische

17 Peter Haungs, *Parteiendemokratie in der Bundesrepublik Deutschland*, Berlin 1980, S. 46/47.

18 Aristoteles, *Politik*, übersetzt von Susemihl, bearbeitet von Tsouyopoulos und Grassi, 1308 b 33-38.

Menge scheint ganz ebenso zu reagieren wie diejenige, von der Aristoteles berichtet. Und wir haben auch keine individuellen Regierenden, die sich am öffentlichen Gut vergreifen, aber was die kollektiven »Regierenden« (das Wort »regieren« im weitesten Sinn verstanden) mit dem Staatshaushalt tun, ist auch eine Art von Bereicherung, und die Gesetze, weit entfernt dies zu lindern, sind vielmehr erlassen, es zu befestigen und zudem alle potentiellen Konkurrenten, selbst die eventuellen, nach gerechtem Schlüssel zu beteiligen. Die modernen Bürger haben, wie schon bemerkt, noch den zusätzlichen Ärger mit der jeweils eigenen Partei, der sie anhängen oder zuneigen mögen, zugleich auch deren Gegner unterstützen zu sollen, denen sie womöglich die Niederlage oder gar den Untergang wünschen. Obendrein finden sie keinen Anwalt ihres inneren Widerspruchs, da ja alle Kräfte in diesem einen Interesse übereinkommen. Keine Berufung auf die öffentlichen Dienste oder den »verfassungspolitischen Auftrag« der Parteien kann diesen Widerspruch und Notstand überwinden: es ist ja gerade ihr gesellschaftlicher Charakter als der von freien Zusammenschlüssen, welcher allein sie in den Stand setzt, diese öffentlichen Dienste im Sinne der Verfassung zu leisten. Ihre auch nur anteilige finanzielle Verstaatlichung gefährdet gerade die lebendige gesellschaftliche Natur des Verfassungsstaates, zehrt an seiner bürgerlichen Legitimität.

Zur Verfassungsgeschichte der Bundesrepublik Deutschland gehören schließlich auch die wiederkehrenden außerinstitutionellen, mehr oder minder amorphen und spontanen »Bewegungen«, die sich selbst stets in einem pointierten Sinn und mit einem relativen Recht als »demokratisch« bezeichnen. Ich erinnere an die Kampagne gegen atomare Bewaffnung der Bundeswehr in den späten fünfziger, den heftigen Kampf gegen die Notstandsgesetze in den sechziger Jahren, an die ausdrücklich so genannte »Außerparlamentarische Opposition« und die mit ihr verknüpfte Studentenrevolte, die bis in die siebziger Jahre hinein die Universitäten und das gesamte Rechtsgefüge erschüttert hat, an die Bewegung gegen die Atomkraftwerke, die durch die Ortsnamen Wyhl, Brokdorf, Gorleben und Wackersdorf gekennzeichnet wird, an die Friedensbewegung, zumal in dem Jahr der Raketenaufstellung, auch die massiven Versuche, den Bau einer neuen Startbahn am Flughafen Rhein-Main zu verhindern. Die gefährlichste Phase der Verfassungskrisen, diejenige der ideologischen Kriminalität, des inneren Terrorismus, füge ich nicht in diese Reihe ein; Baader und Meinhof haben nicht den Anspruch erhoben, im demokratischen Sinn oder in demokratischer Weise zu wirken. Hingegen muß man die mannigfachen Bürgerinitiativen durchaus in diesen Zusammenhang einordnen, wie sie sich namentlich während der siebziger Jahre und zum Teil ebenjener technischen Installationen wegen gebildet haben. Auch sie werden zuweilen als »Bewegung« rubriziert. Einer ihrer wohlwollenden Interpreten hat mit Hinblick auf die verschiedenen Aggregatzustände, Anlässe und Formen des Protests treffend von einer »Kontinuität der Auflehnungsbereitschaft« gesprochen, auch einer »Kontinuität der Aktionsformen, deren sich der Widerstand . . . bedient«.[19] Da und dort gab es Berührungen mit der politischen Klasse, im Fall der sogenannten »Atomtod«-Kampagne waren oppositionelle Politiker führend – einer von ihnen ist nachmals in das höchste Staatsamt gewählt worden –, in anderen Fällen war und ist die »oligarchische« Beteiligung eher marginal. Zweimal haben solche »Bewegungen« sich in Parteigründungen festere systemkonforme Gestalt gegeben; die erste derartige Gründung, Heinemanns »Gesamtdeutsche Partei«, blieb ephemer, die zweite ist die Partei der »Grünen«

19 Bernd Guggenberger, *Bürgerinitiativen in der Parteiendemokratie*, Stuttgart 1980, S. 31.

(wozu auch verwandte Formationen wie eine »Bunte« und eine »Alternative« Liste gerechnet werden können), die, erfüllt von der charakteristischen Furcht vor definitiver An- und Einpassung, noch versucht, zugleich parlamentarische Partei und außerparlamentarische Bewegung – man könnte auch sagen: zugleich pur demokratisch und doch auch oligarchisch – zu sein. Sieht man auf die einzelnen jeweiligen Ziele, so ist die Bilanz der Wirksamkeit dieser Bewegungen zwar uneinheitlich, aber eher negativ. Die Bundeswehr *wird* für Atomwaffen ausgebildet, die Notstandsartikel *sind* verabschiedet, die amerikanischen Raketen *sind* mit ausdrücklicher Billigung des Deutschen Bundestags aufgestellt oder in der Aufstellung begriffen, die Startbahn West des Frankfurter Flughafens *ist* gebaut worden. Insoweit trifft die Bemerkung eines wissenschaftlichen Anhängers und Deuters dieser Bewegungen, Ekkehart Krippendorff, zu, es sei ihnen gemeinsam »eine ihnen selbst erst langsam bewußt werdende Form politischer Machtlosigkeit«.[20] Das ist 1971 geschrieben. Heute muß hinzugesetzt werden, nicht allein, daß bei den Atomkraftwerken und zugehörigen Einrichtungen erhebliche Verzögerungen eingetreten sind, daß man in einzelnen Fällen auch auf Ausbauten zu verzichten scheint, sondern daß die »Bürgerinitiativen«, die sich auf den Umweltschutz geworfen haben, daß die ökologische Bewegung insgesamt vom Protest weithin zur Entwicklung positiver Maßnahmen übergegangen ist, und vor allem, daß ihre Bestrebungen durch eine Art von Osmose sich den einschlägigen Institutionen wie auch den alten Parteien mitgeteilt haben.

Ansätze oder Rudimente von Revolution, oft am Rande der Gewalt, immer am Rande des Rechts, scheinen beinahe

20 Ekkehard Krippendorff, »Politikwissenschaft und außerparlamentarische Opposition«, in: *Demokratisches System und politische Praxis der Bundesrepublik*, Festschrift für Theodor Eschenburg, München 1971, S. 122.

eine zwar unstetige, aber wiederkehrende Erscheinung unserer lebenden Verfassung geworden zu sein. Das öffentliche Demonstrieren – von einer »Demo« spricht der Jugend-Jargon – ist für eine gewisse Schicht zu einer gewohnten Betätigung geworden; sie steht unter dem Schutz des alten Grundrechts auf friedliche Versammlung. Unterhalb der oligarchisch-demokratischen Doppelgestalt der Politie, doch weithin gedeckt von den Freiheitsgarantien der Verfassung wie von den Behörden, die ihnen verpflichtet sind, hat sich zeitweilig eine zweite »Demokratie« ausgebildet, die Demonstrations-Demokratie, getragen von einer politischen Gegenklasse, die nach Gelegenheit an- und abschwillt, aber als solche fast wie ein Dauerfaktor des Verfassungslebens erscheint. Das Attribut »politisch« schreibe ich freilich dieser Gegenklasse nicht ohne Zögern zu, sie zeigt vielfach auch apolitische, ja antipolitische, nämlich schwärmerische und apokalyptische Züge. Doch möchte ich dem teilnehmenden Urteil Krippendorffs nicht jedes Recht abstreiten, der im Hinblick auf die Außerparlamentarische Opposition von einer »Repolitisierungsbewegung« gesprochen hat. In der Tat betreffen die Auftritte und Verkündigungen der Gegenklasse jeweils Themen und Thesen, die für die gesamte Gesellschaft von Belang sind, also das »gemeine Wohl« angehen – sehr im Unterschied zu solchen Demonstrationen, die von Interessengruppen veranstaltet werden und »pressure« zu deren Gunsten auszuüben bestimmt sind. Auch die »Bewegungen« berufen sich gern auf das Grundgesetz. »Wir nehmen sehr ernst, was in unserer Verfassung steht«, hat der Friedensforscher Mechtersheimer bei Gelegenheit einer großen Bonner Demonstration im Oktober 1981 gesagt, »alle Staatsgewalt geht vom Volke aus«. Er leitete aus dieser Formel der demokratischen Doktrin die Befugnis des »Volkes« her, dem Parlament »das sicherheitspolitische Mandat zu entziehen«. Das ungestalte Volk

der ungezählten Menge, heißt das, soll die Entscheidung treffen, ohne Staatsorgane.
Insgesamt stellt diese Erscheinung kein nationales Spezifikum dar, wie man vermuten könnte, sondern eher ein Merkmal der Epoche. Auch in jenen verfassungsstaatlich geprägten Ländern, welchen – nach unserem vergleichenden Eindruck – eine bessere »Mischung« oligarchischer und demokratischer Elemente zu eigen ist als dem unseren, sind, dem Typus nach, dieselben »Bewegungen« aufgetreten. Die Studentenrevolte reichte von Berkeley bis Paris und Berlin, die Friedensbewegung hat in England – mit dem »Council on Nuclear Disarmament« – einen Ursprung und ein Zentrum, wiewohl dort eine der großen Parteien, die Labour Party, von langer Hand ein stark pazifistisch geprägtes Element beherbergt. Die Ostermärsche sind eine englische Erfindung. Selbst die Schweiz hat, unerachtet ihrer so einzigartig ausgeprägten bürgerlichen Entscheidungs-Institute, heftige Jugend-Unruhen, ja Terrorakte erfahren müssen. So muß man nicht in besonderen Mängeln gerade des deutschen Parteiensystems den Grund des Aufkommens jener zweiten »Demokratie« der ungestalten Volksmenge am Rande des Systems suchen; schon gar nicht soll man von den politischen Parteien erwarten und verlangen, daß sie religiöse Bedürfnisse befriedigen, sie sollen nicht Gemeinde sein oder stiften.

15. Kapitel
Das Richtige, das Falsche und das Gute

Mit einer Art von respektvoller Gleichgültigkeit hat Machiavelli im »Fürsten« das Problem der Herrschaft durch Offenbarung beiseite geschoben, das sich ihm wie anderen vor ihm und nach ihm in der biblischen Gestalt des Moses darstellte. Weniger bekannt mag es sein, daß einer der bedeutendsten politischen Theoretiker des späten Mittelalters, Marsilius von Padua, dessen Argumentationen sich zum einen Teil auf Aristoteles, zum andern auf die Bibel stützen, in ganz ähnlicher Weise das Phänomen der Staatsbildung, Regierung und Gesetzgebung aus göttlicher Einsetzung und Eingebung von seiner Darlegung ausdrücklich ausgeschlossen hat. »Von dieser Ursache und deren freier Tätigkeit« – sagt er im Hinblick auf den göttlichen Willen und die Regierung des Moses (wie auch auf die Berufung Aarons zum ersten Priester) – »können wir weder überliefern oder sagen, warum sie so oder anders ist, noch können wir über ihr Sosein oder ihr Gewordensein durch logischen Beweis auch nur das Geringste ausmachen. Sondern wir nehmen es in schlichter Gläubigkeit ohne verstandesmäßige Begründung hin.«[1]

Wir treffen nun freilich in unserer heutigen Verfassungswelt nicht auf eine Regierung, die sich auf göttlichen Willen beruft, wohl aber auf eine Herrschaft, die sich aus dem gleichfalls übermenschlichen Willen der Geschichte rechtfertigt. Die Macht der bolschewistischen Parteidiktatur und des ganzen bolschewistischen Partei-Imperiums ist in der Tat, wie ich zuvor nachzuweisen versucht habe, auf eine säkulare Art von Offenbarung oder Apokalypse

1 *Der Verteidiger des Friedens,* Ausgabe von Horst Kusch auf Grund der Übersetzung von Kunzmann, Berlin 1958, S. 79.

gegründet. Diese Erscheinung und diese Legitimitäts-Art ist uns also nicht bloß von alten Völkern überliefert, sie steht uns mit überwältigender Dringlichkeit vor Augen, ihre Gewalt verführt und bedroht uns täglich. Darum können wir die Sache nicht auf sich beruhen lassen in der Weise, wie Marsilius und Machiavelli die Figur des Moses und die Weissagungen des Alten Testaments, sofern sie politische Führung und Handlung begründeten, haben auf sich beruhen lassen. Noch weniger allerdings ist es uns erlaubt oder auch nur möglich, uns auf jene »schlichte Gläubigkeit«, die simplex credulitas, zurückzuziehen, mit deren Hilfe Marsilius diese biblischen Überlieferungen zugleich weggerückt und doch auch wieder konserviert hat. Wir unsererseits vermögen nicht an die Geschichte zu glauben, wie man an Gott glaubt. Sollten wir es denn also – anstatt mit schlichter Gläubigkeit – mit schlichter Ungläubigkeit bewenden lassen?

Unglücklicherweise stellt sich die Frage nicht in so einfacher Art. Die vorigen Darlegungen haben uns nicht eigentlich zu einer Alternative des Glaubens geführt, die am Ende durch einen Akt des Bekenntnisses gelöst und entschieden werden könnte. Diejenigen Regierungen, die aus Wahlen hervorgehen, und diejenigen Verfassungen, die auf bürgerliche Vereinbarung gegründet sind, verlangen keinen Glauben. Ihre Rechtmäßigkeit fußt auf dem Selbstvertrauen der Menschen, auf der Einsicht in die gesellige, bürgerliche, politische Natur des Menschen oder, wenn man will, auf dem freien Entschluß zum Staat und auf der Kraft zu solchem Entschluß. Offenbarung ist hier nicht im Spiele. Jean Jacques Rousseaus Lehre von der volonté générale mag zwar einen mystischen Zug an sich tragen insofern, als den Wahrsprüchen des Gemeinwillens eine Unfehlbarkeit zugeschrieben wird, der sich die irrende Minderheit unterwerfen müsse; aber Rousseaus Lehre ist zum Verständnis der bürgerlichen Legitimität nicht nötig,

sie hat im Gegenteil durch ihren demokratischen Purismus, indem sie die Nation gleichsam zur Kirche macht, ein fremdes Element in diese Überlieferung gebracht, das auch nur äußerlich und auf dem Papier assimiliert worden ist. Allgemeine Wahlen gelten nicht darum im Westen für das deutlichste Kriterium einer legitimen Regierungsweise, weil sich in ihnen ein unfehlbarer Volkswille offenbarte oder weil sie die derart bestellte Regierung gar in einen numinosen Rang erhöben – als wäre sie nun populi gratia, von Gnaden des Volkes, so wie sie vordem von Gnaden Gottes war –, sondern die Veranstaltung von Wahlen als Akten der Anvertrauung hat diese legitimierende Bedeutung deswegen erlangt, weil sie in einzigartiger Weise die Chance freier bürgerlicher Mitwirkung eröffnet und bezeugt. Eine Wählerschaft ist keine Gemeinschaft der Heiligen, und ein Wahlakt ist keine Weissagung.
Für sich allein genommen bilden ›freie Wahlen‹ aber noch keinen zureichenden Grund der Macht. Auch im modernen Verfassungsstaat stellen sie im Grunde nur das pragmatische oder gesellschaftliche Element seiner komplexen Rechtmäßigkeit dar, ähnlich wie im späten Mittelalter der Akt der Elektoren nur pragmatisch einer bestimmten Person die Herrscherwürde zusprach, die an sich selbst aus andrer Quelle legitimiert war. Dem numinosen Prinzip des Gottesgnadentums, das dem römischen Königsamt im letzten Grunde die Weihe verlieh – und freilich auch eine Beschränkung auferlegte –, entspricht im Falle heutiger konstitutioneller Regierungen ihre bürgerliche Natur, Bindung, Verpflichtung oder Verantwortlichkeit. Insofern die verfassungsmäßigen Ämter – gleich ob es sich dabei um sogenannte legislative oder exekutive Ämter handelt oder um beides zugleich – den Gewählten durch die Wählerschaft nur auf eine mehr oder minder fest begrenzte Frist anvertraut werden, erinnert der aktuelle und der periodisch bevorstehende Wahlakt allerdings selber stets in nach-

drücklicher Weise an diese ›bürgerliche Natur‹ des Staats und der Staatsorgane. Diese beiden Elemente der komplexen Rechtmäßigkeit heutiger ›westlicher‹ Regierungen, das bürgerliche und das pragmatische, sind sehr dicht ineinandergefügt, fast nicht mehr zu unterscheiden. Darum ist es gut verständlich, wenn ›freie Wahlen‹ schlechthin und als solche schon als Grund und Merkmal der Legitimität angegeben werden, wie wir es oben in den ersten Kapiteln bei Betrachtung der Diskussionen von Jalta und des jahrelangen fruchtlosen Notentauschs über die deutsche Frage haben wahrnehmen können. Dennoch kann dies nur als eine verkürzende Redeweise gelten. Die Wahlen bestellen nur die Amtsträger, sie schaffen nicht die Ämter. Das Parlament zum Beispiel als eine beratschlagende, gesetzgebende, auch regierende und entscheidende ›Bürgerversammlung‹ ist als Institution vorgegeben, entweder überliefert oder in einem geschriebenen Vertrage entworfen, ehe ein bestimmtes Parlament in Fleisch und Blut aus Wahlen hervorgehen kann. Das Ensemble der Ämter oder Organe dieser Art aber ruht auf Vereinbarung, Verantwortlichkeit und Zustimmung, und das heißt auf dem Grunde bürgerlicher Legitimität. Das imponierende Vordringen der politischen Parteien vermag an diesem Grundverhältnis nichts zu ändern. Vielleicht könnte man den vorigen Vergleich noch etwas ausdehnen und von den Parteien sagen, daß ihr faktisches Vorschlags-Privileg eine ähnliche Rolle in den heutigen Verfassungsstaaten spiele wie das Geblütsrecht einer Sippe oder die Anwartschaft hervorragender Familien auf das Herrscheramt im Mittelalter, solange dergleichen potentielle Kandidaten noch nicht zu exklusiver Erblichkeit der Herrscherwürde verfestigt waren.

Als ganz und gar neuartig muß es freilich erscheinen, daß alternative Regierungs-Kandidaten und Kandidatengruppen im Falle ihres Unterliegens darum doch nicht aus der leitenden repräsentativen Versammlung ausscheiden, gar ausgestoßen werden, vielmehr in der Gestalt einer mehr oder minder permanenten Opposition an den Staatsgeschäften beteiligt bleiben können. Dazu gibt es eine Analogie weder in der Antike noch im Mittelalter. Auch in dieser wunderlichen und kostbaren Vereinbarung – die als solche nicht formuliert, doch durch Brauch und Übung mächtig wirksam geworden ist, wo immer ein System von zwei polaren Hauptkräften (ein ›Zwei-Parteien-System‹) sich ausgebildet hat, sehen viele ein sicheres Kennzeichen der Legitimität. Und dies ganz zu Recht. Denn es läßt sich kein drastischeres Zeichen dafür denken, daß die zeitweilige Führung des Gemeinwesens sich aus Vereinbarung herleitet (und also keine Herrschaft beansprucht), als wenn die aktuelle Regierung ihre Rivalen neben sich duldet und sich der Spielregel beugt, welche ebendiesen Rivalen, solange sie sich in der Minderheit befinden, die Befugnis, ja die Aufgabe der Kritik und der Kontrolle zuerteilt. Von solchem Oppositionsrecht ist wohl in keiner geschriebenen Verfassung die Rede, aber dennoch macht es das Wesen der Verfassung – als eines lebendigen Zusammenhanges von Spielregeln und als eines leibhaftigen Vertrages der Staatsgenossen, sich ihnen zu unterwerfen – vielleicht deutlicher als irgendein anderes Element. Wo aber die rivalisierenden und doch kraft dieses Vertrages aneinander gebundenen und miteinander vereinten Gruppen oder Kräfte in solcher Weise um zwei Pole sich organisiert haben, da nimmt in der Tat auch die Wählerschaft unmittelbar als Partner an der bürgerlichen Vereinbarung teil: Unerachtet des faktischen Vorschlagsprivilegs der politischen Parteien greift hier die Wählerschaft ein, indem sie entscheidet oder doch entscheiden kann, wer die Mehrheit in der Versammlung haben und die Regierung bilden, wer die Minderheit sein und die Opposition ausüben solle. Zum wenigsten unter diesen Umständen, nämlich im Falle ausgereifter parlamentarischer Regierungsweise, stellt daher die Wahl nicht allein einen pragmatischen Faktor der Legitimierung, nicht allein ein Zeugnis aktiver gesellschaftlicher Zustimmung dar, sondern einen Akt der Entscheidung, der nach Treu und Glauben befolgt zu werden verlangt. Die Wahl schafft nicht die Ämter, aber die Wählerschaft wird hier selbst zum Amt. Sie tritt in den Rang der Institutionen ein, die in ihrem Zusammenwirken die bürgerliche Rechtmäßigkeit bewähren und bewahren.

Solcher bürgerlich-humanistischen Grundlegung der Macht hat sich aber nun jener apokalyptische Rechtmäßigkeits-Anspruch der Kommunistischen Partei und des Partei-Imperiums entgegengesetzt und entgegengeworfen, der seinerseits in der Tat so etwas wie einen säkularen ›Glauben‹ unvermeidlich mit sich führt und fordert. Er geht unter dem Namen der Ideologie, unter dem Namen des Marxismus-Leninismus. Sein Gegenstand ist eben jener gesetzmäßige Verlauf der Geschichte, die wie mit einem Leibe und einem Willen begabt erscheint, dazu seine Erkennbarkeit und seine Vollstreckbarkeit. Die ›Wissenschaftlichkeit‹ der marxistisch-leninistischen Ideologie ist nur wie eine modische Einkleidung, eine verstaubte Hinterlassenschaft des neunzehnten Jahrhunderts. Die Offenbarungsgewißheit ist der Grund der Macht, welche die totalitäre Partei ausübt, und ihr Privileg, ja, ihr Monopol ist es, die Offenbarung richtig auszulegen, auch die kanonischen Auslegungen der »großen Lehrer« zu verwalten. Ihre Herrschaft erwächst aus der Exegese, und die Exegese ist eine Befugnis ihrer Herrschaft. Daher eben rührt die Ähnlichkeit der totalitären Partei mit einer Kirche, der Parteikader mit einer Hierarchie (wie schon Trotzki bemerkt hat), der Ideologie mit einer Dogmatik, der Abweichungen mit Ketzereien: alles dies ist in metaphorischer Weise oft ausgesprochen, aber wohl noch selten ernstge-

nommen worden. Es handelt sich hier nicht um witzige Vergleiche, sondern um objektive Ähnlichkeiten.
Eine solche Bemerkung muß freilich Anstoß erregen. Der Gebrauch von Wörtern wie ›Kirche‹, ›Priester‹, ›Ketzer‹, ›Dogmen‹ und dergleichen kann Anstoß erregen; vor allem andern aber kann der ehrwürdige Begriff der Offenbarung oder kann vielmehr seine Anwendung auf die ausdrücklich atheistischen, religionsfeindlichen, insbesondere widerchristlichen Lehren des Marxismus-Leninismus in unserer biblisch-christlich geprägten Welt Anstoß erregen. Dessen bin ich mir durchaus bewußt, so gern ich es auch vermeiden möchte. Ich kann mich, um diese mögliche Anstößigkeit auszuräumen, zunächst darauf berufen, daß weder die soziologischen Phänomene der Priesterschaft und der Priesterherrschaft noch die religionsgeschichtlichen Phänomene der Prophetie und Weissagung, noch die psychologischen Phänomene der Inspiration auf das Christentum oder auf die biblische Welt beschränkt sind. Kirchen und kirchenähnliche Bildungen sind in vielen Kulturen zu beobachten, nicht allein im christlichen Abendlande. Den Begriff der Offenbarung mag man schon auf das primitive Zauberwesen, Traumdeutung, Toten- und Geisterbeschwörung anwenden, vollends trifft er aber die Orakel des antiken Heidentums. An diese kann man sich in dem gegenwärtigen Zusammenhang um so eher erinnern, als auch in den bekannteren Orakeln des klassischen Altertums zumeist ein Wille sich kundtut, ja die Offenbarung eines Willens erwartet und gesucht wird. Das Amt des Exegeten und sein Name ist hellenisch. Doch bewegen wir uns mit all solchen Hinweisen im Bereich der vergleichenden Religionswissenschaft, und man wird sich wohl sträuben, den Bolschewismus unter die Religionen, seine Untersuchung unter die Aufgaben einer modernen Religionswissenschaft aufzunehmen.
Allerdings hat nicht nur ein großer Soziologe wie Alfred

Weber in seiner intuitiven Weise den Bolschewismus als eine »Sozialreligion« bezeichnet, sondern haben auch Theologen beider christlichen Bekenntnisse zum wenigsten die Religionsähnlichkeit der gegenwärtigen Staats-Ideologie der Sowjetunion und ihres Imperiums bemerkt und kenntlich gemacht. Der gelehrte Dominikanerpater Bochenski zum Beispiel, ein vorzüglicher Kenner des Kommunismus, ist sogar so weit gegangen, ihm »viele Kennzeichen einer Religion« zuzuschreiben[2], und es ist höchst eindrucksvoll zu sehen, mit welch einfacher Entschiedenheit er diesen selbstgeschürzten Knoten alsbald wieder zu zerhauen weiß. Eines dieser Kennzeichen sei die wiederkehrende Berufung auf die unfehlbaren Autoritäten der Klassiker, diese Klassiker aber seien – für die Kommunisten selbst – durch keinen Gott inspiriert, und somit sei auch die Forderung widersinnig, ihnen absolute Autorität zuzuerkennen. Da haben wir die Haltung der simplex incredulitas, gestützt durch ein Argument, welches sich den erklärten Atheismus zunutze macht, zugleich verbunden mit einem kühnen Blick für die so irritierenden Erscheinungen der Religionsähnlichkeit als solche. Irritierend sind diese Erscheinungen für uns indessen gerade deswegen, weil der Kommunismus mit erklärter »Gottlosigkeit« einhergeht und gleichwohl Inspirationen eigener Art, daher auch inspirierte »Klassiker« als Autoritäten zugrunde legt, weil also Atheismus augenscheinlich und paradoxerweise das energischste apokalyptische Bewußtsein keineswegs ausschließt. Das ist das eigentliche Novum, das ist ohne Beispiel in der Religionsgeschichte, darum auch schwer wahrzunehmen. Pater Bochenski sieht die Kennzeichen der Religion mit großer Klarheit, aber er vermag sie nicht zu erklären. Er hat auch die Bemerkung gemacht, die kommunistische Philosophie

2 So in dem von ihm herausgegebenen *Handbuch des Weltkommunismus*, 1958, S. 634.

ähnele »viel mehr einer Theologie als einer Philosophie im westlichen Sinne«[3], aber er kann in einer Theologie ohne Gott, nämlich ohne den rechten und einzigen Gott, nur einen Unsinn erkennen, und die »äußerliche« Ähnlichkeit des Kommunismus mit Religion und Theologie muß ihm wie eine Art von zufälliger Maskerade vorkommen. Andere christliche Autoren bestreiten nicht, daß hier in der Tat ein Glaube vorliege, aber sie verurteilen und bekämpfen ihn als einen falschen Glauben. Wir indessen haben es hier nicht mit einem Glaubensstreit zu tun, sondern mit der Vergleichung und Abwägung des politischen und des apokalyptischen Prinzips der Rechtmäßigkeit.

Offenbarung sei wohl immer »Manifestation des Göttlichen«, definiert der einschlägige Artikel in Kittels Wörterbuch zum Neuen Testament.[4] Selbst diese recht weite und weitherzige Bestimmung scheinen wir zu überschreiten, wenn wir von der Geschichts-Offenbarung reden, die der bolschewistischen Parteiherrschaft zugrunde liege. Vielleicht entsteht aber dieser Eindruck doch nur dann, wenn man ›das Göttliche‹ in idealistischer Weise mit dem Guten und Sittlichen gleichsetzt, und hält er nur so lange vor, als man Dämonen und andere prämoralische Wesenheiten von der Vorstellung des ›Göttlichen‹ aussperrt. Wo aber der Geschichte als solcher eine eigene Wesenheit, eine einwohnende, treibende Dynamik zugeschrieben wird, die aus ihrem Dunkel hervortreten und vernehmlich werden kann, nach Erkenntnis, Gehorsam und Vollstreckung verlangt, da figuriert sie auch nach der Art eines Gottes oder Götzen, und dem Betrachter wird das mythologische Element fühlbar, das in der Hülle dialektischer Wissenschaftlichkeit verborgen ist.

Allerdings ist uns die Geschichte kein Gegenstand des

3 Im gleichen Handbuch, S. 27.

4 Kittel III, S. 566.

Glaubens. Wir vermögen auch keinen Willen in ihr zu entdecken, weder einen geheimen noch einen offenbaren. Geschichte ist uns das Werk des Menschengeschlechts, sein Werk im Tun und Leiden, in Verdienst und Schuld, in Leistung und Verstrickung. Jeden Tag steht es auf des Messers Schneide, was geschieht, und jeden Abend sinkt ins unwiderruflich Vergangene, was wir mit unserer Freiheit angefangen haben. Freilich ist nicht zu allen Zeiten alles gleichermaßen möglich, aber ebensowenig können wir am Muster des Vergangenen die Vorschrift entziffern, die uns angäbe, was in Gegenwart und Zukunft zu tun notwendig ist. Doch ist die Legitimitätsfrage auch mit einem solchen Bekenntnis zum Unglauben gegenüber dem Anspruch der bolschewistischen Geschichts-Exegeten noch nicht entschieden. Die ›schlichte Ungläubigkeit‹ könnte ja am Ende auch ein Unvermögen verraten. Es wäre aber eine armselige und hilflose Wissenschaft, die bei einer solchen Konfrontation der bürgerlichen und der apokalyptischen Rechtmäßigkeit stehenbliebe und darauf verzichtete, die beiden Prinzipien miteinander zu vergleichen und gegeneinander abzuwägen. Die prüfende Vernunft muß zu mehr fähig sein als zur bloßen Klärung der Fronten, sie muß es zum Urteil bringen, eine Entscheidung herbeiführen können.

Es ist zu diesem Ende wichtig, die Asymmetrie der beiden Legitimitätsarten scharf wahrzunehmen, die hier untersucht worden sind. Erst die Frage nach dem Grund der Rechtmäßigkeit hat diese Asymmetrie ins Licht gerückt. Für gewöhnlich redet man entweder von zwei Ideologien, der liberalen und der kommunistischen, oder von zwei Wirtschaftsordnungen, der Wettbewerbs- und der Planwirtschaft, oder von zwei Gesellschaftssystemen, dem des Kapitalismus und dem des Sozialismus, oder selbst von zwei politischen Organisations-Typen, dem pluralistischen und dem totalitären. Alfred Weber nannte sie insgesamt zwei

»Sozialreligionen«.[5] Alle diese Unterscheidungen und Entgegensetzungen haben ein relatives Recht und können in gewissen Zusammenhängen ihre Dienste tun. Aber die Begriffspaarungen machen die Gegensätze auch einander ähnlich. Sie suggerieren eine Symmetrie der Erscheinungen. Im Lichte der Legitimitätsfrage, der Frage nach dem Grund der Macht, tritt ihre absolute Asymmetrie hervor: bürgerliche Legitimität und apokalyptische Legitimität stehen in keiner logischen Beziehung zueinander, nicht einmal in derjenigen des Gegensatzes. Die Redewendung von den »unterschiedlichen« oder auch »gegensätzlichen« Gesellschaftsordnungen ist ein Euphemismus. Menschliche Vereinbarung und übermenschliche Offenbarung – das sind Legitimitätsgründe, die einander weder ähnlich noch unähnlich sind, die weder parallel noch oppositionell angeordnet werden können, sie berühren einander nicht einmal.

Daher auch die sonst so rätselhafte Schwerhörigkeit bolschewistischer Regierungen in Sachen der Menschenrechte. Die Ermahnung, das Recht der Freizügigkeit zu beachten, trifft auf taube Ohren: die Gemeinde der Heiligen, die sich auf der Pilgerschaft in der fremden, ja in der argen Welt befindet, soll fest beieinander bleiben oder, wenn sie es nicht von selbst tut, fest beieinander gehalten werden wie die Herde unter dem Hirten (nach der althergebrachten religiösen Metapher), sie darf nicht freigelassen werden. Die ostdeutsche Filialgemeinde hat sich selbst eingemauert und eingezäunt, um der Gefahr der Zerstreuung zu wehren. Was uns als archaische Knebelung erscheint und unseren Sinn empört, versteht sich aus solcher Ursorge der Gemeinde. In ihrer Welt kann keine Freiheit herrschen, weil das geweissagte Reich der Freiheit erst noch bevorsteht, immer noch erst bevorsteht, vielleicht für immer nur bevorsteht. Wiederum läßt sich auch die Einstimmigkeit jener gigantischen Gremien, des Obersten

5 Alfred Weber, *Der dritte oder der vierte Mensch. Vom Sinn des geschichtlichen Daseins*, München 1953, S. 13 et passim.

Sowjets oder eines kommunistischen Parteitags, die uns westlichen Fernsehzuschauern als bloßer Anblick schon so lächerlich, so heuchlerisch, so entsetzlich erscheint, als unmittelbare Konsequenz der apokalyptischen Natur dieser Herrschaft und des Gemeinde-Charakters ihrer Untertanenschaft verstehen – gemäß dem exemplarischen Appell, den der Apostel (Paulus im Römerbrief) formuliert hat: ». . . daß ihr einerlei gesinnt seid untereinander . . ., auf daß ihr einmütig mit einem Munde lobt Gott.« Ich zitiere die Stelle als ein Motto und Modell aller Gemeindebildung und in der Erwartung, der Leser werde die nötigen Veränderungen in Gedanken vornehmen und doch den Schematismus wiedererkennen. Wieviel Zwang mit wieviel Glauben zu diesem Ergebnis im bolschewistischen Fall zusammenwirkt, ist nicht zu entscheiden. Vielleicht ist die Alternative falsch entworfen, vielleicht genügt die Gewohnheit, wonach die Offenbarungswahrheit Zustimmung verlangt, ob sie von Überzeugung erfüllt ist oder nicht. Mehrere kompetente Autoren haben in jüngster Zeit zunehmenden Schwund an ideologischer Überzeugung diagnostiziert. Die Ideologie sei nötig, »um die Machtstrukturen zu legitimieren«, hat der polnische Philosoph Kolakowski (in einer amerikanischen Zeitschrift)[6] geschrieben, »aber weder Regierende noch Regierte nehmen sie ernst«. Daraus auf unverkennbar »mangelnde ideologische Legitimität des Regimes« zu schließen, wie es Wolfgang Leonhard[7] tut, scheint indessen abwegig: Es gibt gar keine andere Legitimität als diese, und darum werden zum wenigsten die Regierenden die »Ideologie«, insofern sie den Grund ihrer Macht bildet, auch weiterhin durchaus ernst nehmen müssen. Bei den Delegierten und sonstigen Funktionären genügt es, eine Anpassungsroutine anzunehmen, die zwischen Furcht und Schlauheit die Mitte hält und jedenfalls keine Alternative kennt, oder –

6 *Partisan Review* 1985, Nr. 4.

7 Wolfgang Leonhard, *Dämmerung im Kreml*, Stuttgart 1984, S. 50.

mit einem glücklichen Ausdruck Sacharows – »die Hypnose des blinden Glaubens« in Rechnung zu stellen, welcher der Einzigartigkeit des Sowjetsystems gilt.[8] Von der Masse der Sowjet»bürger« sagt derselbe unerschrockene Mann, sie seien »das Produkt einer totalitären Gesellschaft und vorläufig auch deren Hauptstütze«.[9] Es war eine ebenso sensationelle wie offenbar folgenlose Neuerung, daß bei dem jüngsten, dem XXVII. Parteitag der KPdSU der neue Moskauer Parteichef Jelzin zu kritischen Bemerkungen über die Funktionärsprivilegien – soll man sagen: die Courage fand? oder nicht vielmehr: die Befugnis erhielt? Er erfüllte wohl mehr eine Ventilfunktion, als daß er etwa eine Ära des Freimuts eröffnet hätte.[10] Beim Anblick der abgründigen Einmütigkeit dieser Kongresse könnte man sehr wohl auch die Version heranziehen, die Heinrich Heine der Metapher des Evangeliums hat angedeihen lassen mit der Prophezeiung (aus »Lutetia«): »Es wird vielleicht alsdann nur Einen Hirten und Eine Herde geben, ein freier Hirt mit einem eisernen Hirtenstabe und eine gleichgeschorene, gleichblökende Menschenherde!«[11] Es ist derselbe Heine, der den Begriff »Weltrevolution« geprägt hat, und es ist sogar in einem und demselben Zusammenhang, daß er diese beiden Voraussagen gemacht hat. Sie sind nicht wahr geworden, jedenfalls nicht im Weltmaßstabe, nicht einmal absolut vollständig in dem einen Lande, da der Sozialismus zuerst zur Herrschaft gelangt ist: Selbst in der Sowjetunion gibt es Dissidenten,

8 Andrej D. Sacharow, *Mein Land und die Welt*, Wien 1975, S. 17.

9 Ebda., S. 36.

10 Boris Meissner, einer der besten deutschen Kenner der Sowjetpolitik, will dem Auftritt Jelzins eine gewisse eigenständige Reformtendenz zugute halten, die von anderen Führungsmitgliedern nicht geteilt werde; man muß gleichwohl das Einverständnis des Generalsekretärs voraussetzen. (»Die Sowjetunion im Übergang«, *Frankfurter Allgemeine Zeitung* 1986, Nr. 91, S. 11).

11 Lutetia XLVI vom 12. Juli 1842, in der Ausgabe der *Sämtlichen Schriften* von Briegleb, Bd. 5, S. 406/7.

und sie haben sich zu einem wesentlichen Teil gerade um die Menschenrechtsparole gesammelt, an ihr festgeklammert. Der Name von Andrej Sacharow ist ein Symbol dafür, daß auch im Innern apokalyptisch gegründeter totalitärer Herrschaft ein humanistischer Keim aufgehen, daß auch in der Erstickung und Verbannung ein Laut der Freiheit erklingen kann. Immerhin hat die Reformation Chruschtschows, die mit den Namen der »Entstalinisierung« und der »friedlichen Koexistenz« bezeichnet wird, die Mittel der Verfolgung so weit gemäßigt, daß wir diesen Laut in der weiten Welt vernehmen können.

Indessen ist es nicht das Thema dieses Buches, die Wege der Kommunikation zwischen West und Ost zu erörtern und ihre möglichen Wirkungen abzuschätzen. Wir beschränken uns darauf, die beiden Legitimitäts-Arten je für sich zu betrachten und sie vielleicht zuletzt in einer gewissen metaphysischen Perspektive miteinander zu vergleichen.

Der tiefste innere Mangel derjenigen Macht, die sich auf Offenbarung gründet, liegt in der Zweideutigkeit ebendieser Offenbarung. Dieser Zug ist oben im siebenten Kapitel schon deutlich hervorgetreten, zumal an dem Exempel der großen Enttäuschung von 1917 und der darauffolgenden Umdeutung des Orakels der Weltrevolution. Doch haben Lenin und in der Folge Stalin es vermocht, durch Einführung neuer exegetischer Erkenntnisse und durch entschlossenes Handeln die hieraus drohende Katastrophe zu verhüten, Resignation und Depression aufzufangen, die Offenbarungsgewißheit wiederherzustellen. Ein nicht weniger drastisches Zeugnis der konstitutiven, unaufhebbaren Zweideutigkeit bot der posthume Bannfluch, den Chruschtschow zuerst auf dem Zwanzigsten Parteitag gegen den Mann geschleudert hat, der mehr als ein Vierteljahrhundert lang an der Spitze der Partei wie des Staates gestanden hatte, Stalin, den Gründer des Imperiums. Mit benommenem Staunen hat damals die Welt wahrgenommen, wie der neue Herr das

Unterste zuoberst kehrte, Tausende von Hingerichteten, die ehedem als Auswurf der Menschheit gegolten hatten, rehabilitierte, Richter und Folterer andererseits der Verachtung preisgab, den vormaligen größten Lehrer des Volkes der Willkür, der Brutalität, der Verfälschung der Parteigrundsätze, der »klaren Abweichung vom Marxismus-Leninismus«, ja beinahe des Verrats bezichtigte und mit alledem die Kontinuität und Vertrauenswürdigkeit der Führung in einem Grade erschütterte, daß man hätte meinen können, sie sei überhaupt nicht mehr wiederherzustellen. Die Verwunderung hat sich wiederholt, vertieft und womöglich noch weiter ausgebreitet, als Chruschtschow auf dem Zweiundzwanzigsten Parteitag (1961) dem ungewissen Zustand zwischen Verdammung und partieller Anerkennung, der sich seitdem eingestellt hatte, mit einem neuen, noch drastischeren Schlag ein Ende setzte, indem er eine Resolution einbringen ließ, wonach »das weitere Verbleiben des Sarkophags von J. W. Stalin in dem Mausoleum wegen der schwerwiegenden Verletzungen der Leninschen Normen durch Stalin nicht mehr ratsam« sei. Die Mumie wurde in einem Grab an der Kremlmauer beigesetzt, der Name entfernt; das Mausoleum enthält seitdem nur noch einen einzigen Reliquienschrein, denjenigen Lenins. Der Schlag galt zugleich all den Kräften, die innerhalb und außerhalb der Sowjetunion unter Berufung auf Stalinsche Überlieferungen dem Regiment des neuen Exegeten widerstrebten oder deren Widerstreben allenfalls mit Stalinschen Überlieferungen in Zusammenhang gebracht werden kann.

In der berühmten Geheimrede Chruschtschows, deren Text schon im Juli 1956 durch eine Veröffentlichung des amerikanischen Außenministeriums allgemein bekanntgeworden war, gibt es die Stelle, wo er den Fall des ehemaligen Politbüro-Mitgliedes Eiche schildert. Dieser Mann habe zwei Tage vor seiner Erschießung, nämlich am 2. Februar 1940, vor Gericht seine Unschuld beteuert mit den Worten:

»Ich habe mich nie einer Verschwörung schuldig gemacht; ich werde sterben im Glauben an die Richtigkeit der Politik der Partei, wie ich das mein Leben lang geglaubt habe.«[12] Eiche war in dem Augenblick, da Chruschtschow seine Rede hielt, bereits förmlich rehabilitiert, fünfzehn Jahre nach seinem Tode. Unverkennbar hat der Redner diese Worte zitiert, um Rührung und Ergriffenheit bei seinen Zuhörern hervorzurufen. Wenig später aber führte er einen sehr ähnlichen Ausspruch ebenfalls wörtlich an, den der Untersuchungsrichter Rodos, ein Gehilfe Berijas bei den Stalinschen Säuberungen, vor dem Zentralkomitee getan habe, als er – nun in Chruschtschows Auftrag – zur Vernehmung vorgeladen war: »Ich war der Meinung, daß ich die Befehle der Partei ausführte«, sagte auch dieser Funktionär, und für unsereinen klingt seine Aussage nicht minder glaubhaft – weil nicht minder verblendet – als jene. Chruschtschow aber nannte sie diesmal zynisch. »Wir müssen berichten«, sagt er, »daß er (Rodos) in der Sitzung des ZK-Präsidiums zynisch erklärte: ›Ich war der Meinung, daß ich die Befehle der Partei ausführte.‹«[13] Es ist dieselbe Gesinnung, es sind nahezu dieselben Worte, die im einen Falle tiefes Mitgefühl, im andern heftige Entrüstung beanspruchen oder doch beanspruchen sollen. Der Verfolger und der Verfolgte sind vollkommen austauschbar. Eiche und Rodos waren augenscheinlich – wie wir sie hier kennenlernen – gleichermaßen treue Söhne der Partei. Eiche war zu Stalins Zeiten mit den bekannten Flüchen belegt, dann als Schädling liquidiert worden. Chruschtschow gibt bei der Charakterisierung des Richters Rodos dem damaligen Wortschatz und Sprachgebrauch nur wenig nach: nun heißt dieser ihm »ein gemeines Subjekt«, »ein Mann mit einem Vogelhirn und moralisch durch und durch verkommen«. Ihn schien jetzt die Ungnade zu treffen wie jenen die späte Gnade – man wäre versucht, in

12 *Ost-Probleme* 1956, S. 878.
13 *Ost-Probleme* 1956, S. 880.

solcher Weise an Erscheinungen des simplen Despotismus und an die wechselnden Geschicke orientalischer Wesire zu denken, wären nicht beide Sprüche, der verdammende von 1940 wie der revidierende von 1956, gleichermaßen im höheren Namen der Partei und wo nicht ihrer Unfehlbarkeit, so doch ihrer gesammelten Weisheit ergangen. Es war nicht das Recht, welches die Willkür ablöste, es gab in der ganzen Rede kein einziges Anzeichen dafür, daß der neue Herr etwa ein Zeitalter der Gerechtigkeit heraufführen, unbedingte Gebote und Verbote, stetige, gleichmäßige Gerichtsbarkeit, rule of law und gar Unabhängigkeit der Richter durchsetzen wolle. Es handelt sich nicht um grundstürzende Reformen. Es handelt sich um eine neue Deutung des alten Orakels, und niemand kann wissen, warum diese die richtige ist, jene die falsche war.

Stalin ist hier, wenn auch erst nach seinem Tode, ein ähnliches Schicksal widerfahren, wie er seinerseits es Trotzki bereitet hatte, und diesem freilich bei Lebzeiten. Wenn aber der jahrzehntelang unbestrittene ›Führer und Lehrer‹, der ideologische Papst und mächtigste Exeget selber so tief in Irrtum und Ketzerei fallen konnte – wo soll dann noch eine Sicherheit gefunden werden! Nikita Chruschtschow hat seinem Vorgänger wohl schwere Fehler, objektive Abweichung und abgründigen Irrtum vorgeworfen, aber er hat ihm nicht die subjektive Gutgläubigkeit bestritten. Es ist gewiß die merkwürdigste Stelle seiner Rede von 1956, an der er dies expliziert. »Wir dürfen nicht sagen«, so resümierte er die Darstellung von Stalins Taten und Untaten, »daß dies etwa Handlungen eines vom Schwindel befallenen Despoten gewesen seien. Nach seiner Ansicht lagen diese Handlungen im Interesse der Partei der werktätigen Massen, der Sicherung der Errungenschaften der Revolution.« Es ging ihm, Stalin, also ganz ebenso wie jenem Eiche vor seiner Hinrichtung und jenem Rodos bei seiner Vernehmung. Auch er war ein rechtschaffener Terrorist und treuherziger

Vollstrecker fürchterlicher Aufträge, und ihm wird nicht ein so billiges Schimpfwort wie dasjenige des Zynismus angehängt. Niemand hat ihm gesagt, daß er im Irrtum sei. (Wer hätte es ihm auch sagen sollen!) Seine Macht stand – nach Chruschtschows Ansicht – ihrer eigenen Rechtmäßigkeit im Wege. Aber er war – wiederum nach Chruschtschows Ansicht – kein Schurke und kein Apostat und auch kein wahnsinniger Despot, er fiel nicht heraus aus aller Beziehung auf sein Exegeten-Amt. (In der Tat nicht: das müssen auch wir als Beobachter festhalten!) Stalin befand sich – immer noch nach Chruschtschows Ansicht – zwar nicht im Stande, wohl aber in der Illusion der Rechtmäßigkeit. Und »das ist die eigentliche Tragödie«.[14] Diese Worte hat Chruschtschow selber seinem Résumé nachfolgen lassen. »Das ist die eigentliche Tragödie.« Es ist für einen Augenblick, als ob er innehielte, nachdächte, als ob ihm unversehens eine Ahnung durch den Sinn ginge von der Zweideutigkeit der historisch-gesellschaftlichen Offenbarung, von der Ununterscheidbarkeit der wahren und der falschen Inspiration. So müssen wir uns ausdrücken, wenn wir denn einmal diesen apokalyptischen Grund betreten oder wenn wir an den Rand dieses apokalyptischen Abgrundes treten. Denn dies ist in Tat und Wahrheit »die eigentliche Tragödie« der Offenbarungs-Legitimität in dieser ihrer gegenwärtigen und mächtigsten Ausprägung, daß es am Kriterium mangelt, das Wahre vom Falschen zu unterscheiden. Wäre der Erfolg dieses Kriterium, so hätte Stalin auch übers Grab hinaus recht behalten müssen, denn er war ungemein erfolgreich. Aber vielleicht war dieser Ausruf Chruschtschows auch nichts anderes als ein flüchtiger rhetorischer Einfall. Was dem Rodos als Zynismus verwiesen wurde, wird dem Stalin immerhin als tragische Verblendung zugerechnet.

Allerdings hatte Chruschtschow mit eben dieser Rede vor dem Zwanzigsten Parteitag Stalins spezifische Ketzerei

14 *Ost-Probleme* 1956, S. 896.

namhaft gemacht. Die Ketzerei des ›Persönlichkeitskultes‹ war ingeniös erfunden. Sie prangerte Erscheinungen an, die einen hohen Grad von allgemeiner Auffälligkeit an sich haben, ohne daß an den Institutionen, etwa am Aufbau der Partei-Organe, am Präsidium und am Sekretariat, darum etwas Wesentliches geändert werden mußte. Nicht die Autokratie, sondern nur der Byzantinismus – eigentlich nur die Duldung, vielleicht die Provokation des Byzantinismus durch den autokratischen Machthaber – wurde gebrandmarkt. »Mit der Wurzel«, hat Chruschtschow in seiner Rede zwar gefordert, müsse der Persönlichkeitskult ausgerottet werden, aber dessen Wurzel entzog sich natürlich solchem Zugriff, möglicherweise blieb sie sogar der Wahrnehmung des Parteisekretärs überhaupt entzogen, denn die Wurzel ist die totalitäre Diktatur selbst. Die annähernde Alleinherrschaft des Ersten Parteisekretärs oder Generalsekretärs hat sich seither mit aller nur wünschenswerten Deutlichkeit jedesmal wiederhergestellt, der leere Thron übte immer wieder eine unwiderstehliche Anziehungskraft aus, und die Phasen der erneuerten Kollektivregierung wie auch des Duumvirates sind jeweils ephemer geblieben.
Noch aus einem anderen Grunde müssen wir urteilen, daß die neu entdeckte Ketzerei des Persönlichkeitskultes ingeniös erfunden war – ›erfunden‹ freilich nicht in dem Sinne der intellektuellen Konstruktion, vielmehr in dem Sinne eines sicheren Instinktes, dem Bedürfnis, eine Formel zu finden. Gerade auf diesem Wege blieb es möglich, die unzweifelhaften Erfolge, den Sieg im Zweiten Weltkrieg und den unvergleichlichen Machtzuwachs der Sowjetunion ungeschmälert im Bewußtsein zu erhalten, während Stalins eigene Figur und Rolle gleichzeitig dem Ketzergericht unterzogen wurde. Wäre es die autokratische Position selber, der der Bannfluch gälte, so hätte Chruschtschow sich in einen unauflöslichen Widerspruch verwickelt, ja sich am Ende, da er jene Erfolge nicht leugnen konnte, nur selbst lächerlich

gemacht. So aber konnte er alle Triumphe den anonymen Kollektiven zugute schreiben: Der Partei sei es »dank ihrer großen moralisch-politischen Kraft« gelungen, die Prüfungen der dreißiger Jahre zu überstehen[15]; und wiederum sei es »nicht Stalin, sondern die Partei als Ganzes, die sowjetische Regierung, unsere heldenmütige Armee«, sei es schließlich »das ganze Sowjetvolk« gewesen, welches »den Sieg im großen vaterländischen Kriege« gesichert habe.[16] Die ideologische Antithese von »Persönlichkeitskult« und »leninistischer Verbundenheit mit den Massen« gestattete es, die Aufmerksamkeit von der Untersuchung der faktischen Machtverhältnisse, insbesondere der Konzentration der Entscheidungs- und Befehlsgewalt an der Spitze der Partei, abzuwenden und dennoch eine deutlich sichtbare Trennungslinie zwischen der Stalin-Ära und der neuen Herrschaft zu ziehen; sie gestattete es, die Irrtümer und Verfehlungen des verwichenen Diktators zu geißeln und dennoch die Erfolge seiner Epoche zu feiern. Seither ist an die Stelle des »Personenkults« ein verstärkter »Parteikult« und »Volkskult« getreten, ein Byzantinismus, der dem Kollektiv gilt und jenem an Ruhmredigkeit nichts nachgibt. Etwas Vergleichbares gibt es im Westen wohl nicht mehr. Jedoch drängt sich auch hier ein religionsgeschichtliches Analogon ins Gedächtnis: Seit den frühesten christlichen Glaubensbekenntnissen ist die Kirche in den Rang der Heiligkeit erhoben worden, im dritten Artikel des evangelischen Bekenntnisses wird sie sogleich nach dem Heiligen Geist, der Dritten Person des dreieinigen Gottes, aufgeführt, sie ist derart selbst zu einem Gegenstand des Glaubens erhöht.

So waren es denn auch weder Nachforschungen noch Reformen, weder Kontrollen noch neue Verantwortlichkeiten, was als praktisch-politische Schlußfolgerung am Ende dieser beispiellosen posthumen Regierungskritik stand. Es

15 *Ost-Probleme* 1956, S. 879.
16 Ebd., S. 885.

waren einzig Dogmen. »Wir müssen in unserer gesamten ideologischen Arbeit zu den wichtigen Thesen der marxistisch-leninistischen Wissenschaft vom Volk als der bewegenden Kraft der Geschichte und dem Schöpfer aller materiellen und geistigen Güter der Menschheit, von der entscheidenden Rolle der marxistischen Partei im revolutionären Kampf für die Umwandlung der Gesellschaft, vom Siege des Kommunismus zurückkehren und sie in die Praxis umsetzen.«[17] Die ideologische Kirche, heißt das (wenn wir es noch einmal in diese Sprache soziologisch übersetzen), die Kirche kann auch einen Ketzer als Papst vertragen, sie geht schließlich ungeschädigt hervor. Die Schlußfolgerungen Chruschtschows hatten die Struktur von neu bestärkten Lehrsätzen, auch von neuen geschichtlichen Inspirationen, nicht von Maßnahmen und nicht einmal von moralischen Appellen. Die kühnen und klangvollen Verkündungen, die er auf dem Zweiundzwanzigsten Parteitag (1961) nachfolgen ließ, sollten ein neues Zeitalter eröffnen: das Ende der Diktatur des Proletariats, den Beginn des »Staats des ganzen Volkes«, die nahe Aussicht auf den Übergang zum Kommunismus. Doch tat sich in alledem abermals kund, daß Offenbarung der Grund dieser Macht und daß die pflegliche Verwaltung, gegebenenfalls auch die Vermehrung dieser Offenbarung ihre Aufgabe ist. Nehme sie diese Aufgabe in der rechten Weise wahr, so könne sie auch nicht fehlgehen.

Nun ist die Zweideutigkeit und Unsicherheit von je ein Problem der Offenbarung gewesen – von der zuweilen koboldhaft neckenden und narrenden mehrfältigen Auslegbarkeit antiker Orakel bis zu den Skrupeln christlicher Visionäre, ob ihre Gesichte und ihre Stimmen von heiligem oder von unreinem Ursprung seien. Doch hat die fundamentale Offenbarung des Alten Testaments die Gestalt eines Gesetzes, und die Tafel der Zehn Gebote und Verbote, die dem Moses und durch ihn seinem Volke wie der ganzen

17 Ebd., S. 897.

Menschheit überliefert wurde, hat einen Fundus untrüglicher Eindeutigkeit geschaffen, woran alle nachfolgenden Eingebungen und Auslegungen gemessen werden konnten. Die Theologen belehren uns ferner darüber, daß auch im Neuen Testament immer wieder die Frage entstanden ist, wie zwischen den ›Geistern‹ zu unterscheiden oder wie echte gegen falsche Offenbarung zu sichern sei.[18] Das Richtmaß und die Faustregel gibt der Satz: »An ihren Früchten sollt ihr sie erkennen!« Und mag auch darin noch etwas unbestimmt Raunendes liegen, mag auf diese Weise das Urteil gleichsam um eine Station aufgeschoben bleiben, wo ihm neue Zweifel kommen können, so stellt sich leuchtende Eindeutigkeit wie mit einem Schlage her, wenn der Apostel Paulus angibt, welche Art Früchte es seien, woran die rechte Eingebung erkannt werde: »Wenn ich mit Menschen- und mit Engelszungen redete und hätte der Liebe nicht, so wäre ich ein tönendes Erz und eine klingende Schelle.« Die teuren Worte des Ersten Korintherbriefes sind uns so tief vertraut, freilich auch vielfach so sehr ins Poetische entrückt, daß ihr präziser Sinn nur selten vernehmlich wird. Er liegt vollkommen zutage, im Buchstäblichen: Alles Zungenreden, alle Eingebung, Prophetie und Inspiration ist nichts nütze, sofern sie sich nicht in Werken der Nächstenliebe bekundet, und zwar nicht irgendwann in einem künftigen Entwicklungsstadium, sondern sogleich und zu jeder Zeit. Das ist die christliche Lösung des Problems von Theorie und Praxis und die christliche Probe auf das Exempel ungewisser Offenbarung. Ich führe sie hier nur des Vergleichs wegen an.

Wo ein Offenbarungswissen den Grund – und den Abgrund – der Macht bildet, wird die konkrete Politik in allen wesentlichen Schritten an der Richtigkeit der Exegese und an der Echtheit der Inspirationen gemessen werden. Daher

18 Ich folge hier dem vorzüglichen Artikel zu dem Stichwort ἀποκαλύπτω in Kittels Wörterbuch zum Neuen Testament, Band III, 1938, besonders S. 594; der Verfasser ist Albrecht Oepke.

rührt der Eifer, mit welchem auf bolschewistischen Parteitagen wie in den offiziellen Darstellungen der Parteigeschichte immer wieder die »Richtigkeit« dieser und jener Pläne und Maßnahmen, die »Richtigkeit« der gesamten Politik der Partei beteuert und gefeiert wird. Daher rührt auch die rückblickende Kritik und eventuelle Revision politischer »Fehler«, welche schon für die Frühzeit der Sowjetunion unter Lenins Führung charakteristisch gewesen und in der Weise der Tadelsprüche des Nachfolgers gegen den Vorgänger bis heute geblieben ist. All diese wiederkehrenden Redewendungen, die unseren Ohren so befremdlich klingen, werden doch verständlich und durchsichtig vor dem Hintergrunde der apokalyptischen Rechtmäßigkeit, auch ihrer konstitutiven Unsicherheit und Mehrdeutigkeit. Stünde man in jedem Augenblick in vollständigem und untrüglichem Rapport mit dem Willen der Geschichte, so wäre auch die Parteilinie jeweils eindeutig vorgezeichnet, und man könnte von der »richtigen« Politik niemals abirren. Im Grunde sind alle großen Entscheidungen – ich rede nicht von der Sphäre der bolschewistischen »Taktik« – der Beratung wie der Diskussion entzogen; sie können nur ganz und gar richtig oder aber ganz und gar fehlerhaft sein, nämlich die geoffenbarte Notwendigkeit vollstrecken oder aber einem falschen oder falsch verstandenen Orakel folgen oder endlich auch durch Feinde, die sich »eingenistet« haben mögen, verwirrt und verdorben worden sein. Potentiell aber ist das Richtige und das Falsche vertauschbar. Alles kann im nachhinein fehlerhaft gewesen sein. Herrschaft und Machtgebot halten diese abgründige Unsicherheit in der Regel zurück. Zuweilen aber tritt sie aktuell ans Licht – wie im Falle der Verdammung Stalins und wiederum in der nachmaligen Verurteilung Chruschtschows wegen seines ›Voluntarismus‹ –, und es fällt uns bisweilen schwer zu glauben, so tiefe Bestürzungen könnten folgenlos vergehen, erneuerter Gewißheit weichen.

Im bürgerlichen Staate gibt es keine wahre und keine falsche, keine richtige und keine fehlerhafte Politik, sondern nur eine gute oder eine schlechte. Entscheidungen pflegen aus legitimer Diskussion hervorzugehen und unterliegen der Kritik. Mängel sind der Behebung durch Reformen zugänglich. Nicht Wahrheit will die bürgerliche Regierung herbeiführen oder vollstrecken, sondern das Gute soll sie bewirken, das gemeine Beste. Ihre Macht ruht auf humanistischem Grunde auch insofern, als sie mit der menschlichen Unvollkommenheit rechnet. Denn die Vollkommenheit der richtigen Politik ist unmenschlich, die Unvollkommenheit aber ist menschlich.

GLOSSEN

Zum Vorwort der neuen Ausgabe

Bibliographische Bemerkungen

In den Jahren seit der ersten Ausgabe dieses Buches ist das Thema der Legitimität in der deutschen wie in der internationalen, zumal amerikanischen Wissenschaft lebhaft, wenn auch unstetig traktiert worden. Genaugenommen war freilich nicht immer und überall ›Legitimität‹ das bezeichnende Leitwort. Vielmehr nahm, aufs Ganze gesehen, der nah verwandte Begriff der ›Legitimation‹ mehr Raum ein. Drei Buchtitel bezeugen es: »Legitimationsprobleme im Spätkapitalismus« von Jürgen Habermas (1973), »Legitimation durch Verfahren« von Niklas Luhmann (zuerst 1969) und »Legitimation of Regimes, International Framework for Analysis«, ein Sammelband der International Sociological Association, den Bogdan Denitch auf Grund einer New Yorker Konferenz von 1977 herausgegeben hat (Beverly Hills, 1979).

Legitimation ist offenkundig etwas anderes als Legitimität, der alternative Gebrauch beider Wörter ist geeignet, die Erkenntnis der Phänomene zu verwirren. Legitimität ist, rein grammatisch, ein Status, Legitimation eher eine Tätigkeit (wenngleich der Alltagsgebrauch auch andere Bedeutungsnuancen zuläßt). Die soziologischen Untersuchungen, zumal die amerikanischen, betreffen nicht eigentlich die Legitimität, vielmehr zumeist die Anerkennung, Zustimmung, Loyalität, welche ein ›Regime‹ bei seinen Staatsgenossen findet; sie läßt sich messen. Von den Hauptvertretern dieser empirischen Wissenschaft, Lasswell, Parsons und Lipset, hat Alessandro Passerin d'Entrêves schon in den sechziger Jahren gesagt, sie behandelten unter dem Titel ›Legitimation‹ »une question de fait, non de droit« (›L'idée de Légitimité‹, Annales de Philosophie Politique No. 7, Paris 1967, S. 30). Eine legitime Regierung kann Zustimmung verlieren, eine illegitime kann gleichwohl populär sein: wir haben Beispiele aus eigenster Erfahrung. Allgemein gesprochen: Legitime Regierung ist nicht darum legitim, weil sie Zustimmung findet, sondern sie findet, gegebenenfalls, Zustimmung, weil sie legitim ist. Eine legitime Regierung – im Sinn irgendeiner der verschiedenen Arten der Legitimität – hat keinen »Legitimationsbedarf« (»need for legitimation«); dieser tritt vielmehr gerade bei usurpatorischen Machthabern auf. (Ich sehe bei der Durchsicht meiner einschlägigen Vorlesungsmanuskripte, daß ich schon bei dem ersten Versuch dieser Art, im Wintersemester 1956/57, zwischen Legitimität und Popularität von Regierungen deutlich unterschieden habe: Popularität könne die Legitimität bekunden, könne aber auch vom Usurpator als Legitimierung oder Legitimations-Ersatz in Anspruch genommen werden.)

Einfach und treffend formulierte Jürgen Habermas – in einem Referat, das von der voraufgegangenen Krisen-Erregung kaum mehr etwas verspüren ließ –, Legitimität bedeute »die Anerkennungswürdigkeit einer politischen Ordnung« (Politische Vierteljahresschrift, Sonderheft 7, 1976, S. 39). In demselben Zusammenhang fand Habermas auch einen glücklichen methodischen Weg, die Indifferenz der ›verstehenden‹ Soziologie (im Sinne Max Webers) zu vermeiden, ohne doch in Dogmatismus zu verfallen: er entwickelte eine »rekonstruktive« Interpretation. Auf diesem Weg würde der Forscher den jeweiligen »Grund der Legitimität« (das war auch der Sinn meiner Formel vom »Grund der Macht«!) sichtbar machen, ohne ihm doch selbst etwa Glauben entgegenbringen zu müssen (a.a.O., S. 55 und 58).

Auch kommt Habermas in diesem Referat im Hinblick auf den Verfassungsstaat dem Begriff der ›bürgerlichen Legitimität‹ nahe, wenn er von einem »prozeduralen Legitimitätstypus« spricht, welchem »die Idee der Vereinbarung«

zugrunde liege, und zwar als eine Vereinbarung »unter allen, als Freien und Gleichen« (a.a.O., S. 44). Nur besteht er darauf, dies sei charakteristisch für »die Neuzeit«. Noch immer scheint da ein romantischer Zug am Werk, indem der Neuzeit die Abkehr von allen irgend »religiösen«, auch »kosmologischen« oder »ontologischen« Gehalten zugeschrieben wird, ebenjene totale ›Säkularisierung‹, welcher Vorstellung der Philosoph und ingeniöse Erforscher der Geistesgeschichte Hans Blumenberg mit seinem Buch von der »Legitimität der Neuzeit« entgegenzuwirken unternommen hat (Frankfurt 1966). Blumenbergs Buchtitel will übrigens nicht auf Regierungssysteme anspielen, er meint nichts anderes anzusagen, als daß die Neuzeit ihre eigene positive Kategoriensprache habe, welche nicht aus bloßem Verlust älterer Gehalte bestimmt werden könne. Habermas' Vereinbarungs-Legitimität, insofern sie strikt auf »die Neuzeit« bezogen und beschränkt wird, gleicht einer Pflanze, die mit kurzen Wurzeln im Sand steckt: ich habe in dem gegenwärtigen Buch und anderwärts das hohe Alter und die geschichtlichen Metamorphosen der Grundfigur der bürgerlichen Legitimität darzustellen versucht. Nicht weniger kraß tritt der These von der Neuzeitlichkeit jener verfassungsartigen Regelsysteme die Beobachtung entgegen, daß zur gleichen Neu-Zeit massiv religionsartige Herrschaftsgründe vorkommen, wie ich sie in der Gestalt der bolschewistischen Parteidiktatur in diesem Buche ›rekonstruktiv‹ zu schildern unternommen habe.

Zur Erkenntnis der langen historischen Wurzeln kann auch die Erforschung der Bedeutungsgeschichte des Wortes ›Legitimität‹ beitragen. Thomas Würtenberger jun. ist ihr bis in die Tiefe der altrömischen und der mittelalterlichen Quellen nachgegangen in seinem Buch über »Die Legitimität staatlicher Herrschaft«, das sich als »eine staatsrechtlich-politische Begriffsgeschichte« bezeichnet; zum überwiegenden Teil handelt es allerdings von den Theorien des 19. und

20. Jahrhunderts – bis hin zu Carl Schmitt, Hermann Heller und Rudolf Smend.

Auch Niklas Luhmann hat die eigene Natur der Legitimität aus dem Spiel geworfen, indem er »den Legitimitätsbegriff auf die Anerkennung von Entscheidungen als verbindlich festzulegen« vorschlägt (Legitimation durch Verfahren, Darmstadt und Neuwied, zuerst 1969, S. 31). Unter seinen Beispielen figuriert unter anderem gerade das Verfahren der Wahl, das in dem gegenwärtigen Buch eine so zentrale Rolle spielt, doch wird ihm von Luhmann außer der illustrativen keine eigentümliche Bedeutung beigelegt. Überhaupt bleibt, wie mir scheint, bei dieser Art systemtheoretischer ›Soziologie‹ die Gesellschaft selbst, welche dergleichen ›Verfahren‹ doch entwickelt und anwendet, ganz ausgeblendet. Der systemtheoretische Funktionalismus mag den Anschauungsverlust durch den intellektuellen Reiz seiner Artistik aufwiegen, doch hinterläßt eine solche Analyse eine Szenerie, die mich mehr an eine vollautomatisierte, daher menschenleere Fabrikhalle gemahnt als an das Gewimmel des sozialen Lebens, gar die Vielfalt des Staates.

Diese aber, die »Vielfalt, Fülle der Individualitäten, Pluralität der Meinungen und Interessen«, hat Peter Graf Kielmansegg vor Augen bei seiner »Untersuchung der Bedingungen demokratischer Legitimität« (das ist der Untertitel seines Buches über »Volkssouveränität«, Stuttgart 1977, welches ich nicht anstehe, als den bedeutendsten Beitrag zur Legitimitätstheorie zu bezeichnen, der in dieser Zeitspanne geleistet worden ist). Mit diesem energischen Hinweis auf die Vielheit und mit einer scharfsinnigen Untersuchung des Verhältnisses von Demokratie und Souveränität setzt dieser Autor die hergebrachte Rousseausche und rousseauistische Begründung der demokratischen Legitimität auf die fiktive Homogenität des Volkes und seines Willens außer Kraft. Unversehens kehrt die Grund-Einsicht des Aristoteles wieder: »Denn eine Vielheit seiner Natur nach ist der Staat, und um zu einer Einheit zu werden, müßte er vielmehr aus dem Staat zur Familie und aus der Familie zum Einzelmenschen werden ... Und wenn man ... auch wirklich imstande wäre, den Staat in dieser Weise zu einigen, so dürfte man es doch gar nicht tun, weil man damit den Staat aufheben würde« (1261a 15 ff.). Diese phänomenale Vielheit ist der Grund der bürgerlichen Legitimität.

Endlich wird es dem Verfasser erlaubt sein, die Arbeiten zum Thema der Legitimität, die er seit der ersten Ausgabe dieses Buches an verschiedenen Orten veröffentlicht hat, hier im Zusammenhang aufzuführen:

»Erwartung und Vollstreckung als Kategorien des Handelns im Bolschewismus«, in *Humanität und politische Verantwortung*, zum 60. Geburtstag von Hans Barth herausgegeben von Richard Reich, Erlenbach-Zürich 1964, S. 261-278. (Dieser Text ist zu einem Teil in das achte Kapitel der neuen Ausgabe eingegangen.)

»Typologie de la légitimité«, in dem Band *L'idée de Légitimité*, herausgegeben vom Institut International de Philosophie Politique, Paris 1967, S. 87-97.

»Legitimacy«, in der *International Encyclopedia of the Social Sciences*, New York 1968, S. 244-248.

»The problem of Legitimacy, Max Weber's concept reconsidered«, in *Science et Conscience de la Société*, Mélanges en l'honneur de Raymond Aron, ed. J. Cl. Casanova, Paris 1971, S. 209-229.

Dass. deutsch unter dem Titel »Max Weber und die Demokratie«, in: Dolf Sternberger, *Herrschaft und Vereinbarung*, Frankfurt 1980, S. 135-158.

»Herrschaft und Vereinbarung. Eine Vorlesung über bürgerliche Legitimität (1964)«, ebd., S. 115-133.

»Uber die Rechtmäßigkeit Jesu«, in *Frankfurter Allgemeine Zeitung* vom 10. 4. 1971.

(Der Aufsatz »Arten der Rechtmäßigkeit« in der *Politischen Vierteljahresschrift*, 3. Jg., H. 1, März 1962, der in der wissenschaftlichen Literatur gelegentlich angeführt wird, war ein Vorabdruck des ersten Kapitels von *Grund und Abgrund der Macht.)*

Die Theorie des Verfassungsstaats, wie sie hier in Grundzügen im 14. Kapitel entworfen ist, hat sich in den Arbeiten ausgebildet, die in den folgenden Publikationen enthalten sind:
Nicht alle Staatsgewalt geht vom Volke aus, Stuttgart 1971.
Drei Wurzeln der Politik, Frankfurt 1978.
»Die neue Politie, Vorschläge zu einer Revision der Lehre vom Verfassungsstaat«, in *Jahrbuch des öffentlichen Rechts der Gegenwart*, Neue Folge Band 33, hrsg. Peter Häberle, Tübingen 1984, S. 1-40.
»Der Staat des Aristoteles und der moderne Verfassungsstaat« (= Thyssen-Vorträge *Auseinandersetzungen mit der Antike)*, Bamberg 1985.
»Politie und Leviathan. Ein Streit um den antiken und den modernen Staat«, in *Zeugen des Wissens*, hrsg. Heinz Maier-Leibnitz, Mainz 1986, S. 861-896.

Zum 1. Kapitel

Ferrero (Seite 20)

Das Motto dieses Kapitels stammt von einem Autor, der, wiewohl Historiker, für die politische Philosophie, zumal aber für die positive Ausbildung des Legitimitätsbegriffs eine ganz besondere Bedeutung gewonnen hat. Guglielmo Ferrero war siebzig Jahre alt, als er das Buch schrieb, das sein letztes geworden ist. Sein originaler Titel lautet: »Pouvoir – Les Génies invisibles de la Cité«. Es erschien im Jahr 1942 in

New York. Sein Autor ist im selben Jahr gestorben – in Genf, wo der Italiener während der faschistischen Herrschaft im Exil gelebt und gelehrt hatte. Die hervorragende deutsche Übersetzung wurde von François Bondy besorgt und kam 1944 in Bern heraus. Der Kern der demokratischen Legitimität – und auf deren Erkenntnis kam es dem Verfassungsdenker beinahe ausschließlich an – liegt nach Ferrero nicht im Mehrheitsprinzip, sondern in dem Dualismus von Mehrheit und Minderheit oder von ›Macht‹ und Opposition. Die vollkommene Legitimität wird, so setzt er hinzu, durch die »Redlichkeit der politischen Sitten« erreicht, »die zu gleicher Zeit die Freiheit des Stimmrechts und die Wirksamkeit der Opposition sichern« (S. 275). Ich gestehe gern, daß die Lektüre dieses schönen Buches zu der Ausbildung meiner Theorie der bürgerlichen Legitimität einiges beigetragen hat.

Divina auctoritas et humana ordinatio (Seite 34)

Diese glückliche Formel, worin göttliche und menschliche Legitimierung in widerspruchsfreier Verschränkung erscheinen, findet sich, wie schon erwähnt, in einer Urkunde des frühen neunten Jahrhunderts. Sie ist – nach den Monumenta Germaniae – in Fritz Kerns bewundernswertem Buch über »Gottesgnadentum und Widerstandsrecht im früheren Mittelalter« angeführt (2. Auflage 1954, S. 259), und zwar im Zusammenhang einer längeren Anmerkung, die von der Herkunft und Entwicklung des Ausdrucks »Dei gratia« handelt. Mit anderen kundigen Autoren hält auch Kern für erwiesen, daß Karl der Große der erste gewesen sei, der numinose Formeln von der Art des »Gottgekrönten«, des »Gotterwählten« und »von Gott Berufenen« aus den zeremoniösen Anreden in die förmliche Titulatur übernommen habe; Anreden solcher Art seien schon in der spätrömischen und byzantinischen Welt üblich gewesen. Im

Falle Karls, so urteilt Fritz Kern, sei kein Zweifel daran möglich, daß er und seine Kanzlei derartige Bezeichnungen angenommen hätten zum Zeugnis der »theokratischen Beglaubigung seiner Herrschermission«, und das heißt eben als Ausdruck numinoser Rechtmäßigkeit. Kern deutet sogar an, daß ein solches Legitimierungsbedürfnis in besonderer Schärfe bei den Karolingern darum aufgetreten sei, weil sie ja auf dem Wege eines »Staatsstreiches‹ die Herrschaft der merowingischen Sippe entrissen hatten. Den Streit um die eigentliche Bedeutung der Formel »von Gottes Gnaden« – ob sie nämlich Demut ausdrücke und daher eine machtbeschränkende Wirkung übe oder ob sie gerade eine Selbsterhöhung in sich schließe, wie ihre Anwendung in der neueren Zeit wohl überwiegend verstanden (und getadelt) worden ist – diesen Gegensatz schlichtet Kern auf überzeugende Weise, indem er beide Seiten gelten läßt, die »Humilitätsbezeugung« wie die »übernatürliche Sanktion«. Vielleicht könnte man hinzufügen, daß die Formel sogar in sich selber ambivalent sei, Bevorzugung und Begrenzung zugleich enthalte wie zwei Ansichten einer und derselben Münze. Aus ihr konnte daher ebensowohl ein geistlicher Anspruch auf Kontrolle und Aufsicht über das Königsamt hergeleitet werden wie auch umgekehrt eine Emanzipation des Fürsten von der kirchlichen Oberhoheit – dies in dem Sinne, er sei selbst ursprünglich und unmittelbar durch Gottes Gnade berufen. Das letztere Motiv ist, wie oben im Text erwähnt, zumal mit den Königswahlgesetzen des vierzehnten Jahrhunderts – mit dem Kurverein von Rhense, dem Gesetz Ludwigs des Bayern und der Goldenen Bulle – scharf hervorgetreten.
Über die Verknüpfung der ›göttlichen Vollmacht‹ mit der ›menschlichen Bestallung‹ hat Kern seinerseits an der angegebenen Stelle keine näheren Ausführungen gemacht. Was auch die spezifische Anwendung der Formel gewesen sein mag: in jedem Falle spricht sich darin die Vereinigung des

numinosen und des pragmatischen Prinzips auf das deutlichste aus, und deswegen scheint sie mir besonders geeignet, diese mittelalterliche Legitimitätsform ganz allgemein zu bezeichnen.

Zum 2. Kapitel

Die Entstehung der »Erklärung über das befreite Europa« *(Seite 39)*

Der Gedanke dieser Erklärung ist augenscheinlich im State Department in Washington entstanden. Unter den Dokumenten, die zur Vorbereitung der Jalta-Konferenz dienten, befindet sich ein »Memorandum für den Präsidenten«, welches das Datum des 18. Januar 1945 trägt und von Edward R. Stettinius unterzeichnet ist. Es besteht aus drei Teilen, einem Hauptstück und zwei Anhängen. Der erste Anhang stellt den Entwurf der »Declaration on Liberated Europe« dar; er ist zwar zum größeren Teil in den endgültigen Wortlaut der »Erklärung« eingegangen, wie sie in Jalta verabschiedet wurde, aber die Änderungen sind beträchtlich und charakteristisch. Einerseits enthielt der Entwurf noch nichts von dem Postulat der freien Wahlen und von der Verpflichtung etwaiger provisorischer Regierungen, solche Wahlen vorzubereiten; er begnügte sich vielmehr mit der abstrakteren und unbestimmteren Wendung, die befreiten Völker sollten in den Stand gesetzt werden, »die letzten Spuren des Nazismus und Faschismus zu zerstören und demokratische Einrichtungen nach ihrer eigenen Wahl zu schaffen« – einer Wendung, die zwar auch in dem endgültigen Text wiederkehrt, die aber hier, wie oben dargestellt, durch jene schärferen Bestimmungen ergänzt worden ist, welche auf freie Wahlen abzielen. Andererseits enthielt aber der amerikanische Entwurf ein Element, das bei den Verhandlungen der ›Großen Drei‹ gar nicht zur Sprache gebracht wurde, daher auch in den endgültigen Formulierungen völlig unter den Tisch gefallen ist: die Autoren im State Department hatten vorgeschlagen, ein eigenes Organ zur Überwachung, zur eventuellen Intervention und zugleich auch zur Ermöglichung ökonomischer Hilfsaktionen zu bilden; dieses Organ sollte den Namen einer »Emergency High Commission for Liberated Europe« tragen und aus Vertretern der USA, Englands, der Sowjetunion und der Provisorischen Regierung Frankreichs bestehen.

Tatsächlich hat das ganze Konzept der »Declaration« von dem Plan, eine europäische Hochkommission zu errichten, seinen Ausgang genommen. Zehn Tage bevor Stettinius sein Memorandum unterzeichnete, hatte ihm der Stellvertretende Direktor der Europa-Abteilung des State Department, John Hickerson, ebendiesen Plan unterbreitet, und zwar mit der ausdrücklichen Anregung, daß der Präsident etwas Derartiges in Jalta vorbringen möge. Hickerson hatte von einem »Provisional Security Council for Europe« gesprochen, der Name wurde dann geändert. Zu dessen Aufgaben sollte es unter anderem gehören, wenn nötig die Wahlen zu beaufsichtigen, die von den provisorischen Regierungen ausgeschrieben werden würden. In diesem Zusammenhang taucht übrigens eine bemerkenswerte Formel auf, die den Zweck solcher Wahlen kennzeichnet: sie sollten – schrieb Hickerson – in der Weise eingerichtet werden, daß sie »den Regierungs-Typus für das betreffende Land festlegen und die Leiter der Regierung auswählen«. Die Formel kehrt in glücklicher Abkürzung im zweiten Anhang des Memorandums von Stettinius wieder – »free elections to determine the type and composition of governments«. Sie vereinigt gewissermaßen die ältere Auffassung von der ›Selbstbestimmung‹, wie sie noch in der Atlantic-Charter enthalten war, mit dem neuen Postulat der freien Wahlen, und zwar in der Weise, daß diese Wahlen zugleich als verfassunggebender Akt und als konkreter Bestellungsakt angesehen werden.

Der »Europäische Sicherheitsrat« oder die »Notstands-Hochkommission« bildet aber nicht allein den historischen Keim der Jalta-Erklärung, sondern auch das Hauptstück noch des Stettinius-Memorandums. Dieses trägt geradezu die Überschrift: »Establishment of an Emergency High Commission for Liberated Europe« und legt es dem Präsidenten recht dringend ans Herz, seine Partner in Jalta von der Notwendigkeit eines solchen Organs zu überzeugen. Der zweite der beiden Anhänge gibt denn auch bereits ein ziemlich ausführliches Statut, kennzeichnet die Aufgaben und Befugnisse, die Zusammensetzung, den Sitz und die Arbeitsweise der »Hochkommission«. (Ihre Struktur entspricht im großen und ganzen derjenigen des nachmaligen »Kontrollrats« für Deutschland oder, wenn man will, auch der Berliner »Kommandantur«.) Ihre Errichtung zu begründen und anzukündigen war also ohne Zweifel der ursprünglichste Zweck der »Erklärung über das befreite Europa«. Von diesem ihrem praktischen Kern ist in derjenigen Fassung des Entwurfs, die Roosevelt in der Nachmittags-Sitzung des 9. Februar im Livadia-Palast in Jalta vorgelegt hat, nur das blasse Rudiment übriggeblieben, daß die drei Regierungen, wann immer nötig, »sogleich einen geeigneten Apparat einrichten werden, der ihre gemeinsame Verantwortlichkeit verwirklichen soll, wie sie in der gegenwärtigen Erklärung dargetan ist«. Auch dieses Schema fiel im Laufe weiterer Redaktionen, und in der endgültig verabredeten und veröffentlichten Version der »Erklärung« ist nur noch »sofortige Beratung« der drei Regierungen vorgesehen für den Fall, daß irgend etwas nicht nach Wunsch verlaufen sollte.

Bedenkt man die Entstehungsgeschichte, so kann man sehr wohl zu dem Schluß kommen, die »Erklärung über das befreite Europa«, wie sie in Jalta verabschiedet worden ist, sei nur der unbedeutende Restbestand eines Projekts, das es ursprünglich auf weit konkretere und wirksamere Zwecke abgesehen habe. Eine lebendige Einrichtung war geplant gewesen, eine ›papierene‹ Erklärung scheint übriggeblieben zu sein. Augenscheinlich geht diese ganze Veränderung einzig auf die Initiative Präsident Roosevelts zurück. Ob er den Entwurf des State Department auf der Reise nach Jalta zu Gesicht bekommen hat, ist nicht sicher. Auch Byrnes berichtet, er habe am Tage der Ankunft in Jalta zum ersten Male von der Existenz des Entwurfes erfahren (»Speaking frankly«, p. 32/33). Jedenfalls hat Stettinius dem Präsidenten die Sache bei einer internen Beratung am 4. Februar im Livadia-Palast vorgetragen, und Roosevelt hat bereits bei dieser vermutlich ersten Gelegenheit zu erkennen gegeben, daß er keine Sympathie für ein solches besonderes Organ habe, vielmehr »periodische Sitzungen« der drei Außenminister vorziehe. Noch am gleichen Tag hat Byrnes eine Neufassung des Entwurfs veranlaßt. Das geht aus einer Notiz von Hiss hervor. Diese Notiz (»Conferences at Malta and Yalta«, p. 570) ist höchst interessant, bleibt freilich auch etwas rätselhaft. Danach hat Justice Byrnes ihm, Hiss, zwei Einwände des Präsidenten gegen den Plan der Viermächte-Kommission für Europa wiedergegeben. Beide sind nur aus Stichwörtern erkennbar.

Das erste Stichwort lautet: »Pres. fears taking internal rep.« (Was die Abkürzung »rep.« bedeutet, ist schwer zu sagen: »repercussions« läge nahe, stimmt aber nicht zu dem Verbum »taking«; eher möchte man eine Flüchtigkeit vermuten – »rep.« statt »resp.« – und an dieser Stelle das Wort »responsibilities« einsetzen.) In jedem Falle ist es offenbar die Einmischung in innere Angelegenheiten anderer Länder, was der Präsident fürchtet. Roosevelt scheint also aus dem traditionellen Respekt vor Souveränität und ›Selbstbestimmung‹ vor den ernsten praktischen Konsequenzen derjenigen verfassungspolitischen Mindestgarantien zurückgescheut zu sein, die seine ›Erklärung‹ doch schaffen will. Der Fall Deutschlands hat sich ihm in dieser Hinsicht gewiß anders dargestellt als der Fall der »befreiten« Völker. Solche Timidität muß überraschen angesichts des Umstandes, daß in Jalta ja unter anderem gerade die »internen« Angelegenheiten Polens auf der Tagesordnung standen, und das hieß für die beiden westlichen Regierungshäupter im Grunde nichts anderes, als daß sie die bereits vollzogene sowjetrussische ›Einmischung‹ durch eine möglichst aktive ›Gegen-Einmischung‹ einigermaßen zu paralysieren versuchen mußten. Freilich hat Roosevelt, wie hier in einer späteren Glosse noch zu zeigen sein wird, auch in der polnischen Frage – und zumal wiederum hinsichtlich der Errichtung einer internationalen Aufsicht über die polnischen Verfassungs- und Wahl-Verhältnisse – weit mehr den Russen nachgegeben, als es seinem Partner Churchill lieb war. Der traditionelle Habitus der ›Nichteinmischung‹ verband sich hier mit dem besonderen Motiv, im Hinblick sowohl auf die Kriegführung als auch auf die intendierte Solidarität der »Großen Drei« beim Aufbau der Organisation der Vereinten Nationen und also bei der künftigen Friedensordnung die Freundschaft mit Stalin und der Sowjetunion zu suchen und zu sichern. Auch mag die äußerst unfreundliche Reaktion, welche die einzige energische westliche ›Intervention‹, nämlich die britische und insbesondere Churchillsche Intervention im griechischen Bürgerkrieg, in der amerikanischen öffentlichen Meinung, im State Department und doch wohl auch in Roosevelts eigenem Gemüt hervorgerufen hatte, den Präsidenten in seiner Scheu vor dergleichen Verwicklungen und Verantwortlichkeiten nur bestärkt haben.

Der zweite Einwand, den Hiss festgehalten hat, lautet in dessen Notiz ganz einfach so: »Pres. doesn't like ›big‹ organ.« Der Präsident mag solch ein ›großes‹, solch ein gewichtiges Organ nicht – solch ein Organ, wie es nämlich die angeregte Vier-Mächte-Hochkommission gewesen wäre. Diese instinktive Abneigung wird durch eine Bemerkung von Byrnes artikuliert oder doch ergänzt, die ebenfalls

von Hiss wiedergegeben wird: danach fürchtete Byrnes, die Kommission könne eine eigene Autorität gewinnen oder erstreben, ihr amerikanisches Mitglied könne der Leitung von Washington entgleiten, und er tendierte seinerseits mehr dahin, diese Aufgaben den Botschaftern zu übertragen. Am Ende dieser Unterhaltung, die am frühen Nachmittag des 4. Februar, etwa zweieinhalb Stunden vor Beginn der ersten förmlichen Sitzung der drei Regierungshäupter stattgefunden hat, erhielt Hiss den Auftrag, einen neuen Entwurf vorzulegen. »Redraft as mere decl.« – so lautet die Notiz, die er sich deswegen gemacht hat. Neuer Entwurf »als bloße Erklärung«. In diesem Augenblick also ging das Projekt der Europäischen Hochkommission in die »bloße« Erklärung über das befreite Europa über.
Hiss' neuer Entwurf entsprach den Anregungen, die Byrnes ihm übermittelt hatte. Er enthielt die Bestimmung, daß die Regierungen jeweils durch ihre Botschafter handeln sollten, um die Grundsätze der ›Declaration‹ ins Werk zu setzen, sah aber außerdem auch die Möglichkeit vor, daß in einzelnen Fällen besondere Vier-Mächte-Kommissionen mit Hinblick auf die Probleme jeweils eines Landes gebildet werden könnten. Auch diese Reste des ursprünglichen Plans, auch diese ›kleinen‹ und gelegentlichen ›Organe‹ sind, wie ich schon erwähnt habe, dann gestrichen worden, und zwar abermals ganz unzweifelhaft innerhalb der amerikanischen Delegation. Roosevelt hat nicht diesen Hissschen Entwurf vorgetragen, sondern einen anderen – wohl von Bohlen redigierten –, der eben nur noch die Konsultation der drei (nicht vier) Regierungen vorsah, wann immer sie das nach gemeinsamem Urteil über die Lage in irgendeinem europäischen Lande für nötig halten würden. Die Erklärung der Absichten und Grundsätze blieb erhalten, jede besondere ›machinery‹ hingegen, die ihre Beobachtung und Durchsetzung nach dem System der Commissioners hätte betreiben und überwachen sollen, war aufgegeben.

Ich habe die Geschichte dieses völkerrechtlichen Dokuments nicht deswegen nachgezeichnet, um Stoff zu einer neuen historischen Elegie zu liefern. Niemand kann wissen, ob die Grundsätze der ›Erklärung‹ in Europa und zumal in Osteuropa dann eine stärkere praktische Geltung gewonnen hätten, wenn F. D. Roosevelt sich den Gedanken seiner Beamten zu eigen gemacht hätte und für die Errichtung eines besonderen europäischen Vier- oder Drei-Mächte-Organs, eines Sicherheitsrates oder einer Hochkommission oder von kleineren und gelegentlichen Kontroll-Kommissionen für einzelne Länder eingetreten wäre, wenn er Churchill für dieses Projekt gewonnen und wenn beide im Verein sich damit gegenüber dem Diktator der Sowjetunion durchgesetzt hätten. Die Geschichte des Alliierten Kontrollrats für Deutschland muß uns bei einer solchen hypothetischen Erwägung eher skeptisch stimmen, und auch dann, wenn man die Geschichte der Außenminister-Konferenzen, ja, wenn man diejenige des Sicherheitsrates der Vereinten Nationen mutatis mutandis zum Vergleich herbeizieht, wird man sich kaum zu einer zuversichtlicheren Beurteilung ermutigt finden. Indessen scheint mir die Entstehung der Jalta-Erklärung – ihre Entstehung aus der Reduktion jenes mit Interventionsbefugnissen ausgestatteten internationalen Organs auf eine ›bloße‹ Verkündung von Prinzipien – aus einem anderen Grund lehrreich zu sein. Die Erklärung von Jalta hat zum ersten Mal ein Minimum verfassungspolitischer Normen als allgemein verbindlich ausgesprochen – nach dem Buchstaben gewiß nur für die »befreiten« Länder Europas, nach Geist und Sinn jedoch mit universalem Geltungsanspruch. Und doch hat man im gleichen Zuge Scheu davor getragen, eine Exekutive auszubilden, deren Aufgabe es (unter anderem) gewesen wäre, die Beachtung dieser Normen zu sichern. Man hat ein Kriterium der Legitimität aufgestellt, und das heißt, man hat sich deklaratorisch und theoretisch in die ›inneren Angelegenheiten‹ fast

sämtlicher Staaten Europas ›eingemischt‹, aber man hat zu gleicher Zeit nicht (oder noch nicht?) gewagt, die Konsequenz eines praktischen und effektiven Interventionsrechtes zu ziehen. Man wollte, mit einem Wort, die Verfassungen normieren und doch die Souveränität konservieren.
(Diese Darstellung fußt im wesentlichen auf der hervorragenden dokumentarischen Publikation des State Department: Foreign Relations of the United States, Diplomatic Papers, The Conferences of Malta and Yalta 1945, Washington 1955.)

»Wie viele Divisionen hat der Papst?« (Seite 42)

Es ist wohl nicht mehr eindeutig auszumachen, wann Stalin diese Äußerung getan hat, ja, ob er sie überhaupt jemals getan hat. James F. Byrnes, der spätere Außenminister, damals Leiter des »Office of War Mobilization«, also der Verwaltung der amerikanischen Kriegswirtschaft, der mit Roosevelt in Jalta gewesen ist, erwähnt den legendären Ausspruch in seinen Erinnerungen im Zusammenhang mit der Erörterung der Frage von Reparationen. Stalin habe die Ansprüche auf Reparationsleistungen, die er den einzelnen kriegführenden Staaten zubilligen wollte, in eine direkte Beziehung zu der Anzahl der Divisionen gesetzt, die sie jeweils in den Kampf zu führen imstande waren. Byrnes fährt fort: »In Jalta soll Stalin, als die Ansichten des Papstes erwähnt wurden, gesagt haben: ›Wie viele Divisionen hat er zur Verfügung?‹ Der Marschall hat diesen Ausspruch in Jalta nicht getan. Aber das war doch der Maßstab, den er häufig anwandte.« (Speaking frankly, New York and London 1947, S. 28.)

Churchills Verbundenheit mit der Sache Polens (Seite 58)

Es gibt zahlreiche Zeugnisse dafür, wie stark Churchill als englischer Premierminister die Verpflichtung gegen Polen empfunden hat, wohl auch hat empfinden müssen. Seine Bemühungen, dem Warschauer Aufstand vom August und September 1944 Hilfe zukommen zu lassen, sprechen ebensosehr davon wie sein Versuch, bei den englisch-russischen Besprechungen vom Oktober 1944 in Moskau den Ministerpräsidenten der polnischen Exil-Regierung, Mikolajczyk, von neuem ins Spiel zu bringen und zu einer Einigung mit Stalin und mit dem kommunistischen Komitee von Lublin zu bewegen, wie endlich seine Rolle bei den entsprechenden Verhandlungen in Jalta und in Potsdam. Das alles war vergeblich. Daß er gegenüber dem faktischen Eroberer – oder »Befreier« – Polens in alledem zuletzt so hilflos geblieben ist, hat er selbst wohl als seine eigentliche Niederlage empfunden, die ihm mitten im Sieg beschieden war. Die beiden Bücher des sechsten Bandes seiner Memoiren sind voll davon. Ein Teil seiner grimmigen Enttäuschung hat sich in kaum verhüllten Tadel an der amerikanischen Diplomatie – am State Department, gelegentlich auch an Präsident Roosevelt – umgesetzt, welche ihn im Hinblick auf Polen nicht ausreichend unterstützt habe: er fühlte sich zeitweilig fast allein. Wenn solche Reflexionen in seinen Aufzeichnungen übermäßig hervortreten, so drückt sich darin der Gram über diese Wunde, diese Wunde auch des englischen Ehrbewußtseins, nur um so deutlicher aus.

»Für Polen waren wir in den Krieg gezogen; für Griechenland hatten wir schmerzhafte Anstrengungen gemacht. Die Regierungen beider Länder hatten in London Zuflucht gesucht, und wir fühlten uns verantwortlich für ihre Rückkehr ins Vaterland, wenn das dem wahren Wunsch ihrer Völker entsprach.« So resümiert er die moralische Lage im Zusammenhang der Vorbereitungen zur Moskauer

Konferenz vom Oktober 1944 (Dem Sieg entgegen, S. 248).

Von dem Pathos, das Churchill gegenüber Polen beseelt hat, gewinnt man einen besonders tiefen Eindruck aus den Worten, die er nach der Niederlage Frankreichs, am 18. Juni 1940, an den damaligen Führer der Exil-Polen, den General Sikorski, gerichtet hat, als dieser ihn bat, die polnischen Truppen aus Frankreich nach England zu befördern: »Sagen Sie Ihrer Armee in Frankreich, daß wir ihre Kameraden sind im Leben und im Tode. Wir werden miteinander siegen oder wir werden miteinander sterben.« (So berichtet Jan Ciechanowski, nachmals Botschafter der Londoner Exilregierung in Washington, in seinem erschütternden Erinnerungsbuch »Defeat in Victory«, New York 1947, auf S. 15.)

Zum 3. Kapitel

Die Verhandlungen über die Provisorische Regierung Polens und über den Balkan (Seite 63)

Den Anfang der akuten britisch-amerikanischen Besorgnisse hinsichtlich der künftigen Verfassung und Regierung Polens kann man in den April des Jahres 1943 setzen. Die Sowjetunion brach die diplomatischen Beziehungen mit der von General Sikorski geführten Exilregierung in London am 25. April ab, Stalin hatte dies den Präsidenten der Vereinigten Staaten nur eben einen Tag zuvor wissen lassen. Den Anlaß oder Vorwand zu diesem Akt bildete das polnische Ersuchen an das Rote Kreuz, den von deutschen Truppen entdeckten Massengräbern von Katyn nachzuforschen; die Londoner Polen schienen hierdurch zu erkennen zu geben, daß sie gegenüber der deutschen Beschuldigung, wonach für die Erschießung jener achttausend polnischen Offiziere die Sowjetunion verantwortlich sei, nicht ganz ungläubig geblieben waren. Bereits drei Tage nach dem Abbruch der Beziehungen trat die kommunistische und von den Sowjets protegierte »Union polnischer Patrioten« mit einer Erklärung gegen die offizielle polnische Regierung (in London) an die Öffentlichkeit, und von diesem Augenblick an war es deutlich, daß Moskau eine Konkurrenzregierung nährte und lenkte. Cordell Hull, der damalige amerikanische Außenminister, berichtet in seinen Memoiren (vol. II., p. 1269), daß Washington die Initiative in der polnisch-russischen Angelegenheit ausdrücklich den Engländern überließ, und er erklärt diese Haltung damit, daß London der Sitz der Exilregierung und daß England mit Polen durch einen Bündnisvertrag verknüpft war. Diese erste amerikanische Reaktion ist auch für die Folge maßgebend geblieben, Roosevelt und die Vereinigten Staaten haben sich, wie noch deutlich werden wird, durchgängig in dieser Sache gleichsam in der zweiten Linie gehalten, die Hauptlast lag bei Churchill.

Die erste Gelegenheit zu unmittelbarer Aussprache zwischen den drei Haupt-Alliierten bot die Konferenz der Außenminister im Oktober 1943 in Moskau. Wiederum macht Hulls eigene Darstellung vollkommen deutlich, daß die polnische Angelegenheit wesentlich von Eden vorgebracht und vertreten werden mußte, während er selber ihm nur eine distanzierte, vielleicht sogar matte Unterstützung lieh (Hull Memoirs II, p. 1305). Molotow hat schon damals das Argument ausgesprochen, das später in Jalta in Stalins Munde immer wiederkehrte: die Sowjetunion wolle gewiß ein unabhängiges Polen, aber die künftige polnische Regierung müsse gegenüber der Sowjetunion unbedingt ›freundlich gesinnt‹ sein. Die Besprechungen blieben ohne Ergebnis. An eine Wiederaufnahme der Beziehungen zwischen Moskau und der Londoner Exilregierung war nicht zu denken.

Von da an konzentrierte Churchill, der in dieser Sache so gut wie allein zu operieren hatte, seine Anstrengungen darauf, einen Kompromiß zustande zu bringen, das heißt einerseits die Russen, andererseits aber auch die Londoner Polen selbst – Sikorski war inzwischen tödlich verunglückt, Mikolajczyk an seine Stelle getreten – dazu zu bewegen, einer Art von Koalition zwischen den Londoner Repräsentanten und dem kommunistischen Komitee zuzustimmen. Der alleinige Legitimitätsanspruch der Londoner polnischen Regierung war von ihm aufgegeben. Als er anfangs Oktober 1944 seinen Besuch (mit Eden) in Moskau vorbereitete, lebte er, zum wenigsten zeitweilig, in der Erwartung, die polnische Frage werde in den Mittelpunkt dieser zweiseitigen britisch-russischen Verhandlungen rücken. Davon zeugt sein Telegramm vom 4. Oktober 1944 an Roosevelt (Churchill, Der Zweite Weltkrieg VI, 1, S. 259). Tatsächlich konnte er im ersten Anlauf Stalins Zustimmung dazu gewinnen, daß Mikolajczyk mit zweien seiner Kollegen sofort nach Moskau eingeladen wurde, damit sie dort mit Bierut und Osobka-Morawski, den Führern des kommunistischen »Nationalkomitees«, zusammenträfen und unter dem Druck seiner Überredung eine Einigung herbeiführten. »Ich übte den stärksten Druck auf Mikolajczyk aus«, berichtet er selbst (S. 278), »sich zwei Dinge zu überlegen, nämlich die Defacto-Anerkennung der Curzon-Linie mit einem eventuellen Bevölkerungsaustausch und eine freundliche Aussprache mit dem Lubliner Komitee mit dem Ziel, eine einheitliche polnische Regierung zu bilden.« Daß Bierut und seine Leute sowjetische »Quislinge« seien, wurde ihm sogleich nach der ersten Begegnung vollkommen klar. In der Frage der polnischen Ostgrenze konnte keine gemeinsame Formel gefunden werden. Am letzten Tag der britisch-russischen Besprechungen traf Mikolajczyk endlich sowohl mit Bierut als auch mit Stalin zusammen. Die kommunistischen Partner schienen einverstanden, daß Mikolajczyk die Leitung der Provisorischen Regierung Polens übernähme – vorausgesetzt, daß die Lubliner Leute die Mehrheit in diesem Kabinett erhielten; Bierut wollte sogar drei Viertel der Sitze beanspruchen. Dennoch war Churchill am Ende gedämpft zuversichtlich, daß einerseits die Londoner Polen die Curzon-Linie akzeptierten, daß andererseits Stalin schließlich zu einer paritätischen Zusammensetzung der Provisorischen Regierung ja und amen sagen werde. »Ich hoffe, daß wir in den nächsten vierzehn Tagen zu einer Regelung kommen«, telegraphierte er auf der Heimreise an Roosevelt (S. 285). Wieviel Roosevelts Ansehen im eigenen Lande damals von einem derartigen Abkommen zu fürchten hatte, geht aus seiner Bitte hervor, seine Veröffentlichung – falls es inzwischen unter Dach kommen sollte – bis nach der Präsidentenwahl zu verschieben. Und doch ist ja nicht einmal dieser Kompromiß zustande gekommen, so bedenklich er bereits gewesen wäre.

Wenn man Churchills Schilderung dieser Moskauer Tage liest, muß man übrigens schwanken, ob tatsächlich die polnische Frage, wie er erwartet und beabsichtigt hatte, im Mittelpunkt seiner Verhandlungen mit Stalin gestanden habe. Ohne Zweifel hat er diesem Thema dort sehr viel Zeit und Kraft gewidmet, aber eine andere folgenreiche politische Abmachung trat doch rasch in den Vordergrund, nämlich die britisch-russische Verständigung über die wechselseitigen Interessen auf dem Balkan oder – anders ausgedrückt – sein, Churchills, Erfolg, freie Hand in Griechenland zu gewinnen. Diese merkwürdige Vereinbarung, die nur auf einer mündlichen Abrede beruhte, durch welche Rumänien und Bulgarien dem sowjetrussischen Einfluß und also dem kommunistischen Regime, Griechenland dem englischen Einfluß und einem konstitutionellen Regime anheimgegeben worden ist, hat heftige Kritik gefunden, zumal in den Vereinigten Staaten. Cordell Hull drückt die vorherrschende amerikanische Ansicht mit überraschender Schärfe aus: »Tatsächlich war ich unbedingt gegen jegliche Einteilung Europas oder einzelner Bezirke Europas in Interessensphären. Ich war auf der Moskauer Konferenz nachdrücklich gegen derartige

Pläne eingetreten. Jede Schaffung von Einflußzonen würde, so schien mir, unvermeidlich die Saat künftiger Konflikte säen. Einflußzonen konnten, wie ich meinte, die universale Autorität der internationalen Sicherheitsorganisation nur schädigen, die nach meiner Erwartung ins Leben treten sollte.« (p. 1452) Hull kann wohl als der Schöpfer der Organisation der Vereinten Nationen gelten, jedenfalls als der erfindungsreiche und konsequente Planer dieses Weltvereins. Gerade ihm mußte daher der russisch-englische Balkan-Handel als ein bedenklicher Rückfall in diejenige Art von Macht- und Großmachtpolitik, auch in die Diplomatie der Geheimabsprachen erscheinen, welches alles die neue weltweite Rechtsordnung überwinden sollte. Churchill hatte es nicht leicht, die amerikanische Zustimmung für sein Vorgehen in Moskau zu gewinnen. Er verkleinerte die Reichweite dieser zweiseitigen Regelung, indem er sie erstens zu einer reinen Kriegsmaßnahme erklärte und indem er sie zweitens auf eine Probezeit von drei Monaten befristete. Es macht den Eindruck, als habe er ihre wahre Bedeutung sogar vor seinem eigenen Gewissen ein wenig verschleiert. Ihre Wirkung ist gewiß bis auf den heutigen Tag sichtbar: Rumänien und Bulgarien sind Provinzen des Moskauer Partei-Imperiums geworden und geblieben, Griechenland hingegen ist ein Mitglied der freien Welt und des Nordatlantischen Bündnissystems; sogar der Status Jugoslawiens als eines ›blockfreien‹ Landes scheint in gewisser Weise die Spur der damaligen Anordnung an sich zu tragen, denn nach Churchills Konzept hatten England und die Sowjetunion die Verantwortung für dieses Land nach dem Schlüssel 50 : 50 übernehmen sollen. Er ging davon aus, daß das militärische Übergewicht in ganz Osteuropa beinahe automatisch der Roten Armee – und also das politische der Sowjetunion und der Kommunistischen Partei – zufallen werde, wenn man nicht rechtzeitig Sicherungen einbaue. Sein eigenes Résumé ist daher in dem Satze beschlossen, in

Moskau habe er die russische Nichteinmischung in Griechenland um den »schweren Preis« der englischen und westlichen Nichteinmischung in jenen anderen Balkanländern erkauft (VI, 1, S. 334). Wenigstens Griechenland habe er gerettet. Die Engländer hatten dort in der Folge einen schweren Interventions- und Bürgerkrieg gegen die kommunistische ELAS-Armee zu bestehen, und sie haben ihn nur darum gewinnen können, weil Stalin sich an die Absprache hielt und seine griechischen Parteifreunde im Stich ließ. Churchill hatte seinen Eingriff gegen starke Kritik nicht nur in den USA, sondern auch im eigenen Lande zu verteidigen. Heute muß man wohl einräumen, daß der Ausgang ihm recht gegeben hat. Es ist unwahrscheinlich, daß Griechenland ›westlich‹ und ein Verfassungsstaat geblieben wäre, wenn die amerikanische Haltung sich durchgesetzt hätte.
Wir haben hier einen Fall vor Augen, in dem ein Akt der Großmachtpolitik und der reinen Geheimdiplomatie – ohne den mindesten rechtsförmigen Niederschlag – zugleich unverkennbar doch auch eine Scheidung der Legitimitätswelten herbeigeführt hat. War die Initiative Churchills und war das rasche, gleichsam zwinkernde Einverständnis Stalins, war dieses ganze Rechenkunststück mit Einfluß-Prozentschlüsseln über die Köpfe mehrerer »souveräner« Länder hinweg, das ja nicht allein den amerikanischen Sinn zynisch anmuten muß – war es denn also ein Teil der Kraft, die stets das Böse will und stets das Gute schafft?
Untersucht man Churchills eigene Motivationen und Rechtfertigungen, so zeigt sich bald, daß der Handel – soweit die englische Seite zur Rede steht – von Ursprung an mehrere Aspekte zugleich darbietet. Den Kabinettskollegen in London gegenüber gebrauchte er – in einem Kabel vom 12. Oktober 1944 – eine vergleichsweise altmodische Sprache der reinen Staatsräson: Zwischen Großbritannien und Griechenland bestehe eine traditionelle Freundschaft, »und als Mittelmeermacht haben wir ein direktes Interesse an

dessen Zukunft«. Analog werden die russischen Interessen am Schwarzen Meer charakterisiert und konzediert. Mit keinem Wort ist von dem Gegensatz der politischen Systeme die Rede, es klingt alles, als handle es sich um eine Absprache zwischen zwei ›Mächten‹ von prinzipiell gleicher Wesensart, wenn auch von variierenden Aspirationen (VI, 1, S. 276). An Harry Hopkins telegraphierte derselbe Churchill unter dem 17. Dezember 1944 im Hinblick auf die Intervention in Griechenland: »Wir führen diesen Kampf nicht in selbstsüchtiger Absicht.« (S. 353) Im selben Sinn aber heißt es auch in einer Botschaft an Feldmarschall Alexander (S. 358): » . . . wir haben in Griechenland keine Interessen und handeln dort nur aus Gefühlen der Sympathie und Ehre.« Und dem erregten Unterhaus endlich trat er – am 8. Dezember – mit einer Rede von großartiger Einfachheit gegenüber, die ihm denn auch eine starke Vertrauenskundgebung gesichert hat. Sie ist einzig auf die Verteidigung der Demokratie abgestimmt, sie ist ein Zeugnis nicht von Großmacht-, sondern – wenn der Ausdruck erlaubt ist – von Legitimitätspolitik. Dem Vorwurf, englische Truppen trügen in Griechenland dazu bei, die »Freunde der Demokratie« zu entwaffnen, setzte er hier mit wenigen starken Strichen sein – und unser – Bild von Demokratie entgegen: »Meine Definition ist, daß sich die Demokratie auf dem einfachen, bescheidenen Durchschnittsbürger aufbaut, auf dem Mann, der Frau und Kinder ernährt, in Zeiten der Gefahr für sein Vaterland kämpft, zur gegebenen Zeit ins Wahllokal geht und sein Kreuz hinter den Namen seines Kandidaten setzt. Und außerdem ist es wesentlich, daß jeder, ob Mann oder Frau, all dem ohne Furcht nachgehen kann, ohne jede Art von Einschüchterung oder Erpressung.« Und wiederum: »Demokratie ist keine Hure, die man mit einem Maschinengewehr in der Hand auf der Straße auflesen kann. Ich habe – in fast allen Ländern – Vertrauen zum Volk . . ., aber ich möchte sichergehen, daß es sich um das Volk handelt und nicht um eine Banditenbande, die sich anmaßt, die verfassungsmäßige Autorität und sogar alte Parlamente, Regierungen und Staaten gewaltsam zu stürzen.« (S. 343/44) Wer wollte wagen, diese Erklärung als eine Schein-Argumentation abzutun! Wer wollte es unternehmen, die Motive des Interesses von denen der Ehre und beide von denen des Eintretens für Verfassung und legitime Regierung abzusondern!

Unter dem stumpfen Gesichtspunkt schierer Machtpolitik können die Fälle Athens und Warschaus sehr ähnlich erscheinen. England als ›Mittelmeermacht‹ wolle in Griechenland ebenso eine ihm freundlich gesinnte Regierung am Ruder wissen wie die Sowjetunion in Polen. England habe in Athen einen recht harten Bürgerkrieg wider die kommunistisch geführte ELAS-Truppe geführt, wie die Sowjetunion andererseits dafür Sorge getragen habe, daß der innerpolnische nationale Widerstand, daß insbesondere der Aufstand des Warschauer ›Untergrunds‹ sich zu Tode lief, damit die kommunistische Regierung Bierut ohne Rivalen das Heft ergreifen könne. Es fällt freilich schwer, bei solchem Vergleich ein Urteil über die tückische Taktik Stalins zu unterdrücken, der die Niederschlagung des Warschauer Aufstandes kaltblütig den Deutschen überließ und selber so gut wie keinen Finger rührte, weder die Aufständischen zu entsetzen noch ihnen Lebensmittel und Munition zu senden. Es sind aber auch umgekehrt keine kommunistischen Kräfte, weder polnische noch russische, gegen die verzweifelt kämpfenden Patrioten eingesetzt worden. Es war ein verdeckter Bürgerkrieg – ein Bürgerkrieg, bei dem die eine Partei Gewehr bei Fuß stand und die Kriegsgegner, die Deutschen, stellvertretend ihr blutiges Geschäft besorgen ließ. Das ist ein erheblicher Unterschied der Konstellation und ein erheblicher moralischer Unterschied in der Verfahrensweise. Aber selbst wenn wir uns überwinden, diesen Unterschied für einen Augenblick zu vernachlässigen, und also die Vergleichbarkeit des englischen und des sowjetrussischen Vorgehens auf dem Niveau und nach den Kriterien der ›Großmacht‹-Politik ganz ohne Nuancen hervorkehren – und eben auf diesem Niveau und in diesem Sinne hat sich ja offenbar die ›Verständigung‹ zwischen Stalin und Churchill abgespielt –, so wird doch nur um so stärker fühlbar, daß die Legitimitäts-Differenz schlechterdings nicht übersehen werden darf und kann: daß in Warschau die permanente Parteidiktatur, in Athen hingegen die Verfassung eingeführt worden ist. Daß die ›freundliche Gesinnung‹ im einen Fall durch Einsetzung abhängiger Funktionäre, im andern Fall durch Herstellung konstitutioneller Zustände und durch die Sicherung freier Wahlen gewährleistet worden ist. ›Großmachtpolitik‹ mag der gemeinsame Nenner heißen, das Interesse mag als solches vergleichbar sein, aber dieses Interesse geht hier und dort auf sehr verschiedene Ziele und Regime aus, und die ›Gründe‹, auf welche die Macht sich im einen und im andern Falle stützt, sind untereinander inkommensurabel.

In einer früheren Glosse habe ich die Entstehung der ›Erklärung über das befreite Europa‹ auf Grund der amerikanischen Dokumente zu rekonstruieren versucht. Ihr Ursprung war in einem Memorandum des stellvertretenden Direktors der Europa-Abteilung des State Department, John Hickerson, gelegen. Hickerson hatte den Einfall, es solle ein ›Provisorischer Sicherheitsrat für Europa‹ errichtet werden. In dem gegenwärtigen Zusammenhang muß es als bedeutungsvoll erscheinen, daß er in seinem Memorandum von allen möglichen Geschäften, welchen dieses Gremium sich widmen könnte, gerade nur Griechenland und Polen nennt, diese beiden. Der Beamte sah offenbar jene Analogien, und es kann durchaus sein, daß sowohl das Konzept dieses Europäischen Sicherheitsrats wie auch dasjenige der ganzen nachmaligen ›Erklärung über das befreite Europa‹ auch aus dem eigentümlich amerikanischen Motiv erwachsen ist, der individuellen Großmachtpolitik schlechthin, nicht allein der sowjetrussischen, einen Damm entgegenzusetzen, womöglich auch die bilateralen Absprachen von Moskau durch die Wirksamkeit einer höheren Institution zu korrigieren oder doch zuzudecken. Auch andere amerikanische Dokumente aus diesen Tagen, da das Amt die Jalta-Konferenz vorbereitete, lassen die tiefe Mißbilligung erkennen, mit der man jene britisch-russische Absprache betrachtete, zugleich eine Tendenz, die Briten wie die Russen gleichermaßen als typisch europäische Großmächte mit konkurrierenden Interessen zumal in Osteuropa zu kritisieren und gegenüber beiden einen eigenen, höheren und vermittelnden Standpunkt zu beziehen. Eines der Briefing Book Papers bringt einen Ausspruch Cordell Hulls vom November 1943 in Erinnerung: er war überzeugt, daß mit der Gründung der Vereinten Nationen »das Bedürfnis nach Einfluß-Zonen, Bündnissen, nach der ›balance of power‹ und jeder anderen Art Sonderabmachung« aufhören werde, nach all diesen Mitteln, durch welche die Nationen »in einer unglücklichen Vergangenheit« ihre Sicherheit zu gewährleisten und ihre Interessen zu verfolgen gestrebt hätten (Documents, p. 104). Die Äußerung bietet einen Schlüssel zur amerikanischen Diplomatie, auch zu ihren Verblendungen. So zeigt es sich, daß die amerikanische weltpolitische Haltung, insofern sie von der Idee einer universalen Rechtsordnung bestimmt war, gegenüber jener Legitimitäts-Differenz ganz ebenso blind geblieben ist, wie wir es zuvor von der rein machtpolitischen Denkungsart bemerkt haben.

Polen freilich war in die englisch-russische Abmachung nicht einbezogen. Als man sich in Jalta versammelte, war es, wie oben schon erläutert, vollkommen klar, daß die polnische Regierung in London keine Aussicht auf fernere Anerkennung mehr haben würde und daß es sich für England und die USA nur noch darum handeln konnte, dem Anspruch der kommunistischen (von Moskau bereits anerkannten) ›Provisorischen Regierung‹ Bierut, des bisher sogenannten Lubliner Komitees, gleichfalls die Unterstützung zu verweigern – mit dem Ziel, eine dritte Lösung zu finden, bei welcher sowohl die Londoner als die Lubliner Polen berücksichtigt würden und deren befristeter ›provisorischer‹ Charakter ausdrücklich sichergestellt werden würde. Die Verhandlungen in Jalta über diesen Punkt waren außerordentlich zäh, das polnische Thema wurde auf der dritten Sitzung der Regierungs-Chefs zum ersten Mal behandelt und kehrte auf jeder folgenden wieder, bis auf der siebenten eine Kompromißformel angenommen wurde. Trotz dieser Langwierigkeit ist die Geschichte nach ihren Hauptzügen rasch erzählt. Die Russen hatten nichts gegen eine »Erweiterung« des Bierut-Komitees durch Personen sowohl aus dem innerpolnischen Widerstand als aus dem Exil, aber eben diesen Begriff der bloßen »Erweiterung« konnten die Engländer nicht akzeptieren. Die endgültige Formel, auf die man sich am Nachmittag des 10. Februar einigte, sprach – durchaus im russischen Sinn – von der notwendigen »Reorganisation« der bestehenden Provisorischen Regierung (derjenigen Bieruts), aber – dies im westlichen Sinn – von ihrer Reorganisation »auf einer breiteren demokratischen Basis« mit Einschluß demokratischer Führer aus Kreisen der Inlands- und Auslands-Polen; daß es sich gleichwohl um ein neues Gebilde handeln würde, sollte im Namen zum Ausdruck kommen: »Polnische Provisorische Regierung der Nationalen Einheit«. Amerikanische Kompromißvorschläge hatten zu diesem Ergebnis wesentlich beigetragen. Die Verpflichtung zur baldigen Veranstaltung freier Wahlen bildete einen integrierenden Bestandteil dieser Schlußformel, die Kriterien der Freiheit dieser Wahlen waren auch recht ausführlich und nachdrücklich aufgezählt, aber diejenige Vorkehrung, die zur Kontrolle ihrer Ausführung nach dem ursprünglichen westlichen Vorschlag hatte getroffen werden sollen, erschien am Ende zu einem nahezu bedeutungslosen

Rudiment verkümmert. Der letzte, bereits stark revidierte britische Entwurf (vom 9. Februar) hatte nämlich mit dem Satze geschlossen, »die Botschafter der drei Mächte in Warschau würden nach vollzogener Anerkennung mit der Verantwortung beauftragt, die Ausführung der Verpflichtung zu freien und unbeeinflußten Wahlen zu beobachten und ihren Regierungen darüber zu berichten«. Die endgültige Formel hat davon nur noch die – im Grunde ohnehin selbstverständliche – Bemerkung übrigbehalten, man werde Botschafter austauschen, »durch deren Berichte die jeweiligen Regierungen über die Situation in Polen auf dem laufenden gehalten werden sollen«. Die Dokumente lassen leider keinen Zweifel daran, daß der Verzicht auf diese letzte Spur einer vereinbarten Kontrolle der ganz persönlichen Initiative von Präsident Roosevelt entsprungen ist. Selbst sein Außenminister, Stettinius, hatte sich bei einer Besprechung mit Eden und Molotow am 10. Februar mittags von diesem Akt der Nachgiebigkeit distanziert, den er gleichwohl zu vertreten verpflichtet war, nachdem sein Kollege Eden, offensichtlich peinlich überrascht, seine abweichende Ansicht ausgesprochen hatte: »Mr. Stettinius stated that he, of course, preferred the document as it existed. The President, however, was so anxious to reach agreement that he was willing to make this concession.« (Documents, p. 872.) Die Ursachen dieser Nachgiebigkeit habe ich früher zu umschreiben versucht.

In der Folge hat die Zweideutigkeit jener Schlußformel von Jalta eine Weile lang noch zu west-östlichen Disputen Anlaß gegeben. Am Ende siegte die sowjetrussische Interpretation vollständig. Gewalt half nach. Abgesandte der nichtkommunistischen polnischen Untergrund-Organisationen wurden in Rußland verhaftet und deportiert. Mikolajczyk trat zurück. Die Regierung von Bierut und Osobka-Morawski, um einige wenige Repräsentanten der früheren Parteien erweitert, wurde Anfang Juli 1945 unter dem neuen

Namen einer »Provisorischen Regierung der Nationalen Einheit« von den Westmächten diplomatisch anerkannt. Polen verschwand im bolschewistischen Partei-Imperium, ist erst elf Jahre später, mit dem Umschwung vom Oktober 1956, gleichsam mit halber Gestalt wieder hervorgetreten.

Die polnischen Grenzen und die polnische Regierung
(Seite 64)

Nicht nur Churchill hielt in dem Stadium, das zur Zeit der Jalta-Konferenz erreicht war, die Art und Weise der Regierungsbildung für vordringlicher als die Festlegung der polnischen Grenzen. Auch die amerikanische Delegation hatte sich augenscheinlich diese Rangordnung der Probleme zu eigen gemacht. Jedenfalls findet man in dem »Briefing Book Paper« des Außenministeriums, worin die Richtlinien für das Verhalten der Delegation zusammengefaßt waren, den folgenden bemerkenswerten Satz: »Obgleich die Grenzfrage in der Erörterung des polnisch-sowjetischen Streites eine hervorragende Rolle gespielt hat, muß diese Angelegenheit doch entschieden als zweitrangig gelten im Vergleich zu dem Hauptproblem, nämlich der Errichtung einer praktikablen und wirklich unabhängigen polnischen Regierung.« (The Conferences at Malta and Yalta 1945, p. 232; der Passus ist von mir übersetzt.)

Auch Stalin würde eine frei gewählte Regierung vorziehen
(Seite 65)

Drei Mitglieder der amerikanischen Delegation haben einigermaßen regelmäßige Aufzeichnungen von den politischen Besprechungen in Jalta gemacht, jedenfalls von den förmlichen Sitzungen: Charles Bohlen, Freeman Matthews und Alger Hiss. Bohlen war damals Assistent des Außenministers (Assistant to the Secretary of State) und diente Präsident Roosevelt in Jalta auch als Dolmetscher, Matthews leitete die Europäische Abteilung des amerikanischen Außenministeriums, Hiss war stellvertretender Direktor der »Abteilung für besondere politische Angelegenheiten« im gleichen Ministerium. Die Papiere von Hiss bestehen aus bloßen Notizen, die zudem stark mit Abkürzungen durchsetzt sind, während die beiden anderen ziemlich vollständige Nachschriften angefertigt haben. Die fragliche Äußerung Stalins lautet in der Wiedergabe von Matthews folgendermaßen: »We are agreed to the fact that the Polish government must be democratically elected. *It is much better to have a government based on free elections.* But until now the war has prevented elections. The day for them is near but until then we must deal with the provisional government. It is like that of de Gaulle who is also not elected. Who is more popular, de Gaulle or Bierut?«

Das Bohlensche Protokoll stellt dieselben Bemerkungen folgendermaßen dar: »*It would, of course, be better if free elections could be held right off*, but up to now the war has prevented this, but the day is drawing near, however, when such elections could take place and the people could express their view in regard to the Provisional Government. He said he saw little difference between the position of de Gaulle and that of the Polish Provisional Government. Neither had been elected, and he could not say which one enjoyed the greatest degree of popularity . . . etc.«

Nach diesem Zeugnis hätte also Stalin nur die Geste gemacht, den frühesten Zeitpunkt der Wahlen als den theoretisch besten anzuerkennen; nach dem vorigen aber wäre er tatsächlich so weit gegangen, einzuräumen, daß eine gewählte Regierung überhaupt und allgemein besser wäre als eine »provisorische«. Die Heuchelei wäre bedeutend kühner, wenn Matthews' Darstellung zuträfe, man müßte dann auch mit Erstaunen erkennen, daß Stalin durchaus deutliche Begriffe von der konstitutiven Bedeutung der Wahl gehabt hätte. Auch darum ist diese Nuance von Interesse. Doch wird man wohl niemals vollkommene Klarheit darüber gewinnen. Die beiden Zitate sind wiederum der offiziellen Publikation des State Department entnommen: Foreign Relations of the United States, Diplomatic Papers, The Conferences of Malta and Yalta 1945, Washington 1955, pp. 780 und 789.

Das sowjetrussische Konferenzprotokoll, das inzwischen, wenn auch nur partiell, veröffentlicht und auch ins Deutsche übersetzt worden ist, gibt die Bemerkung Stalins in ähnlicher Weise wieder wie die Aufzeichnung von Matthews: »Es sei natürlich besser, eine gewählte Regierung zu haben, doch das habe bis jetzt der Krieg verhindert.« Doch deutet der nachfolgende Satz darauf, daß es sich hier um die Frage des Zeitpunktes handelt: »Er glaube, der Tag sei schon nicht mehr fern, an dem in Polen Wahlen stattfinden könnten.« Auf Roosevelts Erkundigung hin gab Stalin sogar an, »die Wahlen könnten in einem Monat stattfinden, falls ... die Deutschen die Alliierten nicht schlagen«. Churchill nahm diese Frist nicht so buchstäblich, er wollte zufrieden sein, wenn sich »die Durchführung von Wahlen in zwei Monaten als möglich« erweise. Er kam dem Argument der Kriegführung bereitwillig entgegen: »Wir können natürlich um nichts bitten, was die militärischen Operationen der sowjetischen Truppen behindern würde.« Andererseits und zu gleicher Zeit ließ er keinen Zweifel daran, daß er auf einen authentischen und autonomen Wahlakt rechnete: »... dann ergebe sich eine völlig neue Situation, und niemand könne das anfechten.« Darauf gab es offenbar keine Rückäußerung von seiten Stalins mehr, das Thema war überhaupt damit abgeschlossen. Eine solche »völlig neue Situation« hat sich tatsächlich niemals ergeben, die russische Seite hatte den für ihre politische Strategie erforderlichen Zeitgewinn erzielt. Immerhin ist es bemerkenswert, daß auch die sowjetische

Publikation die Nuancen dieser Verhandlung erkennen läßt. (Teheran, Jalta, Potsdam, Die sowjetischen Protokolle von den Kriegskonferenzen der ›Großen Drei‹, herausgegeben und eingeleitet von Alexander Fischer, Köln 1968, nach der Moskauer Ausgabe von 1967, S. 157).

Westliche Motive bei den Verhandlungen über Deutschland (Seite 85)

Die Hauptquelle für die Analyse der westlichen Motive, Ziele und Methoden in den Verhandlungen über die deutsche Frage, vor allem bei der Berliner Konferenz vom Januar 1954 und bei dem Genfer »Gipfeltreffen« vom Juli 1955, bilden jetzt die Memoiren von Anthony Eden (»Full Circle«, London 1960). Sein Tenor in dieser Hinsicht ist durchgängig eher resigniert, wiewohl er bei allen diesen Gelegenheiten, zumal eben in Berlin und in Genf, außerordentlich produktiv mit wohlbedachten Vorschlägen und Plänen hervorgetreten ist. Er mußte von der Erfahrung ausgehen, daß die Sowjets – wie er selbst es ausdrückt (S. 6) – »in Rede und Tat die Verpflichtungen mißachtet hatten, die sie in Jalta und Potsdam und anderwärts eingegangen waren«. Als die Berliner Konferenz bevorstand, war es nach seinem eigenen Geständnis (S. 60) durchaus zweifelhaft, ob Molotow »die Vollmacht haben würde, eine Vereinbarung über Deutschland zu erzielen, die freie Wahlen einschlösse«. Wenn also, so dachte er, sein Wiedervereinigungsplan und die ganze Konferenz scheitern sollte, so würde sie immerhin den Vorteil gehabt haben, »daß der Westen seine Position vor aller Welt deutlich und die Verantwortung für die Erfolglosigkeit kenntlich gemacht hätte«. Er wollte gewiß auch sicherstellen, daß der Abschluß der Europäischen Verteidigungsgemeinschaft nicht gefährdet und nicht verzögert werden würde.

Nimmt man diese drei Elemente zusammen – die Erwartung,

der russische Außenminister werde auf freie Wahlen nicht eingehen, den Entschluß, an der Verfolgung der Europäischen Verteidigungsgemeinschaft festzuhalten, und die Reserve-Idee, auch eine gescheiterte Konferenz werde einen Nutzen haben, nämlich den, der Sowjetunion eine moralische Niederlage in den Augen der übrigen Welt zu bereiten –, so könnte man allerdings an dem Ernste Edens und des Westens zweifeln, in Berlin ein positives Verhandlungsergebnis zu erzielen. Es kann so aussehen, als sei gerade der Plan der deutschen Wiedervereinigung durch freie Wahlen darauf angelegt gewesen, gleichsam zum Fenster hinaus zu verhandeln oder – schlimmer noch – einen guten konstruktiven Willen nur vorzutäuschen, einen Schleier aufzuziehen, hinter welchem man nur um so ungestörter den Aufbau des westlichen Verteidigungssystems mit Beteiligung der Bundesrepublik vorantreiben und vollenden könnte. Solch ein Argwohn ist damals in Kreisen der innerdeutschen Opposition in der Tat genährt worden. Aber welches andere Verfahren der deutschen Wiedervereinigung als dasjenige der gesamtdeutschen freien Wahlen und der Bildung einer ›repräsentativen‹ gesamtdeutschen Regierung wäre denn nach westlichen Legitimitätsvorstellungen überhaupt denkbar gewesen? Jedes andere Konzept hätte über kurz oder lang zur Entstehung einer Satellitenregierung der Sowjets führen oder die Hand leihen müssen. Und wenn es schlechterdings unmöglich war, eine dritte Lösung ausfindig zu machen – war dann nicht zuletzt eine Verhandlung ›zum Fenster hinaus‹ auch eine durchaus ernsthafte Politik? War es nicht nützlich, ja unvermeidlich, die Russen wenigstens in die Enge zu treiben, wenn man schon keine Aussicht sah, sie in camera secreta der Diplomatie zu Zugeständnissen zu bewegen? In diesem weiteren Sinne war der Verhandlungsversuch des Westens vollkommen ernsthaft. Eden war fast ohne Hoffnung, in Berlin unmittelbar etwas zu erreichen, aber er war von der Notwendigkeit des Versuchs überzeugt

und er konnte auch darauf bauen, daß der Westen seine Position verbessern werde.
Übrigens enthält seine Wiedergabe der Unterhaltung, die er am 27. Januar beim Essen mit Molotow gehabt hat, ein außerordentlich sprechendes Zeugnis dafür, wie nach russischer Vorstellung Wahlen und Regierungsbildung miteinander zusammenhängen sollten: »Molotows einziger positiver Beitrag bestand in der Bemerkung, alles hänge von der Art der deutschen Regierung ab, welche die künftige deutsche Armee lenken werde.« Freie Wahlen wären schon recht, sagte er nach Edens Bericht in demselben Gespräch, aber die vier Besatzungsmächte müßten im vorhinein darüber einig sein, was für eine Art Regierung nach ihrem Wunsch aus solchen freien Wahlen hervorgehen solle (S. 66/67). Das ist so deutlich, daß man es für blanken Zynismus halten müßte, läge solcher ›Machtpolitik‹ nicht eben ein von dem unsrigen ganz und gar abweichendes Legitimitätsbewußtsein zugrunde.
Vor und bei der Genfer Gipfelkonferenz war Edens Stimmung und Gesinnung – nun als Premierminister – von derjenigen nicht wesentlich verschieden, die ihn in Berlin erfüllt hatte. Er ging zu diesem Treffen, bei dem jetzt Bulganin und Chruschtschow die östlichen Partner waren, mit der Überzeugung, daß die Frage der deutschen Wiedervereinigung »der bei weitem wichtigste Diskussionsgegenstand« sein müsse. Sein fester Wille, dieses Thema trotz ausweichendem russischem Verhalten in die Mitte zu rücken, war gewiß von der taktischen Rücksicht auf die deutsche öffentliche Meinung bestimmt – wie er ganz unumwunden zugesteht (S. 296) –, zugleich aber von einer beinahe versteckten, gleichwohl intensiven Hoffnung, doch noch zu Ergebnissen zu gelangen. In Genf hat Eden Vorschläge zu partieller Entmilitarisierung gemacht, die Verhandlung verschob sich gleichsam von der innerpolitischen auf die außenpolitische ›Verfassung‹ eines künftigen Gesamt-

deutschlands. Eden war schon vor Beginn von der Ahnung erfüllt, Rußland werde womöglich viel stärker an der Befestigung seiner Position in der östlichen Zone Deutschlands interessiert sein als an einer Neutralisierung. Später hat die Politik Chruschtschows diese Vermutung aus dem Sommer 1955 Schritt für Schritt bis zu überscharfer Deutlichkeit bestätigt.

Auch in Genf hat Eden, vielleicht mit noch größerer Festigkeit und mit einer Phantasie, die Risiken nicht scheute, die Strategie verfolgt, »Vorschläge vorzubringen, die die Russen zu verwerfen Mühe haben würden«. Dies ist sein eigener Ausdruck (S. 296), und er bezeichnet Motiv und Methode dieser Diplomatie in präziser Weise. Vorschläge, die sie einfach anzunehmen bereit wären, lagen kaum im Bereich des objektiv Möglichen und Wahrscheinlichen, wenn man nicht auf das russische Konzept einschwenken und also Deutschland und die westliche Position in Europa preisgeben wollte. Insgesamt läßt sich aus Edens authentischer Darstellung der Schluß ziehen, daß die Westmächte in der Periode von 1951 bis 1955 stets auf zwei Feldern zugleich operiert haben: auf dem einen strebten sie eine Verteidigungs-Organisation mit Einschluß der Bundesrepublik an, auf dem anderen die Herstellung eines freien Deutschlands. Die erste Operation konnte in der Tat die zweite unterstützen, insoweit überhaupt Aussicht bestand, den sowjetrussischen Widerstand zu mindern, die sowjetrussische Deutschlandpolitik zurückzudrängen. Edens Skepsis zeugt nur von seiner klaren Erkenntnis der russischen Ziele. Niemand konnte und kann von den Westmächten erwarten, daß sie ihre Bemühungen auf ein anderes als ein freies Gesamtdeutschland hätten richten sollen – oder, wenn man es recht versteht, auf ein anderes als ein westliches. Niemand konnte und kann auch etwas anderes wünschen.

Zum 4. Kapitel

Definitionen der totalitären Herrschaft (Seite 92)

Unter den sechs Merkmalen, die nach Carl J. Friedrich der totalitären Diktatur wesentlich sind, hat es keines mit jenem spezifischen Verhältnis zwischen Herrschern und Beherrschten, Führern und Geführten zu tun, das sich in dem besessenen Hang zur Veranstaltung kollektiver und universaler Zustimmungsakte anzeigt. Eine Ideologie, eine Partei, eine terroristische Geheimpolizei, ein Nachrichtenmonopol, ein Waffenmonopol und eine zentral gelenkte Wirtschaft – das sind die sechs Merkmale, wie sie Friedrich zusammen mit Brzezinski in dem Buche »Totalitäre Diktatur« (Stuttgart 1957) aufgestellt hat. Die Autoren haben nicht den Anspruch erhoben, damit eine unbedingt vollständige Kennzeichnung der totalitären Herrschaftsweise gegeben zu haben. Ich möchte trotzdem darauf bestehen, daß man diesem Katalog etwa die ›Organisation der kollektiven Akklamation‹ als ein siebentes Merkmal hinzufüge.

In der Vorrede zu dem gegenwärtigen Versuch ist die Unterscheidung zwischen den Arten und den Gründen der Macht getroffen worden. Dies ist gewiß keine Unterscheidung von der gleichsam dinglichen Sorte, die es erlaubte, streng ›trennscharfe‹ Beobachtungen anzustellen und zu registrieren. Es sind zwei Dimensionen derselben Erscheinungen, auch zwei Wege zu einem Gegenstand, und so ist es wohl unvermeidlich, daß sich die Aspekte ineinanderschieben, indem man den Phänomenen nahekommt. In diesem Sinne mag man jener Erscheinung der ›organisierten Akklamation‹ ebensowohl ansichtig werden, wenn man nach dem Grunde, wie wenn man nach der Art der totalitären Macht fragt.

Andererseits greift auch eine solche Untersuchung, wie sie Friedrich und Brzezinski angestellt haben, da und dort unversehens und mit einer gewissen Notwendigkeit in die Frage nach den Gründen und also in die Kritik der Legitimität über. Vor allem zeigt sich das bei der Betrachtung des Elementes der ›Ideologie‹. Obwohl die Autoren in systematischem Zusammenhang geneigt scheinen, Ideologien wesentlich als Mittel, Werkzeuge und Waffen der Machtgewinnung und Machterhaltung aufzufassen, streifen sie bei ihrer Schilderung einzelner bestimmter Ideologien gelegentlich auch die Rolle, die diese für die Rechtfertigung der Herrschaft spielen. In demselben Augenblick treten aber auch so merkliche Unterschiede etwa zwischen der bolschewistischen und der nationalsozialistischen ›Ideologie‹ hervor – ich meine nicht die Unterschiede des Gehaltes, sondern diejenigen der Funktion, des Ranges und Ortes, den sie im Ganzen des Systems jeweils einnehmen –, daß man momentweise daran zu zweifeln versucht ist, ob es den identischen Gegenstand einer ›totalitären Ideologie‹ schlechthin wirklich gebe. Es fällt schwer, den Antisemitismus einerseits, die dialektische Geschichtslehre und -prophetie andererseits in diesem Sinne unter einen Hut zu bringen. Das Gemeinsame ist das Glaubensdiktat, die unablässige »weltanschauliche Ausrichtung« (wie die Nazis sagten), und dieses Gemeinsame fällt offenbar unter die Kategorie der Art der Macht und ihrer Ausübung. Ich will keineswegs darauf hinaus, die grausige Stupidität der Rassenlehre von den intellektuellen Raffinessen des Marxismus abzuheben (die es zum wenigsten einmal gegeben hat). Das sind Differenzierungen, die bloß den geistigen Geschmack angehen. Hier kommt es vielmehr auf die Frage an, was die ›Ideologie‹ im einen und im andern Fall hinsichtlich des Grundes und der Begründung der Macht leiste, ob und wieweit sie überhaupt eine legitimierende Bedeutung angenommen habe.

Dieser Frage kommt Hannah Arendt näher – in dem Schlußkapitel der deutschen Ausgabe ihrer bedeutenden Untersuchung der »Elemente und Ursprünge totaler Herrschaft« (Frankfurt 1955). Das Kapitel ist überschrieben »Ideologie und Terror: eine neue Staatsform« – ich empfinde es als das erregendste des ganzen Werkes. Auch Frau Arendt faßt Bolschewismus und Nationalsozialismus gleichermaßen als ›totalitäre Bewegungen‹ auf, dies indessen nicht nur der Merkmale wegen, welche die ausgebildeten Herrschaftssysteme in beiden Fällen an sich tragen, nicht also nur der Art, sondern auch des Grundes solcher Macht wegen. Als das gemeinsame Wesen erscheint ihr der Terror – ein durchaus neues ›Prinzip‹, das in Montesquieus Reihe der Staatsprinzipien noch nicht vorkam. Terror trete in totalitären Systemen gleichsam an die Stelle der positiven Gesetze, er bilde ›das Gesetz‹, das nicht mehr übertreten werden kann« (S. 733). Das erschreckend Neuartige an diesem Prinzip rühre daher, daß der Terror nicht nach den bloßen Bedürfnissen eines Tyrannen oder Despoten, nicht aus bloßer ›Willkür‹ geübt und organisiert werde, sondern nach dem Diktat außermenschlicher ›Gesetze‹. »Der Terror ist nicht ein Mittel zu einem Zweck, sondern die ständig benötigte Exekution der Gesetze natürlicher oder geschichtlicher Prozesse.« Eben hier ist der Punkt, wo ›Ideologie‹ und Terror zusammenhängen.

Für den Fall der bolschewistischen Parteiherrschaft liegt der Grund des Terrors und der terroristischen Macht offen zutage: es ist – mit Frau Arendts Worten – »der Glaube der Bolschewisten an Geschichtsgesetze« und die Marxsche Vorstellung von dem gigantischen Geschichtsprozeß, »der mit immer vergrößerter Geschwindigkeit seinem Ende entgegenrast und sich selbst als Geschichte aus der Welt schafft« (S. 729). Es ist ein Gesetz der ›Bewegung‹ (in jedem Sinne des Worts) und es ist Bewegung als Gesetz. Mit Präzision kennzeichnet Frau Arendt das Verhältnis dieses außermenschlichen Bewegungsgesetzes zum ›positiven‹, menschlich gesetzten und selber menschlichen Recht, welches nämlich ausgemerzt werde, damit jenes außer-

menschliche Gesetz seinen Weg nehme. »Würde das Bewegungsgesetz in positives Recht übersetzt, so könnte sein Gebot nur heißen: Du sollst töten!« Menschen sind den totalitären Machthabern »nur das Material . . ., an dem die übermenschlichen Gesetze . . . vollzogen und das heißt hier im furchtbarsten Sinne des Wortes exekutiert werden.«
Die nationalsozialistische ›Ideologie‹ und den nationalsozialistischen Terror deutete Hannah Arendt nun durchgängig in Analogie zum Bolschewismus. Was hier das Gesetz der Geschichte, sei dort das »Recht der Natur«, das darwinistische Recht des Stärkeren, das Bewußtsein, als ›höhere Rasse‹ im Sinne der ›Natur‹ zu handeln, wenn man die ›niedere Rasse‹ oder das ›Untermenschentum‹ drangsaliere, verdränge, ausrotte. Es ist wahr, daß dergleichen Vorstellungen Hitler und Himmler und ihren Verschworenen in gewissen Hinsichten zur Rechtfertigung gedient haben. Insoweit muß die Parallele gelten und kann eine Ähnlichkeit der beiden ›totalitären‹ Bewegungen auch in bezug auf den Grund – und Abgrund – ihrer Macht in der Tat angenommen werden. Indessen müssen uns doch im gleichen Augenblick, in dem wir dies wahrnehmen, auch bedeutende Differenzen auffallen. Die marxistisch-leninistischen Weissagungen mitsamt ihren Fortbildungen und Abwandlungen haben sich als tauglich erwiesen, nicht allein die bolschewistische Diktatur als ein System, sondern auch weitreichende ›Richtlinien‹ in nahezu allen Bereichen der Regierung und Verwaltung zu begründen und zu legitimieren, wie man denn auch umgekehrt sagen kann, daß bolschewistische Wirtschafts-, Agrar-, Innen- und Außenpolitik ihre eigentümliche Initiative gerade so weit zu entwickeln imstande war und ist, als sie von ›ideologischen‹ Vorschriften geleitet wird oder als sie allenfalls die Theorie nach den Erfordernissen der Stunde umzuformen vermag.
Daß hingegen die nationalsozialistische Ideologie – vorsichtig gesagt – in einer sehr viel lockereren und unvollkommene-

ren Beziehung zur konkreten Politik des ›Dritten Reiches‹ stand, ist handgreiflich. Seine Expansions- und Aggressionspolitik – mindestens von Prag an – läßt sich durchaus als grobe Eroberung und Unterwerfung verstehen. Im Bereich der Wirtschaftsordnung ist von Anfang an recht willkürlich experimentiert worden. Die Begünstigung der Landwirtschaft wurde mit ideologischem Zierat etwas andrer Herkunft betrieben. Weithin folgte das Handeln einem barbarischen Pragmatismus, einer Staats- oder Herrschafts-Raison, die sich auf nichts weiter zu berufen vermochte als auf den eigenen Vorteil. Auch von Abwandlungen, Umbildungen, Zufügungen und Neu-Auslegungen der ›Parteilinie‹ ist hier nichts zu melden, jenes ›Recht der Natur‹ ist immer ein und dasselbe geblieben. Daher hat es auch keine Ketzerverfolgungen und Ketzergerichte gegeben. Wer verfolgt werden sollte, wurde als »Staatsfeind« oder aber als »rassisch minderwertig« designiert, nicht als Ketzer. Unmittelbar freilich tritt die Rassen-Ideologie bei denjenigen Handlungen – oder ›Exekutionen‹ – in Erscheinung, durch welche sich der nationalsozialistische Terror am tiefsten eingegraben und eingebrannt hat und deren Geruch auf Jahrhunderte nicht vergehen wird: bei der Ausrottung der europäischen Juden. Doch wage ich nicht, hierauf auch nur den kältesten Begriff von Rechtmäßigkeit anzuwenden. Hier ist kein Grund, nur noch einen Abgrund der Macht zu ahnen, vor dem unsere begreifenden Organe versagen.

Die Abstimmung in den römischen Comitien (Seite 112)

Theodor Mommsen hat die Prozedur, die bei den Volksabstimmungen aller Art in der römischen Republik beobachtet wurde, im dritten Bande des »Römischen Staatsrechts« ausführlich beschrieben. Nachdem der Gegenstand der Abstimmung den Versammelten bekanntgemacht war – eine

Debatte über Kandidaturen fand bei Wahlen nicht statt –, traten die Stimmberechtigten in Abteilungen auseinander und wurden sodann in die Umzäunung des Comitium hereingerufen. Diese war in so viele Gevierte gesondert, als Abteilungen gleichzeitig zur Abstimmung antraten: bei dem Curien-System waren es dreißig, bei den Tribus fünfunddreißig; die einundachtzig, nachmals zweiundachtzig Centurien stimmten nicht alle zugleich ab. Innerhalb der einzelnen Abteilung wurde jeder Bürger durch den bestellten Frager, den rogator, um seine Stimmabgabe ersucht. Die Bürger antworteten in der früheren Zeit mündlich und öffentlich, später wurde ein schriftliches und geheimes Verfahren allgemein; bei diesem wurden Täfelchen verwendet, die unter Aufsicht eines custos in die Urne zu legen waren. Die Custoden zählten die Stimmen aus und stellten die Mehrheit fest. Mommsen sagt, die relative Mehrheit habe genügt, die einzelne Abteilung insgesamt zu binden; die Abteilung wäre insoweit einer englischen constituency zu vergleichen.

Danach erst folgt der Vorgang, der in unserem Zusammenhang interessiert, die Meldung und Verkündung der einzelnen Ergebnisse und die Feststellung des Gesamtergebnisses. Abteilungsweise berichteten die Rogatoren oder Custoden, und der Vorsitzende verkündete die jeweilige Entscheidung, wenn er sie anerkannte, durch den Mund eines Herolds. Nun hätte, schreibt Mommsen (S. 411), »aus diesen Einzelrenuntiationen das Schlußergebnis durch bloße Zusammenzählung gefunden werden können; aber dies geschah nicht geradezu. Es wurden vielmehr die Abteilungsstimmen der Curien und der Tribus wie der Centurien, entweder in der von dem Vorsitzenden beliebten oder gewöhnlicher in der durch das Los bestimmten Folge, nach dem Protokoll verlesen (recitantur) und ihre Abstimmung angegeben, nach dem Schema ›olla centuria‹ usw. ›legem iubet‹ oder ›liberat‹ oder ›consulem dicit illum‹. Bei dieser Verlesung wird gezählt, bis die Majorität erreicht ist.« Bei diesem Gesamtbeschluß mußte freilich absolute Mehrheit erreicht werden. Bei Stimmengleichheit gab das Los den Ausschlag. Mit der Verlesung und der Verkündung des Endresultates war die Handlung beendigt. Mommsen betont die Eigentümlichkeit, daß man abbrach, sobald die Mehrheit deutlich war, noch einmal ausdrücklich, indem er sagt: »Demnach gelangen bei den successiv abstimmenden Centurien die späteren Ordnungen, wenn durch die vorhergehenden Majorität erreicht ist, nicht zur Abstimmung, von den gleichzeitig stimmenden Abteilungen diejenigen, ohne welche die Majorität erreicht ist, nicht zur schließlichen Recitation, obwohl auch für sie das Stimmresultat festgestellt und dem Vorsitzenden mitgeteilt war. Der Moment also, wo bei der Recitation die letzte Stimme die Majorität macht, vollendet den Volksschluß, und mehrfach tritt derselbe in den Erzählungen lebendig hervor.« (S. 413.)

Zum 5. Kapitel

Die Komintern-Tagung vom Mai 1927 (Seite 122)

Es ist kaum möglich, den Bericht von Ignazio Silone über seine Erfahrungen bei und nach der Tagung des Exekutiv-Komitees der Kommunistischen Internationale vom Mai 1927 durch Dokumente zu ergänzen, denn mit dem Protokoll dieser Veranstaltung ist es ganz ebenso gegangen wie mit jenem Dokument von Trotzki: Moskau hat es niemals bekanntgemacht. Die Tagung dauerte vom 18. bis zum 30. Mai, und es war von vornherein durch die Wahl des Raumes für strenge Abgeschlossenheit gesorgt worden. Die Unterlagen wurden erst am Vorabend der Eröffnung verteilt und mußten nach Schluß zurückgegeben werden. Erst ein Jahr später veröffentlichte das Komintern-Sekretariat einen kurzen Bericht, nachdem es durch Publikationen der

›Opposition‹ im Ausland, insbesondere der Tagungsreden Trotzkis, zu einer Äußerung herausgefordert war. Dieser offizielle Bericht spricht von den scharfen offenen Angriffen, welche Trotzki und andere »gegen die Kommunistische Partei der Sowjetunion und die Komintern« gerichtet hätten, auch davon, daß diese ›Opposition‹ ihre Gegenthesen bei der Tagung an die Delegierten verteilt habe; er stellt den Ausgang (vermutlich zutreffend) so dar, daß die Opposition von keiner Seite unterstützt worden sei und daß alle Resolutionen gegen eine einzige Gegenstimme angenommen worden seien – diejenige von Trotzkis Mitstreiter Wujowitsch, des damaligen Leiters der Jugend-Internationale, der dem Exekutivkomitee als ordentliches Mitglied angehörte, während Trotzki selber (wie zeitweilig auch schon in früheren Jahren) den Status eines Kandidaten hatte. Aus den Papieren Trotzkis, die in Harvard aufbewahrt werden, geht hervor, daß ein ausführlicherer offizieller Bericht von der Tagung vorbereitet worden war, worin aber Trotzkis Diskussionsreden nicht enthalten waren; ebenhierüber beklagte er sich brieflich. In der Folge wurde dann, wie schon erwähnt, der gesamte Bericht zurückgehalten.
Von dem Vorgang, welchen Silone darstellt, ist in den dürftigen verfügbaren Unterlagen nichts zu finden, nichts von einer Schrift Trotzkis, die bei der Tagung verurteilt worden wäre. Das ist freilich auch deswegen nicht zu verwundern, weil der Vorgang, den Silone schildert, sich nicht in einer Plenarsitzung, sondern in einer offenbar vorausgehenden Zusammenkunft eines Gremiums abgespielt hat, welches er den »Seniorenkonvent« nennt und welchem damals Ernst Thälmann präsidierte. Zudem war die fragliche Ausarbeitung Trotzkis, die vornehmlich die Sowjetpolitik in China zum Gegenstand hatte, nicht an die Komintern, sondern an das Politbüro der KPdSU gerichtet gewesen. (Trotzki hat sie später in seiner Schrift über »Probleme der chinesischen Revolution« selbst veröffent-

licht.) Allerdings hat dasselbe ›Plenum‹ des Exekutivkomitees noch die Reden Trotzkis und Wujowitschs durch eine Resolution verurteilt, welche es selber zuvor angehört hatte. Darin hieß es unter anderem, die Trotzkisten hätten ihre Hauptmacht nicht gegen die imperialistischen Kriegstreiber gerichtet, sondern laut Trotzki sei »das Regime in der Partei selbst die größte Gefahr«. Verurteilt wird auch hier Trotzkis Analyse und Bewertung der chinesischen Revolution: sie sei grundfalsch und widerstreite den grundlegenden Ideen Lenins über die Aufgaben des Kommunisten in »zurückgebliebenen halbkolonialen Ländern«. Die Resolution endigte mit dem Verbot, den Fraktionskampf fortzusetzen, und mit der Ermächtigung für das Präsidium, Trotzki und Wujowitsch aus der Exekutive auszuschließen, falls sie das Verbot verletzten. (Sinowjew war bereits von der vorigen Plenartagung ausgeschlossen worden). Es ist aber nicht wahrscheinlich, daß Silone die ebenerwähnte Resolution meint – als diejenige, die Stalin vorgelegt, dann zurückgezogen, schließlich ohne Plenarbeschluß von Präsidiums wegen dennoch herausgegeben habe; dem Inhalte nach könnte das zwar angenommen werden, doch bezieht sich Silone ganz ausdrücklich auf jene Schrift Trotzkis, welche Stalin zurückgehalten habe, und nicht auf Trotzkis Reden, die er – als ein Teilnehmer dieser Tagung – selber mit angehört haben muß. Die Unzugänglichkeit der Quellen macht eine vollständigere Aufklärung unmöglich. Doch liegt gerade in der Verfahrensweise, die bezüglich der Publikation zuerst der Trotzkischen Diskussionsbeiträge, hernach des ganzen Protokolls beobachtet worden ist, zugleich eine starke Stütze für die Darstellung Silones. Die Unterdrückung des Protokolls stand übrigens im flagranten Widerspruch zu den damals geltenden Statuten der Komintern (sie stammten vom Jahre 1924), indem diese in ihrem Paragraphen 16 eindeutig festgelegt hatten, die Veröffentlichung der Entscheidungen und der offiziellen Dokumente im Zentralorgan sei »obligatorisch«. Trotzki hat auch nachmals nicht verfehlt, auf die Satzungswidrigkeit dieses Verfahrens energisch hinzuweisen.

Was schließlich das von Silone wiedergegebene Argument Ernst Thälmanns anlangt, wonach das Präsidium laut Satzung befugt sei, in dringenden Fällen an Stelle des Plenums der Komintern-Exekutive zu handeln, so läßt sich dergleichen aus dem Text der damals geltenden Satzung der Komintern kaum herleiten. Sie bestimmte lediglich, daß die Exekutive aus den Reihen ihrer Mitglieder ein Präsidium wähle – was es übrigens in der ersten Satzung (von 1920) noch nicht gegeben hatte –, und daß dieses Präsidium als »eine permanent tätige Körperschaft« die gesamte Arbeit zwischen den Tagungen der Exekutive auszuführen habe. Die bedeutsamste Entscheidung, die das Präsidium in jenen Jahren selbständig getroffen hat, war wohl die Ausschließung Trotzkis und Wujowitschs aus der Komintern; das geschah Ende September desselben Jahres 1927, also etwa vier Monate nach jener Plenartagung, von der Silone berichtet. Man muß gewiß vermuten, daß Thälmanns rechtfertigende Erklärung auch damals schon einem faktisch geübten Brauch entsprach, aber die Satzung von 1924 hatte etwas Derartiges noch nicht vorgesehen. Thälmann war, ebenso wie der Bulgare Kolarow, zu jener Zeit selber Mitglied des Präsidiums und galt, zum wenigsten in Trotzkis Augen, als der treueste, bravste und devoteste Gefolgsmann Stalins in der gesamten Führerschaft der Komintern.

Die spätere Entwicklung der Komintern-Satzung spiegelt übrigens in höchst aufschlußreicher Weise den fortschreitenden Prozeß der ›Zentralisierung‹ oder, wie man auch sagen könnte, das Gesetz vom Übergang der Entscheidungsmacht an das kleinere Gremium. Nach einer weiteren Revision zeigt die dritte Fassung der Statuten (vom August 1928) eine erhebliche Vermehrung der Befugnisse des

Präsidiums, welches in einer ganzen Reihe von Angelegenheiten nun in der Tat ausdrücklich an Stelle der Exekutive selbst zu handeln ermächtigt wurde. Auch vom Politischen Sekretariat, das in dem Text von 1924 als Ausführungs-Organ definiert worden war, heißt es nun, es sei »ermächtigt, Entscheidungen zu treffen«. Auch hier läßt sich deutlich verfolgen, wie das Stalinsche System der Sekretärsherrschaft vordringt und jeden Rest der alten ›innerparteilichen Demokratie‹ vertilgt. Der Berichterstatter der Satzungskommission, der vor dem Sechsten Kongreß der Komintern (August 1928) diese und andere Neuerungen begründete, hat ganz unverhohlen ausgesprochen, sie seien nötig geworden, damit der Text mit der tatsächlich geübten Praxis in Einklang gebracht werde. Trotzki hat in einem Brief (an Rakowsky, ebenfalls vom Sommer 1928), den er bereits aus der Verbannung schrieb, die tatsächlichen Herrschaftsverhältnisse in der Komintern noch ganz anders gekennzeichnet: »Formell sind seit diesen gut vier Jahren alle Fragen von der Komintern-Exekutive oder dem Präsidium entschieden worden, tatsächlich aber vom Politbüro der KPdSU, noch genauer: von deren Sekretariat.«
(Die dokumentarischen Angaben dieser Glosse fußen auf der großen Veröffentlichung von Jane Degras »The Communist International 1919-1943, Documents«, Oxford University Press 1956 und 1960.)

Zum 6. Kapitel

Das Gesetz der Geschichte (Seite 130)

Klaus Mehnert, in Deutschland gewiß einer der intimsten nichtkommunistischen Kenner des Lebens in der Sowjetunion, hat die bemerkenswerte Beobachtung gemacht, daß von allen Doktrinen der bolschewistischen Ideologie, welche sonst im persönlichen und alltäglichen Leben keine große Rolle spiele, eine These sich doch »in den Köpfen fest eingenistet« habe: eben die von der gesetzmäßigen Entwicklung der Geschichte, nämlich von der zwangsläufigen Ablösung des Feudalismus durch den Kapitalismus, des Kapitalismus durch den Sozialismus und schließlich den Kommunismus. »Diese These« – schreibt Mehnert (Der Sowjetmensch, Stuttgart 1958, S. 316) – »wird von den Sowjetmenschen weitgehend akzeptiert; das hat zur Folge, daß vielen auch der schlecht funktionierende ›Sozialismus‹ mit all seinen für das Volk bedrückenden Nebenerscheinungen immer noch ›höher‹ zu stehen scheint als ein noch so gut funktionierender ›Kapitalismus‹.« Das Zeugnis eines so erfahrenen Mannes wiegt schwer. Man kann die Bedeutung der Tatsache, die er hier als Summe unzähliger Beobachtungen mitteilt, kaum überschätzen. Wenn dieses – ursprünglich aus Analyse und Prophetie zusammengesetzte – marxistische Schema des Verlaufs der Geschichte, der notwendigen Abfolge der Systeme, der unzweifelhaften Überlegenheit des neueren Gesellschaftssystems gegenüber dem älteren, wirklich in der Breite der Sowjetbevölkerung allgemein und selbstverständlich geworden ist, so ist die Mission der bolschewistischen Partei ungeheuer erfolgreich gewesen. Man muß versuchen, sich die Geistesart und Denkungsweise zu vergegenwärtigen, die von solch einem Glaubenssatz bestimmt wird: da man sich in einer anderen und höheren Welt zu befinden überzeugt ist, als es diejenige des kapitalistischen Westens ist, können selbst die Erfahrung und der Augenschein kaum je zur Grundlage eines echten Vergleichs etwa der Lebensbedingungen oder Wirtschaftsleistungen dienen. Vielleicht trägt diese Überlegung dazu bei, das Rätsel aufzuklären, daß auch die leibhaftige Begegnung mit dem Westen und seiner Freiheit, wie sie zumal im Zusammenhang mit den Kriegs- und Nachkriegsereignissen großen Massen von Sowjetbürgern zuteil geworden ist, keine merkliche Erschütterung zu bewirken imstande war.

Ein Unterschied zwischen Hegel und Marx (*Seite 142*)

Der Zusammenhang von Marxens Geschichts-Mythologie mit Hegels Geschichts-Theologie ist handgreiflich. Was die Unterschiede anbetrifft, so hat man häufig genug Marx' eigene witzige Charakterisierung wiederholt, er habe das System »auf die Füße gestellt«, er habe das Verhältnis von Sein und Bewußtsein umgekehrt (und derart ins Lot gebracht). Ein anderer Unterschied erscheint mir indessen weit bedeutsamer. Für Hegel war die Geschichte das Vergangene, und er hat kein Gesetz konstruiert, das es erlaubte, ihren Gang in die Zukunft zu verfolgen. »Die Geschichte bezieht sich auf solches, was geschehen ist«, heißt es recht simpel und drastisch gleich zu Anfang in seinen Vorlesungen über die Philosophie der Weltgeschichte (Lassons Ausgabe, S. 1), und diese Bestimmung kommt überdies mit der unmittelbaren Wortbedeutung von ›Geschichte‹ überein. Infolgedessen endigen seine Deutungen, endigt auch der dialektische Prozeß durchaus mit den Erscheinungen seiner eigenen Gegenwart, und es ist, als ginge es gar nicht mehr weiter oder brauche doch nicht mehr weiterzugehen. Hegel hat die Geschichte als Offenbarung ausgelegt und als Theodizee angeordnet, aber es mangelt jegliche Spur von Prophetie. Das Ziel in der Zukunft zu suchen war seinem ganzen Denken vollkommen zuwider, denn er hatte es ja gerade darauf abgesehen, das Vernünftige im Wirklichen, den Geist in den zugänglichen Gestalten zu erkennen. Das Element der Vergänglichkeit ist seiner philosophischen Geschichtsbetrachtung eingewebt, und auch die Melancholie ist ihm nicht fremd. Ich habe seit meiner frühesten Lektüre jene Stelle der Einleitung zur Philosophie der Weltgeschichte nicht vergessen können, wo es heißt: »Wer hätte unter den Ruinen von Karthago, Palmyra, Persepolis, Rom gestanden, ohne zu Betrachtungen über die Vergänglichkeit der Reiche und Menschen, zur Trauer über ein ehemaliges, kraftvolles und reiches Leben veranlaßt zu werden?« Dergleichen hätte Marx nicht angefochten. An die Stelle der Kategorie der Vergänglichkeit tritt in seiner Betrachtung die der Vorläufigkeit. Die gegenwärtige bürgerliche Gesellschaft gehört – nach dem bekannten Satz aus dem Vorwort zur »Kritik der politischen Ökonomie« – noch zur »Vorgeschichte der menschlichen Gesellschaft«, die »ganze Geschichte« ist nach einem anderen Satze nur »die Vorbereitungs- und Entwicklungsgeschichte« dessen, was der Mensch werden soll. Manchmal klingt ein Ton von Verachtung mit, wenn von der »ganzen sogenannten Weltgeschichte« die Rede ist. Das Eigentliche steht erst bevor, und er beharrt darauf, daß es notwendig eintreffen müsse. Der Prophet hat keine Zeit für Melancholie. Das Vergangene – also die eigentliche ›Geschichte‹ – ist nur insofern interessant, als es auf das Kommende vorausdeutet, die Keime der Zukunft enthält und die Notwendigkeit der Entwicklung beweist. Mit einer gewissen Übertreibung könnte man geradezu sagen, die Geschichte (nämlich die vergangene) diene Marx nur als Stoff, die Zuverlässigkeit seiner Weissagung zu begründen – in dem Sinne, wer dem Vergangenen sein Geheimnis entrissen habe, der könne auch hinsichtlich des Kommenden nicht fehlgehen. Dies eben ist der Sinn der Konstruktion von Entwicklungsgesetzen, daß die Prophetie in der historischen Analyse festgemacht wird.

»Diktatur des Proletariats« (Seite 143)

Daß Marx und Engels keine näheren Angaben hinsichtlich des »Übergangs« gemacht, keine näheren Anweisungen hinsichtlich der revolutionären Politik gegeben haben, bestätigt nur um so deutlicher den rein prophetischen oder apokalyptischen Charakter ihrer Erkenntnis. Auch Leonard Shapiro hat in seinem hervorragenden Buch über »The Communist Party of the Soviet Union« nachdrücklich auf den Umstand hingewiesen, daß die ›Urprophetie‹ der Klassiker sich in dieser Hinsicht in der Tat in dem einen Wort von der »Diktatur des Proletariats« erschöpft: »But neither Marx nor Engels had applied himself to defining the concrete process by which a revolution would be completed, beyond occasional references to the ›dictatorship of the proletariat‹ which would intervene between the outbreak of revolution and the establishing of socialism.« (p. 149.)
Auf meine Bitte ist Herr Adrian von Braunbehrens in Heidelberg – für die erste Auflage dieses Buches – dem Wort von der »Diktatur des Proletariats« und verwandten Formulierungen in Marxens Werk nachgegangen. Die Ausdrücke »Diktatur der Arbeiterklasse« und »Klassendiktatur des Proletariats« kommen danach zuerst in der Schrift über »Die Klassenkämpfe in Frankreich 1848-1850« vor, die 1850 verfaßt ist. Marx gibt hier im Tone eines Historikers an, in dieser Revolution sei an die Stelle kleinlicher »und selbst noch bürgerlicher Formen ... die kühne revolutionäre Kampfparole« getreten: »Sturz der Bourgeoisie! Diktatur der Arbeiterklasse!‹« Es klingt wie eine Zitierung, und es ist also durchaus möglich, daß Marx diesen Begriff nicht selbst geprägt, sondern aus dem Vokabular französischer Revolutionäre von 1848 übernommen hat. Im »Kommunistischen Manifest« war diese spezifische Formel noch nicht vorhanden, wohl aber die Vorstellung von der Übergangszeit und davon, daß die proletarische Klasse dann die Herrschaft

ausüben werde. »Der nächste Zweck der Kommunisten ist derselbe wie der aller übrigen proletarischen Parteien: Bildung des Proletariats zur Klasse, Sturz der Bourgeoisieherrschaft, Eroberung der politischen Macht durch das Proletariat.« Insgesamt findet sich die fragliche Wendung, leichte Abwandlungen mitgerechnet, nur an fünf oder sechs Stellen in Marxens Werk, im ›Kapital‹ kommt sie nicht vor. So entgleiten die bedeutsamsten und wirksamsten Worte bei historischer Nachforschung oft ins Beiläufige, ja ins Dunkle.

Daß Marx – offenbar um 1850 – das Wort »Diktatur« gegenüber dem Wort »Herrschaft« und ähnlichem zu bevorzugen begann, erscheint gut verständlich: die Weissagung meinte ja nicht die Etablierung einer ruhigen und andauernden Klassen»herrschaft«, sondern vielmehr eine Epoche der »permanenten Revolution«, und das eben war die Epoche der »Diktatur der Arbeiterklasse«, eine Epoche anhaltender revolutionärer Handlungen und zudem eine Epoche, die er sich als begrenzt vorgestellt hat – so wie eben eine revolutionäre oder auch konstitutionelle Diktatur als eine mehr oder minder genau befristete Regierungsperiode gedacht wird im Unterschied zu einer ›Herrschaft‹, welches Wort in aller Regel die Bedeutung des Dauerhaften und Endgültigen mit sich führt. Der endgültige und dauerhafte Zustand, den die Marxsche Weissagung entworfen hat, ist ja gerade derjenige der Herrschaftslosigkeit, ja der Staatslosigkeit, nämlich der ›klassenlosen Gesellschaft‹. Da aller Staat als Herrschaft, alle Herrschaft als Klassenherrschaft begriffen wurde, mußte die klassenlose Gesellschaft auch zur staatslosen Gesellschaft werden. Wir unsererseits können uns durchaus eine klassenlose Gesellschaft vorstellen, welche in einer verfassungsmäßigen Ordnung und in staatlichen Autoritäten lebt; wir können sie uns gar nicht anders vorstellen.

Das Utopisch-Wunderbare, das dem Begriff der »Diktatur des Proletariats« innewohnt, indem darin das gewöhnliche

Verhältnis der wenigen und der vielen ins Gegenteil verkehrt ist, scheint Marx und Engels nicht zu Bewußtsein gekommen zu sein. Marx hob zwar diese Verkehrung aller geschichtlichen Erfahrung mit starkem Ton hervor, fand aber offenbar subjektiv nichts irgend Verwunderliches, gar Träumerisches an dieser seiner Vorstellung, wonach Millionen Menschen über eine Handvoll die ›Diktatur‹ ausüben sollten.

Stalin und Lenin im April 1917 (Seite 147)

Lenin traf am 16. April 1917 in Petersburg ein, während noch die Allrussische Parteikonferenz im Gange war, die am 14. April begonnen hatte. Wie schroff seine Forderung, daß man alsbald zum »bewaffneten Aufstand« übergehen müsse, mit der vorherrschenden Weissagungskonvention zusammenprallte, erhellt aus der Tatsache, daß Stalin dort gerade soeben einmütige Zustimmung gefunden hatte für eine Resolution, welche einerseits den Petersburger Sowjet zu unterstützen, andererseits gegenüber der Provisorischen Regierung (Kerenskis) eine Haltung »wachsamer Kontrolle« einzunehmen empfahl, also eine mittlere Position bezog und das ›Doppelregiment‹ von Provisorischer Regierung und Sowjet ausdrücklich als ein Faktum anerkannte. Nach Leonard Shapiros kundiger Kennzeichnung fußte diese Resolution »auf der von niemandem in Frage gestellten Annahme, daß nun eine lange Periode bürgerlich-demokratischer Klassenregierung begonnen habe und daß die Diktatur des Proletariats sich erst auf eine Zukunft beziehe, von der man noch sehr weit entfernt war«. (The Communist Party of the Soviet Union, London 1960, p. 162; ich habe den Passus aus dem Englischen übersetzt.) Erst auf diesem Hintergrund wird so recht deutlich, wie radikal der Bruch war, den Lenins ›Aprilthesen‹ herbeigeführt haben, und wie original und unerwartet seine neue ›Inspiration‹ gewesen ist.

Lenins Lehre von den historischen Etappen des Kapitalismus und ihre Fortsetzungen (Seite 150)

Das wichtigste Beispiel des Leninschen Hanges zur Historisierung und Periodisierung ist oben noch nicht angeführt worden – es ist zugleich das vertrauteste, dasjenige, das am meisten Schule gemacht hat: seine Lehre vom »Imperialismus als höchstem Stadium des Kapitalismus«. Dies ist der ursprüngliche Titel einer seiner berühmtesten Studien, die in der ersten Hälfte des Jahres 1916 verfaßt worden ist; bei der späteren Veröffentlichung im April 1917 – also nach der Februarrevolution – hat er diesen Titel ein klein wenig abgeändert und anstatt vom »höchsten Stadium« von der »jüngsten Etappe« des Kapitalismus gesprochen. Die redigierte Fassung, wenngleich sie hinsichtlich der weiteren Entwicklung etwas vorsichtiger zu klingen scheint als die ursprüngliche, drückt die innewohnende Tendenz, alle Erscheinungen in Entwicklungen zu ordnen und alle Entwicklungen in Etappen, Perioden, Stadien oder Stufen einzuteilen, womöglich noch deutlicher aus als diese. Die Schrift ist ja ganz als wirtschaftswissenschaftliche Analyse angelegt und verblüfft durch die Fülle des aus allen Ecken und Enden zusammengetragenen, vor allem statistischen Details, das der Autor mit der Findigkeit und Umsicht des brennenden Doktrinärs seiner These dienstbar zu machen weiß. Die These selbst indessen ist keine ökonomische, sondern eine historische: »Der Beginn des 20. Jahrhunderts ist . . . der Wendepunkt vom alten zum neuen Kapitalismus, von der Herrschaft des Kapitals schlechthin zur Herrschaft des Finanzkapitals« – und: »Das Finanzkapital erzeugte die Epoche der Monopole« – und: »Das Monopol ist der Übergang vom Kapitalismus zu einer höheren Ordnung.« (Lenin, Sämtliche Werke, 1930, Band XIX, S. 123, 143 und 167.)

Das Studium dieser Schrift ist in unserem Zusammenhang

besonders lehrreich. Ein Satz wie jener von der »Epoche der Monopole« läßt uns den alles ergreifenden Trieb der Historisierung und Periodisierung gleichsam in voller Tätigkeit erblicken. Lenin sagt nicht etwa, das Finanzkapital dränge oder tendiere seit einer gewissen Zeit zur Bildung von Monopolen – wenn wir einmal hinnehmen, die Vorgänge der Konzentration und der Expansion, die er schildert, ließen tatsächlich Monopole entstehen –, er sagt auch nicht, die und die Konsortien hätten auf den und den Märkten faktisch eine monopolistische oder monopol-artige Stellung errungen. Die erste Formulierung entspräche einer wirtschaftswissenschaftlichen, die zweite einer empirisch-historischen Denk- und Darstellungsweise. Er sagt: »Das Finanzkapital erzeugte die Epoche der Monopole« und führt auf diese Art unter der Hand eine Sonderung der Epochen ein, deren jede durch ein ganz bestimmtes Prinzip gekennzeichnet ist – die ältere durch den Wettbewerb, die neuere eben durch das Monopol –, zugleich damit eine Suggestion der Unwiderruflichkeit und Notwendigkeit, welches alles aus dem empirischen Material natürlich nicht hergeleitet werden kann. Jede derartige Epoche gleicht in sich einem durchkonstruierten System, und wenn es sich herausstellt, daß ihr jeweiliges Prinzip (zum Beispiel das der Monopole) nicht rein und unvermischt regiert (da zum Beispiel außerdem auch noch Wettbewerb vorkommt), so ist es nur um so schlimmer für die Epoche, sie leidet eben an ›Widersprüchen‹. Diese Epochen sind wie die Glieder am Leibe der Riesenschlange, welche ›Geschichte‹ heißt. Das Wesentliche aber ist, daß dieser Leib in die Zukunft hinein fortwächst. Die Analyse ist der Prophetie dienstbar, ja sie ist selber von Prophetie angetrieben und eingefärbt. Hat man erkannt, wie eine Epoche aus der anderen, ein Prinzip aus dem anderen zwangsläufig folgte, so scheint auch der sichere Grund gelegt für die Wissenschaft von dem, was hieraus wiederum folgen wird. Oder umgekehrt: Die Weissagung des kommenden

Zeitalters schafft sich ihr Fundament (und ihre Überzeugungskraft), indem sie das Vergangene und Gegenwärtige schon im Zeitalter, nämlich Epochen oder Stufen, ordnet – in Stufen, die sich zuletzt unweigerlich als Vorstufen enthüllen müssen. »Der Imperialismus ist der Vorabend der sozialen Revolution des Proletariats«, schrieb Lenin 1920 in der Vorrede zur französischen und deutschen Ausgabe ebendieser Schrift, und er konnte in diesem Zeitpunkte triumphierend, wenn auch übertreibend hinzusetzen: »Das hat sich seit 1917 im Weltmaßstabe bestätigt.« (Werke XIX, S. 89.) Die Stufen werden gelegt, damit man auf ihnen und über sie hinaufsteigen kann. Das Gesetz der Entwicklung in Epochen ist nichts als ein Reflex der Weissagung des neuen Äons. Im Vergangenen sucht der Finger des Propheten am Ende nur die Spur des Werdenden, und sei es selbst im Wust der Statistiken von Bankeinlagen und Kapitalexporten. Weissagung ist der Ursprung und die Triebfeder der dialektischen Geschichtsauffassung und des historischen Materialismus.

Jene Leninschen Sätze sind seither, wie jedermann weiß, kanonisch geworden und werden immer von neuem wiederholt. Sie fanden sich beinahe wörtlich (aber ohne Anführungszeichen) in dem Parteiprogramm der KPdSU von 1961 wieder: »Der Kapitalismus ist in sein letztes Stadium eingetreten, das Stadium des Monopolkapitalismus, des Imperialismus« und »Imperialismus ist verfallender, absterbender Kapitalismus; er ist der Vorabend der sozialistischen Revolution.« (B. Meissner, Das Parteiprogramm der KPdSU, S. 148.) Dieses Dokument erweckt aber unter anderem dadurch ein besonderes Interesse, daß es durch eine neue Perioden-Einteilung die lange Zeit der Krise gewissermaßen geistig etwas abzukürzen strebt. Danach zerfällt die Krise des Kapitalismus selber wieder in drei Stadien. Das erste ist durch den Ersten Weltkrieg und die russische Oktober-Revolution, das zweite durch den Zweiten Weltkrieg und »die sozialistischen Revolutionen in einer Anzahl europäischer und asiatischer Länder« gekennzeichnet. Von dem dritten Stadium, in das der Kapitalismus jetzt eben eingetreten sei, heißt es einigermaßen geheimnisvoll, sein Hauptkennzeichen bestehe darin, daß es sich nicht auf dem Wege eines Weltkrieges entwickle. »Die sozialistische Revolution hängt nicht unbedingt mit einem Krieg zusammen.« (S. 169.) Das war Chruschtschows ›Inspiration‹, daß man den Untergang der kapitalistischen Welt auch ohne blutige Auseinandersetzung erwarten und betreiben könne: im Wege der ›friedlichen Koexistenz‹. Der Entwicklung vom Wettbewerbs- zum Monopol-Kapitalismus war im übrigen ein weiteres, noch jüngeres oder höheres Stadium angestückt worden: dasjenige des ›Staatsmonopol-Kapitalismus‹. Auch dies geht auf Bemerkungen Lenins zurück. In der Fassung des Parteiprogramms von 1986 sind zwar die einleitenden Sätze über den Eintritt des Kapitalismus »in sein höchstes und letztes Stadium«, das des Imperialismus, erhalten geblieben, auch die stereotypen Wendungen von der »Vertiefung« der Krise und der »Verschärfung« des Konflikts zwischen Produktivkräften und Produktionsverhältnissen finden sich wieder, und die neue Phase des »staatsmonopolistischen« Kapitalismus geistert weiter durch die beschreibenden Partien des Ersten Teils. Insgesamt tritt aber die Diagnose des Kapitalismus zurück gegenüber der rühmenden Bilanz des Sozialismus, und vollends verschwindet die apokalyptische Prognose der Fäulnis und des Niedergangs der Bourgeoisie hinter dem Register ihrer neueren Untaten – von Vietnam bis Nicaragua – und vor allem hinter den starken Worten der Warnung vor imperialistischer Kriegsvorbereitung. Daher wird die Chruschtschowsche Devise der »friedlichen Koexistenz von Staaten mit unterschiedlicher Gesellschaftsordnung« in dem jüngsten Dokument womöglich mit noch stärkerem Ton vorgetragen, und das Postulat der Kriegsverhütung hat einen eigenen Rang gewonnen, unabhängig von der Verknüpfung mit der

Revolutions-Theorie: »Es ist möglich, den Krieg zu verhindern und die Menschheit vor einer Katastrophe zu bewahren.« (Sowjetunion heute, Sondernummer April 1986, S. 219.)

»Caesaro-Papismus« (Seite 153)

Der Ausdruck kann hier natürlich nur cum grano salis verstanden werden. Er stellt eine moderne gelehrte Erfindung dar, wodurch die Stellung des oströmischen Kaisers nach Konstantin dem Großen in bezug auf die orthodoxe christliche Kirche kritisch bezeichnet werden sollte. Das ›weltlich-geistliche‹ Verhältnis ist, genau besehen, von demjenigen der bolschewistischen Parteiherrschaft doch wesentlich verschieden – insofern nämlich, als das Kaisertum älter war als die christliche ›Staatskirche‹. Arnold Toynbee hat die Konstellation mit einem ingeniösen Gleichnis folgendermaßen beschrieben: »Nachdem Konstantin seine ›Entente‹ mit der Kirche geschlossen hatte, fiel die Kirche an den Ort, den er für sie entworfen hatte. Rasch und gern glitt sie in die politische Muschel hinein, in der ihren Sitz einzunehmen die Reichsbehörden sie nun einluden.« (A Study of History, vol. IV, p. 350.) Dem Kaiser Leo Syrus wird die Äußerung zugeschrieben: »Imperator sum et sacerdos.« Aber dieser Anspruch erscheint, wenn er überhaupt authentisch ist, hier doch eher als sekundäre Folge einer vorgängigen Unterordnung der Kirche unter die kaiserliche Herrschaft. Demgegenüber zeichnet sich die Herrschaft bolschewistischer Parteiführer durch ihre originäre Legitimierung aus der quasi-päpstlichen Funktion aus. Um im Bilde zu bleiben: diese ›Kaiser‹ können es nur sein, weil sie ›Priester‹ sind, nämlich Verwalter und Fortführer der (marxistischen) Geschichts-Offenbarung. Die Parteidiktatur ähnelt mehr einer Unterwerfung des Reichs durch die

Kirche als einer Einschließung der Kirche im Reich. ›Papa-Caesarismus‹ wäre daher der treffendere Ausdruck, wenn es ihn gäbe.

Die Inspiriertheit der Parteiführung (Seite 156)

»›Warum glauben Sie, daß die Parteiführung die richtigen Antworten findet?‹ – ›Weil sie die Gesetze der geschichtlichen Entwicklung kennt und anwendet.‹«
Unter all den Gelegenheitsunterhaltungen, Gesprächen und Gesprächsfragmenten, deren absichtslose und authentische Wiedergabe Klaus Mehnerts Charakterisierung der »Sowjetmenschen« fundiert und illustriert, ist dieser Dialog einer der aufschlußreichsten, zudem für unseren Zusammenhang einzigartig erhellend. (»Der Sowjetmensch«, S. 315.) Sein Partner in dieser Unterhaltung, die in einer billigen Speisehalle stattfand, war »ein Mann Ende der Vierzig, ein Kriegsverletzter, dem der linke Arm fehlte«, nicht Mitglied der Kommunistischen Partei.

Vergleichbarkeit von Puritanismus und Bolschewismus (Seite 161)

Die Anekdote von dem Gebet Harrisons mit Fairfax, wie sie David Hume erzählt hat, schien vorzüglich geeignet, einen charakteristischen Zusammenhang von Offenbarung und Handlung, Verheißung und Willkür, Apokalypse und Revolution sichtbar zu machen. Liest man die Geschichte der Großen englischen Revolution, so fallen aber auch sonst zahlreiche Züge ins Auge, die mit Erscheinungen des Bolschewismus erstaunliche Ähnlichkeiten aufweisen. Diese Ähnlichkeiten sind wohl öfters bemerkt worden, zumal von Eric Voegelin, früher schon von Arnold Toynbee.

Voegelin hat in seinem Buche über »die neue Wissenschaft der Politik« (deutsch München 1959) die Cromwellsche Revolution als Modellfall der »gnostischen Revolution« analysiert, welche er als das böse Kennzeichen der ›Moderne‹ überhaupt ansieht. Verblüffend sind in der Tat die Zitate, die er aus einer Streitschrift von 1641 anführt – sie führt den Titel »A glimpse of Sion's Glory«. Ich erwähne nur die prophetische Gewißheit, die sich in dem Satze ausspricht »Babylons Fall ist Sions Aufstieg«, weil sich hier in biblischen Metaphern dasselbe eschatologische Schema zeigt, welches in dem Verhältnis von bürgerlicher Gesellschaft und proletarischer Klassenherrschaft im Marxismus wiederkehrt. Den Ärmsten und Geringsten soll die Welt gehören, sie sind die Heiligen Gottes. »Der gnostische Revolutionär«, sagt Voegelin sarkastisch, »interpretiert das Kommen des Reiches als ein Ereignis, das seiner militärischen Mitwirkung bedarf.« (S. 202.) Er versteht den puritanischen und den marxistischen Vorstoß gleichermaßen als zugehörig zu der einen großen »gnostischen« Bewegung, und diese gilt ihm für schlechthin anti-christlich.

Eine noch speziellere geistesgeschichtliche Verknüpfung der beiden Phänomene hat Arnold Toynbee vorgenommen in einer höchst interessanten Glosse des Anhangs zu seinem fünften Band (A Study of History, vol. V, p. 615). Er bezieht sich seinerseits wiederum auf eine Studie des englischen Historikers Tawney. Tawney hatte (1926) geschrieben, es sei nicht gänzlich phantastisch zu sagen, daß »Calvin für die Bourgeoisie des sechzehnten Jahrhunderts dasselbe getan habe wie Marx für das Proletariat des neunzehnten oder daß die Prädestinationslehre denselben Hunger befriedigte wie die Theorie des Historischen Materialismus in einem anderen Zeitalter – den Hunger nach der Bestätigung, daß die Kräfte des Universums auf der Seite der Auserwählten seien«. Toynbee glaubt, zwischen Calvinismus und Kommunismus als ›missing link‹ den Liberalismus des neunzehnten

Jahrhunderts einfügen zu können – den Liberalismus mit seinem Aberglauben an die Zwangsläufigkeit des Fortschritts. Das können wir auf sich beruhen lassen. Uns kommt es gar nicht auf geistesgeschichtliche Stammbäume an, nur auf die phänomenale Ähnlichkeit. Der gemeinsame Zug, der Toynbee selber am meisten fasziniert, ist der seltsame, scheinbar durchaus paradoxe Umstand, daß gerade der Glaube an Vorausbestimmung – Calvins Prädestination einerseits, die marxistische Zwangsläufigkeit der historischen Entwicklung andererseits – die höchsten Energien revolutionärer Aktivität geweckt hat, daß, mit Voegelins Worten, gerade die Verheißung des künftigen Reiches die »militärische Mitwirkung« der Gläubigen im höchsten Maße mobilisiert hat. Diese Erscheinung bezeichnet auch die Überschrift von Toynbees Glosse: »Fatalism as a spiritual tonic.«

Zum 7. Kapitel

Das Wort »Weltrevolution« (Seite 164)

Nachdem ich bei meinen seinerzeitigen Studien die überraschende Wahrnehmung gemacht hatte, daß das Wort »Weltrevolution« in den hauptsächlich einschlägigen Schriften von Karl Marx nicht vorkommt, nicht einmal im »Kommunistischen Manifest«, mochte ich mich in diesem Punkt aber doch nicht auf meine Kenntnis allein verlassen. Ich legte die Frage Herrn Dr. Iring Fetscher, damals in Tübingen (jetzt Professor in Frankfurt) vor, dessen vorzügliche Quellenkenntnis mir aus seinen zahlreichen Studien zum Marxismus und Bolschewismus bekannt war. Mit seiner freundlichen Erlaubnis rücke ich seinen Antwortbrief in seinen wesentlichen Teilen hier ein; ein neuerer Nachtrag folgt anschließend.

»Über die Herkunft des *Wortes* Weltrevolution habe ich an Hand meiner recht umfangreichen Bibliothek nichts feststellen können, dagegen ist die *Sache* schon vor dem Kommunistischen Manifest und auch in diesem gegenwärtig. Ich nehme an, daß der Ausdruck aus dem politischen Tageskampf stammt. Bei Marx und Engels habe ich ihn – trotz eifriger Suche – nicht gefunden. Eine Spezialarbeit über den Begriff der Weltrevolution gibt es – soweit mir bekannt ist – nicht . . .

Die geistes- und realgeschichtliche Herkunft der ›Sache‹ ist dagegen ziemlich eindeutig, und eine Monographie zum Thema ›Herkunft und Wandel des Gedankens der Weltrevolution‹ wäre nicht schwer zu schreiben:

1. Gustav Meyer macht in seiner Engelsbiographie mit Recht darauf aufmerksam, daß Engels (ebenso Marx) das Zukunftsideal des *Weltbürgertums* aus der Tradition der klassischen deutschen Philosophie und aus dem zeitgenössischen europäischen Fortschrittsgeist übernommen habe. Hier wäre die erste, ›philosophische‹ Quelle des Begriffs der ›Weltrevolution‹ zu suchen. Weltbürgertum, Weltliteratur und Weltgeschichte erfordern als revolutionäres Äquivalent die Weltrevolution. Ebenfalls bei Meyer wird auf Moses Heß' »Europäische Triarchie« verwiesen, deren Gedanken auf Engels großen Eindruck machten. Ihr zufolge waren drei Revolutionen für Europas Schicksal notwendig: die religiöse der Deutschen, die politische der Franzosen und die noch ausstehende soziale der Engländer. Aber diese letzte Revolution war nach Auffassung von Marx und Engels zugleich die radikalste und in ihrer Bedeutung in noch höherem Maße übernational als die vorausgegangenen. Sie würde das Menschheitsideal einer gerechten und freiheitlichen Sozialordnung realisieren und auf die Welt ausbreiten, mit der ja das industrialisierte England durch den *Weltmarkt* bereits innig verbunden war.

2. An dieser Stelle geht die Konzeption aus einer philoso-

phisch-spekulativen in eine ökonomisch-politisch-deduktive über. Zwei große Phänomene werden immer wieder im Zusammenhang mit der erwarteten sozialen (nicht sozialistischen!) und proletarischen Revolution erwähnt: der *Weltmarkt* und der *Weltkrieg*. An sie muß der Gedanke der Weltrevolution angehängt werden, wenn man das für die Marxisten selbst schlagendste Argument für sie erkennen will. Entsprechend dieser neuen Betrachtungsweise verschiebt sich auch die Hoffnung Karl Marxens – nach der Niederlage der Revolution von 1848 in Deutschland – nach dem entwickeltesten Industrieland Großbritannien und kehrt (bei Engels) erst allmählich und zögernd nach Deutschland, dem Land der erfolgreichen marxistischen Arbeiterbewegung, zurück. Im Manifest heißt es:
›Die nationalen Absonderungen und Gegensätze der Völker verschwinden mehr und mehr schon mit der Entwicklung der Bourgeoisie, mit der Handelsfreiheit, dem Weltmarkt, der Gleichförmigkeit der industriellen Produktion und der ihr entsprechenden Lebensverhältnisse.
Die Herrschaft des Proletariats wird sie noch mehr verschwinden machen. Vereinigte Aktion, wenigstens der zivilisierten Länder, ist eine der ersten Bedingungen seiner Befreiung.‹
Der letzte Gedanke kann der Sache nach als der der Weltrevolution bezeichnet werden, und zwar in einem spezifischen Sinne, der dann später von Lenin und Stalin fallen gelassen wurde: die proletarische Revolution ist nicht nur in ihrem Ziel international und die nationalen Antagonismen überwindend, sondern für ihr Gelingen bereits auf eine ›vereinigte Aktion‹ des Proletariats der zivilisierten Staaten angewiesen. Ich würde das den Gedanken der ›technischen Internationalität‹ nennen.
1853 entwickelt Marx den Zusammenhang von Weltmarkt und Weltrevolution noch deutlicher in einem Aufsatz für die New York Daily Tribune: ›An der bürgerlichen Periode der

Geschichte ist es, die materielle Grundlage einer neuen Welt zu schaffen – einerseits den auf der gegenseitigen Abhängigkeit der Weltvölker beruhenden *Weltverkehr* und die hierfür erforderlichen Verkehrsmittel, andererseits die Entwicklung der menschlichen Produktivkräfte. (Wissenschaft.) Bürgerliche Industrie und bürgerlicher Handel schaffen diese materiellen Bedingungen einer neuen Welt in der gleichen Weise, wie geologische Revolutionen die Oberfläche der Erde geschaffen haben. Erst wenn eine große soziale Revolution die Ergebnisse der bürgerlichen Epoche, den *Weltmarkt* und die modernen Produktivkräfte, gemeistert und sie der gemeinsamen Kontrolle der am weitesten fortgeschrittenen Völker unterworfen hat, erst dann wird der menschliche Fortschritt nicht mehr jenem scheußlichen heidnischen Götzen gleichen, der den Nektar nur aus den Schädeln Erschlagener trinken wollte.‹ (New York, 8. 8. 1853, zitiert nach Marx-Engels, Ausgewählte Werke, Bd. I, p. 332.)
Den Zusammenhang von proletarischer (sozialer) Revolution und *Weltkrieg* hat Marx schon 1850 in ›Die Klassenkämpfe in Frankreich‹ hervorgehoben: ›Endlich nahm Europa durch die Siege der Heiligen Allianz eine Gestalt an, die jede neue proletarische Erhebung in Frankreich mit einem Weltkrieg unmittelbar zusammenfallen läßt. Die neue französische Revolution‹ – damals erwartet Marx die proletarische Revolution zuerst in Frankreich – ›ist gezwungen, sofort den nationalen Boden zu verlassen und das europäische Terrain zu erobern, auf dem allein die soziale Revolution des 19. Jahrhunderts sich durchführen kann.‹ (Marx-Engels, Ausgewählte Werke, Bd. I, p. 146.)
Strenggenommen dürfte man hier also nur von einer ›Europarevolution‹, noch nicht von einer Weltrevolution reden, aber für Marx und Engels war ja damals Europa noch mit der geschichtlich relevanten Welt identisch.
In einem später geschriebenen Absatz der gleichen Schrift heißt es:

›. . . der Klassenkrieg innerhalb der französischen Gesellschaft schlägt um in einen Weltkrieg, worin sich die Nationen gegenübertreten. Die Lösung, sie beginnt erst in dem Augenblick, wo durch den Weltkrieg das Proletariat an die Spitze des Volks getrieben wird, das den Weltmarkt beherrscht, an die Spitze Englands. Die Revolution, die hier nicht ihr Ende, sondern ihren organisatorischen Anfang findet, ist keine kurzatmige Revolution. Das jetzige Geschlecht gleicht den Juden, die Moses durch die Wüste führt. Es hat nicht nur eine neue Welt zu erobern, es muß untergehen, um den Menschen Platz zu machen, die einer neuen Welt gewachsen sind.‹ (Ebendort, p. 192.)
Hier wird die gleichsam ›reife‹ Marxsche Konzeption deutlich: Die soziale Revolution, die allein das Proletariat durchführen kann, ist nur dann erfolgreich, wenn sich das Proletariat Englands an die Spitze dieses Landes stellt, das den Weltmarkt beherrscht. Dazu aber kann es durch einen Weltkrieg gezwungen werden, der etwa im Anschluß an eine proletarische Revolution in Frankreich ausbricht. Die Argumentation ist also hier rein ›empirisch‹.
3. Aus diesem Grunde bedeutet auch die von Lenin eingeleitete Korrektur an der Marx-Engelsschen These von der Notwendigkeit einer gemeinsamen Aktion der Proletariate der entwickelten Industriestaaten kein Aufgeben des fundamentalen – philosophischen, geschichtsmetaphysischen – Anspruchs der ›Weltrevolution‹. In dem neuen ›imperialistischen Stadium‹ der Entwicklung des Kapitalismus hatten sich nur die technischen Aspekte verändert, die ›Ungleichmäßigkeit der Entwicklung‹ in den Industriestaaten und Entwicklungsländern eröffnet der proletarischen Revolution ganz andere Chancen und verschließt ihr die von Marx und Engels namentlich in England erhofften vorerst. (Dazu Lenin, Die zwei Taktiken der Sozialdemokratie . . ., 1905; Die Losung der Vereinigten Staaten von Europa, 1915; Das militärische Programm der proletarischen Revolution, 1916.)

Auch wenn bei all diesen Autoren (ich habe das Hauptwerk Kautskys und Bucharin im Register nachgeschlagen – nur Stalin hat kein Register) der Terminus ›Weltrevolution‹ fehlt, ist die Sache deutlich ausgesprochen. Der Ursprung dieser Lehre liegt gewiß in dem universalistischen Anspruch, den schon die Französische Revolution erhob und den die klassische deutsche Philosophie womöglich noch weiter gesteigert hat. Gestützt wird sie durch den Hinweis auf den Weltmarkt und seine schicksalhafte Bedeutung für alle einigermaßen mitzählenden Staaten und durch die Unvermeidlichkeit von Weltkriegen im Zusammenhang mit nationalen proletarischen Revolutionen – ganz gleich, wo diese ausbrechen mögen.«

Nachtrag 1985

Seit diesen Aufzeichnungen hat sich bei ganz anderen Studien die Frage nach dem Ursprung oder doch nach dem ersten Auftritt des Wortes ›Weltrevolution‹ unversehens geklärt: Heinrich Heine scheint es geprägt zu haben. Es bildet ein Element, ja einen Höhepunkt der Prophezeiung, die in der zweiten Serie seiner Pariser Berichte, in dem Buch ›Lutetia‹ unter der Ziffer XLVI enthalten ist. Er sagt dort einen deutsch-französischen Krieg voraus, der zum Verderben beider Völker führen und dem – als zweiter Akt des »großen Spektakelstücks« – »die europäische, die Weltrevolution, der große Zweikampf der Besitzlosen mit der Aristokratie des Besitzes« folgen werde. Dieser Bericht trägt das Datum des 12. Juli 1842, die Passage ist in diesem Wortlaut in der ›Allgemeinen Zeitung‹ zu Augsburg erschienen und nachmals in die Buchausgabe (von 1854) übernommen worden. Ich habe sie erläutert in meinem Buch ›Heinrich Heine und die Abschaffung der Sünde‹ (Düsseldorf 1972, dann auch Frankfurt 1976) in dem Kapitel

»Unterschiedliche Prophezeiungen« (S. 39-40), dort auch auf den »frühesten markanten Auftritt dieses wirkungsmächtigen und schicksalsträchtigen Verheißungswortes« aufmerksam gemacht. Auch der Herausgeber der Ost-Berliner Heine-Ausgabe, Hans Kaufmann, hatte (in Band 10, S. 64f.) die Bemerkung gemacht, daß Heine das Wort »wohl als erster in deutscher Sprache im modernen Sinn gebraucht hat«. Seither hat ein anderer Herausgeber, Karl Heinz Stahl, in einer Anmerkung zu dieser Stelle geradezu von einer »Wortneuschöpfung Heines« gesprochen (Sämtliche Schriften, herausgegeben von Klaus Briegleb, Bd. 5, 1974, S. 1070). Heine könnte das Wort leicht an den jungen Marx weitergegeben haben, aber es fehlt in dessen Schriften. So bleibt übrig, dem Wege nachzuforschen, den es, offenbar ohne Marx' Mitwirkung, im Marxismus genommen hat.

Das »Gesetz von der ungleichmäßigen Entwicklung der kapitalistischen Länder« (Seite 179)

Soviel ich erkennen kann, geht dieses paradoxe ›Gesetz‹ oder geht der wunderliche Name ›Gesetz‹ für die Beobachtung gerade ganz ungleichartiger, regelwidriger ökonomischer Zustände auf eine Bemerkung Lenins zurück, die offenkundig einem taktischen Motiv entsprang. Die Bemerkung findet sich in dem Aufsatz »Über die Losung der Vereinigten Staaten von Europa«, erschienen in Nr. 44 des »Sozial-Demokrat« vom 23. August 1915, und lautet wörtlich folgendermaßen: »Die Ungleichmäßigkeit der ökonomischen und politischen Entwicklung ist ein unbedingtes Gesetz des Kapitalismus. Hieraus folgt, daß der Sieg des Sozialismus zunächst in wenigen kapitalistischen Ländern oder sogar in einem einzeln genommenen Lande möglich ist. Das siegreiche Proletariat dieses Landes würde sich nach Enteignung der Kapitalisten und nach Organisierung der sozialistischen Produktion im eigenen Lande der übrigen, der kapitalistischen Welt entgegenstellen, würde die unterdrückten Klassen der anderen Länder auf seine Seite ziehen, in diesen Ländern den Aufstand gegen die Kapitalisten entfachen und notfalls sogar mit Waffengewalt gegen die Ausbeuterklassen und ihre Staaten vorgehen.« (Lenins Werke, Berlin 1960, Band 21, S. 345/46.) Man sieht leicht, welche Bedeutung dieser Stelle auch in anderer Hinsicht zukommt, vor allem als kanonischer Bestätigung für die nachmalige Stalinsche Doktrin vom Sozialismus in einem einzigen Lande; für Chruschtschows ›Koexistenz‹-Doktrin gibt sie freilich nichts her. Lenin spricht hier allerdings nicht von Notwendigkeiten, sondern von Möglichkeiten. Er ist fühlbar bestrebt, sich und der revolutionären Partei alle Wege offenzuhalten, sich die Manövrierfähigkeit nicht beschränken zu lassen, zum Beispiel eben nicht durch eine solche Devise wie die von den Vereinigten Staaten von Europa. Auch Marx hat, wie bekannt, nicht angenommen, die Revolution werde gewissermaßen überall zugleich ausbrechen, sondern er hat zuzeiten von diesem, zuzeiten von jenem nationalen Proletariat erwartet, daß es den revolutionären Prozeß eröffnen werde. Lenin sagt an einer anderen Stelle derselben kleinen Schrift, die ich eben zitiert habe, die sozialistische Revolution dürfe man nicht als einen einzelnen Akt betrachten, »sondern als eine Epoche stürmischer politischer und ökonomischer Erschütterungen . . ., der Revolutionen und Konterrevolutionen«. Die Formel von der »Ungleichmäßigkeit der Entwicklung« ist indessen offenkundig bestimmt, der Vorstellung von der ubiquitären und simultanen Natur der Weltrevolution mit einem starken Wort entgegenzuwirken. Dem geweissagten ›Gesetz‹ vom Ende des Kapitalismus schlechthin konnte er, so mag er wohl empfunden haben, seine strategisch bedenklichen Folgen nur dadurch nehmen, daß er es durch ein neues zusätzliches ›Gesetz‹ ergänzte oder spezifizierte. Doch mutet dies hier mehr wie ein instinktiver Einfall denn wie eine durchdachte und ausgeführte Doktrin an. Auch hat Lenin ja, wie oben dargestellt, in der Folge keineswegs an dieser Linie festgehalten. Ja, in seinem Kopfe vertrug sich der Gedanke von der ›ungleichmäßigen Entwicklung‹ des Kapitalismus wie der Revolution, der Gedanke an die Möglichkeit der Revolution nur in einem Lande, durchaus und sogar in ein und demselben Augenblick mit dem anderen und gewissermaßen konventionellen Gedanken, der Weltkrieg werde in einen allgemeinen Bürgerkrieg übergehen. Der sogenannte »Resolutionsentwurf der Zimmerwalder Linken« – bestimmt für die Internationale Sozialistische Konferenz vom September 1915 in Zimmerwald in der Schweiz – ist in denselben Tagen entstanden wie der zuvor erwähnte Artikel über die Losung der Vereinigten Staaten von Europa. Und doch findet man darin nicht den leisesten Anklang an jenes ›Gesetz von der ungleichmäßigen Entwicklung‹. Im Gegenteil spricht diese Entschließung, die Lenin formuliert hat, ganz ohne Spezifizierung und Nuancierung davon, daß »der imperialistische Krieg die Ära der sozialen Revolution« eröffne, daß »alle objektiven Bedingungen der jüngsten Epoche ... den revolutionären Massenkampf des Proletariats auf die Tagesordnung« setzten und daß man daher »die Umwandlung des imperialistischen Krieges zwischen den Völkern in den Bürgerkrieg« anzustreben habe. Für Lenin war da augenscheinlich kein Widerspruch, jedenfalls in diesem Zeitpunkt nicht.

Die zuerst angeführte Stelle eröffnet noch andere und weitere Perspektiven. Erstaunlicherweise hat Lenin hier unter anderen Möglichkeiten auch bereits die Möglichkeit ins Auge gefaßt, daß ein einzelnes sozialistisch organisiertes (und bolschewistisch geführtes) Land im Wege des kriegerischen Angriffs – »mit Waffengewalt« – gegen ›kapitalistische‹ Staaten vorgehen werde. Schon hier also scheint sich der Unterschied zwischen Revolution und Intervention zu verwischen – die Stelle könnte uns im nachhinein wie eine momentane Vision dessen erscheinen, was unter Stalins Führung am Ende des Zweiten Weltkriegs in der Tat sich vollzogen hat. Genaugenommen begann übrigens diese Stalinsche Politik der Revolutionierung durch Intervention nicht erst am Ende des Zweiten Weltkriegs, sondern bereits im Jahre 1940 mit der Einverleibung der drei baltischen Staaten. Der primäre Zweck dieser Umsturz- und Anschluß-Manöver war zwar rein militärisch-strategischer Natur. Isaak Deutscher hat in seinem Stalin-Buch (S. 464) die einleuchtende Bemerkung gemacht, daß Stalin hier zum ersten Mal von seiner Theorie vom ›Sozialismus in einem einzigen Lande‹ abgewichen sei. Wir haben indessen oben bei der Erörterung dieser Theorie schon wahrgenommen, daß sie in Stalins eigener Darstellung auch einen strategischen Aspekt bot: das eine sozialistische Land als Operationsbasis für die weitere Ausbreitung der Revolution. Die Wendung Lenins, die ich zitiert habe, weist in dieselbe Richtung.

Die These von der »ungleichmäßigen Entwicklung« hat sich bis in die jüngste Zeit als ein fester Topos in der Sprache der bolschewistischen Partei unverändert erhalten. Man begegnet ihr wieder in dem Parteiprogramm vom Herbst 1961. »Der revolutionäre Sturz des Imperialismus vollzieht sich nicht gleichzeitig in der ganzen Welt. Da sich die kapitalistischen Länder im Imperialismus wirtschaftlich und politisch ungleichmäßig entwickeln, vollziehen sich die Revolutionen in den verschiedenen Ländern zu verschiedenen Zeiten« (B. Meissner, Das Parteiprogramm der KPdSU, S. 148). Die Fassung von 1986 schließlich fügt eine Nuance hinzu, die ganz dem »komparativischen« Stil der bolschewistischen Geschichts-Analysen entspricht: »Die ungleichmäßige Entwicklung der Länder innerhalb des kapitalistischen Systems prägt sich immer stärker aus.« Der Gedanke wendet sich hier dem »wirtschaftlichen Gefälle« zwischen Industrie- und Entwicklungsländern zu. So gewinnt das alte Leninsche

›Gesetz‹ eine andere Pointierung: zuvor sollte es die Ungleichzeitigkeit der zu erwartenden Revolutionen erklären, nun dient es eher dazu, den Kontrast der reichen und der armen Länder in der Welt zu verdeutlichen (Sowjetunion heute, Sondernummer, S. 17).

Die Unfehlbarkeit der Partei ist nicht dogmatisiert (*Seite 183*)

»Ich weiß, man soll der Partei gegenüber nicht recht haben wollen. Man kann nur recht haben mit der Partei und durch die Partei, denn die Geschichte hat keinen anderen Weg gewiesen zur Verwirklichung dessen, was recht ist.« Die Worte stammen – man sollte es kaum vermuten – aus dem Munde Leo Trotzkis. Sie bildeten einen Teil seiner Verteidigung gegen Sinowjews Forderung (im Jahre 1924), seine oppositionellen Ansichten zu widerrufen. Sie stellen wohl das früheste bedeutende Zeugnis dieser Art dar. Die Formulierung, die vielleicht nicht des Charakters, aber gewiß des Verstandes Trotzkis würdig ist, gibt genau den Grund an, woraus Orthodoxie und faktischer Unfehlbarkeits-Anspruch mit einer gewissen Notwendigkeit erwachsen mußten: »Die Geschichte hat keinen anderen Weg gewiesen« – bei apokalyptischer Rechtmäßigkeit kann die Monopolisierung des Exegeten-Amtes nicht ausbleiben. Stalin freilich tat die Erklärung Trotzkis mit den Worten ab: »Die Partei erhebt keinen Anspruch auf Unfehlbarkeit.« Auch diese Äußerung muß uns aus diesem Munde überraschen. Sie ist aus der Situation zu verstehen: offenbar wollte er Trotzki das Pathos rauben. (Ich folge hier der Darstellung von Isaak Deutscher: Stalin, Stuttgart 1951, S. 292.)
Andererseits mangelt es bis auf den heutigen Tag nicht an formelhaften Anrufungen und Ausrufungen der Partei, welche in der Tat klarmachen und festhalten, daß es

außerhalb ihrer keine rechte Erkenntnis geben könne, und welche auf diese Weise ihr faktische Unfehlbarkeit zuerkennen, ohne diesen Begriff direkt zu gebrauchen. So heißt es zum Beispiel im Parteiprogramm von 1961:
»Die Partei ist das Gehirn, die Ehre und das Gewissen unserer Epoche für das Sowjetvolk, das gewaltige revolutionäre Umgestaltungen vollbringt« (Meissner, Parteiprogramm, S. 240). Wiederum heißt es in der Fassung von 1986: Die Partei »ist der Inspirator und Organisator des historischen Schöpfertums der Massen, die führende und richtungsweisende Kraft unserer Gesellschaft«. Zudem wird ihr nun sogar noch eine wachsende Bedeutung zuerkannt: »Unter den neuen historischen Bedingungen ... wächst logischerweise die führende Rolle der Partei im Leben der sowjetischen Gesellschaft ...« (Sowjetunion heute, S. 38/39.)

Zum 10. Kapitel

Die Lehre von der Volkssouveränität und die bürgerliche Legitimität (Seite 239)

Die Legitimität der neuen Politie kann nicht auf der Doktrin der Volkssouveränität beruhen. Die Gemischte Verfassung kann nicht aus der Simplizität, Singularität und Souveränität der Kollektivperson »Volk« sich herleiten. Ihre Doppelgestalt bezeugt leibhaftig, daß nicht alle Staatsgewalt »vom Volke ausgeht«. Die Staatslehre hat seit je große Anstrengungen unternommen, die Mehrzahl der Regierungsgewalten auf die Einzahl der Figur des Volkes zurückzuführen, diese Einheit und Einzigkeit mit jener Mehrheit zu versöhnen. Die logischen Konstruktionen, die zu Ehren des Dogmas aufgerichtet worden sind, fußen sprachlich zumeist auf Metaphern. Das gilt gewiß von der Vorstellung der »Staatsorgane« und zumal von ihrer Ausarbeitung durch Georg Jellinek, der das Volk als ein primäres »Organ«, die drei Regierungsgewalten als sekundäre »Organe« des einen Staates gedeutet hat. Die Bildersprache, deren sich der Autor im Rausche der Begrifflichkeit wohl kaum bewußt war, leitet sich in seinem Fall von der uralten – antiken wie mittelalterlichen – Vergleichung des Staats mit einem personalen Körper her. Wollte man die »Organ«-Vorstellung in ihrer metaphorischen Buchstäblichkeit nehmen, so hätte man eine Gestalt mit geradezu abstoßenden Mißbildungen vor sich. Einer weit angenehmeren Gleichnisrede bedient sich Herbert Krüger, wenn er, durchaus nahe am wirklichen Phänomen, die »Auseinandersetzung, in der der politische Wille des Volkes vorgebildet wird«, zwar als Dialog zwischen dem Volk und den Parteien als beiderseits aktiven Partner beschreibt, dann aber diese dialektische Zweiheit in ein Selbstgespräch, also doch einen Monolog des Volkes umdeutet, welches nämlich die Parteien zu diesem Ende »aus sich herausgesetzt« habe. Herbert Krüger, *Allgemeine Staatslehre,* S. 369: »Das Volk setzt Parteien aus sich heraus, um gewissermaßen mit sich selbst in ein geordnetes und konzentriertes Gespräch zu kommen, aus dem ein einheitlicher, fester und richtiger Gesamtwillen hervorgehen soll.« Genau besehen, beruht aber auch die unauffällige Wendung des Grundgesetzes, die Staatsgewalt »gehe vom Volke aus«, nicht weniger auf einer Metapher und verdankt einzig der langher wirkenden Vertrautheit und scheinbaren Natürlichkeit dieses Sprachbildes ihre Überzeugungskraft und ihre dogmatische Unentbehrlichkeit. Das französische Vorbild ist die »Emanation«: »La Nation, de qui seule émanent tous les pouvoirs«, hieß es schon in der Verfassung von 1791 (Titel II, Artikel 2). Und diese Formel wiederum geht zurück auf Rousseau, der mit ebendiesem Wort das wahre Verhältnis der Regierungsgewalten zu der einen Souveränität des »être collectif« bezeichnet; es sei irrig, sagt er im »Contrat social«

(II, 2), als Teile der Autorität aufzufassen »ce qui n'en étoit que des émanations«. Wenn ich mich nicht täusche, begegnet der Ausdruck nicht einmal erst in der Sprache des nationalen, sondern schon in derjenigen des fürstlichen Absolutismus. Das »Ausgehen von« erscheint wie eine Übersetzung des »émaner«, und es ist das erhabene Bild der Lichtquelle, wovon dieses Verbum als Sprachfragment Zeugnis gibt. In der Tiefe der Bedeutungsgeschichte der »Emanations«-Wörter gewahrt man die Urbilder der Quelle und auch der Sonne, die im griechischen Denken vielfach hohen metaphysischen Rang eingenommen haben. In klassischer Weise finden sich beide vereint bei Plotin, in der Darlegung über »das Erste Gute« (Enneaden I, 7; Nr. 54 nach der chronologischen Anordnung), wo das Erste Gute beschrieben wird »als ein stillestehender Born«, als wesensgemäßer Urgrund aller Betätigung, der die andern Dinge gutgestaltig macht«, aber »auch die Sonne kann als Beispiel dienen, die wie der Mittelpunkt ist für das von ihr ausgehende Licht, welches fest an sie gebunden bleibt ...« (Plotins Schriften, übersetzt von Richard Harder, Leipzig 1937, Band V, 161 und 162). Manche Kommentatoren des Grundgesetzes haben das Emanationsverhältnis dadurch zu erklären versucht, daß sie dem Volk die »Trägerschaft« (den Regierungsgewalten die »Ausübung«) der Staatsgewalt zugeschrieben haben: um der Dunkelheit der einen Metapher zu entgehen, flüchten sie zu einer anderen. Alledem hat Roman Herzog in seiner »Allgemeinen Staatslehre« (Frankfurt 1971, S. 208-210) ein entschiedenes Verdikt entgegengesetzt: statt sich mit solchen »Formeln von der ›Trägerschaft‹, vom ›Ausgehen‹ ... von der Ausübung der Staatsgewalt« zu begnügen, müsse man die Frage stellen, worin das Verhältnis des Volkes zu den Staatsorganen »praktisch« bestehe, und er beantwortet die Frage mit dem Hinweis auf die unmittelbare oder mittelbare Berufung der »Amtswalter« durch das Volk, also auf dessen Rolle als Wählerschaft. Gegen Metaphern ist, notabene, nichts einzuwenden; ohne Gleichnisse und Bilder wüßten wir uns in der Sprache gar nicht zu helfen. Doch soll man bestrebt sein, Metaphern mit wachem Bewußtsein zu handhaben, daß man ihnen nicht zum Opfer falle. Ist der Bildsinn aber unter der vermeintlichen Rationalität dogmatischer Aussagen versunken, so muß man versuchen, ihn wieder auszugraben.

Zum 11. Kapitel

Was Hitler mit der Reichstagswahl vom 5. März 1933 erstrebte (Seite 258)

Unter den Dokumenten, die beim Nürnberger Kriegsverbrecherprozeß vorgelegt worden sind, befindet sich auch eine Nachschrift der Ansprachen, die Hitler und Göring am 20. Februar 1933 vor einer Gruppe von etwa fünfundzwanzig Industriellen im Palais des Reichstagspräsidenten gehalten haben, um von ihnen Beiträge für den Wahlfonds der NSDAP zu erlangen. (Der Prozeß gegen die Hauptkriegsverbrecher, Amtlicher Text, Deutsche Ausgabe, Band XXXV, S. 42 bis 48; Dokument 203-D.) Dr. Schacht war beim Arrangement der Zusammenkunft behilflich gewesen, und sie hat ihren Zweck erfüllt, denn die Spenden beliefen sich insgesamt auf mehr als drei Millionen Mark. Die Veranstaltung fand unter Ausschluß der Öffentlichkeit statt, ihr Verlauf ist erst im Zusammenhang des Nürnberger Prozesses bekannt geworden. Seither sind diese Ansprachen Hitlers und Görings – wie auch die Dankesworte Krupps – des öfteren zitiert worden, so von Bullock, von Karl Dietrich Bracher, von William L. Shirer und auch von Joachim Fest. Es sind immer ungefähr dieselben Sätze, die angeführt werden, und diese Sätze sind gewiß auch die interessantesten: Hitler sagte, man stehe jetzt »vor der letzten Wahl«, und

Göring fügte hinzu, diese Wahlen würden die letzten sein »sicherlich innerhalb zehn, voraussichtlich aber in hundert Jahren«. Göring hat mit dieser pausbäckigen Voraussage übrigens nur eine Wendung aus Hitlers vorangehender Rede variiert, wo es geheißen hatte: »Hoffentlich erkennt also das deutsche Volk die Größe der Stunde, sie entscheidet über die nächsten zehn, ja vielleicht hundert Jahre.« Er hatte überdies davon gesprochen, diese Stunde und diese Wahl werde »ein Wendepunkt der deutschen Geschichte« werden, für den er, Hitler, sich »mit glutvoller Energie« einsetze.
Mit diesen großen Worten steht ein anderer Passus derselben Ansprache im seltsamsten Kontrast, den von den erwähnten Geschichtsschreibern nur Bracher angeführt hat und der in dem veröffentlichten Text folgendermaßen lautet: »Wir müssen in Preußen noch 10, im Reich noch 33 Mandate erringen. Das ist, wenn wir alle Kräfte einsetzen, nicht unmöglich.« Wenn Hitler diese Zahlen wirklich genannt haben sollte, so wäre es ein nicht bloß bescheidenes, sondern geradezu kümmerliches Ziel, das er aufgestellt hätte, und man begriffe überhaupt nicht, warum er in der Gewinnung von 33 zusätzlichen Reichstagsmandaten einen Wendepunkt der deutschen Geschichte, ja auch nur eine ›große Stunde‹ hätte erblicken sollen. Im siebten Reichstag der Weimarer Epoche, der am 6. November 1932 gewählt worden und bei dessen Wahl der Anteil der nationalsozialistischen Stimmen zum ersten Male zurückgegangen war, umfaßte die Fraktion der NSDAP (der Hitler selbst noch immer nicht angehörte) 196 Sitze. Das war rund der dritte Teil der gesamten Zahl der Reichstagsabgeordneten, die sich auf 584 belief. Hätten die Nazis also 33 neue Mandate errungen, so wären sie noch immer weit unter derjenigen Zahl von Sitzen geblieben, die auch nur zur knappsten absoluten Mehrheit nötig waren; dies wären, bei gleichbleibender Zahl der Reichstagsmitglieder, 293 gewesen. Selbst wenn wir die verbündeten Deutschnationalen Alfred Hugenbergs in die Rechnung einbeziehen,

ergibt Hitlers Zielsetzung noch keinen vernünftigen Sinn: im Reichstag vom November saßen 52 Deutschnationale (sie hielten diese Zahl übrigens genau auch nach der Wahl vom 5. März 1933), und wenn man diese zu den 196 vorhandenen und den 33 erstrebten nationalsozialistischen Mandaten hinzurechnet, kommt man immer erst auf 281 und nicht auf 293 Sitze. Endlich könnte man vermuten, Hitler sei womöglich schon in diesem Augenblick, eine Woche vor dem Reichstagsbrand, insgeheim davon ausgegangen, er werde die Kommunisten ausschalten und derart die Erreichung der parlamentarischen Mehrheit gleichsam verbilligen. Diese Annahme, für die mir kein Zeugnis bekannt ist, widerspräche freilich allen übrigen Äußerungen, die sich auf die Märzwahl beziehen. Einmal hofften zum mindesten Göring und Goebbels ganz offenkundig, mit dieser Wahl gerade eine Bresche in die Mauer der ›marxistischen‹ Arbeiter-Wählerschaft zu schlagen – »wir müssen mit unseren SA-Leuten in die dunkelsten Quartiere der Großstädte vordringen und dort ... um jede einzelne Seele kämpfen«, sagte Göring, um die Industriellen zu rühren und aufs neue von der Nützlichkeit des Braunhemden-Proletariats zu überzeugen, und Goebbels wollte mit seiner Massen-Agitation endlich »jene Eiswand« brechen, »die uns so lange von Millionen deutscher Volksgenossen trennte«. (Aufruf vom 28. Februar im »Völkischen Beobachter«.) Zum zweiten sollte wiederum gerade das Ergebnis dieser Märzwahl, dieses ›Wendepunkts der deutschen Geschichte‹, der Führung erst die Position verschaffen, von der aus sie gegen den Kommunismus vorgehen könnte – die Mehrheitsposition nämlich. »Dann beginnt erst die zweite Aktion gegen den Kommunismus«, sagte Hitler – jener Nachschrift zufolge – unmittelbar, nachdem er das Ziel des Wahlkampfes, in Mandatszahlen ausgedrückt, bekanntgegeben hatte. Wenn man aber trotz dieser durchschlagenden Einwände auch dieses Rechenexempel noch versuchsweise anstellen und die hundert Kommunisten ganz hinwegdenken will, so ergäbe sich – immer unter der fiktiven Voraussetzung, der neu zu bestellende Reichstag werde dieselbe Mitgliederzahl haben wie der bestehende – für die absolute Mehrheit die Mindestzahl von 243 Stimmen, und die 196 plus 33 Nationalsozialisten würden noch immer unter dieser Grenze bleiben.

Ähnlich liegt die Sache beim Preußischen Landtag, der zugleich mit dem Reichstag am 5. März neu gewählt werden sollte und neu gewählt worden ist. Die Nazis hatten hier 162 von 422 Sitzen inne. Zehn Sitze mehr zu haben würde also so gut wie nichts verschlagen haben, und auch wenn wir die vorhandenen 31 Abgeordneten der Organisation »Schwarz-Weiß-Rot« hinzuzählten, würde sich noch keine entscheidende Veränderung ergeben. Tatsächlich hat die Wahl vom 5. März der NSDAP einen Zuwachs von 92 Mandaten im Reichstag, von 49 Mandaten im Preußischen Landtag gebracht: das ist beinahe dreimal soviel im Reich und beinahe fünfmal soviel in Preußen, als Hitler – wenn man jener Niederschrift in diesem Punkte buchstäblichen Glauben schenken wollte – zwei Wochen zuvor als die Frucht der äußersten Anstrengung ins Auge gefaßt haben soll. Und auch dieses Resultat hat ja die Führung der zur totalen Herrschaft strebenden Partei, wie wir unverkennbar aus den Notizen von Joseph Goebbels und aus anderen Zeugnissen heraushören können, noch tief enttäuscht. »Es würde uns keineswegs zufriedenstellen, mit einer Mehrheit von 52 Prozent zu arbeiten; wir wollen das ganze Volk umspannen und es hineinschmelzen in die neue Form des Staates.« Der Satz entstammt einer Rede, die Goebbels am 1. April 1933 gehalten hat (abgedruckt in »Revolution der Deutschen«, Oldenburg 1933), er scheint gewissermaßen im nachhinein das eigentliche Ziel zu offenbaren, das die Märzwahl, wenigstens annäherungsweise, bereits hatte erreichen sollen.

So können wir nicht mehr daran zweifeln, daß die Nachschrift von der Zusammenkunft vom 20. Februar in diesem einen Punkte falsch sein muß – oder daß der Redner selber sich versprochen hat. Vermutlich hat er nicht von 33 weiteren Mandaten, sondern von weiteren 33 Prozent der Mandate gesprochen – oder sprechen wollen –, die zu den bisherigen 33 Prozent hinzukommen müßten. Das hätte einen rhetorischen Sinn, wäre zudem als Ziffer begreiflicher und geläufiger als die Erwähnung von ausgerechnet 33 einzelnen Sitzen, gäbe endlich ein parlamentarisch zweckmäßiges Ziel ab, das Ziel, die Zweidrittelmehrheit zu erreichen. Wenn schon nicht das Ganze, so doch wenigstens zwei Drittel und jedenfalls mehr als die unbefriedigenden 50, 51 und 52 Prozent, die von der Totalität, selbst von der unbestimmteren Prätention der ›überwältigenden‹ Mehrheit des Volkes doch so peinlich weit entfernt blieben. Auch die zehn Prozent an Zuwachs im Preußischen Landtag gäben einen leidlich verständlichen Sinn ab – dann jedenfalls, wenn man dem Redner die Überzeugung unterlegt, daß es auf Preußen ohnehin nicht so sehr ankomme und daß in Preußen die Aussichten nicht so günstig seien wie im Reich. Ob es sich also um einen Sprech-, Schreib-, Editions- oder Druckfehler handelt: der einzige Weg, einen rationellen Sinn aus diesem Satz heraus- oder in ihn hineinzubringen, besteht in der Einfügung des Wortes »Prozent« oder des Zeichens für »Prozent«. Er hieße dann so: »Wir müssen in Preußen noch 10, im Reich noch 33 Prozent« (oder »%«) »(der) Mandate erringen. Das ist, wenn wir alle Kräfte einsetzen, nicht unmöglich. Dann beginnt erst die zweite Aktion gegen den Kommunismus.« (Diese letzte Wendung bedarf übrigens auch einer kleinen Korrektur, wenn sie Logik annehmen soll, einer grammatischen. Die Meinung ist: »Dann beginnt erst die zweite Aktion, diejenige gegen den Kommunismus.«) Verwunderlich wäre es, wenn den Zuhörern der Fehler nicht aufgefallen wäre, falls der Redner ihn begangen haben sollte. Bracher hat augenscheinlich nichts dabei gefunden, die Stelle so anzuführen, wie sie in der Nürnberger Veröffentlichung enthalten ist; diesem Autor, der eine so enorme Fülle von Stoff von neuem oder zum ersten Male umgewälzt hat, mag eine so winzige Kleinigkeit der Aufmerksamkeit nicht wert gewesen sein. In unserem Zusammenhange gewinnt sie freilich eine wesentliche Bedeutung. Das relativ bescheidenere Ziel, das Hitler hier seiner Kampagne für die preußische Landtagswahl gesetzt hatte, ist in der Tat ungefähr erreicht worden: die NSDAP gewann 49 neue Sitze, und der neue Landtag zählte 476 Mitglieder. Im Reich hingegen blieb der Zuwachs um mehr als die Hälfte hinter jener Absicht zurück: er betrug 98 Sitze, und der neue Reichstag hatte 647 Mitglieder.

Im übrigen macht diese Ansprache Hitlers vollkommen deutlich, daß er es auf eine große plebiszitäre Entscheidung abgesehen hatte, die mit allen Mitteln der Werbung wie der Einschüchterung erzwungen werden sollte. Es sollte »die letzte Wahl« sein, aber aus ihr sollte eine nationalsozialistische Herrschaft hervorgehen, die durch den ›Volkswillen‹ legitimiert wäre. Er spiegelte sich und seinen Hörern vor, eine solche Verfahrensweise bewege sich »auf dem Boden der Verfassung«, ließ aber zu gleicher Zeit keinen Zweifel daran, daß er die Macht auch dann behalten werde, wenn ihm die erstrebte Zustimmung versagt bleiben sollte – es würde dann eben nur »das deutsche Volk die Größe der Stunde« verkannt haben –, und verfehlte auch nicht, für den Alternativfall mit blutigen Gewaltmaßnahmen zu drohen: »Es gibt nur zwei Möglichkeiten, entweder ein Zurückdrängen des Gegners auf dem Boden der Verfassung und zu diesem Zwecke noch einmal diese Wahl, oder es wird ein Kampf mit anderen Waffen geführt werden, der vielleicht größere Opfer fordert. Ich möchte sie gern vermieden sehen.«

Tatsächlich ist die Reichs- und Landtagswahl vom 5. März 1933 zwar die letzte Wahl geblieben in dem Sinne einer Veranstaltung, bei der die Wählerschaft zwischen mehreren

Blöcken von Kandidaturen, weil zwischen mehreren Parteien die Chance der Auswahl hatte, nicht indessen die letzte Maßnahme zur Erzielung kollektiver Akklamation. Nach der Beseitigung der konkurrierenden Parteien löste Hitler bereits durch eine Verordnung vom 14. Oktober desselben Jahres 1933 den Reichstag wieder auf und ordnete eine Neuwahl an, welcher lediglich eine Einheitsliste zugrunde lag und welche zugleich mit einer »Volksabstimmung« über die globale Frage verknüpft war, ob man die Politik der Reichsregierung billige, sie »als den Ausdruck« der »eigenen Auffassung« und des »eigenen Willens« erkläre und ob man sich »feierlich zu ihr« bekenne; es handelte sich in diesem Augenblick vorab um die nachträgliche kollektive Bestätigung des Austritts aus dem Völkerbund. Hier wurde nun nachgeholt, was am 5. März entbehrt worden war. Dr. Goebbels sprach es wiederum in Worten aus, die in ihrer Weise klassisch genannt werden können. In einem Interview vom 8. November, vier Tage vor der ›Wahl‹, beantwortete er die Frage, welchen Zweck die Stimmabgabe habe, nachdem es nur eine einzige Partei gebe, folgendermaßen: »Der 12. November wird ein Markstein in der deutschen Geschichte werden. Wir werden endlich einmal einen Reichstag haben, der aus einem Guß ist. Das ist der Sinn der von Adolf Hitler geführten Einheitsliste ...« Karl Dietrich Bracher, aus dessen Buch über die Machtergreifung (S. 351) ich das Zitat entnehme, hat zur Erklärung dieser in der Folge – bis zum Kriege – recht häufig wiederkehrenden Akklamationsveranstaltungen die glückliche Wendung gefunden, sie hätten es darauf abgesehen, das Volk »in einem unablässigen Taumel der Zustimmung« zu halten. Es ist genau dieselbe Erscheinung, die ich oben im vierten Kapitel für den Fall der Sowjetunion zu schildern und zu deuten versucht habe.

Die Märzwahl im Urteil der Historiker (*Seite 258*)

(Seite 258)

In den meisten rückschauenden gelehrten Erörterungen der Reichstagswahl vom 5. März 1933 überwiegt das Gefühl der Genugtuung darüber, daß die NSDAP ihr Ziel einer absoluten Mehrheit nicht erreicht, und empfindet man es doch als Tröstung, inmitten von so viel Unseligem, daß die Wählerschaft Hitler dieses plebiszitäre Votum verweigert hat. In diesem Sinn äußert sich Karl Dietrich Bracher (auf S. 93 seines durch Umsicht und Akribie hervorragenden Buches über »Die nationalsozialistische Machtergreifung«, Köln 1960): angesichts der für damalige Verhältnisse phantastischen Wahlagitation und der mit dem Reichstagsbrand eingeleiteten Terror-Welle sei das Ergebnis »erstaunlich«. Mit Recht weist dieser Autor die Behauptung des Herrn von Papen zurück, das deutsche Volk habe damals am 5. März »ein unzweideutiges Votum für Hitler abgegeben« – in dieser etwas unbestimmten Wendung spricht sich wohl auch das Motiv Papens aus, sich selbst zu entlasten. Andererseits hat Bracher, indem er den gründlichen Gegenbeweis lieferte, weder darauf aufmerksam gemacht, daß die Natur des Wahl- und Parteiensystems der Weimarer Republik in keinem Falle je einer einzigen Partei gestattet hatte, eine absolute Mehrheit der Stimmen oder der Parlamentssitze zu gewinnen, noch hat er der Frage eine Erwägung gewidmet, welche Rolle jene knappe Hälfte der reichsdeutschen Wählerschaft bei der Liquidierung des Verfassungsstaats gespielt hat, die am 5. März die eigene Stimme selbst erstickte, indem sie sie für Hitler abgab. Das Kapitel, worin Bracher diese Vorgänge behandelt, das zweite seines Buchs, trägt die Überschrift: »Die ›Legalisierung‹ der Diktatur«, doch konzentriert sich seine Aufmerksamkeit beinahe ausschließlich auf die Operationen, die von der Spitze – von Reichskanzler, Kabinett und Koalition – zum Zwecke solcher ›Legalisierung‹ angestellt worden sind; einzig der

Reichstag und seine Fraktionen treten bei der Darstellung des Ermächtigungsgesetzes als weitere handelnde – oder ›kapitulierende‹ – Subjekte auf. Der Beitrag, den das ›Volk‹ zu ebendieser Legalisierung der Diktatur geleistet hat – ganz gleich, wie man ihn einschätzen mag –, wird in das Bild nicht eingetragen. Ich spreche nicht von Schuld, nicht von Vorwurf und Entschuldigung, sondern ausschließlich von dem Phänomen und seiner objektiven Deutung. Diese Seite der Sache ist in den bedeutenderen Gesamtdarstellungen, die das ›Dritte Reich‹ neuerdings gefunden hat, durchgängig im Schatten geblieben. Von Alan Bullocks Urteil ist oben im Text schon die Rede gewesen. Auch in Golo Manns souveräner Schilderung (Deutsche Geschichte des neunzehnten und zwanzigsten Jahrhunderts, S. 798) überwiegt das Erstaunen über die Festigkeit des Zentrums und der Sozialdemokratie und liegt der Ton durchaus auf der Tatsache, daß »noch immer die Hälfte der Nation sich nicht bewegen ließ, für die Sieger zu stimmen«. Michael Freund räumt – in seiner Deutschen Geschichte (Gütersloh 1960) – immerhin ein, es habe »seine Bedeutung, daß siebzehn Millionen Deutsche freiwillig für die Regierung Hitler stimmten«, kehrt aber gleichfalls vor allem den Umstand hervor, daß Hitler, wie er sich mit einem treffenden historischen Vergleich ausdrückt, den Erfolg nicht erzielt habe, »den der ›Erwählte der Millionen‹, Napoleon III., davongetragen hatte«. Joachim Fest enthält sich einer Würdigung des Wahlergebnisses (Hitler, Eine Biographie, 1973, S. 549).

Natürlich ist es gut zu verstehen, daß eine solche Stimmung bei den Historikern vorherrscht. Zu lange hatte man pauschale Anklagen und Schuldsprüche vernommen, die dem deutschen Volke schlechthin galten, gelegentlich – wie im Falle Papen – auch Plädoyers in eigner Sache, bei denen sich der Memoirenschreiber gleichsam hinter dem breiten Rücken desselben Volkes zu verbergen und zu verschanzen suchte. Eines Tages mußte sich der gerechte Sinn, der das beste Teil der historischen Methode ausmacht, wieder zum Worte melden, und man durfte dies mit Erleichterung zur Kenntnis nehmen. Indem aber die Korrektur vollzogen wurde, scheint nun das gelehrte Urteil umgekehrt wiederum auf dem anderen Auge blind geworden zu sein. Das Volk ist entweder ganz in die Rolle eines bloßen Objekts der Agitation, der Manipulation und der Herrschaft herabgedrückt oder aber in diejenige einer ebenso standhaft wie vergeblich widerstrebenden Kraft hinaufgesteigert worden. Eine Untersuchung jedoch, die von der Frage der Rechtmäßigkeit bewegt wird, muß mit beiden Augen sehen können und den Blick ›ohne Haß und Gunst‹ nach allen Seiten schweifen lassen. Der Vorgang der Wahl vom 5. März 1933 bildet hierfür einen Probefall.

Kam Hitler über die Hintertreppe? (Seite 264)

Nicht nur deutsche Beobachter und Chronisten haben die Papensche ›Hof-Intrige‹ als den entscheidenden Faktor bei Hitlers Berufung zum Reichskanzler-Amt hervorgekehrt und ihr Augenmerk, wozu ja der Historiker schon von Haus aus verlockt scheint, auf das minutiöseste Detail dieser Vorgänge gerichtet, indem sie zugleich für eine Weile gewissermaßen den ganzen umgebenden Bereich der Bedingungen abdeckten – so wie man auf einer Landkarte mit den Händen angrenzende Flächen abdeckt, wenn man den Blick auf den Verlauf eines Flusses oder sonst eine Einzelheit konzentrieren will. Auch der englische Biograph Hitlers und seines Reiches, der Historiker Alan Bullock, hat dieselbe optische Vorkehrung getroffen dort, wo er von den Umständen der ›Machtergreifung‹ handelt, und sein Fazit mag deutschen Ohren besonders gelegen klingen: »Trotz seiner Massenanhängerschaft«, heißt es auf S. 251 seines Buches, »ist Hitler 1933 nicht durch eine unaufhaltsame revolutionäre oder nationale Bewegung an die Macht getragen worden, ja nicht einmal durch einen populären Wahlsieg, sondern auf Grund eines schoflen politischen Paktierens mit der ›alten Verbrecherclique‹, die er in früheren Monaten rücksichtslos angegriffen hatte. Hitler hat die Macht nicht ergriffen; er ist durch Hintertreppen-Intrigen in sein Amt geschoben worden.« Genau besehen, stellt diese Charakterisierung des Vorgangs nur einen anderen Ausdruck dafür dar, daß Hitler eben auf ›legalem‹ Wege zum Kanzler berufen worden ist, und zu dieser Verfahrensweise war er ja, wie wir wissen, schon von langer Hand durchaus entschlossen gewesen. Bullock hat sie selber (S. 255) treffend gekennzeichnet: ». . . sich erst Zutritt zu der Macht zu verschaffen und dann mit der Revolution zu beginnen.« Gewiß war es eine ›Intrige‹, die ihm diesen Zutritt eröffnete, aber nicht ›trotz‹, sondern vielmehr gerade wegen seiner Massenanhängerschaft hat man ihm die Tür geöffnet und hat er überhaupt nur Einlaß begehren können.

Zum 12. Kapitel

Jonathan Swifts Ansicht über Parteien (Seite 270)

Die Abhandlung Swifts, die ich oben zitiert habe, führt im Original den folgenden Titel: A Discourse of the Contests and Dissentions between the Nobles and the Commons in Athens and Rome with the Consequences they had upon both those states. In der alten Londoner Gesamtausgabe seiner Werke (von 1766) ist sie im dritten Band enthalten. Eine einführende Erläuterung des Herausgebers besagt, der Autor habe sie während der Parlamentsferien im Sommer 1701 verfaßt, um die Regierung König Wilhelms gegen die oppositionellen Maßnahmen des Unterhauses in Schutz zu nehmen, welches nämlich bereits die Entlassung und

Bestrafung mehrerer adliger Minister durchgesetzt hatte. Die Abhandlung will zeigen, daß dieses Vorgehen eben die Tyrannei herbeiführe, die zu verhindern es in Gang gesetzt war. Swift argumentiert mit der »ewigen Regel« der ›balance of power‹, die er hier auf das Verhältnis der beiden Kammern des Parlaments, der Adligen und der Gemeinen, angewandt sehen möchte.

Jenes »Privatgehirn« – im Urtext »private brain« –, welchem allein solcher Fanatismus und daher auch solche aggressive Parteibildung entspringen könnte, meint den Geist eines einzelnen Unterhausmitglieds, einen Geist, der sich nicht von dem Gedanken an das öffentliche Wohl leiten läßt; der Gegensatz von ›private‹ ist ›public‹. Es ist insofern auch ein beschränkter, eigensinniger und eigensüchtiger Geist gemeint, ein Geist, der sich der gemeinsamen Erörterung zu entziehen strebt, sich aber eine Gefolgschaft zu schaffen weiß und am Ende gar »mit den gewöhnlichen Methoden« – das heißt wohl: mit Methoden der Bestechung – eine »künstliche Majorität« im Hause zustande bringt. »When the leader is once fixed, there will never fail to be followers«, nämlich dank der Nachahmungs-Gabe und der Schafsnatur des Menschen. Die Löwenklaue des Satirikers läßt Swift (er war erst vierunddreißig, und der Gulliver noch längst nicht in Angriff genommen) vor allem an der großartigen Stelle fühlen, an der er das Verhältnis von Führer und Gefolgschaft schildert, das Bedürfnis des Führers nach Deckung durch die Gefolgschaft und die Gewalttätigkeit als notwendiges Bindemittel einer solchen Art von Parteibildung: »Wenn eine Partei einmal gebildet ist, wirken die Kämpfer derart lächerlich und werden sie so unbedeutend, daß sie gar nicht anders können als unter die Herde zu laufen, die sie zum wenigsten verbergen und beschützen wird«, and where to be much considered, requires only to be very violent – »und bei der hohe Achtung zu erwerben nur eines nötig ist: sehr gewalttätig zu sein.« (Diesmal beruht die deutsche Wie-

dergabe – nach Works vol. III, pp. 60/61 – auf meinem eigenen Übersetzungsversuch.)
Hier werden Züge kenntlich, die uns unweigerlich an die Erfahrung Hitlers gemahnen. Der Passus macht übrigens vollends deutlich, daß Swift nicht etwa ein parlamentarisches Parteien-System und -Widerspiel vor Augen hatte, nicht eine Parteiung oder Polarisierung innerhalb der Versammlung, sondern vielmehr ihre Überwältigung, ja Terrorisierung, durch eine einzige fanatisierte Gruppe.

Eine klassische Definition des Abgeordneten (Seite 281)

Einige Sätze aus der Rede, die Edmund Burke am 3. November 1774, einem Donnerstag, nach seiner Wahl zum Mitglied des Unterhauses an seine Wähler in Bristol gehalten hat, möchte ich hier einfach im Wortlaut hersetzen, weil sie nicht allein für das englische, sondern für jedes Parlament, und nicht allein für das achtzehnte Jahrhundert, sondern ebensosehr für die gegenwärtige Epoche Geltung beanspruchen können und besitzen.
»Ein Parlament ist kein Kongreß von Botschaftern verschiedener und einander feindlicher Interessen, welche ein jeder als Agent und Anwalt gegen andere Agenten und Anwälte vertreten müßte. Ein Parlament ist eine beratende Versammlung einer einzigen Nation, mit einem einzigen Interesse, demjenigen des Ganzen, wo nicht lokale Zwecke und lokale Vorurteile regieren sollen, sondern vielmehr das allgemeine Beste, das sich aus der allgemeinen Vernunft des Ganzen ergibt. Gewiß, Sie wählen einen Abgeordneten. Wenn Sie ihn aber gewählt haben, so ist er nicht ein Mitglied von Bristol, sondern er ist ein Mitglied des Parlaments.«
Der zuletzt angeführte Satz ist in seiner Zuspitzung im Deutschen wegen des andersartigen Sprachgebrauchs in der Bezeichnung der Abgeordneten-Eigenschaft nicht ganz

zulänglich wiederzugeben. Im Original lautet er folgendermaßen: »You choose a member indeed; but when you have chosen him, he is not member of Bristol, but he is a member of Parliament.« (Works, 1854, vol. I, p. 447.)

Zum 13. Kapitel

Die Bürger des Aristoteles (*Seite 297*)

Der Satz aus dem dritten Buche der Politik des Aristoteles, der meinem dreizehnten Kapitel als Motto voransteht, ist in der Übersetzung von Johann Georg Schlosser angeführt. Goethes Schwager war der erste, der die »Politik« ins Deutsche übersetzt hat, sein Werk erschien im Jahre 1798 im Verlage von Friedrich Bohn, Lübeck und Leipzig, in drei Abteilungen. Die Vorrede ist im Jahr zuvor in Eutin niedergeschrieben. Schlosser hat sich dieser Arbeit mindestens ebensosehr aus dem Interesse an der Sache als aus demjenigen an der Sprache unterzogen; seine Übertragung zeugt von dem lebhaften Willen, den Gang der aristotelischen Gedanken durchaus verständlich zu machen, und er hat sie zudem durch zahlreiche Anmerkungen ergänzt, worin er sich vielfach auf die unbefangenste Art mit den Thesen des Klassikers auseinandersetzt. Ich habe die »Politik« in dieser alten Übersetzung zuerst kennengelernt, und sie ist mir ihrer Frische und Unbefangenheit wegen lieb geblieben.

Vergleicht man Schlossers Version dieses einen Satzes mit dem Urtext – nach der Zählung der Philologen handelt es sich um 1275 a 28/29 –, so mag sie wohl etwas weitschweifig anmuten. Doch ist der Sinn, wie mir scheint, treffend übertragen, in gewissen Hinsichten sogar treffender als in anderen, heute maßgeblichen Übersetzungen. Rolfes hat die Stelle (in der weitverbreiteten Ausgabe des Verlags Meiner), syntaktisch richtiger, nicht als selbständigen Hauptsatz, sondern als Nebensatz wiedergegeben. Der vollständige Satz lautet dort folgendermaßen: »Man könnte nun zwar vielleicht sagen, die Mitglieder dieser Körperschaften« – nämlich der Volksgerichte und der Volksversammlungen der Polis – »seien noch gar keine obrigkeitlichen Personen und hätten wegen ihrer Funktionen noch an keiner Regierungsgewalt Anteil, obschon es lächerlich ist, Leuten, die die wichtigsten Dinge entscheiden, die Regierungsgewalt abzustreiten.« Der auffälligste Unterschied zu Schlosser – von dem syntaktischen abgesehen – liegt in der Art, wie die ›Regierungstätigkeit‹ dieser ›Leute‹ bezeichnet ist, die denn also weiter nichts tun als an den Volksversammlungen und an den Volksgerichten als Stimmberechtigte teilzunehmen, die aber kein eigentliches Amt im engeren Sinne des Wortes innehaben: hier ist von denen die Rede, »die die wichtigsten Dinge entscheiden«. Ebenso lautet die Stelle in Susemihls Übersetzung, wie sie von Tsouyopoulos und Grassi bearbeitet und 1965 (bei Rowohlt) herausgegeben wurde. Schlosser sprach hingegen von demjenigen, »der durch seine Stimme den Entschließungen des Staates Kraft gibt«. Der ältere Autor legt den Ton also nicht auf die Wichtigkeit der Angelegenheiten, die in der Bürgerversammlung (der ›Ekklesia‹) und in der Gerichtsverhandlung zu entscheiden sind, sondern vielmehr auf die Bedeutung der Funktion, welche die Mitglieder dieser Körperschaften der Polis ausüben. Der neueste Übersetzer, Olof Gigon, dessen Fassung in der »Bibliothek der Alten Welt« als vierter Band der Werke des Aristoteles (Zürich 1955) erschienen ist, folgt in dem fraglichen Punkte eher der Auffassung von Rolfes: »Man kann nun vielleicht sagen, daß solche auch gar keine Regierungsbeamte seien und daß man in dieser Funktion noch keineswegs an der Regierung teilhabe. Doch wäre es lächerlich, jenen die Regierungsfunktion abzustreiten, die die bedeutendsten Angelegenheiten entscheiden.«

Hingegen legt die jüngste englische Übersetzung, diejenige von Ernest Barker (die 1946 zuerst veröffentlicht wurde und die ich in der Ausgabe der Oxford University Press von 1958 benutzt habe), den Akzent – in ähnlichem Sinn wie die Schlossersche – auf die Stellung der Stimmbürger im Staatswesen: »But it would be ridiculous to exclude from the category of holders of office those who actually hold the most sovereign position in the state« – oder, wörtlich auf deutsch: »Es wäre aber lächerlich, diejenigen von der Kategorie der Amtsinhaber auszuschließen, welche tatsächlich die souveränste Stellung im Staate innehaben.«

Die Nuancen sind bemerkenswert, und man könnte angesichts dieser Divergenzen sehr wohl daran zu zweifeln anfangen, ob es wohl jemals gelingen werde, den ursprünglichen Bedeutungsgehalt ganz aufzufassen und wiederzugeben. Die Stelle selbst ist nichts weniger als gleichgültig. Es handelt sich um die Definition des Polites, des Bürgers, und es ist diese Wesensbestimmung, auf die Aristoteles im Zusammenhang des dritten Buches seine ganze Theorie der Polis gründen will. Als Kriterien solcher Bürger-Qualität im weitesten und fundamentalen Sinne des Wortes führt er eben die Teilnahme und Mitwirkung in der Volksversammlung und in den Volksgerichten an – ein Ausdruck, der diese beiden Rechte zusammenfassend bezeichnete, fehlt im Griechischen, sie sind als ›Ämter‹ oder als ein einziges Doppel-Amt im Wortschatz nicht eigentlich vorhanden und erkannt, und dies eben ist einer der Gründe, weswegen Aristoteles hier diese allgemeinsten bürgerlichen Tätigkeiten gleichsam aus ihrem Schatten hervorzieht und auch diese »unbefristeten« Ämter, wie er sie in der Folge terminologisch benennt, als einen Teil der Regierungsgewalt energisch ins Licht rückt.

Seine Argumentation zeigt gerade an der fraglichen Stelle gar nicht die sonst vorherrschende, ruhevoll darlegende Tonart, er scheint sich vielmehr in der Diskussion, ja im Streit zu befinden mit anonymen, vielleicht auch nur gedachten Gegnern, nämlich eben mit denen, welche die Position und Funktion des ›bloßen‹ Stimmbürgers in der Ekklesia und in der Gerichtsversammlung meinen vernachlässigen oder doch vom Bereich der eigentlichen Regierungsämter ausschließen zu können. Seine Antwort verrät einige Schärfe: es wäre »lächerlich«, sagt er, so zu verfahren. Und nun folgt eben jener Superlativ, den unsere Übersetzer in so unterschiedlicher Weise wiedergeben, indem die einen (Rolfes, Susemihl und Gigon) den Ton und das Gewicht des Arguments auf die Bedeutung der Angelegenheiten legen, die in solchen Versammlungen zu entscheiden seien, während die anderen (Barker und Schlosser) das Wesentliche in der verfassungspolitischen Rolle der Mitglieder dieser Körperschaften erblicken. Der Superlativ zwar ist in Schlossers Wendung verloren, der starke Nachdruck des originalen Wortlauts daher gemildert, zudem scheint der antike Autor in seiner, Schlossers, Wiedergabe, stillschweigend einzuräumen, daß in diesen Versammlungen vielleicht wirklich Entscheidungen nicht getroffen, sondern eben ›nur‹ mit »Kraft«, das heißt mit Autorität ausgestattet oder auch ›nur‹ eben ratifiziert würden; aber diese Hervorkehrung der verfassungspolitischen Rolle der Stimmbürger entspricht doch, wie mir scheint, dem konkreten Denken des Aristoteles recht gut. Dasjenige Wort des Urtextes, das denn auf all diese Arten umschrieben worden ist, heißt »kyriotatous« – es ist der Superlativ von ›kyrios‹, und das ist nach den Wörterbüchern derjenige, der Autorität erlangt, innehat oder auch verleiht. Der ›kyriotatos‹ kann also sehr wohl der Inhaber höchster Autorität sein, aber auch derjenige, der höchste Autorität verleiht, Gültigkeit schafft, einem Entschluß – mit Schlossers Worten – »Kraft gibt«.

In dem deutschen Standardwerk über »Griechische Staatskunde«, dem von Busolt in der Bearbeitung von Swoboda, findet sich (in der Ausgabe von 1920 auf S. 220) eine

Anmerkung zu dieser Stelle, aus der man noch immer ein leises Erstaunen darüber herauszuhören glaubt, daß Aristoteles den Stimmbürgern der Versammlungen eine Teilnahme an der Herrschaft, an der Regierung, an der Staatsgewalt zugeschrieben hat. ›Arche‹ heißt das Wort, das mit Regierung oder Herrschaft wiedergegeben wird, und von ihm sind die ›Archonten‹ hergeleitet, gemeinhin als Inhaber von Ämtern verstanden, als Magistratspersonen. Indem Aristoteles hier auch die Masse der Bürger unter die Archonten zähle, gebrauche er (sagt Busolt) »den Ausdruck ›Arche‹ in einem umfassenderen Sinne als nach dem gewöhnlichen Sprachgebrauch«. Eine Parallele mag in dem modernen englisch-amerikanischen Gebrauch des Wortes ›government‹ liegen, das gleichfalls in einem weiteren und einem engeren Sinne vorkommt, bald nämlich den Inbegriff der (befristeten) Regierungsämter, bald den umfassenden Prozeß der Regierung bezeichnet, woran alle politischen Faktoren einschließlich der allgemeinen Wählerschaft teilnehmen. Im Deutschen hat man sich eher gewöhnt, die ›Staatsgewalt‹ als das weitere von der ›Regierung‹ als dem engeren zu sondern – ohne daß uns dergleichen Unterscheidungen freilich immer auch zu einer klaren und tiefen Erkenntnis verhülfen. Die Bemerkung bei Busolt macht jedenfalls deutlich, daß Aristoteles in dem fraglichen Satz eine ungewöhnliche und originale Bestimmung des Bürger-Begriffes gegeben hat. Sie scheint in der Tat auf eine entschiedene Ehrenrettung des ›bloßen‹ Stimmbürgers hinauszulaufen gegenüber jenen ›Realisten‹, welche nur die Beamten vor Augen haben, wenn vom Staate oder von der Regierung die Rede ist.

Insofern eben mutet uns die Diskussionslage, die hier durchschimmert, so vertraut an. Gewiß handelt es sich bei Aristoteles um die ›direkte Demokratie‹ der Polis und ihrer Bürgerversammlung, während wir es mit dem Doppelwesen einer Wählerschaft und einer ›repräsentativen‹ Versammlung zu tun haben. Wenn wir aber hören, daß die Zahl der

Vollbürger Athens zur Zeit des Aristoteles auf etwa zwanzigtausend geschätzt wird, daß diese sich zur Mehrheit aus Gewerbetreibenden und Lohnarbeitern zusammensetzte und daß man sie überhaupt nur durch Auszahlung fester Diäten dazu bewegen konnte, zur Volksversammlung hinzugehen, so tritt uns doch auch hier – mutatis mutandis – eine Art von ›Massen-Demokratie‹ vor die Augen, und unserer Polarität von Parlament und Wählerschaft scheint jene von Beamtenschaft und Bürgerversammlung – unerachtet der veränderten quantitativen Dimensionen – nicht ganz unähnlich zu sein.

Die hellenische und die englische Stadt (*Seite 304*)

Max Weber hat in seiner klassischen Abhandlung über »die Stadt« die Polis, die Urbs und die Zünfte-Stadt des europäischen Mittelalters und der frühen Neuzeit einer Vergleichung zugrunde gelegt, die zuletzt auf einen idealtypischen Begriff des autonomen bürgerlichen Gemeinwesens zielte. Die englischen Städte indessen hat er ausdrücklich aus dem Umkreis dieser historischen Erscheinungen ausgeschlossen, und zwar deswegen, weil dort auch die städtischen Honoratioren schon im Mittelalter vorwiegend am nationalen Parlament orientiert gewesen seien. Darum habe die englische Stadt nicht dieselbe Tendenz zur Autonomie entwickelt wie vielfach die Städte auf dem Kontinent, zumal in Deutschland und Italien. Auch dies hätte jener Grieche aus Professor Kittos Anekdote vorbringen können. Oder der Engländer hätte sich darauf berufen können, daß in seinem Lande sogar die Stadtherren vorab gestrebt hätten, der Bürgerversammlung von Westminster anzugehören. Auf einem indirekten Wege kann jene Erkenntnis Max Webers die These zu stützen beitragen, daß es nicht die moderne Stadt, sondern vielmehr der parlamentarische Staat sei, welcher der hellenischen Polis am ehesten entspreche.

John Locke und die Glorreiche Revolution (*Seite 305*)

Aus intimer Kenntnis der biographischen Zeugnisse und mit bewundernswertem Scharfsinn hat der Historiker Peter Laslett in Cambridge – in der Einleitung zu seiner Ausgabe der »Two Treatises of Government« (vom Jahre 1960) – die bestrickende These aufgestellt, John Locke habe diese seine bedeutendste politische Schrift nicht erst um das Jahr der Glorreichen Revolution (1688), sondern schon fast zehn Jahre zuvor, im Herbst und Winter 1679/80, entworfen und ausgearbeitet. Das Werk würde dann in der Tat nicht durch die Revolution der Whigs selber inspiriert sein, nicht durch die Verjagung Jakobs II. und die Inthronisierung Wilhelms und Marias, sondern vielmehr in den Zusammenhang des Kampfes um die ›Exclusion Bill‹ gehören, jenes vergeblichen Versuchs der Whigs, den katholischen Jakob durch ein Parlamentsgesetz von der Thronfolge auszuschließen. Laslett nimmt auch an, John Locke sei ganz direkt in die Verschwörung verwickelt gewesen, die sein Freund und Gönner, Graf Shaftesbury, nach dem Scheitern seiner parlamentarischen Unternehmung angezettelt hat. Er wagt sogar die Vermutung, es sei eben das Manuskript der »Two Treatises«, welches Locke in Briefen aus dem Exil mit dem Decknamen »De Morbo Gallico« bezeichnet und das er durch gewisse Weisungen vor den Haussuchungen der königlichen Agenten in sicheren Verwahr zu dirigieren versucht habe. »Über die französische Krankheit« wäre wahrhaftig ein ingeniöser Tarn-Titel – harmlos irreführend, da Locke ja von Haus aus Mediziner war, zugleich aber für den Eingeweihten witzig treffend, insofern der Absolutismus, dessen ›Recht‹ die Schrift zu zertrümmern unternahm, seinen Hauptsitz in Frankreich hatte. Viele Fragen lösen sich, wenn man Lasletts Untersuchung folgt. Es wird auch verständlich, warum die veröffentlichte Fassung eine so beträchtliche Lücke aufweist, und warum Locke im Vorwort diesen Umstand mit so geheimnisvollen Wendungen ausdrücklich erwähnt: eine Portion des Manuskriptes wäre denn also während der Zeit seiner ›Illegalität‹ verlorengegangen. Die neue Datierung und historische Zuordnung wirft zudem auch ein neues Licht auf den Gehalt und die Tendenz der berühmten Schrift. Gleichwohl dürfen wir, meine ich, dabei bleiben, daß sie der Glorious Revolution selbst die geistige Rechtfertigung gegeben habe. Einmal weil Shaftesburys Kampf um die Änderung des Thronfolgerechtes am Ende nichts anderes als die Vorstufe der Revolution war. Zum andern deswegen, weil die »Two Treatises«, wann immer niedergeschrieben, jedenfalls 1690 zuerst veröffentlicht und also von ihren zahlreichen zeitgenössischen Lesern ganz offenbar mit der großen Veränderung von 1688 in unmittelbaren Zusammenhang gebracht worden sind. Schließlich darum, weil der Autor diesen Zusammenhang selbst hergestellt hat – in den vielzitierten Worten des Vorwortes: Er hoffe, diese Seiten reichten aus, den Thron König Wilhelms zu stützen, aus der Zustimmung des Volkes seinen Anspruch herzuleiten, und das Volk von England vor der Welt zu rechtfertigen, »whose love of their Just and Natural Rights, with their Resolution to preserve them, saved the Nation when it was on the very brink of Slavery and Ruine«. Das Vorwort hat Locke natürlich erst vor der Drucklegung geschrieben. Er mag darin den Zweck seiner Schrift aktualisiert haben. Da er aber selbst – jedenfalls im Zeitpunkt der Veröffentlichung – in der Legitimierung sowohl der Revolution als des durch sie erneuerten Thrones ihren Sinn erblickt hat, so brauchen wir unsererseits keine Skrupel zu hegen, wenn wir ihm darin folgen.

Das Verhältnis von König und Parlament nach der englischen Rechtslehre (Seite 308)

In den Erwägungen, die oben angestellt wurden, hat sich die Aufmerksamkeit durchaus auf das Parlament konzentriert, die monarchische Gewalt erschien nur am Rande. Achtet man auf die wiederkehrenden Kämpfe zwischen Parlament und Königtum, so stellt sich wohl der Einwand ein, daß allenfalls erst mit dem Sieg der Glorreichen Revolution und der Lehre Lockes eine Harmonie der Kräfte und ein Verfassungszustand eingetreten sei, der auf »bürgerliche Rechtmäßigkeit« zurückgeführt werden könne, daß aber die Verhältnisse des sechzehnten und siebzehnten Jahrhunderts eine solche Deutung deswegen nicht erlaubten, weil der eigene und andersartige Anspruch der Monarchie der Ausschließlichkeit der Parlamentsherrschaft in diesen Epochen entgegengestanden habe, daher auch in der Großen Revolution beseitigt worden sei. Dieses Bedenken verdient gewiß berücksichtigt zu werden, läßt sich indessen unschwer ausräumen.

Die englische Rechtstradition kennt keinen Gegensatz, keine Konkurrenz und keine prinzipielle Sonderung von königlicher und parlamentarischer Gewalt. Vielmehr haben die bedeutendsten Juristen der fraglichen Jahrhunderte daran festgehalten, daß der König selber nur ein Faktor unter mehreren sei, welche insgesamt das Parlament ausmachen. Sir Edward Coke, den die Engländer wohl noch heute unter ihre größten Richter und Rechtsgelehrten zählen, hat den Vierten Teil seiner berühmten »Institutes of the Laws of England«, welcher von den Gerichtshöfen und der Rechtsprechung handelt, mit einem Kapitel über den »hohen und höchst ehrwürdigen Court of Parliament« eröffnet. Das Kapitel beginnt wörtlich folgendermaßen: »This court consisteth of the kings majesty sitting there as in his royall politick capacity, and of the three estates of the realm: viz. of

the lords spirituall, archbishops and bishops, being in number 24, . . . the lords temporall, dukes, marquisses, earls, viscounts, and barons . . . in number at this time 106 . . . The third estate is the commons of the realme whereof there be knights of shires or counties, citizens of cities, and burgesses of burghes . . . and these represent all the commons of the whole realme, and trusted for them, and are in number at this time 493.« Danach also besteht das Parlament aus dem König und den drei Ständen – oder, wie es ein wenig später heißt, König und Stände bilden miteinander »the great corporation or body politick of the kingdome«, die große Körperschaft oder politische Gesamtheit des Königreichs, und »sie sitzen in zwei Häusern, König und Herren im einen, Ritter und Bürger im anderen«. (Ich zitiere nach einer Londoner Ausgabe von 1817; das Werk erschien zuerst im Jahre 1628, sein Verfasser stand damals schon im achten Jahrzehnt seines Lebens, fünf Jahre später starb er.)
Coke ist als der große Verteidiger des herkömmlichen ›gemeinen Rechtes‹ wider die absolutistischen Ansprüche der Stuarts in die Geschichte eingegangen. Seine Lehre vom Parlament muß sicherlich auch aus politischen Motiven verstanden werden, und vielleicht darf man sogar annehmen, daß sie mitgewirkt hat, die Revolution geistig vorzubereiten. Doch lebte er selbst in dem Bewußtsein, nur auszusprechen, was überliefertes Recht sei, und auch die kritische Forschung wird ihm diese historischen Gründe kaum ganz bestreiten können. Mag die Lehre vom Parlament zur Zeit ihrer Formulierung etwas Fiktives an sich gehabt haben, so blieb sie in der Folge doch auch politisch siegreich. Im späten siebzehnten Jahrhundert folgte Sir Matthew Hale in seiner »History of the Common Law of England« (die freilich erst 1713 im Druck erschien) derselben Doktrin, indem er die Gesetzgebung auf einen Vertrag zwischen den drei Parteien des Königs, der Lords und der Gemeinen zurückführte; allerdings ging er nicht so weit wie Coke, den König geradezu

in die Gesamtheit des Parlaments einzubegreifen, er faßte die drei Elemente unter dem Begriff der Legislatur zusammen. (In der Ausgabe, die Charles Runnington 1820 veranstaltet hat, findet sich die betreffende Stelle auf S. 2.) Hingegen ist der bedeutendste Systematiker des achtzehnten Jahrhunderts, Sir William Blackstone, in seinen »Commentaries on the Laws of England«, im zweiten Kapitel des ersten Buches (p. 153), mit Entschiedenheit zu Cokes Formel zurückgekehrt. Die Definition Cokes, die ich oben angeführt habe, hat Blackstone nahezu wörtlich übernommen. Ebenso hat er die Lehre von der unbeschränkten Macht des so verstandenen Parlaments wiederaufgenommen: »So long therefore as the English constitution lasts, we may venture to affirm, that the power of parliament is absolute and without control.« (p. 162.) So unbedingt hielt er an der ausschließlichen Souveränität des Parlamentes fest, daß er – im Unterschied zu Locke – auch dem Volke keinerlei Befugnis einräumen mochte, die Legislative abzuberufen oder abzuändern. An einer Stelle (p. 160) nennt er die Gewalt des Parlaments im ganzen geradezu »despotisch« – und dies, obgleich er kurz zuvor mit großem Nachdruck geschildert hat, wie die drei Faktoren der Gesetzgebung einander wechselseitig heilsame Schranken setzen.

Übrigens hat Blackstone selbst die parlamentarische Verfassung Englands mit der bürgerlichen der griechischen Stadtrepubliken und des alten Rom in Vergleich gesetzt. Es ist ihm gar nichts darüber eingefallen, die antike Volksversammlung im selben Atemzug als eine weise Einrichtung zu preisen, in dem er die Hoheit des englischen Parlaments wider die Idee einer Reserve-Gewalt des Volkes verteidigte. Schon dieser Autor hat den Unterschied aus den Dimensionen des Gebietes und der Bevölkerung hergeleitet. »In einem so großen Staat wie dem unsrigen«, sagt er (p. 159), sei es weise eingerichtet, »daß die Leute all das durch ihre Repräsentanten tun, was in Person zu vollbringen untunlich ist«. Natürlich ist das eine späte und künstliche Erklärung des Repräsentationsverhältnisses. Um so deutlicher tritt – gleichsam in aller Unschuld – das Gemeinsame des Parlaments und der Bürgerversammlung hervor: Wäre England nicht so groß (derart ließe sich Blackstones Gedanke abwandeln), so könnten sich seine Bürger auch ohne Parlament regieren wie diejenigen von Athen oder Rom. (Die »Commentaries« sind 1765-68 zuerst erschienen; ich habe eine ältere amerikanische Ausgabe benutzt – von G. Sharswood, Philadelphia 1904 –, die sowohl durch die Auswahl von Anmerkungen früherer Herausgeber als auch die neu beigefügten, die auf die Vereinigten Staaten Bezug nehmen, eine reizvolle Lektüre abgibt.)

Edmund Burke über das englische Parlament (*Seite 309*)

Der Vergleich zwischen dem House of Commons und der Assemblée Nationale, den der große Parlamentarier und politische Schriftsteller in seinen berühmten »Reflections on the French Revolution« angestellt hat, ist im gegenwärtigen Zusammenhang noch aus anderen als den oben angeführten Gründen von hohem Interesse. Der merkwürdigste Zug an seiner Darstellung des Unterhauses – dem er selbst angehörte – liegt vielleicht darin, daß er seiner Bestellungsweise in dieser Schrift überhaupt keine Aufmerksamkeit geschenkt hat. Er wirft alles Licht auf seine Zusammensetzung, die er in hohen Tönen preist und gegen diejenige der Pariser Nationalversammlung abhebt, läßt aber das Verfahren völlig im dunkeln, das zu seiner Bildung angewandt wurde.
Burke hatte, gut zwanzig Jahre zuvor, in einer anderen Streitschrift (den »Observations on a Late Publication ...«, 1769) ebenso beiläufig wie entschieden jede Reform abgelehnt, die auf eine Vermehrung der Zahl der Wahlberechtigten hinausliefe: der Fehler liege eher auf der entgegengesetz-

ten Seite, und es wäre der Verfassung mehr gedient, wenn man die Zahl der Wähler vermindere, um dafür ihr Gewicht und ihre Unabhängigkeit zu vermehren. (Works, 1854, vol. I, p. 259.) Burke hatte andererseits, nur wenig später, in seiner großen Anklage gegen die parlamentarische ›Kabale‹ der Hofpartei Georgs III. (»Thoughts on the Cause of the present discontents«, 1770) gerade die Wähler aufgerufen, der Unabhängigkeit des Parlaments gegenüber der Krone zu Hilfe zu kommen; er war damals so weit gegangen, vorzuschlagen, die Wähler in den Grafschaften und städtischen Korporationen sollten Regeln aufstellen, nach welchen sie ihre Abgeordneten kontrollieren könnten. (Works I, p. 369.) So heftig konnte der Zeiger nach beiden Seiten ausschlagen – jeweils in unterschiedlichem polemischem Zusammenhang. Aber es ist klar erkennbar, daß ihn in alledem stets ein und dasselbe Motiv bewegte: die Sorge um die Integrität des Parlaments, insbesondere des Unterhauses, daß es nämlich weder in Servilität gegen den Hof noch in unwürdige und korrupte Abhängigkeit von den Wählern verfalle.

Hier nun aber, in den »Reflections«, wo man doch hätte annehmen können, er werde den Bewunderern der Französischen Revolution und den Anhängern des Prinzips der Volkssouveränität entweder mit einer Erklärung oder aber mit einer Verteidigung der Art und Weise entgegentreten, in der das englische ›Volk‹ an der Bestellung seiner repräsentativen Körperschaft beteiligt sei – hier verzichtet er gänzlich auf eine solche Erörterung. Nichts spricht dafür, daß er etwa die Schwächen des Patronage-Systems hätte aus schlechtem Gewissen verbergen wollen. Er fand dieses System ja durchaus zweckmäßig, hatte übrigens auch selber den Nutzen davon. Von den annähernd dreißig Jahren, die Burke in Westminster saß, hat er die weit überwiegende Zeit irgendwelche ›pocket boroughs‹ repräsentiert, in denen es gar keine eigentlichen Wähler gab, die vielmehr von den mächtigen Familien seiner Partei, der Rockingham Whigs, patronisiert und deren Parlamentssitze von diesen nach ihrem Gutdünken vergeben wurden. Sein Sohn wäre ihm auf einem dieser Sitze nachgefolgt, wenn er nicht vor dem Vater gestorben wäre. Nur sechs Jahre in der Mitte seines männlichen Lebens (1774 bis 1780) gehörte er dem Haus als ein im genaueren Sinne gewählter Abgeordneter an, nämlich als einer von zwei Abgeordneten der Stadt Bristol; da er sich aber um die lokalen Interessen seiner dortigen Wähler während dieser Frist nicht kümmerte, zeigten die Kaufleute dieser Stadt auch keine Neigung, ihn wiederzuwählen, und anstatt von neuem dort zu kandidieren, zog er es vor, sich wiederum der Patronage seines Gönners, des Marquis von Rockingham, anzuvertrauen. So wenig ›demokratische‹ Züge also seine im übrigen so bedeutende parlamentarische Laufbahn aufweist, so großzügig oder hochmütig hat er denn auch in jener Schilderung des Unterhauses die Art seiner Verknüpfung mit dem Volke übergangen. Worauf es ihm einzig ankam, war der Wert und Rang seiner Mitglieder. »Wir wissen, daß das britische Haus der Gemeinen« – so heißt es dort (p. 42 der Ausgabe in Everyman's Library) –, »ohne seine Türen dem Verdienste zu verschließen, welcher Klasse der Bevölkerung es auch entstammen mag, infolge der verläßlichen Wirksamkeit geeigneter Ursachen mit allem Glanze angefüllt ist, den das Land nach Rang, Abkunft, ererbtem und erworbenem Wohlstand, Talent und Kultur und auf Grund ausgezeichneter Fähigkeiten in Verwaltung, Militär, Flotte und Politik nur aufzubringen vermag.« (Ich habe den Passus einigermaßen wörtlich übersetzt; die berühmte Verdeutschung von Friedrich Gentz [Ausgabe von 1794, Teil I, S. 57] ist an dieser Stelle ganz unverständlich.) Die einzige Anspielung auf die Bestellung liegt in der ziemlich mysteriösen – und wohl bewußt mysteriösen – Formel »by the sure operation of adequate causes«: das ist alles, und dabei blieb es. Die Beschreibung der Mitglieder der

Assemblée Nationale andererseits bildet ein schönes frühes Beispiel empirischer Parlaments-Soziologie, wenn freilich auch eingefärbt von Polemik und Verachtung. Hier findet Burke einige wenige gelehrte Theoretiker und eine überwältigende Mehrheit inferiorer Rechtspraktikanten, die im Kleinkrieg dörflicher Prozesse ihre ganze Erfahrung gesammelt hätten, ferner eine beträchtliche Zahl Ärzte – »aber das Krankenbett ist keine Akademie, auf der Staatsmänner und Gesetzgeber ausgebildet werden« –, eine Handvoll Dorfdeppen, eine Gruppe von Börsenmaklern, die ihre Papiere in soliden Grundbesitz umzuwandeln begierig seien, und was schließlich die Geistlichkeit anlange, so habe man die Wahlen so eingerichtet, daß sie zum größten Teil durch mittelmäßige Landpfarrer repräsentiert sei.
Burke hat nicht den leisesten Zweifel daran übriggelassen, was er unter einer ›repräsentativen‹ Körperschaft und unter ›Repräsentation‹ überhaupt verstanden wissen wollte. »Nothing is a due and adequate representation of a state, that does not represent its ability, as well as its property.« (p. 48.) Das Parlament soll die Summe der besten Fähigkeiten – und zwar nicht irgendwelcher Fähigkeiten, sondern der staatsmännischen Fähigkeiten – repräsentieren und das Eigentum, nämlich das Grundeigentum, das ›landed interest of the country‹, welcher Ausdruck in diesem Munde und zu dieser Zeit noch nicht den geringsten gesellschaftskritischen Beigeschmack mit sich führte. Das Haus der Lords sei auf dem Grundsatz »des erblichen Eigentums und der erblichen Auszeichnung« errichtet, und auch das Haus der Gemeinen folge diesem Prinzip zum größeren Teile, »zwar nicht notwendigerweise, jedoch tatsächlich«. Wie man sieht, hat dieser Begriff von ›Repräsentation‹ nicht das geringste mit der ›Repräsentation des Volkes‹ zu schaffen, nichts mit einer Abbildung der Beschäftigungen, Interessen und Gesinnungen, die in der Bevölkerung vorherrschen mögen. Trotzig versichert Burke, daß »unsere Repräsentation sich als völlig

geeignet erwiesen hat, all die Zwecke zu erreichen, für die eine Repräsentation des Volkes nur erdacht und erstrebt werden kann« (p. 54). Die Legitimität einer Regierung könne nicht auf Volksrepräsentation und nicht auf Wahlen angewiesen sein; sonst wäre ja das Haus der Lords von allem Anfang an eine Mißgeburt, vom Königtum zu schweigen (p. 54). Das ist hoch im achtzehnten Jahrhundert geschrieben, nach der amerikanischen, nach dem Ausbruch der Französischen Revolution, und nur ungefähr vierzig Jahre vor der ersten englischen Wahlreform, die den ›rotten boroughs‹ und den ›pocket boroughs‹ den Garaus gemacht hat. Es ist gewiß ein erzkonservativer Ton, der uns hier entgegenschallt, aber es ist gleichwohl in allem Wesentlichen ein authentisches Bild des englischen Parlaments dieser Epoche, das wir hier kennenlernen. Es war keine demokratische Vertretung, sondern eine aristokratische Versammlung. Wenn sie etwas repräsentierte, so war es der Grund und Boden, aber es war gewiß nicht die Menge der Bevölkerung. Niemand käme auf den Gedanken, diesen Parlamentarismus für eine Form ›indirekter Demokratie‹ zu erklären. Eher schon ließe er sich als eine durchaus ›direkte‹ Oligarchie der grundbesitzenden Familien verstehen. Ebenhierin aber liegt die Ähnlichkeit mit der ursprünglichen Bürgerschaft der antiken Polis.
(Ich habe ›Edmund Burkes Verteidigung der Repräsentation gegen die Demokratie‹ eingehend dargestellt in dem Bande ›Herrschaft und Vereinbarung‹, Frankfurt 1980.)

Das Neue an der Verkündung der Menschenrechte (*Seite 311*)

»Alle Menschen sind von Natur gleichermaßen frei und unabhängig und besitzen gewisse angeborene Rechte, deren sie, wenn sie den Status einer Gesellschaft annehmen, ihre Nachkommenschaft durch keinerlei Abmachung berauben oder entkleiden können; nämlich das Recht, sich des Lebens und der Freiheit zu erfreuen, dazu die Möglichkeit, Eigentum zu erwerben und zu besitzen und Glück und Sicherheit zu erstreben und zu erlangen.«

Dies ist, soviel wir wissen, die früheste gesetzliche Formulierung allgemeiner Menschenrechte, und sie ist in der Bill of Rights von Virginia vom 12. Juni 1776 enthalten. Die angeführten Sätze bilden die erste von insgesamt sechzehn ›Sektionen‹, aus welchen das Dokument besteht, und die Bill of Rights selber stellt den einleitenden Teil der virginischen Verfassung dar, wie sie der Konvent von Williamsburgh noch im gleichen Monat Juni des Jahres 1776 vollends verabschiedet hat. Virginia war der Aufforderung des Kongresses von Philadelphia an die dreizehn Kolonien, sich eigene Verfassungen zu geben, zuerst gefolgt, und daher wurde zumal seine ›Erklärung der Rechte‹ zum Vorbild der übrigen, auch der Unabhängigkeitserklärung der Vereinigten Staaten selbst, die drei Wochen später, am 4. Juli 1776, unterzeichnet worden ist. Leben, Freiheit und das Streben nach Glück (the pursuit of Happiness) kehren in der Unabhängigkeitserklärung als Grundelemente jener »unveräußerlichen Rechte« wieder, mit welchen »alle Menschen« gleichermaßen von ihrem Schöpfer ausgestattet worden seien. Die französische Erklärung der Menschen- und Bürgerrechte vom Jahre 1789, die lange Zeit in Europa als der eigentliche historische Anfangspunkt, als das große Signal für den Siegeszug des Menschenrechtes gegolten hat, nennt – in ihrem zweiten Artikel – nicht das Leben und nicht das Glück, wohl aber die Freiheit, das Eigentum und die Sicherheit und fügt den Widerstand gegen Unterdrückung hinzu.

Keine dieser inhaltlichen Bestimmungen indessen stellt als solche eine historische Neuigkeit dar. Nicht einmal die Erkenntnis eines natürlichen Rechtes überhaupt und der natürlichen Gleichheit aller erschaffenen Menschen gehört erst dem späten achtzehnten Jahrhundert an, die Lehre vom Naturrecht hat als philosophische und juristische Disziplin

eine lange und breite Geschichte. Was vielmehr Epoche gemacht hat, ist die positive rechtsförmige Statuierung dieser Rechte und Freiheiten als eines Anspruchs und einer Qualität aller Menschen, des Menschen schlechthin. Das ist es, was die gesellschaftliche Umwälzung eingeleitet, was die Folge der Emanzipationsbewegungen ausgelöst, was schließlich die moderne ›menschliche Gesellschaft‹ geschaffen hat. Hier erst trat ans Licht, was durch Jahrhunderte in den Systemen der Gelehrten verwahrt und freilich auch verschlossen geblieben war. Das Neue an den Deklarationen der amerikanischen und der französischen Revolution liegt darin, daß hier zuerst die menschliche Person aus allen Herrschaftsverhältnissen, Untertänigkeiten und ständischen Verkapselungen hervortritt als das Subjekt der gesellschaftlichen Organisation, als Rechtssubjekt und als politisches Subjekt.
Der bedeutende Heidelberger Staatsrechtsgelehrte Georg Jellinek, der mit seiner Schrift über »Die Erklärung der Menschen- und Bürgerrechte« auf achtzig Seiten einen unverlierbaren Beitrag zur Verfassungsgeschichte – das war sein Vorhaben –, zugleich aber auch zur Sozialgeschichte und zur Politischen Theorie geliefert hat, rückte dort nicht allein die Chronologie der ›Erklärungen‹ zurecht, drang nicht nur in ihre kirchengeschichtlichen Ursprünge ein, sondern machte auch schon in souveräner Klarheit auf das unverwechselbar Neue dieser Akte aufmerksam. Er verglich die virginische Bill of Rights mit den berühmten englischen Freiheitsdokumenten gleichen oder ähnlichen Namens (bis zurück zur Magna Charta), welche den amerikanischen Verfassungsvätern gewiß vor Augen gestanden haben, und kam zu dem Schluß, daß jene von diesen durch eine tiefe Kluft getrennt sei. Die englischen Gesetze, sagt er, wollen »Untertanenrechte statuieren«; sie geben sich jeweils als neuerliche Bestätigungen althergebrachter Rechte; sie wollen die Befugnisse der Krone gesetzlich beschränken oder ihre Ausdehnung verhüten; ihre Freiheiten gelten niemals

für die Menschen schlechthin, sondern – sofern überhaupt ›subjektive Rechte‹ herausgelesen werden können – einzig für die englischen Untertanen. »Die amerikanischen Erklärungen der Rechte hingegen heben mit dem Satze an, daß alle Menschen gleich frei geboren sind, und sprechen von Rechten, die ›every individual‹, ›all mankind‹ oder ›every member of society‹ zustehen. (S. 40/41 der Dritten Auflage, von 1919; die erste war 1895, die zweite 1903 erschienen.) Ich möchte den Unterschied der Deklarationen von 1776 – und 1789 – zu allen vergleichbaren älteren englischen und sonst europäischen Freiheitsbriefen, Charten und Bills zudem dahin pointieren, daß diese es wohl durchgehends auf ständische ›Privilegien‹ konkreter Gruppen – der Barone, der Städte, der Bauern – abgesehen haben, jene aber auf ebenso elementare wie universale Bestrebungen des Menschen schlechthin. Das Neue ist – noch einmal – der Eintritt der menschlichen Person in die Gesellschaft und in den Staat.

Ja, auch in den Staat. Georg Jellinek sieht an den ›Deklarationen‹, hierin dem herrschaftlichen Staatsbegriff der deutschen Tradition unterworfen, fast nur die Seite der Beschränkung der Staatsgewalt. Er faßt die Menschenrechte als vorstaatliche Rechte auf, welche ›der Staat‹ zu respektieren habe. Es ist, als erhöben sich die ›Menschen‹ mitsamt ihren ursprünglichen Rechtsansprüchen, um einem ›Staat‹ deren Schutz abzutrotzen, welcher selbst aus anderer als ›menschlicher‹ Quelle herrührte. Er spricht sogar gelegentlich von einer »Umwandlung der Bürger- in Menschenrechte«, welche sich mit jenen amerikanischen Verkündungen vollzogen habe. Mir scheint, man sollte eher von einer Umwandlung der Standes- in Bürgerrechte sprechen. Denn alle diese Deklarationen schreiten von der Bestimmung der ›natürlichen‹ Menschenrechte sogleich fort zur Bestimmung der Aufgabe von Staat und Regierung, wie sie eben aus jenen hervorgeht. Die virginische macht schon in ihrem Titel vollkommen deutlich, daß diese Rechte nicht irgendwo außerhalb des

Staates oder vor dem Staate gelten sollen, sondern vielmehr »as the basis and foundation of government«, als Grundlage und zur Begründung der Regierung oder, auf deutsch, des Staates. Die amerikanische Unabhängigkeits-Erklärung beeilt sich ebenfalls, sofort nach der Verkündung jener »von selbst einleuchtenden Wahrheiten« von der Gleichheit aller erschaffenen Menschen und von ihren unveräußerlichen Rechten, gleichsam die politische Nutzanwendung zu ziehen: »That to secure these rights, governments are instituted among Men, deriving their just powers from the consent of the governed.« Zu deutsch: Daß unter den so beschaffenen Menschen Regierungen zu dem Ende – und zu keinem anderen – eingerichtet sind, ebendiese Rechte zu sichern, Regierungen (oder Staaten), welche ihre rechtmäßigen Befugnisse von der Zustimmung der Regierten herleiten. Das kann doch nichts anderes bedeuten, als daß ebensolche Menschen auch die Bürger sind und sein sollen, deren Konsensus den Staat begründet, ja ausmacht, oder daß hier in diesem Lande die Menschenrechte zugleich und sogleich die Bürgerrechte sein sollen, oder endlich, daß dieser Staat seinen Sinn, seinen Zweck und sein Wesen in nichts anderem haben soll, als seine Bürger im Genuß ihrer Menschenrechte zu erhalten.

Freilich ist dieser Staat von Virginia, ist dieser Zusammenschluß der Vereinigten Staaten – so muß man es verstehen – nur ein Beispiel oder Modell dessen, was alle organisierten ›menschlichen Gesellschaften‹ darstellen und leisten sollten. Die Verfassung von Virginia ist zwar nicht für alle Menschen geschrieben, sondern offenbar nur für die Bürger von Virginia, aber Virginia geht nur voran auf einem Wege, den alle Staaten beschreiten sollten, weil es auch zu den Menschenrechten gehört, daß niemand sie uns rauben kann, wenn wir »in einen Gesellschaftszustand eintreten«. Der Universalität der Menschenrechte entspricht die Universalität der aus ihnen herrührenden Gebote, die für alle Staaten, für jedweden »state of society« gelten sollen. Anders ausgedrückt: die Universalität der Menschenrechte bezeugt sich in der Universalität des Staatszweckes, des Zwecks des Staates und somit aller Staaten. Kurz, Menschen- und Bürgerrechte sind historisch gleich ursprünglich. Jedenfalls meine ich, so seien die Deklarationen zu verstehen.

Der französische Titel »Déclaration des droits de l'homme et du citoyen« könnte anders ausgelegt werden; man könnte glauben, zwei unterschiedene Arten von Rechten seien zusammengefügt, die des Menschen und die des Bürgers. Indessen wird man durch den Text – ich spreche hier von den zwei ersten Artikeln – sogleich eines Besseren belehrt. Die Naturbestimmung des Menschen und die Zweckbestimmung des Staates erscheinen hier – in der Anordnung der Sätze und Gedanken – sogar noch inniger ineinander verschränkt als bei den amerikanischen Vorbildern. Es kann kein Zweifel daran herrschen, daß die Menschenrechts-Erklärungen der amerikanischen und der französischen Revolution selbst als unmittelbar politische Urkunden gemeint waren, daß sie Verfassungscharakter im vollen Sinne des Wortes beanspruchten und besaßen, daß sie den Menschen zum Bürger erklären, indem sie den Staat auf die Bewahrung der menschlichen Bestrebungen und Rechte festlegen. Das radikal Neue beruht darin, daß jeder Mensch zum potentiellen Bürger erklärt wird. Das war in der ganzen Weltgeschichte noch nicht vorgekommen. Und wenn die Menschenrechte bloß Menschen- und nicht sogleich auch Bürgerrechte hießen und wären, so hätte ihre Verkündung nicht das kleinste Steinchen in Bewegung gebracht.

Auch Aristoteles hatte den Staat aus der Bestimmung des Menschen hergeleitet, freilich aus seiner Bestimmung zum Bürger (zum ›Zoon Politikon‹). Die Deklarationen des achtzehnten Jahrhunderts gründen Bürger wie Staat auf das Wesen des Menschen: der Mensch sei als Mensch auch Bürger, die Regierung soll seine Menschlichkeit erhalten. Bei

Aristoteles trieb es den Menschen von Natur zum Staat. In den Deklarationen wird eher der Staat angetrieben, sich nach dem Menschen und auf den Menschen einzurichten. Die Blicke und die Tendenzen gehen insoweit in entgegengesetzte Richtungen. Die wirkende Kraft jedoch ist die gleiche. Wer wollte – die Entwicklung der Vereinigten Staaten vor Augen – an der staatsbildenden Kraft jener Verkündungen zweifeln!

Was in den Verkündungen des achtzehnten Jahrhunderts noch verhüllt geblieben war, wenn es auch unvergleichlich mächtig gewirkt hat, das ist in unseren Tagen zur Reife der Formulierung gelangt. Die ›Erklärung‹, die die Vollversammlung der Vereinten Nationen am 10. Dezember 1948 beschlossen hat, zieht die politischen Schlüsse mit bemerkenswerter Deutlichkeit, namentlich in den Artikeln 15 und 21. »Jeder Mensch hat Anspruch auf eine Staatsangehörigkeit« und »Jeder Mensch hat das Recht, an der Leitung der öffentlichen Angelegenheiten seines Landes unmittelbar oder durch frei gewählte Vertreter teilzunehmen«. In dem letzteren Zusammenhang sind »periodische und unverfälschte Wahlen mit allgemeinem und gleichem Wahlrecht« als verbindliche Grundlage aller öffentlichen Autorität namhaft gemacht. Hier zeigt sich vollends, daß es bei den Menschenrechten nicht darauf abgesehen war, den Menschen aus dem Staat auszusondern oder ihn dem Staat entgegenzusetzen, sondern vielmehr darauf, ihn in den Staat zu integrieren, oder noch eher, den Staat auf diese eigentlich ›menschliche Gesellschaft‹ zu gründen. Hier auch enthüllt sich der Sinn des universalen Geltungsanspruches der Menschenrechte: sie sollen nicht vor allen Staaten, nicht jenseits aller Staaten gelten, sondern vielmehr in allen Staaten und für alle Staaten. Was hier im Jahre 1948 als Frucht einer Entwicklung von mehr als anderthalb Jahrhunderten in Erscheinung tritt, ist nichts Geringeres als der Entwurf von Mindestgrundsätzen eines internationalen Staatsrechts.

Freilich ist es wiederum nur eine ›papierene‹ Erklärung – nicht viel anders wie jene Erklärung von Jalta. Kein Organ ist errichtet, kein Mittel bereitgestellt worden, die Einführung dieser Grundsätze von einem Staate zu erzwingen, der sie vernachlässigt oder mißachtet. Dennoch bleibt es denkwürdig, daß diese Prinzipien bürgerlicher Legitimität einmal von einer repräsentativen und umfassenden Versammlung der Nationen in ihrer weltweiten Verbindlichkeit anerkannt worden sind.

Zum 14. Kapitel

Definition der politischen Partei (*Seite 332*)

Denis William Brogan, seinerzeit Professor in Cambridge, ließ 1945 ein geistreiches kleines Buch in deutscher Übersetzung in den Overseas Editions Inc. erscheinen und aus New York nach Deutschland gelangen, das den Titel trug »Politische Kultur«, also einen Begriff auf ganz natürliche Weise einführte, der nachmals mit großem methodologischem Aufwand Schule und Mode gemacht hat. Darin heißt es: »Eine Partei ist nicht ... dazu da, ein politisches Allheilmittel zu verhökern. Sie ist ein Regierungsinstrument, das auf gewissen allgemeinen Prinzipien aufgebaut ist (die Prinzipien sind manchmal so allgemein, daß sie fast inhaltlos sind). Sie bekennt sich zu ein oder zwei Maßnahmen, die formell als Allheilmittel erscheinen mögen. Aber vor allem ist sie eine Organisation von Regierungspersonal« (S. 79). Wie ich sehe, hat sich der letzte Satz in meiner Erinnerung etwas verändert, doch mag auch meine »Lesart« Geltung behalten. – Sehr ähnlich hat Otto Kirchheimer in seinem seinerzeit vielzitierten Aufsatz (»Der Wandel des westeuropäischen Parteiensystems« in der »Politischen Vierteljahresschrift«, Jg. 6, H. 1, 1965) von der – freilich mit Trübsinn und

Skepsis geschilderten – »Allerweltspartei« gesagt: »Als wichtigste Funktion der heutigen Allerweltspartei ergibt sich ... die Nominierung von Kandidaten, die die Öffentlichkeit als Amtsinhaber legitimieren soll.« (S. 39.) Entschieden sagt auch Konrad Hesse: »Es ist die Aufgabe der Parteien, politische Führer auszulesen und heranzubilden, sie dem Volke zu präsentieren und um eine Mehrheit für sie zu werben« (»Grundzüge des Verfassungsrechts der Bundesrepublik Deutschland«, S. 68).

Gaetano Mosca, die Politische Klasse und die Gemischte Verfassung (Seite 338)

Gaetano Mosca, der den Begriff der »classe politica« geprägt hat, gibt in seinen »Elementi di Scienza Politica« zwar eine knappe Darstellung der hellenischen Zwei-Klassen-Gesellschaft und des Verhältnisses zwischen Aristokratie und Demokratie, bezieht sich dabei auch auf Aristoteles und sein Lob des Mittelstandes, tut aber der Gemischten Verfassung keine Erwähnung. Unversehens berührt er sie jedoch der Sache nach im zweiten Kapitel, das eben der Definition der »politischen Klasse« gewidmet ist: »Die Lehre von der Volkssouveränität beherrscht noch immer viele Köpfe, obwohl die moderne Wissenschaft immer deutlicher klarstellt, daß in jedem politischen System demokratische, monarchische und aristokratische Prinzipien nebeneinander vertreten sind.« (Die »Elementi« erschienen zuerst 1895, dann erweitert 1922; nach der vierten Auflage – von 1947 – hat Franz Borkenau sie ins Deutsche übersetzt unter dem irreführenden Titel »Die herrschende Klasse«, München 1950; im Text selbst hingegen heißt es zumeist »politische Klasse«. Die zitierte Stelle dort S. 55.)

Zum 15. Kapitel

Legitimitätsbeweise des Marsilius von Padua und des Dante Alighieri (Seite 361)

Marsilius von Padua schloß, wie oben erwähnt, das Moment der Offenbarung von seiner politischen Theorie aus und gründete die Rechtmäßigkeit des weltlichen Regiments einzig auf bürgerliche Zustimmung; er hat das erstaunliche Wagnis unternommen, die aristotelische Lehre und Erfahrung der Polis in die ganz anderen Dimensionen des Reiches zu übertragen und den römischen König und Kaiser auf diese Weise gegen den Anspruch des Papstes zu verteidigen, das ›weltliche Schwert‹ sei ihm als dem Stellvertreter Christi verliehen. Auch an dieser Theorie des Marsilius zeigt sich, daß der Kampf zwischen Kaiser und Papst immer auch ein Kampf um Ursprung und Art der Legitimität gewesen ist. Mit unmittelbarer Beziehung auf den Hauptgegenstand des gegenwärtigen Versuches könnte man sehr wohl sagen, Marsilius habe mit seinem »Defensor Pacis« auf das entschiedenste eine rein politische Rechtfertigung des Reiches und des Kaisertums unternommen und derart den behaupteten Vorrang des Apostolischen Stuhles wie auch dessen Befugnis zur Einmischung in weltliche Herrschaft abgewiesen.

Marsilius schrieb zu Anfang des vierzehnten Jahrhunderts, sein Werk ist 1324 abgeschlossen worden. Etwa ein Vierteljahrhundert zuvor hatte Dante Alighieri in seinen drei Büchern De Monarchia gleichfalls einen Versuch gemacht, die autonome Rechtmäßigkeit der Reichsherrschaft zu beweisen. Auch in dieser höchst merkwürdigen Schrift, die also in dem großen Streit gewissermaßen auf derselben Seite und an derselben Front steht wie die spätere des Marsilius, finden sich durchaus ›humanistische‹ Züge. So heißt es im zehnten Kapitel des dritten Buches, wie die Kirche ihr

Fundament – den ›Grund‹ ihrer Macht – habe, so habe das Reich das seinige: für die Kirche gelte das Wort des Korintherbriefes ›Einen anderen Grund kann niemand legen als den, der gelegt ist, welcher ist Christus Jesus‹, das ist der Fels, auf dem die Kirche erbaut ist – »Imperii vero fundamentum ius humanum est«, der Grund des Reiches aber ist das menschliche Recht. Die Unterscheidung ist kraftvoll und präzis, sie scheint das humanistisch-politische Prinzip demjenigen der Offenbarung entgegenzusetzen und gleichwertig an die Seite zu rücken. (Zudem ist die Stelle durch die Formulierung des Problems für uns bedeutungsvoll: Es ist eben diese Dantesche Frage nach dem fundamentum, die unsere eigenen Erörterungen beherrscht.) Dennoch geht Dantes Beweisführung im einzelnen ganz andere Wege als die aristotelische des Marsilius, und in einem gewissen Maß und Sinn kann sie geradezu als ein Gegentypus angeführt werden. Sie schließt nämlich das Offenbarungsmoment keineswegs aus, auch nicht aus der Rechtfertigung des Reiches. Sein Zweites Buch gibt eine Art von ›historischem‹ Beweis für das einzigartige Recht des Imperium Romanum als Imperium mundi, sein Recht auf die Herrschaft in dieser Welt und über diese Welt, über die ganze Welt. Der merkwürdigste Teil dieses Beweises erklärt nämlich die siegreichen Kriege Roms (des alten Roms) als ebenso viele Gottesurteile. Das zehnte Kapitel beginnt mit dem Satze: »Et quod per duellum adquiritur, de jure adquiritur« – was in förmlich geregeltem Zweikampfe erworben werde, werde rechtmäßig erworben. Dante beweist in der Folge, daß es sich bei jenen römischen Kriegen wirklich um förmliche ›Duelle‹ gehandelt habe, gleichsam um vereinbarte Austragungen »in nomine Dei«, und so bekunde der Sieg auch den Willen Gottes. In diesem und anderen Stücken seiner Darlegung macht sich eine ganz derbe Überzeugung von der Offenbarung Gottes in der Geschichte geltend, und so ist das Recht, welches derart erwiesen werden soll, am Ende doch kein

reines jus humanum, sondern zugleich damit auch ein jus und judicium divinum. Es ist die Unmittelbarkeit der göttlichen Führung, auf die es ihm hier ankommt, insofern sie nämlich die apostolisch-päpstliche Vermittlung entbehrlich macht. (Dantes Monarchia habe ich nach der von Carl Witte besorgten Ausgabe der Academia Fridericiana Halensis zitiert, die in drei Folgen 1863, 1867 und 1871 zu Halle erschienen ist.)
Eine Untersuchung über ›Die Stadt und das Reich in der Verfassungslehre des Marsilius von Padua‹ habe ich in den Sitzungsberichten der ›Wissenschaftlichen Gesellschaft an der Johann-Wolfgang-Goethe-Universität zu Frankfurt‹ veröffentlicht, Wiesbaden 1981; sie ist auch enthalten in dem Taschenbuch ›Die Stadt als Urbild‹, Frankfurt 1985.)

Die Geschichte ist uns kein Gegenstand des Glaubens (Seite 369)

In unseren Tagen hat, wie mir scheint, der Philosoph Karl Jaspers das unmythologische Verständnis der Geschichte und der Geschichtlichkeit am entschiedensten, zugleich auch am einfachsten ausgesprochen. »Wirklich ist allein das Gegenwärtige« – und: »Die Zukunft ist unentschieden ein grenzenloser Raum von Möglichkeiten.« So steht es in seinem Buche »Vom Ursprung und Ziel der Geschichte«. Wenn ich mich nicht täusche, tritt in solchen Sätzen als feste Gesinnung hervor, was weithin im Abendland unbewußte Überzeugung ist. In der Luft dieser Überzeugung gedeiht auch das staatsmännische Handeln in der freien Welt. Immer ist freilich auch der Untergang eine jener Möglichkeiten, deren Raum die Zukunft ist. Auch das ist ein Aspekt des Unterschiedes zwischen der Welt der politischen und derjenigen der apokalyptischen Rechtmäßigkeit: Der Bolschewismus rechnet nicht mit der Möglichkeit seines

Unterganges, da er von der Notwendigkeit seines allgemeinen Sieges ausgeht. Das mag eine psychologische Stärke sein, bleibt aber doch eine moralische Schwäche.

Die Stimmen der Jungfrau von Orléans (Seite 381)

Das berühmteste Beispiel der christlichen Geschichte für die Zweideutigkeit von Offenbarungen liefert Jeanne d'Arc, die Jungfrau von Orléans. Seitdem die Franzosen sie zu ihrer Patronin gemacht, die Dichter, zumal Schiller und Shaw, ihre Partei ergriffen haben, seit schließlich die Kirche sie heiliggesprochen hat, ist ihr die allgemeine Bewunderung und Zuneigung gewiß. Doch war die Anklage, die der Kanonikus Jean d'Estivet bei dem Inquisitionsprozeß von Rouen in siebzig Artikeln niedergelegt hat, zu ihrer Zeit, zum wenigsten in einigen Punkten, wohlbegründet. Sie galt einem Menschen, der sein gesamtes Betragen und alle seine bedeutenden Handlungen einzig auf seinen höchstpersönlichen Rapport mit Gott und seinen Heiligen, im besonderen auf die wiederholten Erscheinungen und Ratschläge des Erzengels Michael und der Heiligen Katharina und Margarete, gegründet und mit dieser seiner permanenten Sonder-Offenbarung der gesamten offiziellen Kirche als der Verwalterin der christlichen Offenbarung Trotz geboten hat. Die Anklage verlangte, das ›Mädchen Johanna‹ zur Hexe, Zauberin, falschen Prophetin, Beschwörerin und Verschworenen von bösen Geistern, zur Kennerin magischer Künste zu erklären; sie beschuldigte Johanna überdies der Unkenntnis des katholischen Glaubens und der Spaltung (»schismatique«), des Sakrilegs, der Idolatrie, des Abfalls, der Lästerung Gottes und der Heiligen, der Friedensstörung und Kriegsanstiftung, der schamlosen Verletzung des weiblichen Anstandes und anderer Verbrechen; sie verdächtigte sie endlich, den

Glaubensartikel ›Unam Sanctam Ecclesiam‹ mißachtet zu haben, und sie erklärte sie für in höchstem Maß der Ketzerei verdächtig. (Ich zitiere aus der Aufzählung der Anklagepunkte, die den siebzig Artikeln als Präambel vorausgeht – und zwar auf Grund des französischen Textes, den E. O'Reilly nach dem lateinischen Original in seiner zweibändigen Ausgabe der »Deux Procès de Condamnation . . . etc.« hergestellt hat; das Werk ist 1868 in Paris erschienen; die fraglichen Stellen finden sich im zweiten Bande, S. 156 und 157.)

»Je le sais par révélation« – ich weiß es durch Offenbarung: auf viele Fragen der Untersuchungsrichter hat Johanna diese Antwort gegeben. Gerade die Abwesenheit eines Zweifels, gerade die absolute Sicherheit ihrer Überzeugung, daß es Engel und Heilige waren, die ihr erschienen – gerade die subjektive Eindeutigkeit ihres Inspirationsbewußtseins hat der Ankläger ihr unter anderen Dingen zur Last gelegt; dies kommt insbesondere in den Artikeln 34, 35 und 36 der Anklage zum Ausdruck. Unter den Beweisen wird unter anderem eine Vernehmung (vom 15. März – S. 201 bei O'Reilly) angeführt, bei welcher sich folgender Dialog entwickelte:

Sie wird befragt, ob sie irgendein Zeichen dafür habe, daß es gute Geister seien, die ihr erschienen.

Sie antwortete, der heilige Michael habe es ihr beglaubigt, bevor ihr die Stimmen erschienen seien.

Wie sie denn gewußt habe, daß es der heilige Michael sei.

Weil er die Sprache und die Ausdrucksweise (l'idiome) der Engel gehabt habe, und sie glaube fest daran, daß es Engel waren.

Befragt, woran sie denn bemerkt habe, daß es das Idiom der Engel sei, antwortete sie, sie habe das sehr bald erkannt, sie habe den Willen gehabt, es zu glauben . . . (ich übergehe hier einige Sätze).

Befragt, ob sie einen guten und einen bösen Engel würde

unterscheiden können, wenn etwa der Teufel die Gestalt oder das Gesicht eines Engels annähme,
antwortete sie, daß sie recht gut wissen würde, ob es der heilige Michael sei oder ein Ding, das nur ein Bild davon wäre. Das erste Mal habe sie sehr gezweifelt, ob es der heilige Michael wäre, und habe große Furcht gehabt; sie habe ihn etliche Male gesehen, bevor sie gewußt habe, daß er es sei.
Befragt, wie sie denn dieses Mal habe eher wissen können, daß es der heilige Michael sei, als die vorangehenden Male, antwortete sie, sie sei zuerst noch ein Kind gewesen und habe Angst gehabt; seither habe der heilige Michael sie belehrt und ihr so viel gezeigt, daß sie fest glaube, er sei es ... »Vor allem sagte er mir, ein braves Kind zu sein, daß Gott mir helfen würde, daß ich dem König von Frankreich zu Hilfe kommen würde« usw.
Man fühlt die naive Gewißheit dieser Seele, die durch nichts zu erschüttern ist, in die kein Zweifel mehr Einlaß zu finden scheint. Augenblicksweise glaubt man, einen Blick in die Entstehung und die allmähliche psychologische Befestigung ihrer Überzeugung zu tun, aber dann schließt es sich wieder, und es bleibt uns (wie den Inquisitoren) nur der Anblick einer fast dinglich harten und dichten Offenbarungsgewißheit, in die wir einzudringen nicht imstande sind. Bei einer anderen Vernehmung hat Johanna sich immerhin darauf berufen, daß auch andere ihre Erscheinungen gesehen und gehört hätten, aber nur Leute von ihrer Partei, ihr König und einige andere Personen. Die Frage der Kriterien, an denen die Echtheit der Visionen erkannt, die Zweideutigkeit beseitigt werde, durchzieht den ganzen Prozeß. Bei derselben Vernehmung, aus der ich zuvor zitiert habe, gab Johanna von sich selbst aus ein Kriterium an, das vielleicht am meisten von allen ihren Erklärungen geeignet ist, die Wurzel ihrer Gewißheit bloßzulegen; man weiß nicht, ob man sich von der absoluten Unschuld dieser Äußerung rühren oder von ihrer egozentrischen Verblendung und Verstocktheit abstoßen lassen soll:

»Was auch immer ich in meinen großen Angelegenheiten tat, sie (die Stimmen) sind mir stets zu Hilfe gekommen, und das ist ein Zeichen, daß es gute Geister sind.« (O'Reilly II, p. 133.) Seltsamerweise hat der Ankläger diese Äußerung nicht in die Materialien zu seinen Artikeln aufgenommen. Auch die Theologische und die Juristische Fakultät von Paris, die Gutachten zugunsten der Anklage abgegeben haben, erörtern darin die Frage nach den Kriterien der Echtheit einer Offenbarung. Die Kanoniker vermißten, daß sie ihre Gottgesandtheit und ihren Umgang mit Engeln und Heiligen durch das Zeugnis entweder eines Wunders oder der Heiligen Schrift stützte. Mose habe die Fähigkeit erhalten, einen Stab in eine Schlange und eine Schlange in einen Stab zu verwandeln, damit er seinem Volke den göttlichen Ursprung seiner Mission beweise. Johannes der Täufer habe sich auf den Propheten Jesaja berufen (O'Reilly II, pp. 329/30). Diese Argumente scheinen mir allerdings recht locker geflochten zu sein. Zumal der Beweis durch ein Wunder hätte in den Augen der Inquisitoren vermutlich nur ein neues Zeugnis der Zauberei abgegeben. Ich führe sie gleichwohl an als ein weiteres Beispiel der vergeblichen Jagd nach dem objektiven Erkennungszeichen und dem verbindlichen Unterscheidungsmerkmal. Der Sieger hat es in solcher Hinsicht leichter: König Heinrich von England schrieb, nachdem das von ihm erwünschte Urteil vollstreckt war, in einem für den Kaiser und die Fürsten bestimmten Briefe, Gott habe dieses elende Weib in seine, des Königs, Hände gegeben, »um zu beweisen, daß Sein Geist nicht in ihr sei« (O'Reilly II, p. 489).

Wie bekannt, sind die beiden Urteile von Rouen fünfundzwanzig Jahre später in einem Rehabilitierungsverfahren für null und nichtig erklärt worden. Die Kassation ist im wesentlichen mit den Mängeln der früheren Urteile begründet, denen – übrigens durchaus einleuchtenderweise – Voreingenommenheit, Verleumdung, Unbilligkeit, Inkonsequenz und Irrtum nachgesagt wurde. Die Frage der Authentizität der Visionen und Stimmen Johannas ist in dieser Sentenz von 1456 nicht wieder aufgenommen worden. Ihr weiser Verfasser ließ sie unentschieden, »weil es sehr schwierig ist, in der Frage der Offenbarungen ein gewisses Urteil zu gewinnen, da der Selige Paul in bezug auf seine eigenen Offenbarungen sagt, er wisse nicht, ob sie ihm vom Körper oder vom Geiste kämen und daß er sich in diesem Punkte auf Gott verlasse«. (II, 532.) Eine souveräne Resignation weht uns aus diesen Worten an. Es sind die Worte, mit denen diese Akten geschlossen wurden.